삼위일체 참부모

−실체에 대한 통일신학적 해석−

삼위일체 참부모

-실체에 대한 통일신학적 해석-

윤예선

국학자료원

서문

이 책은 필자의 박사학위논문을 일부 수정·보완한 것이다. 따라서 책의 동기와 목적을 박사학위논문의 시작으로 거슬러 올라가 설명하고자 한다.

필자는 통일교회로 세간에 알려진 세계평화통일가정연합에 적(籍)을 올린 식구이다. 필자의 부모님이 가정연합의 취지에 동의해 축복결혼식을 올린 후 태어난 2세로, 가정연합의 창시자인 문선명·한학자 총재 양위분(이후, 참부모님)을 나의 참된 부모로 여기는 문화 속에서 자라났다. 필자를 낳아주신 친부모님도 부모님이지만 참부모님은 내 안의 이상적 부모가 실체화된 셈이라고 할 수 있다. 따라서 참부모님을 신앙의 대상으로 보는 입장도 어느 정도는 맞지만 실제로는 사랑하고 존경하는 가정의 최고 어른으로 모신다는 게 적절하다.

이러한 정체성을 가진 필자는 통일신학을 공부하면서 참부모님을 알려주는 신학적 체계가 빈약함을 체감하였고, 참부모님의 존재와 사랑을 바로 알리는 신학체계를 구성하는 데 조금이나마 기여하고 싶었다. 그리하여 선택한 주제가 삼위일체였다.

신학을 한다면서 우습지만 필자는 성경을 제대로 통독한 적도 없는 기독신학의 문외한이었다. 무턱대고 삼위일체 책을 처음 본 후 흔히 말하는 멘붕이 찾아왔다. 생소한 인물들과 용어들의 난무장에서 벗어나려면 교리사와 역사신학, 조직신학을 먼저 차례대로 공부하고 삼위일체로 넘어가야 했다. 삼위일체를 이해하기 위한 공부의 향연에서 필자는 책을 통해 다수의 기독신학자들을 만날 수 있었고 종종 유명한 인물의 자전적 글들도 접하면서 그들의 신앙과 삶에 많은 감명을 받게 되었다. 삼위일체 하나님을 말하기 위해 수많은 노력과 정성을 들여온 그들을 보면서 왜 참부모님이 인류의 부모이신 하나님을 중심으로 기독교 및 다른 종단들과의 신앙일치를 강조하시고 종교인들을 아끼고 지원하셨는지 조금은 깨달을 수 있었다.

기독신학자들로부터 받은 감동과 영감은 논문의 방향을 참부모님을 체계적으로 알리자는 것과 더불어 기독신학과의 대화 쪽으로 종용하였다. 논문의 개요를 잡으면서 양쪽을 모두 고려하고자 하였고, 논문을 쓰는 내내 이러한 태도를 견지하고자 하였다.

그러나 필자는 통일신학자로서의 정체성을 가지고 있고 면대하여 기독신학자들을 만난 적이 없어서 필자의 글이 필자의 생각을 전하는 일방향적 대화로 이루어졌음을 고백하지 않을 수 없다.

그러므로 이 책을 통해 가능하면 신학자 및 일반인까지 독자로 확보하고 싶지만 신학자들의 성향이 다르고, 주제의 난해함과 특수성으로 인해 충분히 이해할 수 있는 분들이 한정된다는 점에서 많은 분들께 호감을 기대하는 건 과한 욕심일지도 모르겠다.

그럼에도 필자는 책을 통해 대화를 청하고 싶다. 필자의 연구의 한계를 직시하기에 대화를 통해 부족함을 보완하고 성장하고 싶은 자기실현적 욕구와 더불어 앞으로 대화를 나누게 되는 분들과 원활한 관계를 확대해 가기를 바라는 마음에서다. 무엇보다 공통의 부모로서의 하나님을 함께 이야기하기를 바라고 참부모님에 대해서도 같이 논의할 수 있으면 더할

나위 없겠다. 학자 초년생으로서 앞으로 많은 선배 및 동료 학자분들을 만나 배우고, 학문의 길을 걷지 않는 분들께는 보다 알기 쉽게 필자의 주장을 전달할 수 있기를 소망한다.

끝으로, 필자와 세상의 첫 소통구인 이 책이 나오기까지 인도해 주신 하늘부모님과 천지인참부모님, 응원해 주신 가족과 친구들, 그리고 실제 출판을 위해 애써 주신 국학자료원의 모든 직원 분들께 진심으로 감사를 드린다.

2017년 7월
孝情天苑團地에서
尹譽善

목차

Ⅲ. 통일 삼위일체론의 실체 개념

Ⅳ. 삼위일체론의 재구성

V. 통일 삼위일체론을 실증하는 참부모

VI. 결론

|참고문헌|

━━━Ⅰ. 서론

1. 천지인참부모에 대한 본질적 물음

"천지인참부모님[1]은 누구신가? 어떤 일을 하시는가?" 통일신학의 중심인 천지인참부모에 대한 본질적 물음은 신학적 성찰을 기다리고 있다. 여기에 응답하여 천지인참부모의 존재와 경륜의 규명을 위해 '기독신앙과 예배의 심장'이자 '하나님 지식의 근본적 문법'으로 기능하고 있는 삼위일체론에 주목하고자 한다.[2] 삼위일체론은 역사적으로 하나님과 예수의 '동일실체(ὁμοούσιος)'의 문제, 즉 '신-인(神-人, God and man)'의 문제에 답변하기 위해 고도로 체계화되었다. 천지인참부모 역시 하나님과 참부모님의 '신인애일체(神人愛一體)'라는 점에서 '신-인'이며, 하나님, 참아버지, 참어머니의 세 위격이 하나된 삼위일체이다. 삼위일체는 천지인참부모와 구조적 연관성을 지니며, 삼위일체론의 핵심 담론들은 천지인참부모에 대해 우리가 무엇을 조명해야 하는가에 대한 예제를 제시한다.

본 연구에서는 '삼위일체=천지인참부모'라는 전제로 논의를 시작하고자 한다. 삼위일체론과 연계하여 천지인참부모를 규명하는 일은 1970년

---

1) '천지인참부모'라는 개념은 세계평화통일가정연합에서 일반적으로 하나님과 하나되신 문선명·한학자 총재 양위분을 지칭하는 용어다. 이 책에서 필자는 주로 '하나님+참아버지(문선명 총재)+참어머니(한학자 총재)'의 삼위일체 개념으로 사용한다. 천지인참부모 개념의 변천에 대하여는 다음 참조. 김진춘, "천지인참부모에 관한 연구", 『참부모학 연구 1』, 김진춘 외 4인 (가평: 청심신학대학원대학교 출판부, 2011), 11-62.

2) 토랜스의 삼위일체론에 대한 견해이다. Thomas F. Torrance, *The Christian Doctrine of God, One Being Three Persons* (Edinburgh: T. and T. Clark, 1996), 2.

대부터 참부모님께서 이끌어 오신 초교파 운동, God Conference, New ERA(the New Ecumenical Research Association)와 같은 신앙일치운동의 맥을 잇는 작업이기도 하다. 분리주의자가 아닌 하나님, 우리 모두의 참부모이신 하나님을 표명하기 때문이다. 구약과 신약을 통하여 삼위일체로 자신을 계시하신 하나님은 니케아-칼케돈 신조가 정의하는 초월과 신비의 신-인 '하나님'이 아니라 완성된 삼위일체인 천지인참부모에서 드러나듯이 실재적인 신-인 '참부모'로서 우리와 직접적이고 친밀한 부자지관계(父子之關係)를 맺으신다. 통일신학의 지평에서 조명하는 삼위일체론은 하나님과 우리와의 일치, 그리고 참부모님과 우리와의 일치로 이끄는 데 기여할 목적으로 진행된다.

일치는 소통을 매개로 한다. 기독신학과의 소통은 삼위일체론의 난제들에 대한 통일신학의 성찰이 제공될 때 이루어질 것으로 기대된다. 지금까지 신앙일치운동에서 삼위일체론의 연구 성과가 미비하다는 사실은 기독신학의 근간을 이루는 삼위일체론의 중대성을 고려할 때 놀라운 일이다. 이는 삼위일체론에 대한 접근이 한쪽으로 치우쳐 있었기 때문이다. 여러 통일신학자들은 성자와 성령이 피조물이기 때문에 신성과 인성을 함께 다루어야 한다는 입장에서 삼위일체론을 신론보다 기독론에 정위하였다.[3] 그런데 통일기독론(Unification Christology)의 연구가 대체로 '아래로부터'의 기독론으로 접근하면서 삼위일체론은 말미에 적은 비중으로 다루어졌다. 최근에 윌슨(A. Wilson)이 '위로부터의' 기독론으로 조명하면서

---

3) 통일기독론의 주장은 다음 참조. Young Oon Kim, *Unification Theology* (New York: HSA-UWC, 1987), 155−181.; Theodore T. Shymmyo, "Unification Christology: A Fulfillment of Niceno-Chalcedonian Orthodoxy," in ed. Theodore T. Shymmyo and David A. Carlson, *Explorations in Unificationism* (New York: HSA-UWC, 1997), 17−36.; Jonathan Wells, "Unification Hermeneutics and Christology," in ed. Frank K. Flinn, *Hermeneutics & Horizons : The Shape of the Future* (New York: Rose of Sharon Press, 1982), 185−200.

삼위일체 기독론(Trinitarian Christology)이 명시된 것은 삼위일체가 전면에 드러났다는 점에서 고무적이다. 이성성상으로 존재하시는 하나님의 전개로 기독론을 시작하여 신–인의 일체성이 하나님과 예수를 넘어 하나님과 남자, 여자, 즉 하나님과 참부모님의 일체성으로 조명되었다.4) 이러한 통일기독론적 해석은 삼위일체론에 대한 소통의 한 방편이다.

그러나 삼위일체론을 기독론의 범주로 다루는 것은 한계가 있다. 삼위일체론 자체의 난제들에 대해서 '신성'과 '인성'의 문제가 어느 정도 답하는 부분도 있겠지만 삼위일체론이 이성의 범위를 초월한 학문으로 여겨지는 데는 삼위일체의 명칭이 의미하는 것처럼 '단일성'과 '삼위성'의 문제가 가장 핵심이며, 삼위일체론의 근본적 이해를 위해서는 기독론에서 다루지 않는 하나님에 대한 담론들 역시 포함되어야 하기 때문이다. 본 연구는 통일기독론에서 다루어졌던 연구 성과를 참고하겠지만 전반적으로 참부모의 관점을 견지할 것이고, 삼위일체론 자체 내의 핵심 구조와 연관하여 해석하는 방식을 취할 것이다.

참부모의 관점을 견지한다는 것은 '천지인참부모'에 대한 규명을 목적으로 한다는 것이다. 천지인참부모란 천주부모(天宙父母)이자 종적(縱的) 참부모이신 하나님과 천지부모(天地父母)이자 횡적(橫的) 참부모이신 참부모님이 신인애일체(神人愛一體)를 이룬 삼위일체이다. 하나님은 하늘부모님, 참부모님은 하늘부모님의 실체로서 완성한 문선명 참아버지와 한학자 참어머니를 가리키며, 세 위격이 참사랑으로 통일을 이룬 천지인참부모는 인류의 참부모로서 참사랑 · 참생명 · 참혈통의 출발점이다. 따라서 통일 삼위일체론은 신론과 기독론의 테두리에 얽매이기보다 '참부모'라는 공통분모에 초점을 맞춰 전개되어야 한다.

---

4) Andrew Wilson, "Rev. Moon's Early Teaching on God as Heavenly Parent," *Journal of Unification Studies*, vol. 16 (2015):7.

삼위일체론 접근의 당위성 역시 천지인참부모의 존재와 경륜의 규명에 신학적 벼리를 제공한다는 사실에 있다. 삼위일체는 기독신학의 전통적 용어이면서 동시에 통일신학의 전통적 용어이기도 하다. 참부모님이 밝히신 최초의 원리교재인 『원리원본』과 보편적으로 애용되는 『원리강론』에서 하나님, 남자, 여자의 일체를 정의하는 개념으로서 사용되고, 참부모님이 최근까지 언급하셨다는 점에서 그러하다. 따라서 통일신학에서 삼위일체는 천지인참부모를 위한 용어이며, 삼위일체론은 천지인참부모를 신학적으로 고찰할 수 있는 조직신학의 각론으로서 의미가 있다.

참부모의 관점으로 통일 삼위일체론의 새로운 지평을 제시한다고 해서 기존 신학적 구조를 포기하는 것은 아니다. 삼위일체론의 전통적 관점과 지엽적으로 분명한 차이가 있지만 하나님이 삼위일체로 자신을 현현하신다는 근본적인 실존문제에 있어서 일치한다. 또한 앞서 밝혔듯이 연구의 방향은 삼위일체론의 기본 구조에 동의하고 핵심 난제들에 해법을 제시하는 데 초점을 맞춰 이루어진다. 통일신학의 지평에서 삼위일체론을 해석하는 일은 삼위일체 토론의 장에 신선한 자극이 될 것이며, 천지인참부모의 존재와 경륜을 삼위일체론의 구조 속에서 이해하는데 도움을 줄 것이라 기대된다.

본 연구에서 해명하고자 하는 삼위일체론의 난제는 세 가지이다. 첫째는 일체성(oneness or unity)의 의미에 대한 문제이고, 두 번째는 삼위의 구별성(threeness or diversity)에 관한 문제이며, 세 번째는 내재적 삼위일체(immanent Trinity)와 경륜적 삼위일체(economic Trinity)의 관계 문제이다. 세 난제를 선택한 이유는 천지인참부모의 규명에 있어서 필수적인 문제이며, 기존 삼위일체론의 최대 고민거리이자 본질적 문제이기 때문이다.[5]

---

5) 이승구, "존재론적 삼위일체와 경륜적 삼위일체와의 관계", 『한국개혁신학』 vol. 5 (1999):120.

삼위일체론은 태생적으로 '단일성'과 '삼위성'의 문제를 내포한다. '하나이신 하나님'과 '아버지와 아들과 성령'의 일체성과 구별성에 대한 문제이다. 삼위일체론의 역사는 일체성과 구별성 중 어디에 비중을 두느냐에 따라 다르게 전개되었다. 동방교회의 경우 삼위의 구별성에서 출발하여 삼위일체의 외적 사역(Opera trinitatis ad extra)에 중점을 두고, '삼위 하나님은 한 분 하나님이시다'를 진술하였다. 서방교회의 경우는 하나님의 일체성에서 출발하여 삼위일체의 내적 사역(Opera trinitatis ad intra)에 중점을 두고, '한 분 하나님 안에 삼위가 계신다'고 하였다.6) 양자 모두 공통적으로 형이상학으로 논의가 전개되었는데 전자는 위격들의 관계에 초점을 맞춰 인식론적 관점이, 후자는 한 하나님의 본질에 초점을 맞춰 존재론적 관점이 부각되면서 긴장을 초래하였다.7)

현대 신학자들은 이러한 존재론적-인식론적 긴장을 해소하고 추상적·사변적이 아닌 구체적·실천적 교의를 세우기 위해 내재적 삼위일체와 경륜적 삼위일체의 관계 문제로 조명한다. 내재적 삼위일체는 창조 이전의 '자신 안의 계신 하나님(God in Godself)'의 관계를 통해서 삼위일체를 이해하는 것이고, 경륜적 삼위일체는 창조하시고 구원하시며 역사하시는 하나님, 즉 '우리를 위한 하나님(God for us)'으로 삼위일체 하나님을 이해하는 것이다.8) 양자의 긴장을 조화롭게 해소하기 위해 내재적 삼위일체에는 '존재론적 우선성'을 경륜적 삼위일체에는 '인식론적 우선성'을 동시에 확보해야 한다는 과제를 안고9) 현대 신학자들은 다양한 입장을 표명

---

6) 김윤태, "삼위일체 교리에 관한 동·서방 전통", 『기념논문집』 vol. 25 (2001):239.; 이 책에서 동방교회는 동방정교회를 위시하여 헬라 신학의 전통을 따르는 교파들을 가리키고, 서방교회는 로마 가톨릭을 위시하여 라틴 신학의 전통을 따르는 교파들을 일컫는다.

7) 캐서린 모리 라쿠나, 『우리를 위한 하나님-삼위일체와 그리스도인의 삶』 이세형 역 (서울: 대한기독교서회, 2008), 87-88.

8) 안택윤, 『삼위일체 조직신학』, (서울: 한국장로교출판사, 2012), 44.

9) Stanley J. Grenz, *Rediscovering the Triune God : The Trinity in Contemporary Theology*

하며 내재적—경륜적 삼위일체의 관계를 다루고 있다.

일체성, 구별성, 내재적 삼위일체와 경륜적 삼위일체의 관계 문제를 해결하기 위한 노력은 현재도 계속되고 있다. 세 난제를 인식론적 혹은 존재론적 긴장 문제로 보고 양자 간의 조화를 이루려 한다. 그렇지만 풀리지 않는 부분에 대한 궁극적 해결 방안에 대하여는 초기와 중세, 현대 신학자들 모두 공통적으로 '신비'로 답한다. 혹은 '신비'가 출발점이 될 때 양자의 긴장이 해결된다고 주장한다.[10]

그러나 통일신학의 지평에서 신비는 해법이 될 수 없다. 기독신학자들의 진단과는 반대로 삼위일체론을 '신비'로 답하면서 삼위일체론을 영원히 해결할 수 없는 난제로 확고히 했다고 판단한다. 삼위일체론의 난제 역시 세상의 제문제와 같이 '존재의 문제'와 '관계의 문제'로 접근해야 한다. 인식론 대신 '관계'를 중점에 두는 것은 통일인식론에서 인식의 기원을 인식의 주체와 인식 대상 간의 관계에서 찾고 있으며,[11] 현대 삼위일체론의 인식론적 문제들이 세상을 구원하시는 하나님과의 관계에 집중한다는 점에서 인식의 문제는 본질적으로 관계의 문제라고 여기기 때문이다. 따라서 필자는 존재와 관계의 문제로 삼위일체론의 난제들에 접근할 것이고, 신비가 아니라 구체적인 개념을 통하여 삼위일체론 해결의 출발점을 삼고자 한다.

출발점이 될 개념은 삼위일체를 규정하는 데 직접 활용되는 용어에서 선택하는 것이 타당할 것이다. 삼위일체의 정식은 '한 실체와 세 위격'이다. 실체와 위격 중에 삼위일체론의 세 난제와 연관되어 존재와 관계의 문제를 구체적으로 설명할 수 있는 단어로 '실체'를 선택하고자 한다. 그런데

(Minneapolis: Fortress Press, 2004), 222.
10) 백충현, "내재적—경륜적 삼위일체 관계에 관한 현대신학의 논의 분석", 『한국조직신학논총』 vol. 24 (2009): 102.
11) 통일사상연구원, 『통일사상요강(두익사상)』 (서울: 성화출판사, 2001), 549.

삼위일체론에 사용되는 용어들은 본래 철학이나 법률 용어에서 신학적 의미로 변용되면서 신비적 성향을 내포하였다. 삼위일체가 신비이므로 삼위일체론의 용어들이 명확하고 일관된 입장에서 사용될 수 없었기 때문이다. 지금의 실체나 위격 개념은 모두 삼위일체론의 문제들을 미궁으로 빠뜨린다. 따라서 실체 개념을 기존 방식 그대로 사용하는 대신 신비적 요소를 벗기고 실재적이고 구체적으로 전환하여 사용하고자 한다.

현대 신학자들의 관심은 위격 개념에 더 초점이 맞춰져 있다. 바르트(K. Barth), 라너(K. Rahner), 젠슨(R. W. Jenson) 등은 주로 위격 개념의 문제점을 제기하고 새롭게 정의하면서 삼위일체의 존재와 관계 문제의 해법을 찾으려고 시도한다. 그러나 이들이 제시한 새로운 개념들은 위격의 구별성과 일체성을 확보하고자 한 의도를 실현하지 못하고 양태론적이라는 비판을 받고 있다.[12] 그 외의 많은 신학자들이 현대적 대안으로 사용하는 '인격(person)' 개념도 구체적 관계를 설명하는 데는 한계를 보인다.

작금의 동향과는 별도로 실체 개념을 조명하는 이유는 위격 개념보다 실체 개념으로 접근할 때 삼위일체 난제에 대한 총체적 해법을 모색할 수 있으리라 사료되기 때문이다. 위격을 의미하는 용어에는 휘포스타시스(hypostasis), 프로소폰(prosopōn), 페르소나(persona)가 있다. 위격 개념의 역사적 전개과정을 볼 때 헬라어 휘포스타시스가 먼저 사용되었고, 헬라어 프로소폰도 종종 함께 사용되면서 라틴어로는 페르소나로 번역되었다.[13] 삼위일체 정식에서도 휘포스타시스가 먼저 채택되었다는 점에서

---

12) 김옥주, "칼 바르트의 삼위일체론에 관한 비평적 고찰", 『한국개혁신학』 41 (2013):51-60.; 노우재, "칼 라너의 삼위일체론에 대한 고찰", 『가톨릭 신학과 사상』 no.70 (2012):188.; 김병훈, "삼위일체 복수성과 단일성에 대한 현대 신학자들의 견해 탐구(2) 로벗 젠선의 "세 가지 정체성을 가진 한 사건으로서의 하나님", 『신학정론』 vol. 28 (2010.6): 118-124.
13) 프로소폰은 사벨리우스가 양태론을 주장하기 위해 사용하면서 문제적 용어로 기피되었으나 후에 캅파도키아 교부들이 휘포스타시스를 프로소폰과 페르소나로 사

위격 개념은 휘포스타시스에서 시작되었다고 볼 수 있다. 그런데 휘포스타시스는 본래 실체를 의미하는 우시아(ousia)에 함의된 용어로 동일하게 존재적 의미를 지니고 있었다. 결국 위격 개념은 실체(우시아) 개념에서 분화한 것이기 때문에 실체 개념이 보다 본질적이다. 따라서 삼위일체의 근본적 해법을 위해서는 실체 개념에 보다 초점을 맞추어야 한다. 라너는 실체 개념은 이미 전통적으로 굳어졌으므로 현재로선 쉽게 바꿀 수 없다는 견해를 표했지만[14] 필자는 전통적 견해를 다시 재조명하는 데서부터 문제해결을 위한 진일보가 가능하다고 본다.

삼위일체론에서 실체 개념이 본질적인 것은 '동일실체'를 표현하기 위해 삼위일체론이 발전해 왔다는 그 출현동기를 직시할 때 더욱 명확해진다. 즉, 실체 개념은 니케아-칼케돈 신조에 명시된 하나님과 예수의 일체인 '신인일체'를 규명하기 위한 신학적 작업의 결과이며, 더 나아가 성령을 포함한 삼위일체의 정체성을 증명하기 위한 신학적 토대이다. 따라서 실체 개념이 삼위일체론의 난제들의 시작점이면서 동시에 해결할 수 있는 실마리를 쥐고 있다. 실체 개념은 삼위일체의 존재와 관계에 대한 세 가지 난제들에 대해 구체적으로 설명할 수 있어야 한다.

아쉽게도 기독신학의 전통적 실체 개념은 이러한 문제에 답하지 못한다. 실체를 본질 혹은 본성 혹은 신성으로 표현하는데 인식할 수 없는 초월적 특성을 지니기 때문이다. 동방교회의 경우, 삼위의 절대적 구별성을 염두에 두고 시작하므로 세 위격의 활동의 통일성으로 추론된, 동일하게 소유하는 본성 혹은 신성의 동일성을 실체로 간주한다. 통일성의 원리는 성부를 유일한 원천으로 인정하고, 위격들이 성부로부터 동일한 본질을

용할 수 있다고 규정하면서 교부들에게 위격을 지칭하는 용어로 받아들여졌다.
Richard A. Muller, *Dictionary of Latin and Greek Theological Terms* : Drawn Principally from Protestant Scholastic Theology (Grand Rapids, Mich Carlisle: Paternoster Press, 1985), 223.
14) Karl Rahner, *The Trinity* (New York: Crossroad Pub., 1997), 56.

받아들인다는 데 있다. 본질(본성 혹은 신성)은 위격에 내재한 것으로서, 개별 위격은 고유하게 가지는 특성(성부-부성, 성자-자성, 성령-성화)과 보편적인 본질을 가지게 된다. 실체는 보편적 특성인 본질의 유적(類的) 단일성이 강조된다. 문제는 본질이 보편적인 것으로서 실존의 의미를 가지지 않기 때문에 페리코레시스(perichoresis)의 신비적 연합을 적용해도 어떻게 세 위격이 한 하나님이 되는가에 대한 문제를 해결하지 못한다는 것이다. 따라서 실체는 결코 인식할 수 없는 신비로 남으며, 삼위일체의 존재와 관계 모두 신비가 된다.[15]

서방교회의 전통에서 본 실체는 한 하나님의 존재를 규명하는데 무게를 두기 때문에 실체를 의미하는 본질이 곧 존재이다. 본질의 비물질적, 비유형적인 특성이 강조되어 순수하고 자족적인 절대자를 묘사한다. 하나님을 존재와 본질이 같은 존재로 규명하면서 삼위일체의 실체는 종종 수적(數的)으로도 하나의 존재로 여겨진다. 한 실체 안에서 삼위의 구별성은 위격 간의 대립 관계를 통해 드러나며, 동시적이며 영원한 관계로서 위격의 기초가 된다. 삼위성은 외적 사역으로 구분되기보다 내적 사역을 중심으로 표현되며, 세 위격의 경륜은 하나로 표현된다. 그러나 위격 역시 본질과 동의어이기 때문에 전유(appropriation)의 개념을 적용해도 위격들의 실질적 구분이 불가능하다. 이로 인해 때로는 성부의 위격과 실체가 동일시되면서 이해에 혼선을 빚는다. 불가분리성의 강조로 사실상 삼위를 구별하거나 인식할 수 없으므로 위격의 관계는 영원한 수수께끼이며 삼위일체의 존재 역시 신비가 된다.[16]

전통적 실체 개념은 하나님을 초월적이고 절대적 존재로 규정하기 때문에 우리와의 관계에 있어서 실재적일 수 없다. 길키(R. Gilkey)가 지적한 것처럼 내재적 삼위일체와 경륜적 삼위일체의 구별로 인해 가장 근본

---

15) 이 책 2장 2절 1) 참조.
16) 이 책 2장 2절 2) 참조.

적인 문제인 "절대적인 하나님이 어떻게 상대적인 세계와 관련을 맺을 수 있는가"의 문제를 덮어버렸다.[17] 현대신학은 형이상학적인 삼위일체 하나님이 아닌 생생한 경험과 인격적인 범주에서 인식하기를 원한다. 하나님의 존재와 경륜의 구조적 연관성을 뚜렷이 보여줘야 한다는 입장이다. 이를 위해 동방교회의 강점인 삼위의 구별성과 관계성, 서방교회의 강점인 한 하나님의 존재적 입장을 살려서 통합적 수용을 주장하기도 한다. 그러나 신비에 쌓인 위격과 실체의 내용에 대해 아직 구체적 진술이 정립되지 않았고, 두 전통의 공통분모가 확고하지 않기 때문에 두 신학의 통합이 삼위일체 하나님의 존재와 관계를 명확히 설명해 줄 수 있을 지는 미지수다. 필자는 기존의 방식을 고수하는 대신 존재와 관계의 구조적 연관성을 살리면서 새롭게 실체 개념을 제안할 것이다. 먼저 실체 개념을 실재적으로 전환하기 위해 신비적 경향의 원인을 짚고자 한다.

기독신학에서 삼위일체론의 실체는 신비이다. 삼위일체론은 하나님의 실체를 직접 말할 수 없다는 가정 아래 대신 예수와 성령을 통해 계시된 구원의 경륜을 통해 하나님을 인식하는 방법을 사용한다. 문제는 예수와 성령을 통해 계시된 내용이 신비스럽다는 것이다. 예수의 경우, 예수에게 나타난 하나님과 예수 안에 표현된 하나님, 거리(distance)와 부재(absence)의 다름에서 하나의 정체성을 이해하는 일은 다양한 해석을 낳는다. 성령은 더욱 난해하여 성령 연구는 피상적 차원에 머물러 있다. 성령은 한 위격임에 틀림없지만 때로는 한 위격이 아니라 보편적 영이나 한 존재양태, 힘과 같이 비하되어 취급되기도 한다. 알 수 없는 성령은 필리오케 논쟁에 휩싸여있다. 계시된 예수와 성령이 신비롭기 때문에 결국 삼위일체의 실체 역시 서술할 수 없는 신비가 된다.[18]

---

17) 랜던 길키, "하나님", 『현대 기독교 조직신학』 피터 C. 하지슨, 로버트 H. 킹 편, 윤철호 역 (서울: 한국장로교출판사, 2003), 152.
18) 이 책 2장 3절 1) 참조.

그러나 예수와 성령이 굳이 신비여야 하는가는 의문스럽다. 성령은 영적 경험에만 의존하여 알려졌기에 보다 발전된 계시를 통한 해석이 없이는 신비일 수밖에 없겠지만 역사적 존재였던 예수까지 신비로만 파악하려는 것은 예수의 실존을 무시하거나 경시하는 행위다. 실제 기독신학에서 '신비'라는 것은 비밀에 대한 계시적 측면을 의미한다. 바울은 신적 비밀을 '예수'라 하였고(골 2:2-3), 하나님의 비밀 혹은 신비는 예수에 대한 계시와 하나님의 경륜에 연결되었다(엡 2:9-10, 3:2,9). 결국 예수가 신비라는 말은 예수를 통해 하나님을 인식하게 된다는 뜻이다. 그런데 예수는 '인간'이었고, 실재적 사역을 통해 하나님의 자기 계시를 밝혀주었다. 따라서 삼위일체의 실체는 우리 삶과 보다 밀접한 실재적 차원에서 이해되어야 한다.

실체 개념의 지평을 신비적 실체에서 실재적 실체로 전환하기 위해 통일신학의 실체 개념을 대안으로 제시하고자 한다. 통일신학에서 삼위일체의 실체 개념이 실재적인 것은 하나님의 실체가 인식할 수 없는 '무형(無形)'에만 머물지 않고, 인식할 수 있는 '유형(有形)'을 갖춘다는 데 있다. 이때의 유형은 인식할 수 있다는 의미에서 영적(靈的)인 무형실체와 육적(肉的)인 유형실체 모두 지칭할 수 있다.

통일신학에서 실체는 본래 하나님의 본질인 원상(原相)을 의미하며, 원상의 전개로서 창조된 피조물 역시 실체로 인식한다. 원상에의 닮음과 관계의 차이에 따라 인간은 형상적 실체, 만물은 상징적 실체로 불리며, 특별히 형상적 실체인 인간은 완성할 경우 하나님의 체로서 기능할 수 있는 존재다. 형상적 실체인 인간은 사랑의 일체권을 이루고자 하는 창조본성(創造本性)을 지니며, 주체와 대상의 상대 관계를 맺고 수수작용을 통해 통일체를 이룬다. 삼위의 일체성은 주체와 대상 간의 동질요소를 바탕으로 하며 성부의 원상을 성자와 성령이 닮아 삼위일체를 형성하게 된다.

무형의 하나님은 종적 참부모로서 그 전개인 유형의 남자, 여자는 유형의 횡적 참부모로서 사랑으로 하나되어 삼위일체를 이룬다. 삼위일체를 구성하는 위격인 하나님, 남자, 여자는 각각이 개별 실체이면서 삼위일체의 관점에서는 천지인참부모로서 한 실체가 된다. 신인애일체의 천지인참부모는 참부모성(참父母性, True Parents' nature)을 지니고 참부모로서의 경륜을 행한다.

'참부모성'은 필자가 천지인참부모로서의 존재적 의미와 관계적 의미를 살리고자 삼위의 동일실체의 새로운 개념으로 제안하는 것이다. 칼케돈 공의회에서는 삼위의 동일실체를 '신성'으로 규정하였고, 통일신학에서도 성부-성자-성령으로 대표되는 하나님-참아버지-참어머니의 공통본질로서 '신성'을 말하였다. 그러나 삼위일체가 신인애일체라는 사실을 주지하면 삼위의 공통본질을 의미하는 동일실체는 '신성' 만이 아니라 '인성'도 포괄할 수 있는 개념이어야 한다. 신성의 중요성은 분명하다. 하나님의 본질이며, 동시에 인간인 성자와 성령이 완성하여 지니게 된 본질로서 하나님과의 일체를 의미하기 때문이다. 인성 역시 중요하다. 인간인 성자와 성령의 본질이며, 동시에 하나님인 성부의 창조목적 완성과 삼위일체의 경륜을 확증하기 때문이다. 여기에 한 가지 더 고려해야 할 것은 존재의 총괄적 개념를 지칭하는 본성의 용례이다. 양성론이 불러들이는 존재론적 혼란과 오해를 피해야 한다. 따라서 필자는 완성한 하나님과 인간 남녀의 존재적 정체성이 '참부모'라는 점과 우리에게 있어 참부모는 신성과 인성을 동시에 지니신 천지인참부모라는 사실에 착안하여 삼위의 동일실체를 참부모성이라 정초하고자 한다. 이 책에서는 참부모성에 기초하여 삼위일체의 존재와 관계의 논의를 전개할 것이다.

이러한 통일 삼위일체론의 근거는 실존 인물로서 '동일실체'의 출발점인 '예수'와 '문선명·한학자 참부모님'에 있다. '하나님의 자기 실체화'이신 예수와 참부모님은 존재적 차원에서 그리고 경륜적 차원에서 하나님과 일체이다. '신인애일체'는 하나님의 창조목적인 삼위일체를 이룰 때 완성된다. 예수의 경우, 지상에서는 실패했지만 차선책으로 영적으로 신부를 찾아 삼위일체를 이루었다. 참부모님은 지상에서 삼위일체를 이루어 천지인참부모가 되었다. 그런데 예수가 영적으로 참부모가 되었다는 사실은 삼위일체로서의 존재와 경륜이 미완성하였다는 의미를 내포한다. 반면, 천지인참부모는 완전한 삼위일체의 완성으로서 그 존재와 경륜에서 삼위일체의 실체를 실재적으로 인지하게 한다. 통일신학의 지평에서 완성한 삼위일체는 하나님과 참부모님의 삼위일체인 '천지인참부모'를 중심으로 천착한다.

앞으로 이어질 이 책의 구성을 간략히 소개하자면, 먼저 2장에서는 삼위일체의 문제 해결을 위한 단초로 선택한 실체 개념을 탐구한다. 삼위일체의 문제를 진단하기 위한 목적으로 수행한다. 기존 실체 개념을 비판적으로 분석하기 위해 대략적으로 실체 개념의 형성 과정을 살핀 후, 동방교회와 서방교회의 실체 개념을 비교 분석한다. 이 과정에서 두 전통의 실체 개념이 내포한 공통된 문제가 지금까지 고수해 온 신비적 요소에 있음을 밝힌다. 다음으로 문제 해결을 위해서는 실체 개념의 지평을 신비적 실체에서 실재적 실체로 전환해야 함을 논증한다. 특히 통일신학의 '창조목적'에 근거하여 검토한다.

3장에서는 기존 실체 개념의 대안으로서 통일신학의 실체 개념을 제시한다. 우선 실체 개념이 신비적일 수밖에 없었던 원인을 분석한다. 여기서 필자는 실체의 초월성이 '무(無)로부터의 창조'를 변증하는 태도에서 기인했음을 말하고, 무로부터의 창조가 아닌 '유(有)로부터의 창조'로 시작하여 실체를 재조명한다. 유로부터의 창조에 근거하여 삼위일체의 존재론이 뚜렷한 실존성과 관계성을 모두 함의한 '인격적 실체'임을 규명한다. 또한 존재론적 차원에서 '참부모'임을 설명하여 동일실체로서 참부모성의 타당성을 검증할 것이다.

2장에서는 비판, 3장에서는 대안 제시와 확증이 목적이었다면, 4장에서는 구성을 목표로 한다. 삼위일체의 문제 해결을 위한 대안인 참부모성으로서의 동일실체 개념을 적용하여 삼위일체의 주요 난제들을 새롭게 구성한다. 즉, 천지인참부모를 천착하여 일체성, 삼위의 구별성, 내재적 삼위일체와 경륜적 삼위일체의 관계를 조명한다.

5장에서는 삼위일체의 실증인 예수와 문선명·한학자 참부모님의 존재와 사역을 논한다. 기독신학에서 구세주의 존재와 사역을 말하는 기독론은 삼위일체론을 근본으로 삼으면서도 '신성'만이 중시되는 삼위일체론과 다르게 '인성'도 다루면서 그 특성상 삼위일체론과의 구분이 뚜렷하다. 그와 다르게 여기서는 동일실체를 참부모성으로 규명하였던 토대 위에 기독론의 담론이 삼위일체의 존재와 경륜으로 자연스럽게 이어짐을 묘파할 것이다. 사실상 참부모의 관점을 적용하면 삼위일체론과 기독론은 습합할 수밖에 없다. 이 때, 예수가 이룬 삼위일체가 영적 참부모로서 미완성한 삼위일체임을 명시하고 참부모님이 지상에서 이룬 천지인참부모가 완성한 삼위일체로서의 존재이며 우리의 완전한 구원과 성화를 위한 경륜을 행함을 논한다. 마지막으로 결론인 6장에서는 삼위일체가 신인애일체를 이루신 천지인참부모라는 사실을 중심하고 책의 내용을 요약하여 제시하고, 더불어 시사하는 바를 생각해 보고자 한다.

실체 개념을 탐구하며 엮어지는 이 책은 통일신학의 해석학의 관점을 적용한 삼위일체론의 조명이며, 동시에 삼위일체론의 구조로 설명한 천지인참부모에 관한 연구이다. 조직신학적 연구이기 때문에 기존의 삼위일체론의 조직신학적 담론들과 연계된 가운데 내용을 전개할 것이다. 이러한 방식은 삼위일체론에 대한 통일신학적 이해와 천지인참부모에 대한 체계적 이해에 도움을 줄 것이다.

2. 통일신학계의 삼위일체 연구

기독신학의 삼위일체에 대한 견해와의 비교를 위해 통일신학 내의 삼위일체에 관한 연구들을 간략하게나마 소개하고자 한다. 기독신학에서 삼위일체론은 로마 가톨릭, 동방정교회, 개신교를 아우른 정통교리로서 삼위일체 하나님을 탐구하는 신론이다.[19] 1900여년에 걸쳐 한 실체와 세 위격이라는 삼위일체 '하나님'의 존재와 경륜에 대한 인식을 정교화하고 있다. 반면, 통일신학에서 삼위일체론은 기독론과 연계된다. 삼위일체의 세 위격 중 성부만이 하나님이고, 성자와 성령은 인성을 지녀 기독론의 범주에 있기 때문이다.[20] 삼위일체는 신인애일체로서 신성과 인성이 연합된 참부모이다. 필자 역시 이 책에서 삼위일체론의 담론을 중심으로 논의를 펼칠 것이나 삼위일체가 신인애일체로서 기독론과 연관되어 있다는 통일신학계에 공론을 벗어나지는 않는다. 여기서는 통일신학자들의 삼위일체에 대한 인식과 변천에 중점을 두어 기존 연구들을 소개하고자 한다.

열린 에큐메니즘 운동을 지지하는 기독신학자 마차크(S. A. Matczak)가

---

19) 기독교(가톨릭, 동방정교회, 개신교)의 신조와 관련한 사항은 다음 참조. 이종성, 『삼위일체론』 (서울: 대한기독교서회, 1991), 39-156. 기독교에서는 삼위일체 하나님의 대한 믿음, 즉 '하나님 아버지를 내가 믿사오며, 그 외아들 우리 주 예수 그리스도를 믿사오며, 성령을 믿사오며'라고 고백한다. 기독교에서는 삼위일체에 대한 믿음이 전적으로 하나님의 계시에서 비롯되었다고 여긴다. 바빙크(H. Bavinck)는 삼위일체론의 고백을 교묘한 신학자들의 논리이자 복음과 철학의 결합의 산물이라고 주장하는 사람들에 반대하여 하이델베르크 요리문답(25문)을 인용하여 삼위일체론은 하나님의 계시로부터 추론된 기독교 신앙으로 간주한다. 헤르만 바빙크, 『바빙크의 개혁교의학 개요』 원광연 역 (고양: 크리스찬다이제스트, 2004), 167-170.

20) 통일신학에서 성자는 하나님의 창조목적을 '완성한 남성'을, 성령은 '완성한 여성'을 의미한다. 유경득은 이러한 점을 강조하여 성자(聖子)·성령(聖靈) 대신 '성자(聖子)·성녀(聖女)'라는 용어를 사용한다. 유경득, "참부모 삼위일체론 교육교재 개발을 위한 한 연구" (박사학위논문, 목회학과, 선문대학교 신학전문대학원, 2016), 108-111. 이 책에서는 기독신학과의 소통을 위해 용어 자체는 변용하지 않는다.

1986년에 쓴『통일교 사상』(*Unificationism*)에서 지적했듯이 통일신학자들은『원리강론』에서 삼위일체, 성부, 로고스, 성자, 성령과 같은 용어를 사용하면서도 통일신학적 지평에서 삼위일체의 신비를 해석하고자 노력하지 않았다.[21] 당시까지의 삼위일체론은 '아래로부터' 접근하는 통일기독론의 주변적 담론으로 취급되었기 때문이다. 그러나 적은 분량의 설명이지만 삼위일체를 다루는 통일신학자들의 공통된 특징은 삼위일체를 하나님의 창조목적과 관련시킨다는 것이다.

김영운은 "삼위일체식으로 지상에 천국이 세워질 것", "하나님을 중심하고 새 아담과 해와 사이에 사랑과 존경의 삼위일체적 관계가 이루어질 때 복귀도 성취되는 것"이라 말하며, 삼위일체를 신인애일체의 관계로 파악하고, '참부모'로서 3대축복을 성취하는 일환으로 보았다.[22] 웰스(J. Wells) 역시 유사하게 '목적론(finality)'의 관점에서 기독론을 볼 때 예수는 창조목적을 완성한 존재로 태어난 목적인(final cause)'으로서 삼위일체를 이룰 분으로 설명하였다.[23]

보다 심화된 형태로 삼위일체론을 다룬 최초의 통일신학자는 심묘(T. T. Shimmyo)이다. 심묘 역시 창조목적과 관련하여 삼위일체를 설명하였는데, 통일기독론을 '아래로부터'와 '위로부터'의 방식을 접목하여 설명하면서 삼위일체를 내적−외적 삼위일체로 다루고 삼위일체에 대한 통일신학의 논의를 확장하였다. 그는 내적 삼위일체를 하나님의 심정, 본성상, 본형상이라 하고, 외적 삼위일체를 내적 삼위일체가 실현화된 하나님, 완성한 아담, 완성한 해와라 하였다. 그의 의도는 니케아 공의회에서 공식화한 삼위일체의 신성과 아리우스주의에서 주장하는 예수의 인성을 내적

---

21) Sebastian A. Matczak, *Unificationism: A New Philosophy and World View* (New York: Learned Publication, 1986), 304−305.
22) 김영운,『통일조직신학』, 김항제 역 (서울: 성화출판사, 1998), 233.
23) Jonathan Wells, "*Unification* Hermeneutics and Christology," 198−199.

삼위일체와 외적 삼위일체에 각각 적용한 후 통합하여 신인애일체를 설명하는 것이었다.[24] 심묘의 주장의 타당성에 대해서는 이 책의 본론에서 약간의 비판을 가하고 있으나 심묘의 논문은 삼위일체론의 담론을 진지하게 성찰하면서 삼위일체론으로 관심을 환기시켰다는 점에서 중요하다.

윌슨의 경우는 삼위일체 기독론(Trinitarian Christology)이라 하여 '위로부터의' 관점에서 통일기독론을 고찰하면서 삼위일체를 설명하였다. 하나님의 이성성상의 전개로서 존재론적 규명을 시도하여 그리스도가 참부모로 현현해야 한다는 점을 부각시켰다. 종적 참부모인 하나님과 횡적 참부모인 참부모님의 삼위일체가 이성성상(二性性相)의 중화적 통일체인 하나님의 진정한 현현이라 하고, 삼위일체를 이룬 참부모 안에서 신성과 인성의 결합을 설명하였다.[25] 윌슨에 따르면 삼위일체는 하나님의 창조목적의 완성 및 구원의 완성과 직결되므로 중요하다.[26] 특별히 그의 주장에서 주목할 점은 『원리원본』과 『원리강론』을 심도 있게 탐구하여 삼위일체가 참부모라는 원리적 근거를 명시하고 있다는 점이다.

『원리원본』에서 삼위일체는 하나님, 남자, 여자의 일체로 정의되며, 남자와 여자는 하나님의 대상으로서 하나님과 더불어 삼위일체를 이루기 위해 창조되었다. 하나님의 이성성상을 함께 실현할 수 있는 부부로 하나되기 위하여 하나님의 이성성상이 두 성(性)으로 창조되어 현현한 것이다.

> 나는 하늘 대하여 대상완성하는 동시에 상대성의 한 대상을 완전성사하여야만 근본과 합하는 삼위일체격 한 회로를 조성하고자 하는 것이 창조원성(原性)인 것이다. 그러니 양심적으로는 몸에 지향을 받고 다음에는 이와 함께 우리는 상대성을 취하여 완전 하나로 되는 대상격 성 존

---

24) Theodore T. Shymmyo, "Unification Christology: A Fulfillment of Niceno-Chalcedonian Orthodoxy," 27–31.

25) Andrew Wilson, "Rev. Moon's Early Teaching on God as Heavenly Parent," 7.

26) Andrew Wilson, "Rev. Moon's Early Teaching on God as Heavenly Parent," 6.

재를 합체하여야만 기본원리상선이 비로소 일어설 수 있는 것이다. 그
러한 곳에는 근본 하나님은 거할 수 있는 창조원리적 기대이다.[27)]

한편으로, 윌슨은 삼위일체가 일반적으로 통일신학에서 하나님과 참
부모님의 일체적 관계와 존재를 표현하는 사위기대(四位基臺)의 선구자
적 개념이라 밝히기도 하였다. 『원리원본』에서 삼위일체가 하나님, 남자,
여자의 관계 혹은 존재의 일체성의 개념이라면 사위기대는 일체된 구조
혹은 환경적 요소이다.[28)] 삼위일체와 사위기대는 일체성과 완성을 의미
한다는 점에서는 동일하나 삼위일체가 사위기대의 선행 개념으로서 존재
한다. 『원리강론』에서도 삼위일체가 이루어지고, 사위기대가 조성된다
는 점에서 『원리원본』과 유사한 구조를 띠고 있다.

> 피조물의 완성은 곧 하나님과 일체(一體)를 이루어 사위기대(四位基
> 臺)를 조성하는 것을 의미하는 것이므로, 인간의 개체가 완성되려면 하
> 나님을 중심하고 마음과 몸이 삼위일체(三位一體)를 이루어 사위기대를
> 조성해야 하고, 부부로서 완성되려면 하나님을 중심하고 남성과 여성이
> 삼위일체를 이루어 사위기대를 조성해야 하며, 또 피조세계가 완성되려
> 면 하나님을 중심하고 인간과 만물세계가 삼위일체를 이루어 사위기대
> 를 조성해야 하는 것이다.[29)]

---

27) 가독성을 위하여 한글번역본을 사용하였다. 원본의 국한문본은 다음과 같다. "我
는 하날 対하여 対像完成하는 同時에 相対性의 한 対像을 完全成事하여야 만의 根
本과 合하는 三位一體格 한 回路를 造成코저함이 창조原性인바다. 그러니 良心的으
로는 몸이 指向을 받고 다음에는 이와함끠 우리는 相対性을 取하여 完全하나로 되
는 対像格 性 存在를 合体하여야만의 基本原理上線이 비로서 일어설 수 있는 바다.
그러한 곳에는 근본 하나님은 居할수 있는 창조原理的 基台이다." 文鮮明, 『原理原
本』, 제3권, (부산: 필사본, 1951), 342–343. 미간행.
28) 『원리원본』에는 『원리강론』에서 창조목적의 완성과 관련하여 강조하는 '사위기
대'가 아직 나타나지 않았으며, 사위기대를 『원리원본』의 표현으로 설명한다면 하
나님, 남자, 여자가 일체를 이룬 삼위일체의 관계에서 창조목적을 완성하기 위해
이루어야 하는 기대(foundation)이다. Andrew Wilson, "Rev. Moon's Early Teaching
on God as Heavenly Parent," 11–12.

삼위일체에 대한 통일신학자들의 태도는 기독론에서 점차 삼위일체론 자체에 대한 탐구로, 그리고 통일원리적 근거에 대한 심화된 고찰로 점차 그 중심축이 이동하였다. 황진수의 논문, 「삼위일체로서의 천지인참부모」는 이러한 상황을 잘 반영하고 있다.

황진수는 기독신학자들의 삼위일체 담론을 내재적 삼위일체와 경륜적 삼위일체의 긴장 관계로 보고, 통일신학적으로 내재적 삼위일체와 경륜적 삼위일체의 조화로운 관계로서 천지인참부모를 설명하고자 시도하였다. 그는 말씀에 근거하여 내재적 삼위일체와 경륜적 삼위일체의 관계를 창조의 2단 구조에 입각한 로고스(구상)-실체(창조)의 삼위일체로 정의하였다. 내재적 삼위일체를 하나님, 성자의 로고스, 성령의 로고스로, 경륜적 삼위일체를 산 구상(living plan)으로서의 로고스가 창조로 실현된 하나님, 실체 성자, 실체 성령이라 파악하였다.[30] 한편으로 그는 삼위일체의 일체의 의미를 '심정'의 일치로 보고, 통일신학에서 중점을 두는 삼위일체는 하나님의 심정을 중심으로 아담과 해와가 심정을 성숙시켜 공명하는 일체화로서 창조목적을 완성한 경륜적 삼위일체인 천지인참부모라 하였다.[31]

이러한 통일신학자들의 삼위일체 연구는 기독신학의 구조를 통해 기존의 신학적 담론과 소통하고, 동시에 통일원리에서 근거를 찾아 통일신학의 정체성을 뚜렷이 유지하면서 창조목적의 완성으로서의 삼위일체, 궁극적으로 천지인참부모에 대한 규명을 목적으로 한다. 필자는 이러한 선행연구들에 대한 비판적 성찰을 토대로 통일신학적 입장에서 삼위일체를 신인애일체의 천지인참부모로 해석하고 논증할 것이다.

---

29) 세계평화통일가정연합, 『원리강론』, (서울: 성화출판사, 2014), 411.
30) 황진수, "삼위일체로서의 천지인참부모", 『참부모 신학 연구』 (가평: 청심신학대학원대학교 출판부, 2016), 49-70.
31) 황진수, "삼위일체로서의 천지인참부모", 75.

━━━━━ II. 삼위일체론의 실체 개념의 문제

1. 역사적 배경 : 삼위일체론의 실체 개념의 형성

2. 기독신학의 실체 개념 : 동방교회와 서방교회의 전통을 중심으로

3. 실체 개념의 지평 전환의 필요성

기독 신학자들은 하나님의 자기 계시가 삼위일체적 구조를 가지고 있기에 삼위일체론은 하나님의 자기 계시의 올바른 해석이라고 본다.[1] 본 장에서는 질문하고자 하는 바는 첫째, 삼위일체론으로 계시된 하나님(Godhead)의 존재와 관계가 지금까지의 삼위일체론의 신비적 실체 개념에서 명확히 설명되어져 왔느냐이다. 둘째, 만약 그렇지 않다면 실체 개념의 새로운 지평은 어떠해야 하느냐이다. 이러한 질문에 답을 구해보자.

1. 역사적 배경 : 삼위일체론의 실체 개념의 형성

신학자들은 오랜 시간 철학의 개념과 용어를 차용하였다.[2] 초기 기독교인들은 박해하는 권력층에게 기독교를 변증하고자 하는 목적과 더불어

---

1) 바르트는 하나님의 말씀은 그의 계시 안에 있는 하나님 자신인데, 이 때 하나님은 지울 수 없는 통일성 안에서 계시자, 계시, 계시되는 자로 그 자신을 계시하신다고 보았다. 주로서 하나님의 구체적인 자기 계시는 삼위일체적 구조를 가지고 있기에 삼위일체론은 주이신 하나님의 자기 계시의 올바른 해석으로 여긴다. 이러한 삼위일체론은 성서의 진정한 해석으로 간주되어지는바 많은 신학자들이 삼위일체론이 성서적 뿌리를 지닌다는 주장에 동의하고 있다. Karl Barth, *Church Dogmatics*, vol. 1 trans. Geoffrey William Bromiley (Edinburgh: T. & T. Clark, 1977), 295, 349.
2) 신학의 철학적 배경에 대한 내용 참조. J. N. D. Kelly, *Early Christian Doctrines* (London, New York,: Longmans, 1950), 9−17.; Diogenes Allen, *Philosophy for Understanding Theology.* (Atlanta, Ga.: John Knox Press, 1985).

기독교의 핵심 메시지를 보편성 있는 형태로 전달하고자 기독교 신앙을 철학적으로 재해석하였다. 주로 플라톤, 아리스토텔레스, 스토아 철학 등이 동원되었고 하나 혹은 그 이상의 철학이 복합적으로 이용되었다.[3] 이 과정에서 철학은 신학의 형성을 도왔고, 신학은 언어, 문화, 사상 유형의 발전에 기여하였다. 관계(σχέσεις), 위격(ὑποστάσεις), 실체(οὐσία) 같은 삼위일체론의 용어 역시 철학적 용어에서 개념을 차용하여 발전하게 되었다.[4] 터툴리안과 같이 철학 용어의 사용을 반대한 경우도 있었지만[5] 대체로 신학자들은 철학과의 연계를 선택하였으며, 터툴리안이 법률 용어에서 차용한 삼위일체 용어들도 삼위일체가 정식화 되는 과정에서 철학적 개념이 적용되었다.[6]

---

3) 차종순, 『교리사』 (서울: 한국장로교출판사, 2003), 35.
4) 캐서린 모리 라쿠나, 『우리를 위한 하나님—삼위일체와 그리스도인의 삶』, 97.
5) 터툴리안은 이단들이 철학자들의 이론을 받아들여 기독교의 진리를 왜곡시킨다고 보면서 철학적 요소를 배격할 것을 선언하였다. 그는 "스토아주의적이고 플라톤주의적이며 변증법적인 혼합물로 된 잡종의 기독교를 만들어 내려는 모든 시도들을 없애라."며 신앙의 우위를 주장하였다. Tertullian, *The Prescription Against Heretics 7, tr. S. Thelwell, in The Ante-Nicene Fathers*, vol. 4 (Grand Rapids,: W. B. Eerdmans Pub. Co., 1956), 246.; 터툴리안은 세속적 군주제보다 삼위일체 하나님의 주권이 우선이며, 삼위일체를 인정할 때 군주제도 더 잘 확립된다는 입장을 취하였다. 서철원, 『교리사』 (서울: 총신대학교출판부, 2003), 138.; 이러한 반(反) 철학적 입장은 종교개혁자들에 의해서 반복되었다. 루터는 이성이 하나님과 우리를 차단시킨다고 보고 '마담 이성'이라 부르며 창녀와 같이 취급하였다. 차종순, 『교리사』, 47-48.
6) 터툴리안은 수사학과 법률에 능통하였던 인물로 『프락세이아에 대한 논박』(*Against Praxeas*)에서 하나님의 법에 대한 관점으로 기독교의 교리를 한 섭스탄티아(una substantia)와 세 페르소나(tres personae)라는 삼위일체로 표현하였다. 법적 개념으로 섭스탄티아는 소유나 법인을, 페르소나는 조건, 신분을 의미하였다. 이러한 용어는 황제가 제국을 분할하지 않은 채 자기 아들과 공유할 수 있는 것처럼, 성부는 신성을 분할하지 않은 채 성자와 성령과 함께 공유할 수 있다는 형이상학적 방식으로 적용되었다. Tertullianus, Adversus Praxeas, II. Richard A. Muller, *Dictionary of Latin and Greek Theological Terms : Drawn Principally from Protestant Scholastic Theology,* 223.; 후스토 L. 곤잘레스, 『기독교 사상사』, 김종희 역 (서울: 기독교문서선교회, 2004), 48.; 터툴리안의 삼위일체론 실체 용어에 대해서는 다음 참조. Alfred Adam, *Lehrbuch Der*

삼위일체론에서 실체(οὐσία) 개념이 화두가 된 것은 아타나시우스가 325년 니케아 공의회에서 사용한 동일실체(ὁμοοὐσιος)라는 용어였다.[7] 아타나시우스는 성자도 성부 하나님과 같은 하나님이라는 성찰을 보다 명확하게 논증하기 위해 사용하였다. 문제는 아타나시우스가 사용한 헬라어 '우시아(οὐσία)'가 철학적 경향에 따라 다르게 해석되면서 오해가 발생하였다는 것이다.[8]

우시아는[9] 본래 성서적 개념이 아니라 헬라 철학에서 근원적 존재(τὸ

Dogmengeschichte, vol. 1 (Gütersloh: G. Mohn, 1965), 164−166.; Hong Yul Chung, "Tertullian's Understanding of Person in His Doctrine of the Trinity", ACTS Theological Journal 12, (2004): 260−265.; 윌리스턴 워커, 『세계기독교회사』, 강근환 외 3인 공역 (서울: 대한기독교서회, 1993), 63.; Tertullianus, "The trinity", *in The Early Christian Fathers : A Selection from the Writings of the Fathers from St. Clement of Rome to St. Athanasuis,* ed. & trans. Henry Scowcroft Bettenson (Oxford; New York: Oxford University Press, 1969), 133−135.; Adolf von. Harnack, History of Dogma, vol. 4 (New York: Dover Publications, 1961), 144−145.

7) 니케아 신경은 다음과 같이 말한다. "또한 한 분이신 주 예수 그리스도, 하나님의 외아들 영원으로부터 성부에게서 나신 분을 믿나이다. 하나님에게서 나신 하나님, 빛에서 나신 빛, 참하나님에게서 나신 참하나님으로서, 창조되지 않고 나시어 성부와 한 실체(본질)로서 만물을 창조하셨음을 믿나이다." Philip Schaff, *The Creeds of Christendom, with a History and Critical Notes* (Grand Rapids, Mich.,: Baker Book House, 1919), II, 60.

8) 당시 알렉산드리아 지역에서는 플라톤 철학이, 안티오키아 지역에서는 아리스토텔레스의 철학이 우세를 보이고 있었다. 정승익, "니케아−콘스탄티노플 신경에 나타난 '동일본질'과 '동일흡숭'(Ὁμοτιμία) 개념에 대해서", 『가톨릭신학과 사상』 no. 68 (2011.12): 132−133.

9) 우시아가 무엇인가라는 질문에 대해선 다양한 해석이 나올 수 있다. 스테드(G. C. Stead)는 우시아가 적어도 7가지 기본 개념(1. 존재, 2. 종류 또는 범주, 3. 실체, 4. 물체 또는 물질, 5. 형상 또는 종, 6. 사물의 정의, 7. 진리)과 4가지 상황(A. 동사적 의미, B. 서술적 의미, C. 근원적 실체 의미, D. 개별적 실체 의미)에 따라 28가지의 다양한 우시아가 나올 수 있다고 보았다. "하나님의 우시아가 무엇인가?"라는 질문에 대해서는 1. 하나님의 존재, 2. 하나님의 본성, 3. 실체 범주로 본 하나님, 4. 구체적 물질과 비교될 만한 무엇, 5. 언어로 정의할 수 있는 무엇으로 표현한다. G. C. Stead, "The Concept of Divine Substance." *Vigiliae Christianae* 29 (1975):12−13.

ὄν, the being)를 의미하는 개념이었다. 플라톤은 '우시아'를 근원적 존재를 의미하는 '이데아'와 동일하게 해석하였다.[10] 전제로 '스스로 있는 자(ἱκανόν)'[11] 즉, 절대자(ἀνυπόθετον)를 이데아의 이데아로 상정하고,[12] 우시아는 이데아의 여러 의미를 지닌 실체(οὐσία)이며, 참된 존재로서의 사물 자체나 현실자체(αὐτο τὸ πράγμα), 사물들의 본질, 그 형상적인 요소를 뜻했다.[13] 『파이돈』에서 이데아는 "합성되어 있지 않은 것은 분해되지 않는 것",[14] "언제나 그대로 있으며, 언제나 불변하는 모습으로 독자적으로 존재하며, 달라지는 법이 없는 것"으로 묘사되었고,[15] 『티마이오스』에서는 "언제나 같은 상태로 있는 존재"로 표기된다.[16]

아리스토텔레스는 플라톤과 다르게 우시아를 이해했다. 플라톤이 감각이 아닌 지성(nous)에 의해서 존재를 추구하면서 신(theos)만이 참된 우시아라고 보았다면, 아리스토텔레스는 경험에서 인식되는 개체 자체를 존재로 보고 우시아에 대해서도 자신의 『범주론』에 입각하여 설명하였

---

10) 이종성, 『삼위일체론』, 291.; 우시아가 철학적 개념을 갖기 전에는 일차적으로 어떤 사람에게 있는 것, 즉 '자산'을 의미하기도 했다. 철학적 탐구를 시작하면서는 변화하지 않고 지속성을 유지하면서 존속하는 것이 있다는 생각을 하면서 우시아는 속성이나 우유성(pathos)에 대한 '본질', 생성(genesis)에 대한 '실재성' 및 '실재', '존재' 등의 의미를 가지게 되었다. 플라톤이 『국가론』에서 우시아에 대해 인용할 때에도 일상어의 '자산'의 의미와 철학적 '존재'의 의미로 사용한 것이 거의 반반이다. 박종현, 『헬라스 사상의 심층』 (파주: 서광사, 2007), 145.

11) Plato, *Phaedo*, 101e, trans. Harold North Fowler, in Loeb Classical Library(LCL) 36 (Cambridge: Harvard University Press, 1990); J. Hirschberger, 『서양철학사 (上)』, 김태길 외 2명 역 (서울: 을유문화사, 1995), 135-136.; 이덕중, "토마스 아퀴나스의 '우시아' 이해", 『哲學論叢』 55, (2009):268.

12) Plato, *Republic*, vol. 2, book 6, 510b-511a, edited and trans. Chris Emlyn-Jones and William Preddy, in LCL 276 (Cambridge: Harvard University Press, 2013).

13) J. Hirschberger, 『서양철학사 (上)』, 141, 215.

14) Plato, *Phaedo*, 78c.

15) Plato, *Phaedo*, 78d.

16) Plato, *Timaeus*, 28a2. trans. Robert Gregg Bury, in LCL 234 (Cambridge: Harvard University Press, 1952).

다. 쉽게 설명하자면, 아리스토텔레스의 우시아는 섭스탄티아(substantia)에 플라톤의 우시아는 에센티아(essentia)에 해당한다고 볼 수 있다.17)

『형이상학』에서 존재론적으로 우시아에 대해 설명할 때는 "존재하는 것을 존재하는 것인 한에서(또는 존재하는 것으로서) 고찰하고, 또한 이것 자체로 해서 속하는 것들을 고찰" 하였다. 다음으로 우시아를 4가지로 정리하여 '어떤 것의 본질(τὸ τί ἦν εἶναι)', '보편적인 것(τὸ καθόλου)', '유(τὸ γένος)', '기체(基體, ὑποκείμενον)'라고 하였다.18) 종합하여 볼 때, 우시아는 우선적으로는 '본질', '본성'을 의미하였지만19) 이성으로 존재하는 것을 고찰할 경우, '제1우시아'는 개별적인 존재들을 의미하면서 기체, 즉 휘포스타시스(ὑποστάσεις)로도 여겨질 수 있고,20) '제2우시아'

17) 요셉 드 프리스, 『스콜라 철학의 기본개념』, 신창석 역 (분도출판사, 2000), 57.
18) Aristotle, *The Metaphysics*, vol. 1, book 7, 1028b34. trans. Hugh Tredennick in LCL 271 (Cambridge: Harvard University Press, 1933). 우시아에 대한 존재론적 접근은 『형이상학』 Z(7), H(8)권에서 집중적으로 다루어진다. 『형이상학』 Z(7)권의 3장에서 개체를 가리키는 우시아에 대하여 이렇게 이야기 한다. "우시아는 주로 … 네 가지로 하는 말이다. '어떤 것의 무엇임' 즉 본질과 보편자(to katholou) 및 유(類, genos)가 각각의 것의 우시아로 간주되며, 넷째로는 이것들의 기체(to hypokeimenon)로 간주된다.…분리 가능성(독립성: to chōriston)과 개체성(to tode ti)은 무엇보다도 우시아에 속하는 것으로 간주된다." 박종현, 『헬라스 사상의 심층』, 146.
19) '우시아'로서 실체는 본성(그것을 한정하는 자립성과는 관계없이 정신에 의해서 파악된 그것, 한 사물이 '무엇'이라는 것, '그것에 의해서' 활동의 주체가 무엇으로 있고 순수하고 단순한 존재를 요청하는 그것)과 활동의 주체(한정된 본성, 1차적으로 존재하는 그것)에 똑같이 적용할 수 있다. 그러나 본성(한정되지 않은 그것)과 활동의 주체를 서로 구별하여 대조시킬 경우에는 '실체'라는 말은 결국 본성(한정되지 않은 그것)에 속해 있어서 있는 그대로의 활동의 주체와는 대립된다. 쟈크 마리땡, 『철학의 근본이해-아리스토텔레스, 토마스 아퀴나스의 철학-』 박영도 역 (서울: 서광사, 1984), 196-198.
20) 아리스토텔레스 이후에 휘포스타시스의 물질론적, 구체적 존재 의미 획득은 스토아 철학의 영향으로 보인다. Eduard Zeller, *Die Philosophie Der Griechen in Ihrer Geschichtlichen Entwicklung*. vol. 3 (Leipzig, 1875), 644.; 참고로, 휘포스타시스에 근원적 실체의 의미와 현실적 개체적 실체라는 의미가 있으므로 어느 특정한 형이상학적 의미만을 주장할 수는 없다는 견해가 있다. Joseph T. Lienhard, sj, "Ousia and Hypostasis: The

는 존재가 있게 하는 본성이나 본질, 예를 들어 유(類)나 종(種)과 같이 볼 수 있다.[21] 요약하자면, 아리스토텔레스의 우시아는 개별적인 실체를 의 미하는 제1우시아와 본질적인 실체를 의미하는 제2우시아로 구분하여 고찰되는 경향이 있다.[22]

Cappadocian Settlement and the Theology of 'One Hypostasis'", in *The Trinity : An Interdisciplinary Symposium on the Trinity*. ed. Stephen T. Davis, Daniel Kendall, and Gerald O. Collins (Oxford: Oxford University Press, 1999), 105 – 107. 120 – 121.

21) 아리스토텔레스의 『범주론』 5장에서 우시아는 다음과 같이 정의된다. "우리는 원 칙적으로 일차적으로 그리고 고유하게 어떠한 주어에 대해서 말해진 것도 아니고 또 어떤 주어로 존재하는 것도 아닌 것을 '우시아'라고 부른다. 예를 들어 '이 사람' 혹은 '이 망아지'처럼 말이다. 우리는 또한 '일차적인 우시아들'이 서로 조응하는 류 (類)들과 함께 그 안에 존재하게 되는 종(種)들을 '이차적인 우시아들'이라고 부른다. 그렇게 해서 '이 사람'은 특수하게는 사람이며 공통적으로는 동물이다. 그러므로 우 리는 사람과 동물을 '이차적 우시아들'이라고 부른다." 블라디미르 로스끼, 『동방교 회의 신비신학에 대하여』, 박노양 역 (서울: 한국장로교출판사, 2003), 69~70 재인용.

22) 『범주론』에서 제1실체(prōtai ousiai)와 제2실체(denterai ousiai)의 두 가지 실체 개념 이 언급된다. 아리스토텔레스의 제1실체는 세계의 개별 사물들, 그중에서도 개별 적인 생명체들을 의미하고, 제2실체는 제1실체들에 대한 추상, 개별자들의 공통본 성, 보편형상, 그 가운데서 실체적 형상 및 종적 본질을 가리킨다. 『범주론』의 제2 실체는 『형이상학』의 제1실체로 등장한다. 아리스토텔레스의 언표 '제1'의 중복적 사용은 그의 우선적인 것에 대한 개념의 유비에 따른다. 『범주론』에서는 존재에 있어서 1차적인 것, 『형이상학』에 있어서는 존재의 구조와 원인의 1차적인 것이 '제1실체'로 사용되었다. 김덕천, "아리스토텔레스 형이상학에 나타난 실체 개념의 개별성 문제 – 『형이상학』Z를 중심으로", 『가톨릭철학』 vol. 7 (2005): 424~426. 통합적 관점에서 이러한 제1실체의 개념을 다시 둘로 나누었을 때, 첫째로 '주체의 개별적 본성'이 있고, 둘째로, 우선적으로 있는 그것, 즉 활동의 제1주체 역할이 있 다. 이때, 활동의 주체로서 실체는 '기체(suppositum)', '위격(person)'이며 여기서 휘 포스타시스의 '개체적 실체'는 활동의 주체로서의 실체, 즉 기체라고 볼 수 있다. 쟈크 마리땡, 『철학의 근본이해 –아리스토텔레스, 토마스 아퀴나스의 철학–』, 191~192, 197, 205~207. 참조. 이런 점에서 제1우시아, 즉 제1실체가 휘포스타시 스와 동의어는 아니다.; 참고로 김덕천에 따르면 아리스토텔레스의 『형이상학』의 Z.6 1031b31 테제(본질이 실체라고 한다면, 왜 어떠한 것들은 즉각적으로 그들의 본질과 동일한 것이면 안 되는가?)에서 유추되는 소박한 추론은 개별 실체와 그 개 별 실체의 본질과의 다름이 전제되어 있다는 것이다. 그러나 그는 덧붙이길 아리 스토텔레스는 각 개별 실체를 '유의 형상(genous eidos)'과 동질화시키려는 노력을

아타나시우스를 중심한 알렉산드리아 학파에서는 우시아를 공통적인 신성(natura divina)으로 해석하고 동일실체 논리를 확실한 표현으로 받아들였다. 그러나 다른 학파에서는 우시아를 다르게 해석했기 때문에 동일본질파(ὁμοούσιος), 단원론(Monarchianism), 유사본질파(ὁμοιος κατ᾽ οὐσιαν), 유사파(ὁμοιος κατὰ γράφας), 비유사파(ἀνόμοις)로 나뉘어 치열하게 논쟁하였다.23) 그 가운데 아타나시우스에 의해 우시아는 삼위일체의 실체의 단일성(통일성)의 기본 논리로 확고하게 주장되었고, 이러한 아타나시우스의 실체 논리는 이후 동일실체 논리의 기본이 되었다.24)

그러나 아타나시우스의 논리에서는 실체의 단일성만 주장되고 위격에 대한 적절한 개념이 없었기 때문에 성경에 나오는 성부, 성자, 성령의 개별성은 나타날 수 없었다.25) 아타나시우스는 '우시아'와 '휘포스타시스'에

하고 있다고 말한다. 각각의 개별 실체의 본질은 동일한 규정성, 하나의 공통 속성을 개념의 내포로 삼는다는 것이다. 김덕천, "아리스토텔레스 형이상학에 나타난 실체와 본질의 동질성 −Z.6을 중심으로." 『가톨릭철학』 8 (2006. 04): 181−227. 필자는 아리스토텔레스가 사실상 제1, 제2의 우시아로 구분하는 대신 개별 실체를 본질과 동일함으로 논증하려는 방식을 신학적 상황에 적용하면 개별적 실체인 인간이 하나님과의 공통 본질을 지니고 동일한 가치가 되어가는 일종의 종말론적 개념의 실체와 본질의 동질성으로 해석될 수 있다고 본다.

23) 단원론자의 대표적 인물은 사벨리우스로 신성이 구별없이 하나로 동일하다는 의견이다. 따라서 오로지 한 분의 하나님만 존재하며 세 위격은 있을 수 없다. 성부수난설과 양자설을 내포한다. 동일본질파(Homousiani)는 알렉산더와 아타나시우스가 대표적이다. 성부와 성자의 신성이 동일하다고 주장하였다. 니케아 공의회에서 주도적 역할을 했다. 유사본질파(Homoeousiani)는 에우세비우스가 대표적이다. 성부와 성자의 개별적 실체가 다르다고 보았으며, 개별적 실체에 있어 동일하지 않고 비슷하다고 보았다. 유사파는 아카키우스, 마르쿠스가 대표적이다. 성경 말씀대로 모든 면에서 비슷하다. 비유사파(Anomei)는 아리우스, 에우노미우스가 대표적이다. 성부 하나님과 피조물인 성자와 성령이 존재한다고 주장한다. 종속론과 삼신론적 경향을 띤다. 정승익, "니케아−콘스탄티노플 신경에 나타난 '동일본질'과 '동일흠숭'(Ὁμοτιμία) 개념에 대해서", 148.

24) 베른하르트 로제, 『기독교 교리사』, 구영철 역 (서울: 컨콜디아사, 2001), 85.

25) 아타나시우스에게 있어서는 오직 '동일실체'만 나타난다. 그에게 있어서 위격의 개념은 그다지 분화되지 않았다. 윌리엄 C. 플래처, 『기독교 신학사』, 박경수 역 (고

동일하게 실체의 '존재'의 의미를 적용하여 설명하였고 초기의 많은 교부들이 두 용어의 실질적 차이를 인식하지 않았다.[26]

우시아와 휘포스타시스 사이의 구별성의 부재는 크게 두 가지 이유가 있다. 하나는 용어가 지닌 철학적 의미의 영향이다. 아리스토텔레스의 범주론에서 개별적인 우시아가 휘포스타시스이다. 본질적 우시아와 개별적 우시아는 모두 '구체적인 존재'를 의미한다. 따라서 우시아나 휘포스타시스 둘 다 실존하는 무엇으로서 존재를 지칭하는 데 사용될 수 있었다.[27] 다른 하나는 중복된 번역어의 발생이다. 헬라어 '우시아(οὐσία)'는 라틴어로 번역시 섭스탄티아(substantia, 실체), 에센티아(essentia, 본질), 나투라(natura, 본성)로 번역될 수 있었다.[28] '휘포스타시스(ὑποστάσεις)'는 헬라어로는 구체적인 현실(concrete realization)로[29] 개별적인 자립체(subsistentiae)를 의미하는데 라틴어에 문자적으로 적합한 단어는 섭스탄티아(substantia)였다.[30]

양: 크리스챤다이제스트, 2000), 98-99.

26) 아타나시우스가 쓴 『이집트와 리비아의 90명의 주교들에게 보낸 서신』(*Letter to the ninety bishops of Egypt and Libya*) PG. 26, 1036B에서 '우시와'아 휘포스타시스는 동일시 되어 있다. "'휘포스타시스'는 '우시아'이며 존재(to on) 자체라는 뜻과 다름없습니다." "휘포스타시스와 우시아는 실존이기 때문입니다. 휘포스타시스는 존재하고 실존하는 것입니다." Jean Zizioulas, *Being as Communion* (Crestwood, N.Y.: St. Vladimir's Seminary Press, 1985), 37 재인용. 사르디카 공의회에 참여한 서방교회들이 한 휘포스타시스라고 쓰기도 했고, 제롬이나 살라미스의 에피파니우스도 이 두 단어를 동의어라고 말했다. 앙키라 회의(359)에서도 동의어로 사용되었다. Joseph T. Lienhard, sj, "Ousia and Hypostasis: The Cappadocian Settlement and the Theology of 'One Hypostasis'", 104.

27) 아리스토텔레스의 우시아는 플라톤의 이데아적인 우시아와는 달리 구체적으로 존재하는 것을 의미하므로 제1우시아인 개별적인 실체나 제2우시아인 공통적인 실체나 모두 구체적인 존재 의미를 가지고 있다. 이종성, 『삼위일체론』, 291-292.

28) 김석환, 『성경과 삼위일체 하나님』 (용인: 킹덤북스, 2014), 371.

29) H. O. J. Brown, *Heresies* (Baker Book House, 1988), 122.

30) Boethius, *The Theological Tractates*, trans. H. F. Stewart and E. K. Rand and S. J. Tester. (Cambridge, Mass.: Harvard University Press, 1973), 86.

그러나 어떻게 번역하느냐에 따라 의미가 달라지기 때문에 구분이 명백하지 않으면 해석에 따라 하나의 본질적 실체이며 하나의 개체적 실체가 된다거나, 혹은 세 본질적 실체이며 세 개체적 실체로 여겨질 수 있었다. 전자의 경우 성부, 성자, 성령은 구별되며 환원될 수 없다는 입장을 지킬 수 없게 되고, 후자의 경우 하나의 본질을 지닌 연합적 일체성이 훼손될 위험이 있었다.[31]

실체와 위격의 구분은 캅파도키아 교부들에 이르러 시작되었다.[32] 이들은 오리겐의 영향으로 서로 구별되는 세 위격에서 출발하면서 동일실체 혹은 동일본질을 추구하였다.[33] 바실은 "우시아와 휘포스타시스는 보편적인 것과 특수한 것이 다른 것처럼 똑같이 다르다"면서 우시아는 '실체' 혹은 '본질'을 의미하고, 휘포스타시스는 '위격' 또는 '인격'을 의미한다고 구분하여 설명하였다. 비유하자면 베드로, 야고보, 요한이 각자로는 개별자이면서 '사람'이라는 보편어를 적용할 수 있듯이, 성부, 성자, 성령의 각 위격이 구별되면서도 '하나님'이라는 보편어를 가질 수 있다는 것이다.[34]

여기에 더하여 바실은 유사아리우스파를 돌이켜 동일실체를 받아들이게 하기 위해 『편지』(Letters)에서 번역상의 용어도 정리하였다. 우시아는 본질적 실체로서 라틴어로는 섭스탄티아(substantia)이고, 휘포스타시스는

---

31) D. Allen, 『신학을 이해하기 위한 철학』, 정재현 역 (서울: 대한기독교서회, 1977), 161-162.
32) Edward Rochie Hardy, *Christology of the Later Fathers* (London: SCM Press, 1954), 241.
33) 베른하르트 로제, 『기독교 교리사』, 87.
34) Basil, *Ep.* 38. 2.; J. N. D. Kelly, *Early Christian Doctrines,* 246-247.; 참고로 *Letters* 38에서 우시아와 휘포스타시스에 대한 구별이 처음 나왔다고 보이는데, *Letters 38* 의 저자에 대해 바실이 썼다는 견해와 닛사의 그레고리가 썼다는 주장으로 갈린다. 전통적으로는 바실이 썼다고 이야기하지만 투르체스쿠(L. Turcescu)에 따르면 대부분의 캅파도키아 교부들의 연구가들은 Letters 38을 닛사의 그레고리가 썼다고 결론을 내린다고 한다. Lucian Turcescu, "The Concept of Divine Persons in Gregory of Nyssa's To His Brother Peter, on the Difference Between Ousia and Hypostasis," *The Greek Orthodox Theological Review 42* (1997):63-64.

'공통적 우시아'는 지닐 수 있지만 개체적 실체를 지시하는 페르소나 (persona)라는 것이다.[35]

이러한 구별에 따라 우시아는 섭스탄티아 혹은 에센티아의 의미로 받아들여졌고, 휘포스타시스는 페르소나 혹은 프로소폰(prosopōn)과 동일시되었다.[36] 곧 '우시아'는 하나님의 존재나 본질적 독자성을 나타내는 용어에 적용되었고, '휘포스타시스'는 하나님의 특별한 방식의 존재를 나타내거나 각 위격의 존재방식에 따른 존립체를 표현하는데 사용하게 되었다.[37] 바실의 이러한 구분은 다른 캅파도키아 교부들에게 있어서도 기본전제로 받아들여졌다.[38]

특히 나지안주스의 그레고리는 이러한 구별을 더 엄밀히 하여 지금까지 삼위일체론에 사용되었던 개념들을 두 계열로 구분지어 삼위일체론을 정식화하는 데 공헌하였다. '우시아'의 계열에는 하나인(mia) '신성(theotes)', '본질 또는 존재(ousia)', '본성(physis)'을 두고, '휘포스타시스'의 계열에는 셋인(tres) '개체적 실체(hypostaseis)', '특성(idiotētes)', '위격(prosōpa or personae)'을 적용하였다. 따라서 우시아는 '신성'과 '본성(퓌시스)'을 함의한다. 그리고 신성은 세 형식을 가지고 세 독립된 실재성에서 자신을 표현하므로 어떤 특수한 것이 아니라 유일한 존재의 힘이다. 곧 성자와 성령은 동일한 성부의 심연에서 생겨난 것으로서 모두 같은 의지, 같은 본질,

---

35) 드페라리는 바실이 유사실체(유사본질)을 주장하는 유사아리우스파를 돌이켜 동일실체를 받아들이는데 결정적으로 기여했다고 말하며 바실의 용어를 설명한다. Basil, *Letters*. trans. Roy J. Deferrari (Cambridge, MA: Harvard University Press, 1986), 47.

36) 김은수, "존 지지울라스의 관계적 삼위일체론에 대한 이해", 『관계 속에 계신 삼위일체 하나님』(서울: 아바서원, 2015), 327.

37) G. L. Prestige, *God in Patristic Thought* (London,: S.P.C.K., 1969), 168. 우병훈, "바실리우스의 『성령론』에 나타난 "우시아(Ousia)"와 "휘포스타시스(Hypostasis)"의 개념." 『기독교와 인문학』 5, (2006):153.

38) 바실의 친동생이었던 닛사의 그레고리는 형 바실의 뒤를 이었고, 친구였던 나지안주스의 그레고리도 '휘포스타시스'가 '위격'을 뜻하며, '실체(substance)'와는 다른 개념이라고 밝히며 바실의 의견에 동의했다. Gregory of Nazianzus, *Or.* 39. 7.

같은 본성을 소유하지만 그 특성(idion)에 있어서는 특수성을 유지한다는 것이다.[39]

또 다른 캅파도키아 교부들의 공헌은 삼위의 특성을 규명하고, 성령의 신성을 동일실체로 받아들일 수 있도록 하였다는 점이다. 바실은 성령이 성부로부터 발출한다고 하면서 발출과 성화(聖化)를 성령의 특징으로 삼았다. 성자에게는 출생과 아들됨을, 성부에게는 비출생성과 아버지되심을 특징으로 하였다.[40] 캅부도키아 교부들의 노력으로 성령에 대한 이단이었던 비유사파, 비유론자(τροπικοί), 성령훼손당(πνευματομαχουντες)의 의견을 물리치고 성령이 성부, 성자와 더불어 '동일흠숭(ὁμοτιμία)'을 받으심이 명시되었다.[41] 또한 이러한 구분은 아타나시우스의 동일실체의 논리가 유사본질로 여겨지면서 사벨리우스의 양태론으로 비난받았던 문제들을 '본성의 단일성'으로 전환하면서 해결하는 계기가 되었다.[42] 이와 같이 실체와 위격에 대한 개념이 정립되면서 콘스탄티노플 공

---

39) Gregory of Nazianzus, *Or.* 33.16; 39.11. 헨리 비텐슨, 『후기 기독교 교부』, 김종희 역 (고양: 크리스챤다이제스트, 2001), 157-158.; 폴 틸리히, 『폴 틸리히의 그리스도교 사상사』, I. C. 헤네르 편, 송기득 역 (서울: 한국신학연구소, 2001), 137.
40) 서철원, 『교리사』, 338-339.
41) 성령에 대한 이단들은 아리우스주의의 영향을 받아 생겨났다. 비유사파는 성부 하나님만 신이고, 성자는 하나님의 낳음을 받았고, 성령은 그 성자로부터 처음 창조된 피조물이라고 보았다. 따라서 삼위일체를 성부>성자>성령의 종속 모형으로 이해하였다. 성자는 성부의 창조의 도구이고, 성령은 성자가 만유의 성화나 신자의 신앙향상의 사역을 할 때 도구라는 것이다. 비유론자(Tropici)는 성경을 지나치게 비유적이고 은유적인 방식으로 주석하여 성경의 '바람'이 '성령'이므로 피조물이라고 주장하였다. 성령훼손당(Pneumatomachi)은 성령의 신성을 부정하고 성령을 천사들 정도의 수준에 해당하는 피조물로 보았다. 성령과 더불어 성자도 피조물이라고 주장하였다. 대표적으로는 마케도니우스(Macedonius), 엘레우시우스(Eleusius), 마라토니우스(Maratonius), 에우스타시우스(Eustatius)가 있다. 정승익, "니케아-콘스탄티노플 신경에 나타난 '동일본질'과 '동일흠숭'(Ὁμοτιμία) 개념에 대해서", 148-162.
42) 아타나시우스 자신이 숫자적 단일성을 의미하여 설명하지 않았지만 동일실체에 대한 강조가 강하여 오해를 받았다. 베른하르트 로제, 『기독교 교리사』, 88.

의회(381)에서 미아 우시아, 트레이스 휘포스타시스(μία οὐσία, τρεῖς ὑ ποστάσεις)'라는 삼위일체 정식이 정립되었다.

그러나 캅파도키아 교부들의 실체 개념은 아우구스티누스에 이르러 반대에 부딪친다. 아우구스티누스는 실체의 단일성보다 위격의 구별성이 강하게 나타나면서 삼신론의 비난에 노출되었다고 파악하였다. 따라서 아우구스티누스는 우시아에 대해서 섭스탄티아보다 에센티아를 써야 한다고 주장하였다.[43] 아우구스티누스에 의하면, 어원적으로 에센티아는 '에세 (esse, 존재)'에서 왔고, 섭스탄티아는 '섭스테레(subsistere, 존속함)'에서 왔기 때문에 세 위격의 차이를 보여줄 수 있으려면 관계적·상대적 의미가 있는 에센티아가 나으며, 하나님을 존속한다고 주장하는 것은 경건하지 못하다는 측면에서도 에센티아가 더 타당하다.[44] 또한 서방교회에서 터툴리안이 '우시아'를 지시하면서 사용한 '섭스탄티아'의 용어로 야기됐던 문제들을 방지할 수 있고, '우유성'을 배제하여 하나님의 불변성과 유일성을 지킬 수 있다. 한편으론 '휘포스타시스' 대신 터툴리안의 '페르소나' 단어를 차용하였다.[45] 페르소나는 법률 용어의 한계로 인해 휘포스타시스에서 연상되는 객관적이고 실재적인 속성이 없고, 양태론적으로 해석할 위험이 있었다. 그럼에도 차용한 것은 단순히 위격들을 구별하기 위함이었다.[46]

---

43) 아우구스티누스는 라틴어에서 '에센티아'와 '섭스탄티아'가 다르지 않은데 동방교회에서는 섭스탄티아를 휘포스타시스의 번역어로 셋을 의미하는 데 쓸 수 있다는 점을 들어 우시아의 번역으로 본질을 의미하는 '에센티아'만을 사용할 것을 주장했다. Augustine, *De Trintate,* V.8.10.

44) 아우구스티누스, 『삼위일체론』, 김종흡 옮김 (서울: 크리스챤다이제스트), 1993), 222-224.; 라틴어로 섭스탄티아(실체)는 우유들에게 존재를 부여함으로써 우유들의 주체가 되는 어떤 것을 의미한다. 박승찬, "인격 개념의 근원에 대한 탐구", 『인간연구』 no. 13 (2007):109.

45) 김석환, 『성경과 삼위일체 하나님』, 374.; 아우구스티누스의 입장에서 하나님은 우연한 것이 없으며 불변하고 유일하신 존재이신데 '실체'라고 할 때 일반적 존재나 실재처럼 변화가 생길 수 있는 '우연한 것'이 있는 것처럼 여겨진다고 생각했다. 아우구스티누스, 『삼위일체론』, 171.

이러한 삼위일체 용어의 문제는 451년 칼케돈 공의회(Council of Chalcedon)에서 '섭스탄티아'를 '하나'를 의미하는 경우에만 사용하도록 하고, 라틴어 '페르소나'가 '셋'을 의미하는 헬라어 '휘포스타시스'와 동의어라고 공식적으로 선언하면서 정리되었다.[47] 삼위일체의 정식이 서방교회에서는 '우나 섭스탄티아 트레스 페르소나(una substantia tres personae)'로 정식화되었다. 삼위일체의 실체 개념은 실체(substantia) 혹은 본질(essentia)로 번역되면서 현재까지 이어지고 있다.

2. 기독신학의 실체 개념 : 동방교회와 서방교회의 전통을 중심으로

삼위일체론의 정식이 성립된 이후 삼위일체론의 담론을 크게 두 가지로 나눈다면 실체의 단일성의 문제와 세 위격의 구별성의 문제가 있다. 현대 삼위일체론의 논의는 바르트 이후 위격 개념에 더 집중되는 경향이 있으나 실체 개념을 시작으로 이루어지는 논의가 보다 핵심적이라고 생각된다. 따라서 여기서는 삼위일체론의 실체 개념에 대한 견해를 중심으로 삼위일체론에서 다루어지는 하나님의 존재와 관계를 알아보고자 한다. 어떻게 삼위일체의 단일성을 설명하면서 세 위격의 구별성을 확립하느냐 하는 문제를 중심하고,[48] 논의를 전개하고자 한다.

삼위일체론의 발전은 동방교회와 서방교회에서 각기 다른 철학의 영

---

46) Gerald Lewis Bray, *The Doctrine of God* (Downers Grove, Ill.: InterVarsity Press, 1993), 197-198.
47) 인격 개념의 발전은 Clement Charles Julian Webb, *God and Personality* (London: Routledge, 2002). 참조.
48) 김병훈, "삼위의 실체적 단일성", 『신학정론』 23, no. 1 (2005):148.

향 아래 다른 관점에서부터 이루어져 왔으며, 4세기 후반부터 양쪽의 이론 모두 '정통 삼위일체 신학'의 기초로 받아들여지고 조화를 시도하고 있으나 아직 통합적 이론이 형성된 것은 아니다.[49] 레뇽(T. D. Régnon)은 다음과 같이 라틴 신학과 헬라 신학의 특징을 소개한다.

> 라틴 철학은 먼저 본질을 그 자체로 다룬다. 그리고 나서 구체성들을 추구한다. 반면 헬라 철학은 먼저 구체성을 다루고 나서 본질을 찾기 위해 이 구체성을 파고든다. 라틴 세계는 위격을 본질의 한 양태로 간주하지만 헬라 세계는 본질을 위격의 내용으로 간주한다.[50]

서방교회는 '하나님 자체(Deus in se)' 혹은 '삼위일체의 내적 사역(Opera trinitatis ad intra)'에 동방교회는 '밖으로의 하나님(Deus ad extra)' 혹은 '삼위일체의 외적사역(Opera trinitatis ad extra)'에 더 집중하였다.[51] 마틀랜드(Martland)는 두 교회의 전통적 차이를 다음과 같이 지적한다. "캅파도키아 교부들은 한 분 하나님을 알기 전에 삼위를 알고자 하였으며, 아우구스티누스는 삼위를 알기 전에 먼저 한 분 하나님을 알고자 하였다."[52]

---

49) 곤잘레스(J. L. González)는 신학의 경향을 세 유형으로 구분하는데 A유형은 터툴리안을 대표자로 스토아 철학과 법 범주의 영향을, B유형은 오리겐을 대표로 플라톤 철학과 형이상학 특성을, C유형은 이레네우스를 대표로 목회적 성향으로 본다. 신학의 발전은 혼합형이기 때문에 동·서방 모두 법 범주의 영향과 더불어 스토아 철학과 플라톤 철학, 특히 신플라톤주의의 영향이 크다. 후스토 L. 곤잘레스, 『기독교 사상사』참조.; 관계와 실체를 다루는 부분에 있어서는 철학적 차이가 두드러진다. 동방교회는 스토아 철학의 영향을, 서방교회는 아리스토텔레스 철학의 영향을 많이 받았다. 캐서린 모리 라쿠나, 『우리를 위한 하나님─삼위일체와 그리스도인의 삶』, 100─101.

50) Théodore de Régnon, *Études De Théologie Positive Sur La Sainte Trinité* (Paris: V. Retaux, 1892), 433. 블라디미르 로스끼, 『동방교회의 신비신학에 대하여』, 78 재인용.

51) Alister E. McGrath, *Christian Theology : An Introduction* (Oxford: Blackwell, 1994), 297─298.; Alister E. McGrath, *Historical Theology: An Introduction to the History of Christian Thought* (Oxford: Blackwell, 1998), 34.

삼위일체론은 동·서방의 담론이 상호교류하면서 진행되었으므로 어느 한쪽의 주장만 반영된 것은 아니다. 그러나 대체로 동방교회의 전통은 캅파도키아 교부들의 논의를 중심으로 전개되었고, 서방교회의 전통은 아우구스티누스의 삼위일체론에 영향을 받아 발전되었다고 여겨진다. 그러므로 두 전통의 실체 개념을 비교하는 데 있어 대표적으로 캅파도키아 교부들과 아우구스티누스의 실체 개념에 중점을 두고자 한다. 비평의 지평은 삼위일체의 존재와 관계의 표현이다.

1) 동방교회의 실체 개념

캅파도키아의 교부들의 실체(ousia)는 곧 신성 혹은 본성 혹은 본질의 동일성이고, 이는 위격의 활동의 통일성을 통해 추론된다. 닛사의 그레고리에 따르면 실체의 단일성은 위격들의 공동본유성(co-inherence), 후에 페리코레시스(περιχώρησις)로 개념화된 상호순환/상호침투와[53] 성경 속에 드러난 신적인 활동(ἐνέργεια 또는 οἰκονομία)의 통일성으로 증명된다.[54]

---

52) T. R. Martland, "A Study of Cappadocian and Augustinian Trinitatian Methodology," *Anglican Theological Review,* vol. 47 (1965):256.
53) 페리코레시스의 용어는 위(僞) 씨릴에 의해 시작된 것으로 여겨지고, 다마스커스의 요한(John of Damascus)에 의해 삼위일체의 이해를 위한 표준적인 원리로 확립되었다. 동방교회에서 삼위일체의 단일성을 이해하는데 핵심적으로 사용되고 있고, 서방교회에서도 개념을 인정하면서, 키르쿰이세시오(circumisessio)와 키르쿰인케시오(circumincessio)로 번역하여 사용하고 있다. 김병훈, "삼위의 실체적 단일성", 160-162
54) J. N. D. Kelly, *Early Christian Doctrines,* 264-267.; 삼위의 활동을 닛사의 그레고리는 에네르게이아(ἐνέργεια)로 표현하였고, 나지안주스의 그레고리는 오이코노미아(οἰκονομία)로 나타내었다.

우리가 성부와 성자와 성령의 활동(ἐνέργεια)이 하나이면서도 아무 것도 상이하거나 다르지 아니함을 이해한다면, 우리는 성부와 성자와 성령의 활동이 동일성을 가지고 있음을 근거로 성부와 성자와 성령의 본성이 하나됨을 추론해야 한다.[55]

이러한 실체의 단일성은 아리우스의 종속론에 대한 반발에서 시작했기 때문에 세 위격의 구분으로 시작할 수밖에 없다. 따라서 캅파도키아의 교부들 및 이들의 전통을 따르는 동방교회는 하나님의 위격을 실체와 개념상으로나마 존재적(ontologically)으로 구별하고자 하며,[56] 실체를 의미할 때도 에센티아라는 용어보다 섭스탄티아라는 보다 구체적인 용어를 사용한다.[57] 추상성이 아닌 실재성을 추구하는 경향이 세 위격에서 시작해서 한 실체를 증명하는 방향으로 삼위일체 논의를 이끈다. 세 위격의 속성(properties)과 삼위의 외적 사역(operation)이 뚜렷이 구별되고, 삼위의 관계와 다른 위격과의 관계 및 자기 자신과의 관계를 통해 단일성을 추구하는 것이다.[58] 그러므로 먼저 각 위격이 자립체로서 존재함을 증명하고자 한다.

바실은 『성령론』(De Spiritu Sancto)에서 그동안 아리우스파가 아들과 성령의 존엄을 낮추어 세 위격이 전혀 다르다고 하는 주장을 반박하며 성령의 위격이 동일실체로서 삼위의 한 위격임을 증명한다. 그동안 성부, 성

---

55) Gregory of Nyssa, *On the Holy Trinity*, 6. 백충현, 『내재적 삼위일체와 경륜적 삼위일체』 (서울: 새물결플러스, 2015), 97. 재인용.
56) 김병훈, "삼위의 실체적 단일성", 149.
57) 김석환은 캅파도키아 교부들이 본질(essentia)보다 실체(substantia)라는 용어를 선호한 이유를 두 가지로 설명한다. 첫째는 추상성의 측면에서 본질은 우시아의 원래 의미보다 추상성을 더 내포하는 반면, 실체는 상대적으로 추상성이 약하다. 둘째는 본질은 본성(physis, nature)과 혼용할 여지가 크기 때문에, 본질과 본성의 용어를 구분해서 사용하고자 했던 대다수의 정통교부들이 실체 용어를 더 합당하다고 여겼다. 김석환, 『성경과 삼위일체 하나님』, 371-372.
58) 블라디미르 로스끼, 『동방교회의 신비신학에 대하여』, 74.

자, 성령에 차등적으로 '그로부터(ἐξ οὗ)', '그에 의해서(δι οὗ)', '그 안에 서(ἐν ᾧ)'가 적용된 것을 아에티우스(Aetius)의 날조로 보고 성부, 성자, 성 령에게 모든 말이 공히 적용된다고 하였다.[59] 고린도전서에서 나타내는 바는 어디까지나 위격을 주의 깊게 구분하여 한 말이었지 본질의 다양성 을 나타낸 말이 아니며, 실체는 동일하다는 것이다. 위격의 구분은 어디까 지나 본질이 아닌 계시행위에서 이루어진다. 창조, 속죄, 성화의 기능을 하는 자립체로서 비출생성, 출생, 발출로 인해 구분된다. 이 때 각 위격은 계시하시는 하나님(Deus Revelatus)으로서 분명한 실재적 존재이다.[60]

한편으로 본질의 단일성을 주장할 때 본질은 존재 자체가 아니라 위격 에 내재하는 것이다. 하나의 본질(본성 혹은 신성)이 삼위에 대해 가지는 관계가 하나의 보편개념이 개별화되어 현실적으로 드러나게 된다.[61] 위 격은 곧 보편적 신적 본성과 특수한 성질의 결합으로서 성부는 '신성+부 성', 성자는 '신성+자성', 성령은 '신성+성화'로 이해할 수 있다.[62] 젠슨 (R. W. Jenson)은 실체와 위격에 대한 바실의 설명을 오리겐의 시간에 따 른 삼위의 수직적 관계 개념을 넘어 '신성의 수평적 연합(the horizontal communion of the Godhead)'을 제안했다고 평한다.[63]

수평적 관계 속에서 삼위의 외적 활동은 동역으로서 이루어지므로 실 체의 단일성을 드러내며 이러한 경륜과 실체는 비분리적이 된다. 닛사의 그레고리는 삼위의 위격들이 함께 동역한다고 강조하였다. 예를 들어 창 조의 주체는 창조주 하나님이지만 창조의 사역은 동역하고, 속죄의 주체

---

59) Basileios, *De Spiritu Sancto*, 2.4, 5.10, 5.11.
60) 이형기 외 5인, 『기독교 사상사 Ⅰ』(서울: 대한기독교서회, 2004), 238−239.
61) Basileios, *Letters*, 38, 214, 236.
62) 우병훈의 단순화 개념을 적용했다. 우병훈, "바실리우스의 『성령론』에 나타난 "우 시아(Ousia)"와 "휘포스타시스(Hypostasis)"의 개념", 154.
63) Robert W. Jenson, *The Triune Identity : God According to the Gospel* (Philadelphia: Fortress Press, 1982), 106.

는 성자이지만, 속죄의 사역은 함께 하며, 성화의 주체는 성령이지만 성화의 사역은 역시 동역한다는 것이다.

이러한 삼위의 동역, 곧 경륜은 더 나아가 우리의 신화(神化, theosis)를 위함이 되므로 우리와의 관계가 강하게 나타난다. 예수의 성육신은 예수를 믿는 것만이 아니라 예수를 본받는 신화도 구원이 되기 때문에 이루어졌다는 것이다(벧후 1:4). 성령도 우리를 하나님의 성품으로 변화시키고 신성에로 영합하게 하는 신화의 영으로 여겨진다. 닛사의 그레고리는『모세의 생애』(The Life of Moses)에서 출애굽의 이야기를 신화의 과정으로 소개하였는데 이는 후에 웨슬리(J. Wesley)의 완전성화(entire sanctification) 개념으로 이어지기도 했다.[64]

삼위가 동일한 실체로 여겨지는 또 다른 원인은 같은 성부의 모나르쉬 (monarchie, 성부의 본질이자 삼위의 공통본질)라는 동일한 기원을 가지고 있기 때문이다. 동일한 기원을 가지기에 실체도 능력도 동일하며 가치도 동일하다. 성부로부터의 단일기원(monarch of the Father)은 하나님이 복합체가 아니라 '실체의 단일성'을 가짐을 의미하므로 삼신론이라는 비판을 무위로 돌린다.[65] 나지안주스의 그레고리는 다음과 같이 말했다.

신성에는 우월하거나 열등한 등급이 없다. 그것은 완전히 동등하고 동일한 방식으로 마치 하늘의 광대함과 아름다움이 하나인 것처럼 하나

---

64) 이형기 외 5인,『기독교 사상사 Ⅰ』, 233-235. 특별히 성화의 성령의 역할을 예를 들면, 나지안주스의 그레고리는 "성령을 받지 못하고서는 우리는 완전해질 수 없다."고 주장하면서 완전하신 성령이 우리를 하나님의 성품으로 만들어 신과 같이 되게 하였다고 한다. 구체적인 예가 세례인데(마 28:19) 만일 그가 하나님이 아니라면 완전하지 않다면 "세례를 통하여 나를 하나님처럼 되게 하겠는가?"라고 설명한다. 같은 책, 225.; 웨슬리의 완전 성화 개념은 다음 참조 Howard Watkin-Jones, *The Holy Spirit, from Arminius to Wesley* (London: Epworth Press, 1929), 289-301. John Wesley, "On Perfection", *John Wesley's Works,* vol. 6, (Peabody, MA: Hendrickson Publisher, 1986).
65) 김석환,『삼위일체론과 성령론』(파주: 한국학술정보, 2007), 224-225.

이다. 그것은 무한한 셋의 무한한 공통본질이다. 성부 못지않게 성자가 성자 못지않게 성령이 각각 자신의 위격적 특성을 유지하면서도 그 자신 안에서 각각이 하나님 전체로 이해된다. 삼위 모두가 하나님으로 이해된다. 각각의 위격은 바로 동일본질 때문에 하나님이다. 그리고 삼위는 바로 (성부의) 모나르쉬(monarchie)로 인해 하나님이다.66)

칸파도키아의 신학과 그 전통을 잇는 헬라신학은 위격과 실체의 개념을 분명히 구분하면서 성자와 성령의 기원이 성부임을 분명히 지적한다. 만약 위격과 실체 개념이 불분명할 경우 종속론에 빠질 위험이 있기 때문에 성부의 모나르쉬가 신성의 유일한 원천이며, 세 위격의 통일성의 원리라고 확실히 정의한다. 삼위 안에 있는 하나의 본질은 하나님이시지만 그 연합은 성부이다.67) 이로서 보다 구체적이고 인격적이라고 여겨지는 삼위일체 개념을 방어하였다. 로스끼(V. Lossky)는 동방교회에서는 언제나 위격에서부터 구체적인 하나님을 추구한다고 말한다. 만약 반대로 본질이 앞에 나서게 되면 본질 철학에 자리를 내줌으로서 하나님의 존재가 약화될 수밖에 없고, 관조에 치우칠 것이며, 더 이상 살아계신 하나님과 우리와의 인격적 관계가 연관되지 않을 것이다.68)

지지울라스에 따르면, 삼위일체의 통일성의 기원은 한 실체에 있는 것이 아니라 성부의 위격에 있다. 즉, 실체가 존재의 기원이 아니라 성부로부터 하나님의 존재와 삶의 존재론적 원리나 원인이 생겨났으므로 존재의 기원은 성부의 위격이다. "하나님이 존재한다면, 그것은 성부가 존재하기 때문이다. 즉 하나님은 사랑으로 자유로이 성자를 낳고 성령을 내쉰다. 그러므로 위격—성부의 휘포스타시스—이신 하나님은 한 신적 실체

---

66) Theodore de. Regnon, *tudes De Théologie Positive Sur La Sainte Trinité.* vol. 1, 107. 블라디미르 로스끼, 『동방교회의 신비신학에 대하여』, 85. 재인용.

67) Gregory of Nazianzus, *Orationes* 42, *in Patrologiae Cursus Completus*(이후로 PG로 표기), ed. .J. P. Migne (Paris: Apud Fratres Garnier Editores, 1900), 36.476b.

68) 블라디미르 로스끼, 『동방교회의 신비신학에 대하여』, 84, 86.

가 존재 자체, 한 하나님이 되게 한다."[69] 헬라 교부들의 격언에 따르면 "단 한 분 성부가 있기에 단 한 분 하나님이 존재한다."[70] 나지안주스의 그레고리는 다음과 같이 설명한다.

> 세 분 안에 있는 하나의 본질, 그것이 바로 하나님이다. 통일성으로 말하자면 그것은 성부이다. 다른 위격들은 성부로부터 나오며 성부에게로 되돌아간다. 그러나 그것은 서로 혼동되지 않고 반대로 성부와 함께 공존하며 시간이나 의지나 능력에 의해서 분리되지 않은 채 그러하다.[71]

그러나 성부로부터의 기원을 강조하면서도 삼위일체가 한 하나님이라는 점에서 통일성을 보장하기 위해 "존재론에서의 실체의 궁극성" 역시 중요시된다.[72] 볼프(M. Volf)는 동방교회의 실체의 동일성인 하나님의 정체성은 늘 다른 위격과의 관계에 의존하는 '다수'에 의해서 조건 지어지는 '하나'라고 파악한다. 성부 홀로서는 결코 존재할 수 없고, 성자와 성령과의 교제 속에서만 존재한다.[73] 성부 역시 성자, 성령과 마찬가지로 하나의 위격이기 때문에 성부의 기원성이 나머지 두 위격에 대한 위격적 우선권을 부여하지 않는다.[74] 동일실체는 성자와 성령이 성부의 본질에 참여함에 의해 얻는 게 아니라 본질, 즉 각 위격 모두 하나님이기 때문이다.[75]

---

69) 존 지지울라스, 『친교로서의 존재』, 이세형·정애성 역 (춘천: 삼원서원, 2012), 42-43.
70) 블라디미르 로스끼, 『동방교회의 신비신학에 대하여』, 80.
71) Gregory of Nazianzus, *Orationes* 42, PG. 36.476B. 블라디미르 로스끼, 『동방교회의 신비신학에 대하여』, 81 재인용.
72) John D. Zizioulas, "The Teaching of the Second Ecumenical Council on the Holy Spirit in Historical and Ecumenical Perspective," Credo in *Spiritum Sanctum,* (Vatican: Libreria Editrice Vaticana, 1983), 45, 각주 18. 미라슬로브 보프, 『삼위일체와 교회』, 황은영 역 (서울: 새물결플러스, 2012), 145.
73) 미라슬로브 보프, 『삼위일체와 교회』, 144. 각주 33.
74) 블라디미르 로스키, "정교회 삼위일체 신학에서 성령의 발현", 271.
75) 로스키에 따르면, 성부는 자신을 위하여 자신의 본질을 소유하는 것이 아니기 때문

삼위 안에는 동일한 하나의 본질의 통일성만 있는 것이 아니라 동일한 하나의 본질을 지닌 삼위들의 통일성도 있다. 나지안주스의 그레고리의 표현을 따르면 "각 위는 본질상 전적으로 하나님이다."[76] 하나님은 단일체이면서 삼위일체다.[77]

동방교회의 삼위일체론은 숫자로 셈하거나 철학적으로 논증한 결과가 아니라 교회의 전승에 기반을 두고 발전하였다. 동방교회에서 삼위일체는 시원으로서 '단순한 삼위일체'이며 살아계신 계시의 하나님이 "셋으로 이루어진 통일체(Tri-Unity)이다. 따라서 한 실체는 본질의 단순성을 의미하지 않으며 삼위의 구분성은 실존의 방식이기에 상대적이 아니라 절대적 다양성으로 단순성을 지닌다.[78]

이상과 같이 캅파도키아 교부들을 중심한 동방교회의 실체 개념은 개념상으로나마 세 위격을 실재적으로 구분하면서 존재적으로는 하나님이 한 분이라고 논증한다.[79] 존재론적 관점에서 구체적인 위격들을 상정하면서 세 위격들의 관계가 보다 분명해지며 동시에 일체의 연합이 표현된다. 여기에 경륜이 돋보이는 실재적인 하나님을 추구하면서 우리와의 관계를 보다 명확히 하려는 점은 분명 높이 살 만하다.

제베르그(R. Seeberg)는 캅파도키아 교부들의 주장에서 위격의 의미가

에 다른 위격들의 원인이다. 인과관계는 시간 개념이 아니며 성부와 동일한 본질을 소유하는 다른 위격들의 원인으로서 통일성을 표현하면서 동시에 삼위의 위격적 차이를 결정하는 역할을 한다. 위격들과 실체 사이의 균형이 보호된다. 블라디미르 로스키, "정교회 삼위일체 신학에서 성령의 발현", 260.

76) Gregory of Nazianzus, *Orationes*, 40.41. in PG 36.417B.
77) Maximus the Confessor, *Capita Theoligica et Oeconomica* 2.13. in PG 90.1125A.
78) 블라디미르 로스키, "정교회 삼위일체 신학에서 성령의 발현", 『동방 정교회 신학』, 대니얼 B. 클레데닌 편, 주승민 역 (서울: 은성, 1997), 256−265. 바실은 성부와 다른 위격들의 기원의 방식의 차이를 '생존의 방식'이라고 말한다. Basil the Great, *De Spiritu Sancto* 18, in PG 32.152B; 블라디미르 로스키, "정교회 삼위일체 신학에서 성령의 발현", 254.
79) 김병훈, "삼위의 실체적 단일성", 149.

불분명하다고 비판하며 인격적 하나님(Personal God)이 드러나지 않는다고 하였는데[80] 이러한 견해는 워커(W. Walker)에 의해 방어되었다. 워커는 위격이 세 인격성(Personality)이 아니라 한 실체의 세 존재양태(Modus of being)의 의미를 지니고, 세 인격들 뒤에 있는 비인격적 본질이 아니라 상호침투하는 세 양태로 존재하는 한 분 인격적 하나님이라고 설명하였다.[81] 사실, 바실의 쓰임에서 '존재의 양태(τρόπος ὑπάρξεως)'는 프레스티즈(G. L. Prestige)에 따르면 위격을 의미하는 것이 아니라 두 번째, 세 번째 위격, 즉 다른 위격들로부터의 구분에 쓰이는 용어이기 때문에 워커가 칸파도키아 교부들의 위격 개념을 정확히 표현했다고 속단하기는 어렵다.[82] 그렇지만 여기서는 위격을 구분하면서 실체의 단일성을 표현했다는데 초점을 맞추어 더 이상의 논의는 하지 않겠다.

벌코프(L. Berkhof) 같은 경우는 칸파도키아 교부들의 본성의 연합으로서 실체, 즉 유적(類的) 단일성을 비판한다. 인간의 성질이나 실체는 각 사람의 경우처럼 개체적 부분으로 간주될 수 있으므로 '유적 단일성'이 가능할 수 있으나 신적 실체는 나눌 수 없기 때문에 실체의 단일성에 '수적(數的) 단일성'을 적용해야한다는 것이다.[83] 하지만 수적 단일성을 적용하면 위격의 구별성이 약해지면서 실재론에 빠질 수 있으므로 동의하기 힘들다. 나지안주스의 그레고리의 말을 빌리자면 위격의 통일성은 결코 '관념상의(notional)' 통일성이 아니라 '진정한(real)' 통일성이다.[84]

칸파도키아 교부들의 실체 개념에 한계는 분명히 있다. 세 위격의 신비

---

80) Reinhold Seeberg, Text-Book of the History of Doctrines. vol. 1 (Grand Rapids: Baker Book House, 1958), 232.
81) 이형기 외 5인, 『기독교 사상사 I 』, 237.
82) G. L. Prestige, God in Patristic Thought. (London,: S.P.C.K., 1969), 245.
83) Louis Berkhof, 『벌코프 조직신학 (상)』 권수경, 이상원 역 (서울: 크리스챤다이제스트, 1991), 284-286.
84) Gregory of Nazianzus, Orationes, 29. 2.; J. N. D. Kelly, Early Christian Doctrines, 267-268.

적 연합으로 한 분 하나님을 설명하면서 한 실체 혹은 본질의 차원에서 하나님의 존재를 표현하지 못한다. 닛사의 그레고리는 하나님의 실체를 인식할 수 있다고 선언했던 유노미우스에 반박하면서 다음과 같이 말한다.

> 이제 누군가가 하나님의 실체에 대한 해설, 묘사, 설명을 요구받는다면… 본성상 무한히 존재하는 것을 말로 표현된 어떤 개념으로 파악하는 것은 불가능함을 인정해야 할 것이다. 파악할 수 없는 것이 있다면 어떤 이름을 붙여 묘사할 수 있을까? 말로 표현할 수 없는 것을 두고 어떤 언변으로 표현할 수 있을까? 신성은 너무 탁월하고 고매하여 말로 표현될 수 없다. 그렇기 때문에 말과 사유를 넘어서는 것에 대해서는 침묵 가운데 존중하기를 배운 것이다.[85]

라쿠나는 이를 인용하면서 하나님의 실체를 철저히 신비에 놓았다고 말한다. 또한 그레고리가 종종 인식할 수 없는 하나님의 실체와 인식할 수 있는 하나님의 활동을 구분하면서 하나님의 신비와 구원의 신비의 거리를 더 넓게 하는 결과를 가져왔다고 비판한다.[86] 하나님의 실체와 경륜에 대한 인식 구분이 하나님과 우리와의 관계를 비실재적으로 만들었다. 이러한 라쿠나의 신비주의에 대한 비판은 공감하지만 그녀가 중심에 놓는 인격 개념도 결국 신비로 귀결됐다는 점에서 삼위일체를 실재적으로 이해하지 못하는 입장은 캅파도키아 교부들과 비슷하다고 생각되며, 보다 구체적인 설명이 요구된다고 여겨진다.

2) 서방교회의 실체 개념

아우구스티누스를 기초로 아퀴나스에서 보다 정교해진 서방교회의 실

---

85) Gregory of Nyssa, c. *Eun.* III, 5 in PG 45, 601B
86) 캐서린 모리 라쿠나, 『우리를 위한 하나님—삼위일체와 그리스도인의 삶』, 433, 452−453.

체(ousia) 개념은 본질(essentia)과 동일시되며, 본질은 존재와 동일시되는 특징이 있다. 동방교회의 실체의 단일성과 같이 삼위의 동역과 페리코레시스의 역할도 보이지만[87] 이는 위격을 개념적으로 구분 짓기 위한 노력이고, 실체 자체가 본질이며 존재이다. 엘더스(L. Elders)에 따르면 우시아의 라틴어 번역으로서 에센티아(essentia)가 '나 자신을 위한 존재자'의 의미를 지닌다.[88]

곤잘레스(J. L. González)에 의하면 아우구스티누스는 하나님을 초월적 본질로 규명하였다. 아우구스티누스가 신플라톤철학의 저술을 읽고 하나님을 명백하게 이해하였다는 구절을 제시하며 아우구스티누스에게 하나님은 섭스탄티아라고 불리기 적당하지 않고, 단지 에센티아이며, 말할 수 없는 일자(the Ineffable One)라고 파악한다.[89] 로제(B. Lohse) 역시 아우구스티누스가 섭스탄티아보다 에센티아라는 단어를 선호하였던 이유를 분석하면서 같은 결론을 내린다. 섭스탄티아를 사용할 경우 하나님의 모든 완전성들이 실체와 동일시되면서 의(義, gerechtigkeit)가 부가적인 것으로 취급될 수 있는데, 하나님의 의 혹은 위대함 혹은 선하심과 같은 특성 역시 하나님에게 있어서는 자체로 완전하다. 따라서 에센티아를 선호하게 되며 이는 절대 완전성과 절대존재는 한 분이신 일자(一者)로부터 진술된다는 결과로 이끈다.[90]

아우구스티누스에게 실체의 존재적 규명은 본질의 통일성이다. 그는 성부와 성자의 일체성을 강조하기 위해 "나와 아버지는 하나이니라"(요

---

87) 김병훈, "삼위의 실체적 단일성", 150−153, 163−164. 김석환, 『삼위일체론과 성령론』, 229−235. 참조.
88) Leo Elders, *The Metaphysics of Being of St. Thomas Aquinas in a Historical Perspective.* (New York: E.J. Brill, 1993), 207. 이덕중, "토마스 아퀴나스의 '우시아' 이해", 273.
89) 후스토 L. 곤잘레스, 『기독교 사상사』, 149.
90) 베른하르트 로제, 『기독교 교리사』, 92−93.; 라틴어로 섭스탄티아(실체)는 우유들에게 존재를 부여함으로써 우유들의 주체가 되는 어떤 것을 의미한다. 박승찬, "인격 개념의 근원에 대한 탐구", 109.

10:30)의 구절을 인용하면서 "관계에 따라서가 아니라 '본질(essentia)'에 따라 하나다"라고 설명한다.[91] 아우구스티누스에 의하면, 성부와 성자의 본질이 하나이기 때문에 "우리와 저희가 하나가 되기 위하여"란 구절은 없고, "우리가 하나인 것같이 저희도 하나 되게 하옵소서"(요 17:11)가 있다.[92]

동방교회에서의 동일본질과 동일한 면은 '실체의 단일성'이고, 차이는 동방교회에서는 본질이 삼위의 공통 속성으로서 '본질∈존재'라면,[93] 서방교회에서는 본질이 실존을 결정하는 요소이기에 '본질=존재'이다. 아퀴나스에 따르면 하나님은 존재와 본질이 같은 존재(esse tantum)이며 존재 자체(ipsum esse)이다.[94] 출애굽기의 "나는 스스로 있는 자로다"(Ego sum qui sum, 출 3:14)[95]라는 하나님의 자기 규명은 하나님의 본질이 피조물의 존재 원인이며, 동시에 하나님 자신에게는 본질 자체가 '자존하는 존재 자체'라는 의미다.[96]

---

91) Augustine, *De Trinitate*, 4.2.3. 김석환,『삼위일체론과 성령론』, 231.

92) Augustine, *De Trinitate*, 4.3.4.

93) '본질∈존재'에서 존재는 위격을 가리킨다. 존재론적 차원에서 위격이 한 존재라는 의미가 아니라 개념적으로나마 위격이 한 실존으로 인정받는다는 의미이다. 존재론적으로는 동방교회와 서방교회 모두 '한 분 하나님'만을 긍정한다. 동방교회에서는 본질이 개념적 실존체인 위격에 속성으로서 여겨지는 반면 서방교회에서는 본질이 한 하나님의 실존과 동일하게 취급된다는 점을 대조하여 나타내고자 동방교회는 '위격', 서방교회는 '실체'로 존재가 가리키는 바에 차이가 있지만 동일하게 존재로 표현하였다. 후에 기술하겠지만 동방교회에서는 위격에 실존을 부여하여, '인격의 존재론' 혹은 '관계의 존재론'으로 불리고, 서방교회에서는 실체에 실존을 부여하여, '실체의 존재론' 혹은 '존재의 존재론'으로 불린다.

94) 토마스 아퀴나스,『존재자와 본질에 대하여』, 정의채 역 (서울: 바로오딸, 2005), 27-28.

95) Thomas Aquinas, *Summa Contra Gentiles* Ⅰ. c. 22.

96) "하나님은 본질에 의해 모든 것에 있다는 것은 사물의 본질에 의해 그런 것이 아니다. 즉, 하나님이 사물의 본질에 속하는 것과 같은 것으로 그런 것이 아니라 하나님 자신의 본질에 의해 그런 것이다. 그것은 하나님 자신의 실체가 존재의 원인으로서 모든 것 안에 있기 때문이다" 토마스 아퀴나스,『신학대전 1』, 정의채 역 (서울: 바오로딸, 2002), 393. 이덕중, "토마스 아퀴나스의 '우시아' 이해", 276 재인용. '자존하는 존재 자체'에 대한 설명은 다음 참조. Frederick Charles Copleston, *A History*

기셀러(Gieseler)에 의하면, 아우구스티누스는 본질의 수적 단일성을 최초로 표명한 인물이며, 삼위일체 안의 종속적 입장을 철저하게 배척했다. 아타나시우스나 힐라리우스의 경우는 실체의 단일성을 성부에 관한 것으로 이해하였고, 캅파도키아 교부들은 삼위에 똑같이 해당되는 총칭적 개념(Gattungsbegriff)으로 파악하였다. 반면, 아우구스티누스는 총칭적 통일성을 배척하면서 세 위격들 안에 한 하나님이 존재한다고 가르쳤다.[97]

아우구스티누스의 삼위일체에서 표현되는 페리코레시스를 통한 실체의 단일성에서도 동방교회와 차이가 드러난다. 동방교회의 페리코레시스가 실재적 위격들의 상호관통(mutual interpenetration)이라면 아우구스티누스의 페리코레시스적 진술은 정적인 '상호내주(mutual indwelling)'의 의미, 곧 공통내재적 성격을 띠고 있다.[98]

> 삼위일체의 세 위격들의 관계는 상호적으로 결정 되어 있으며, 또 그들 자신이 본질상 무한하다. 그러나 유한한 물체들에 있어서는, 어느 하나가 다른 세 개의 합만큼 크지 않으며, 어떤 두 개의 합은 하나보다 더 많다. 그러나 높고 높은 삼위일체 하나님에게 있어서는 한 위격이 세 위격들의 합과 크기가 같으며, 또 어떤 두 위격들의 합이 다른 한 위격의 크기와 같다. 그들은 그들 자체가 무한하다. 그러므로 각 위격은 각 위격의 안에 있으며, 모든 위격들이 각각의 위격 안에 있고, 각각의 위격이 모든 위격들 안에 있으며, 모든 위격들이 모든 위격들 안에 있고 모든 위격들이 하나이다.[99]

---

of Philosophy vol. 2 (London: Search Press, 1975), 308.; 아퀴나스는 아리스토텔레스의 '가능-현실(potentia-actus)'구조를 그 근본에서 '본질-존재(essentia-esse)'로 적용한다. 아퀴나스에게 존재는 '절대적 현실력'이다. 이때 절대 현실 혹은 절대 존재는 하나님뿐이다. 하나님은 본성으로 존재 가능하지만 일반 피조물은 존재를 본성으로 가지지 않기에 존재하기 위해서는 능동인(하나님)에서 바깥에서 주어지는 하나의 현실력으로 수용하여 존재한다. 곧 창조의 개념이 적용될 때 피조물이 존재에 의해 현실력을 갖게 되는 것이다. 이재룡, "성 토마스 아퀴나스의 '존재' 관념",『가톨릭 신학과 사상』no. 19 (1997):117-119.

97) 찰스 하지,『조직신학 Ⅰ』, 김귀탁 역 (고양: 크리스챤다이제스트, 2002), 572.
98) 김석환,『삼위일체론과 성령론』, 230.

삼위의 공동사역으로 본 실체의 단일성에 있어서도 분명한 차이가 있다. 동방교회는 성경에 계시된 외적 사역에 주목한다면 아우구스티누스는 내적 사역에 관심을 둔다. 성육신과 성령의 강림, 즉 구원론적 의미를 내재한 파송(missio)에서도 삼위일체의 내적 관계가 중심이 된다.[100] 여기서 세 위격은 독특한 사역으로 구분되지 않고 관계 속에서 구분되며 사역에 있어서는 하나라고 표현된다.

> 성부가 낳으시고 성자는 낳음을 받으셨던 것처럼, 성부는 보내시고 성자는 보냄을 받았다. 그러나 낳으신 분과 낳음을 받으신 분이 하나이신 것과 같이 파송하신 분과 출원하신 분이 하나이다. 아버지와 아들은 하나라고 하셨기 때문이다.(요 10:30). 그와 같이 성령은 두 분과 하나이시다. 세 분이 하나이시기 때문이다.[101]

아우구스티누스에게 하나님의 삼위는 나누어질 수 없는 동일 신적 본질을 가진 한 분 하나님 안에 있는 신적 삶의 내적 형식이다.[102] 따라서 하나님의 경륜은 삼위의 활동이라기보다 한 분 하나님의 활동이나 사역으로 이해되어진다. 세 위격은 '하나의 원리(unum principium)'로 분할할 수 없는 단일한 행동을 하시기에 삼위일체의 작용은 '불가분리적'이며, 의지의 차이도 없다.

예를 들어, 아우구스티누스의 사고에서 구약의 신현(theophany)은 초기 교부의 전통처럼 성자만의 나타나심으로 간주되어서는 안 된다. 어떤 때는 성령이나 성부에게 귀속될 수 있고, 혹은 삼위 모두에게 귀속될 수도 있기 때문이다. 그는 실체의 단일성을 철저히 견지한다.[103] 그러나 이

---

99) Augustine, *De Trinitate*, 6.10.12.

100) 백충현,『내재적 삼위일체와 경륜적 삼위일체』, 100-101.

101) Augustine, *De Trinitate,* 4.20.29.

102) Edmund J. Fortman, *The Triune God: A Historical Study of the Doctrine of the Trinity* (Philadelphia,: Westminster, 1972), 141.

런 방식은 구약의 신적 현현이나 신약의 성자의 성육신과 십자가 고난 등을 설명하는데 분명 어려움이 있다. 여기에 답변으로 등장한 것이 서방교회의 전유(專有, appropriation)이다. 아우구스티누스는 구약의 신적 현현들이 때때로 성자와 성령으로 묘사되고 있으나 사실상 천사의 사역이고,[104] 성자의 성육신과 관련된 사항은 한 분 하나님의 사역이 성자에게 전유(appropriate)되었을 뿐이라고 설명한다.[105]

전유 역시 관계에 기원을 둔다. 예를 들어 성자가 현현할 수 있는 것은 그 기원인 성부와의 관계로 인해 가능하다. 바꿔 말하면, 창조는 성부가 성자를 통해 한 역사이고, 화해와 구속도 성부가 성자나 성령을 통해 이루신 일이 된다. 따라서 전유의 성격은 각 위격에 독특하다고 해서 배타적인 것도 아니고 동등한 것도 아니라 순위 질서가 있는 것이다.[106]

이러한 관계를 갖는 위격들은 실재적으로 구별되지 않는다. 어디까지나 관념적이다. 분명 아우구스티누스도 삼위를 구별하려 했다는 점은 명백하다. 하지만 캅파도키아 교부들의 삼위일체를 삼신론적이라고 비판했던 만큼 삼위를 규명함에 있어 개체적이고 구체적인 방식은 피하고자 했다.

결국 그가 선택한 관계(relatio)의 범주는 현대인의 사고처럼 '~의 위'나 '~보다 큰'과 같이 이미 존재하는 무엇을 전제하는 게 아니라 한 위격이 다른 한 위격 혹은 나머지 두 위격과 관계되어 실재하게 된 관계이다.[107]

---

103) J. N. D. Kelly, *Early Christian Doctrines*, 273.

104) Augustine, *De Trinitate*, 4.21.31; 3.10.1; 3.11.27. 아우구스티누스는 더 나아가 이러한 천사의 사역마저도 어떤 한 위격만이 아니라 전 삼위의 나타남으로 이해하고 있다. Basil Studer, Trinity and Incarnation, 173. 김윤태, "삼위일체 교리에 관한 동·서방 전통", 246–248.

105) Earl Muller, "The Dynamic of Augustine's De Trinitate: A Response to a Recent Characterization," in Augustinian Studies, vol. 26 (1995):76–80

106) 김광식, 『조직신학 I』(서울: 대한기독교서회, 1993), 172–173.

107) 플로티누스(Plotinus)와 폴피리(Porphyry)의 영향으로 아우구스티누스는 관계가 실재적 존립(having a real subsistence)을 갖는다고 생각했다. J. N. D. Kelly, *Early Christian Doctrines*, 275.

세 위가 상호관계 속에서 존재한다는 점에서는 동방교회의 삼위의 관계와 유사하다. 그러나 동방교회의 삼위의 관계가 개별적 특성이 뚜렷한 위격들의 교제로서 작용한다면, 서방교회의 관계는 위격 간의 교제가 없는 대립적 관계로서 각 위의 구별성을 나타내는 위격의 근거로 작용한다.108) 위격들이 낳으심, 낳아짐, 발출하심, 발출됨과 같이 관계 자체로서 기능한다.109) 영원 전부터 각 위격 간에 상호적인 관계를 가지기 때문에 성부, 성자, 성령이라고 불려진다. 관계는 우유성이 없으며 위격 그 자체의 존재를 다른 위격의 존재와 동일한 것으로 만드는 관계로서110) 항존하는 관계(relationes subsistentes)이며, 동시적 관계(relativa sunt simul)이다.111)

이종성은 아우구스티누스가 일(一)과 다(多)가 동시에 존재한다는 플로티누스의 '헨 폴라(ἕν πολλά, 일 · 다)' 논리에 의하여 위격의 관계 범주를 실체 개념으로 승화시켰다고 설명한다. 마스칼(E. L. Mascall)에 따르면, 아우구스티누스의 관계의 범주로 설명한 페르소나는 실체적 관계, 또는 관계적 존재라는 개념이다.112) 페르소나는 실체와는 달리 상관적 언

---

108) 대립적 관계는 아퀴나스의 표현에서 보다 구체적으로 드러난다. 아퀴나스는 삼위 일체의 관계를 하나님 안의 내재적 활동에 기초하여 대립적으로 표현한다. "반대가 서로 짝을 이룬 네 관계들"로서 아버지 됨, 아들 됨, 숨 쉼, 발현으로서 하나님의 존재를 구성한다는 것이다. 캐서린 모리 라쿠나, 『우리를 위한 하나님─삼위일체와 그리스도인의 삶』, 232.; 동방교회에서는 셋이면서 하나라는 시원적 개념이 위격의 근거이므로 서방교회와 같이 위격이 "대립의 관계"라고 설명하지 않는다. 블라디미르 로스키, "정교회 삼위일체 신학에서 성령의 발현", 252.
109) 아우구스티누스의 표현으로는 "아버지와 아들과 성령은 관계다." J. N. D. Kelly, Early Christian Doctrines, 274. 아퀴나스는 "위격은 곧 관계(persona est relatio)"라고 설명한다. Thomas Aquinas, Summa Theologiae : Latin Text and English Translation, Introductions, Notes, Appendices, and Glossaries, trans. Thomas Gilby, (London: Blackfriars, 1964), Ⅰ, q.40. a.2.
110) 이종성, 『삼위일체론』, 489.
111) 성염, "해제", 아우구스티누스, 『삼위일체론』, 성염 역 (칠곡: 분도출판사, 2015), 52.
112) E. L. Mascall, The Triune God : An Ecumenical Study. (Allison Park, Pa.: Pickwick Publications, 1986), 12. 이종성, 『삼위일체론』, 531─532.

표로서 세 위격이라고 할 때 '서로서로 연관하여' 부르는 것이지 각자가 자기 자신과 관련하여 부르는 말이 아니다. 그럼에도 위격과 하나님의 실존이 동일시되면서 순일성을 유지한다.[113] 위격 간의 관계는 같은 질료에서 나온 셋이나 같은 인성(人性)을 지닌 세 인간과 같은 유적 관계가 아니라 위격의 구분을 위한 대립적 관계를 지칭한다는 점에서 하나의 비인격적 통일체를 나타낸다.[114] 이러한 관계 범주는 양태론과 가현설, 삼신론을 피하는 체계적 작업의 결과이다.

한편으로 위격의 기원은 비인격적이며, 그 토대가 한 본질에 있기 때문에 실제 세 위격의 구별은 피상적일 수밖에 없다.[115] 예를 들어, 위격의 표현을 보면, 기억, 지성, 의지의 세 요소나 사랑하는 자, 사랑받는 자, 사랑과 같은 인간들의 영적, 지성적, 의지적 생활과 관련된 심리학적 유비들이다. 어디까지나 양태론을 피하기 위해 마지못해 사용한 것이라 기존에 존재한 페르소나의 인격적 특성은 드러날 수 없다.[116] 오직 '존립체적 관계(real or subsistent relations)'를 지칭하는데 할애되어 있다.

위격들의 복수를 인정하려면 위격과 본질이 동의어가 아닐 때만 가능하다. 그러나 아우구스티누스의 이해에서는 위격들과 본질이 실재적으로 일치하기 때문에, 위격과 본질의 실재적인 구분은 있을 수 없다. 그러므로 '존재하는 것과 한 위격이 되는 것' 그리고 '신적 위격은 다른 위격과의

---

113) Augustine, *De Trinitate*, 7.6.11. 성염, "해제", 아우구스티누스, 『삼위일체론』, 57.
114) 아우구스티누스는 성부 하나님, 성자 하나님, 성령 하나님이라고 부르지만 '하나님(Deus)'은 종적 명칭이 아니라 고유명사라고 설명한다. 삼위일체에서 '같은 존재의 세 위격'이라고 해도 되고, '세 위격이면서 한 존재'라고 해도 되지만, 마치 존재 다르고 위격 다르기라도 하듯이 '같은 존재에서 나온 세 위격'이라고 해서는 안된다고 한다. Augustine, *De Trinitate*, 7.6.11. 성염, "해제", 아우구스티누스, 『삼위일체론』, 58.
115) 블라디미르 로스키, "정교회 삼위일체 신학에서 성령의 발현", 252-253.
116) 아우구스티누스는 심리학적인 측면에서 인간 영혼 안의 삼중의 유형들을 삼위일체 안의 신적인 원천과 비교하였다. 박승찬, "인격 개념의 근원에 대한 탐구", 101.

관계 안에서 존재'한다는 역설적인 두 입장을 표명하게 된다.[117] 결국 아우구스티누스에게 위격은 언제나 신비이다. 아우구스티누스는 히포의 감독이 인간 존재 안에 있는 하나님의 형상을 '수수께끼(고전 13:12)'로 이야기한 내용을 인용하여 하나님의 삼위일체를 이해하고 싶어도 어떻게 하나님이 하나이면서 셋인지를 이해하는 것은 역부족이라고 고백하고 있다.[118]

마틀랜드는 한 하나님의 개념으로 모든 위격을 포괄하려는(all-embracing oneness of God) 경향은 삼위일체의 용어를 무색하게 만들 수 있다고 지적한다.[119] 말레트(A. Malet) 역시 아우구스티누스 신학이 삼위일체 신비의 위격적 차원을 최소화하는 위험을 갖고 있다고 말한다.[120] 건톤(Gunton)은 일원론(monism)으로 여겨질 위험이 있다고 하면서,[121] 한편으로 아우구스티누스가 동일본질의 교리에 따라 성자도 비가시적이고, 비육체적인 분으로 묘사하기 때문에 예수의 존재를 모호하게 만든다고 설명한다.[122] 신플라톤주의의 영향으로 한 하나님 역시 매우 추상적이고 구체적이지 않은 형이상학적인 존재로 묘사할 수밖에 없다는 것이다.[123]

아우구스티누스가 이야기하는 삼위의 관계는 본질에 너무 치중한 나머지 개별적 위격의 특성이 드러나지 않는 가운데 상정되므로 모호하다.

---

117) 캐서린 모리 라쿠나, 『우리를 위한 하나님-삼위일체와 그리스도인의 삶』, 142.
118) Augustine. *De Trinitate*. 4.22; 15.3; 15.14. 김옥주, "아우구스티누스의 삼위일체론", 71-73.
119) T. R. Martland, "A Study of Cappadocian and Augustinian Trinitarian Methodology," 252-263. 김윤태, "삼위일체 교리에 관한 동·서방 전통.", 249.
120) A. Malet, *Personne Et Amour Dans La Théologie Trinitaire De Saint Thomas D'aquin*. Bibliothèque Thomiste (Paris,: J. Vrin, 1956), 21.
121) Colin E. Gunton, *The Promise of Trinitarian Theology* (Edinburgh: T. & T. Clark, 1991), 59.
122) Augustine. *De Trinitate*, 2.1.19-2.12.22.
123) 건톤은 신플라톤주의의 영향으로 아우구스티누스의 사상을 설명한다. 신플라톤주의에서 질료는 신성의 참된 배태자(bearer)가 될 수 없으므로, 아우구스티누스는 '말씀'을 대신하여 천사를 세상에 대한 하나님의 중계자로 놓았다는 것이다. Colin E. Gunton, *The Promise of Trinitarian Theology*, 36.

또한 삼위일체 하나님과 우리와의 관계를 중재하는 역할로 이전 교부들의 주장인 '말씀(the Word, 성자)' 대신 '천사'를 내세움으로써 우리와 하나님과의 관계도 상대적으로 멀어졌다.124) 힐(E. Hill)에 따르면 아우구스티누스의 이해에서는 하나님과 피조물이 맺는 관계와 사역에서 삼위가 삼위의 사역에 공통적으로 아무 구별 없이 사역한다. 따라서 인간이 삼위를 구별하거나 구별된 삼위를 인식하는 것이 불가능하고, 인간은 삼위로서의 하나님과 관계를 맺을 수 없게 된다.125)

로이(Du Roy)는 아우구스티누스의 삼위일체론이 지극히 개인주의적이라고 진술한다. 하나님은 자기 스스로를 인식하고 스스로에게 말씀하시며, 사랑도 자신의 내재적 관계에서의 사랑이라는 것이다.126) 라쿠나 역시 비슷한 견해를 피력한다. 아우구스티누스의 신학에서 하나님과 영혼은 자아로 둘러싸여지고(self-enclosed), 자아와 관계되면서(self-related) 개인주의에 봉착한다는 것이다. 영혼의 내면적 여정을 통한 하나님 인식은 사회적 관계들과는 상관없는 영혼 자신을 인식하고 창조, 구원, 완성의 역사적 경륜의 하나님과는 상관없는 하나님을 인식하게 될 수밖에 없기 때문이다.127)

아퀴나스의 견해에서도 하나님과 우리와의 간격은 넓다. 아우구스티누스가 신 인식에 있어 '아는 것'과 '알지 못하는 것'을 구분하였듯이128)

---

124) 아우구스티누스가 삼위 사이를 모호하게 구별함으로써 서방신학에서 양태론의 경향성이 나타나게 되었다. Colin E. Gunton, *The Promise of Trinitarian Theology,* 42.
125) Edmund Hill, *The Mystery of the Trinity* (London: G. Chapman, 1985), 95.
126) "삼위일체 개념에서 아우구스티누스만의 독특한 점은 말씀의 출생 안에서 하나님 자신이 스스로를 인식한다거나 스스로에게 말씀하시는 하나님 개념이다. 삼위일체의 순환적 구조는 심리학적 이론이 갖는 본질적인 재귀적 구조(reflexive schema)로 인해 강화된다. 아버지와 아들을 묶는 사랑도 또한 자기 사랑이 될 것이다." Olivier Du Roy, *L'intelligence De La Foi En La Trinité Selon Saint Augustin, Genèse De Sa Théologie Trinitaire Jusqu'en 391* (Paris,: Études augustiniennes, 1966), 453.
127) 캐서린 모리 라쿠나, 『우리를 위한 하나님—삼위일체와 그리스도인의 삶』, 162−164.

아퀴나스는 '우리에게 알려질 수 있는 것(what is knowable to us)'과 '그 자체로 알려질 수 있는 것(what is knowable in itself)'을 구별하였고,[129] 한편으로는 '의미된 대상(res significate)'과 '의미의 양태(modus significandi)'를 구별하였다. 이는 우리가 추구하는 지식은 그 무언가 자체와는 다르다는 점을 내포한다.[130] 아퀴나스는 인간의 형상이 완전하지 못하여 어떤 방식으로도 완전한 인식에는 도달할 수 없고, 신 인식은 물론이고, 신 인식 전에 비물질적 실체 내지는 순수정신과 같은 분리실체도 인식할 수 없다고 말한다.[131] 여기서 아퀴나스의 목적은 불가능한 신 인식에 대한 강조라기보다 인간의 궁극적 행복은 진리에 대한 성찰에서 비롯된다는 점을 설명하기 위한 것이다.[132] 하지만 아퀴나스의 논리에서는 우리가 하나님과 다른 제2원인이기에 제1원인인 하나님과 친밀한 관계는 불가능하다. 아퀴나스는 우리가 전유의 방식(by the way of appropriation)으로 성부께 양자됨을 입었다고 하는데 여기서 전유의 방식으로 설명되는 이유는 우리의 인식론적 한계 때문이다.[133]

요약하자면 아우구스티누스를 중심으로 본 서방교회의 실체 개념은 존재적 측면에서 한 하나님이 강조되면서 삼위는 외부적으로 드러나지

---

128) Augustine. *De Trinitate*, 10.5, 김옥주, "아우구스티누스의 삼위일체론", 71.

129) Thomas Aquinas, *Summa Theologiae*, I, Q.12, a.2, ad.3.

130) Thomas Aquinas, *Summa Theologiae*, I, Q.39, a.4, co. 백충현,『내재적 삼위일체와 경륜적 삼위일체』, 61.

131) 신창석, "분리실체에 대한 연구번역-토마스 아퀴나스,『대이교도대전』3권 41-43장."『大同哲學』52 (2010):23-44.

132) Thomas Aquinas, *Summa Contra Gentiles,* trans. V. J. Bourke (Notre Dame Ind.: University of Notre Dame Press, 1975), III. c.37, n.1

133) 오닐은 다음과 같이 설명한다. "이 세상에 사는 우리는 성부 하나님을 그분 그대로 알 수 없다. 성부 하나님은 성자 하나님께 대하여 그리고 성자와 더불어 성령 하나님에 대하여 (아버지로) 계신다. 성자와 성령 하나님, 그리고 복락의 이상 가운데 하나님의 말씀으로 자신들의 이성이 충만해진 자들 이외에는 누구도 그러한 아버지를 알 수 없다." 김병훈, "삼위의 실체적 단일성", 155. 재인용.

않는다. 관계적 측면에서는 내적 삼위의 개별적 특성이 약한 가운데 관계를 맺기 때문에 불명확하여 양태론의 위험이 있다. 경륜적 측면에서 본 우리와의 관계는 마음의 유비를 통해 인간의 독특한 내면의 역사를 하나님의 구원과 성화에 연결시켰다는 점에서 인간학적이나 본질상 우리와 차원이 다르고 관상으로만 추구할 수 있으므로 우리와의 관계가 구체적일 수는 없다.

3) 신비적 실체 개념의 문제

동방교회와 서방교회의 신비적 실체 개념은 현대에 들어와 관계와 존재의 실재적인 측면에서 비판받고 있다. 핵심적인 비판은 내재적인 삼위일체와 경륜적인 삼위일체 사이의 구별로 인해 가장 근본적인 문제, 즉 "절대적인 하나님이 어떻게 상대적인 세계와 관련을 맺을 수 있는가"하는 문제를 덮어버렸다는 것이다. 길키는 창조와 구원에 이르는 모든 기독교 신앙의 내용과 의식 등이 과거와 현재와 미래 안의 실재인 신적 현존과 활동에 의존하고 있음을 들어 변화하는 세계 안에서의 하나님의 지속적인 활동과 관계성을 부인할 수 있겠느냐고 질문한다.[134] 하나님의 존재가 절대적으로만 치부될 수 없으며, 내적 관계뿐 아니라 경륜 속에서의 관계도 뚜렷이 설명되어져야 한다는 주장들이 제기된다. 더 나아가 내재적 삼위일체와 경륜적 삼위일체와의 관계에 대한 보다 구체적이고 실재적인 답변을 요구한다.

현대의 신학은 형이상학적인 삼위일체 하나님이 아닌 인격적인 범주에서 인식할 수 있는 삼위일체 하나님을 원한다. 동방교회의 경륜적인 형이상학적 진술과 서방교회의 존재적인 형이상학적 진술을 사변으로 치부

---

134) 랭던 길키, "하나님", 152.

하는 경향이 강세를 띠고, 관계적이고 역동적이며 실천적인 삼위일체 하나님에 대한 담론이 성행하고 있다.

그렇다고 지금까지의 동방교회와 서방교회의 삼위일체론이 완전히 평가절하 되는 것은 아니다. 현대의 신학자들은 헬라 신학의 전통과 라틴 신학의 전통 속에서 새롭게 인격적이며 관계적인 요소들을 재발견하고 삼위일체에 대한 관념들을 재조정하고 있다. 특별히 요청되는 사항은 두 신학의 상호보완적인 역할이다. 슈뵈벨(C. Schwöbel)은 내재적 삼위일체에 대한 설명과 경륜적 삼위일체에 대한 설명이 서로 구조적으로 관련되어 있음을 뚜렷이 보여줘야 한다고 제시하는데[135] 현대의 많은 신학자들에게 공감을 얻고 있다.

헬라 신학과 라틴 신학의 통합적 수용을 위해서는 두 신학의 강점과 한계를 명확히 알고 새롭게 통일적 관점에서 개념을 제시해야 한다. 실체 개념을 중심으로 보았을 때 헬라 신학의 실체 개념은 본성 혹은 본질의 단일성, 즉 유적 단일성을 강조하면서 세 위격의 구별성이 상대적으로 잘 드러나고 성서에 나타난 삼위의 외적 사역에 신학적 설명을 제공한다는 점에서 강점을 가진다. 라틴 신학의 경우는 본질과 존재를 동일시한 수적 단일성을 중점에 놓으면서 삼위일체의 존재와 속성에 관한 모든 우선성과 우월성을 배제하면서 한 하나님의 존재를 확고히 한다는 장점이 있다.

한계는 무엇인가? 헬라 신학의 전통에서 실체와 위격의 내용이 무엇인가 하는 부분에 대한 구체적 진술은 아직 정립되지 않았다.[136] 위격에 초

---

135) "만일 경륜적 삼위일체에 대한 설명과 내재적 삼위일체에 대한 설명이 서로 구조적으로 관련되어 있음을 보여주지 못한다면 구속역사는 하나님의 존재가 그 내적 관계 속에서 삼위로서 존재하신다는 삼위일체 하나님의 존재의 개념과 무관하게 취급될 것이고, 하나님의 존재의 삼위일체적 구성 또한 구속역사와는 무관한 어떤 것으로 취급되게 될 것이다." Christoph Schwöbel, "Introduction: The Renaissance of Trinitarian Theology-Reasons, Problems and Tasks", in *Trinitarian Theology Today : Essays on Divine Being and Act* (Edinburgh: T&T Clark, 1995), 6.

점을 맞추면서 세 위격이 어떻게 한 하나님이 되는가하는 문제는 페리코 레시스의 연합적 개념을 적용하더라도 여전히 풀리지 않는다. 현대에 와 서는 위격의 역동적 관계성을 통해 실체를 설명하고자 위격을 '인격 (person)'으로 정의하는 경향이 있는데 인격이 '자의식'으로 해석되어 삼신 론으로 흐를 위험과 반(反)삼위일체의 주장을 태동시키는 약점이 있다.[137] 한편으로 '관계 안에 있는 존재'로서 인격을 규정하고[138] 지나치게 관계와 본질을 동일시하게 되면 하나님이 관계들의 집합으로 환원될 수 있고, 경 륜 안에 있는 존재로 축소될 수 있다는 비판에 직면하게 된다.[139] 결국 여

---

136) 이형기 외 5인, 『기독교 사상사 I』, 237.

137) 현대적 인격 개념은 인격적 하나님, 한 하나님을 말할 때는 어울리지만 세 위격이 라는 개념에는 전혀 맞지 않는다. 19세기 이후로 인격은 '자의식'으로 여겨졌기 때문이다. 데카르트는 '사유의 주체'로 보았고, 로크는 '자의식'으로 정의하였다. 라이프니쯔는 스스로 현존하며 스스로를 인식하는 지속적인 자기인식이라고 여 졌다. 칸트는 도덕성의 개념을 빌려 '자기 의식적인 도덕적 주체'로 이해했으며 이는 라틴신학의 전통인 절대적 주체로서의 하나님의 개념으로 이어졌다. 이러 한 구조에서 라이프니쯔는 분할될 수 없는 하나님에 대한 철저한 의존을 강조하 고, 삼위일체론의 도금을 걷어내자고 주장하였다. 캐서린 모리 라쿠나, 『우리를 위한 하나님-삼위일체와 그리스도인의 삶』, 355-356.

138) 현대신학의 인격 개념은 맥머레이(J. Macmurray)의 인격주의 철학에 영향을 받았 는데, 그는 근대철학의 자아로서의 인격(person-as-selfhood), 곧 존재 자체(being-in-itself) 혹은 독자적 존재(being-by-itself)로서의 인격을 거부하고 타자를 자아라 고 생각하는 '관계 안에 있는 존재'로서의 인격을 주장한다. 인격들의 일치를 너 와 나의 공동체에서 찾는 맥머레이의 입장은 현대 관계적 삼위일체를 주장하는 신학자들에게 널리 받아들여져 하나님의 친교와 연합 및 사랑과 공동체를 강조 하는 데 활용된다. 김영선, "레오나르도 보프의 관계적 삼위일체론" 『관계 속에 계신 삼위일체 하나님』, 297-298.; John Macmurray, *Persons in Relation* (Atlantic Highlands, N.J.: Humanities Press International, 1993), 27-29. John Macmurray, *The Self as Agent* (London: Faber, 1969), 11. 참조.

139) 관계적 존재론을 주장하는 대표적인 인물은 레오나르도 보프와 지지울라스, 캐서 린 라쿠나 등이다. 그러나 극단적으로 하나님이 존재를 인격들의 관계에 상정할 경우 하나님의 존재가 관계들의 집합으로 치부된다는 비판을 피할 수 없다. 토마 스 웨인안디(Tomas Weinandy)는 라쿠나의 삼위일체가 경륜에 합병되거나 융합 된다고 지적하였고, 폴 몰나르(Paul D. Molnar)는 하나님을 경륜 안에 있는 존재

러 난점에 부딪치면서 설명될 수 없는 실체와 위격은 신비로 남겨진다.

라틴 신학의 경우도 마찬가지다. 본질에 초점을 맞추면서 한 하나님이 어떻게 세 위격으로 존재 하시는가 하는 문제는 말할 수 없는 신비이다. 본질을 비물질적이고, 비유형적으로 정의하기 때문에 불가분리적 요소가 강해지는 한편, 구별성이 뚜렷할 수 없다. 방편으로 존재와 속성에 관해서는 종속론을 배제하면서도 전유 개념으로 설명되어지는 존재양식과 활동양식에 관해서는 종속성을 배제하지 않는다. 동방교회가 성부의 모나르쉬를 삼위의 원천으로 정의하는 것처럼 서방교회도 성부를 신성의 원천, 원인, 원리(fons, origo, principium)로 보면서 성부만이 자신에게 속해 있는 하나님(αὐτόθεος)이라고 본다. 성자나 성령은 성부로부터 기원되어 존재하고 질서의 개념을 따르는데, 간혹 성부의 위격이 실체와 동일시 되면서 이해에 혼선을 빚는다.140) 이러한 설명은 사벨리우스주의(Sabellianism)와 아리우스주의(Arianism)의 모순된 교리를 가르친다는 비판을 받을 수밖에 없다. 여기에 대해 칼빈은 모세가 받은 '나는 스스로 존재하는 자이다(출 3:14)'는 말씀을 바울이 '그리스도'를 당사자로 여겼다고 하면서 자존성은 공통적인 신적본질로 취급될 수 있다고 답변한다.141) 그러나 다시 삼위의 관계에 들어가면 해석이 어렵기 때문에 아우구스티

로 축소한다고 지적한다. 백충현, 『내재적 삼위일체와 경륜적 삼위일체』, 284. Thomas Weinandy, "The Immanent Trinity and the Economic Trinity," *Thomist* vol. 57 (1993):661. Paul D. Molar, *Divine Freedom and the Doctrine of the Immanent Trinity: In Dialogue with Karl Barth and Contemporary Theology* (London: T&T Clark, 2002), 4.

140) 혼선을 주는 아우구스티누스의 대표적 언급을 들겠다. "하나님 안에서 존재하는 것과 한 위격이 되는 것은 다른 것이 아니라 전적으로 하나이면서 동일한 것이다. 우리가 아버지의 위격을 말할 때, 우리는 아버지의 실체를 의미하는 것이다. … 아버지는 아들이나 성령과의 관계 속에서가 아니라 자신과의 관계에서 위대하고 선하며 공의로운 하나님으로 불리듯이 자신과의 관계에서 한 위격으로 불린다." Augustine, *De Trinitate*, 7.5.10.

141) 찰스 하지, 『조직신학 Ⅰ』, 574-576.

누스의 추상적 관계 범주를 벗어나지 못하고 삼위일체의 신비에 겸허한 태도를 갖춰야 한다는 입장을 취하게 된다.[142]

두 신학의 통합적 수용을 주장하는 학자들은 헬라 신학의 삼위의 구별성과 라틴 신학의 실체의 단일성의 강점을 살려 삼위일체를 보다 입체적 시각에서 이해하고자 한다. 하지만 앞서 보았듯이 헬라 신학 내에서 위격의 내용 역시 구체적 진술이 형성되지 않은 채 신비에 쌓여있으며 관계 문제도 명확하지 않다. 라틴 신학에서도 실체의 단일성이 본질을 강조하면서 삼위를 모두 비물질적으로 환원하려는 경향으로 인해 존재와 관계 모두 모호하다.

이러한 두 신학의 통합이 삼위일체 하나님의 구체적 존재와 관계를 설명해 줄 수 있는지는 미지수다. 두 신학이 모두 신비적이라는 점은 예외로 두고라도 우선 통합을 위해서는 공통분모가 확고해야 하는데 두 신학은 시작의 관점이 다르고 각각 모두 자신의 방법을 우위에 놓고자 하기 때문이다. 오히려 두 신학이 말하고자 했던 강조점, 즉 헬라 신학에서 중점을 두는 위격의 구별성과 라틴 신학에서 수호하고자 하는 실체의 단일성을 설명해주는 새로운 개념을 제시하는 편이 통합적 수용에 도움이 될 것이라 사료된다. 두 신학이 말하고자 했던 바의 구조적 연관성은 현재의 신학적 틀을 포괄하여 설명할 수 있는 새로운 개념으로 이해되어질 수 있다. 그런 점에서 삼위일체를 보다 입체적으로 통일적으로 이해하기 위해 통일신학의 지평에서 실체 개념을 설명하고, 삼위일체의 존재와 관계의 문제를 보다 구체적으로 설명할 수 있는 방법을 모색해 보고자 한다.

---

142) Jean Calvin, *Institutes of the Christian Religion* (Philadelphia: Westminster Press, 1960), I , 120–128.

3. 실체 개념의 지평 전환의 필요성

통일신학의 실체 개념을 설명하기에 앞서 통일신학의 관점에서 실체 개념의 지평 전환의 필요성을 논하고자 한다. 이를 위하여 삼위일체론의 근저에 자리한 중심 개념인 신비에 대한 질문을 하나 던지고자 한다. 신비는 하나님의 비밀을 푸는 열쇠인가? 지금까지 삼위일체론은 신비를 강조하였는데 신비로 삼위일체를 정초하는 것이 타당한가는 의문이다. 통일신학의 실체 개념을 중심삼고 삼위일체를 설명하려면 먼저 신비의 문제를 짚고 가야할 것이라 사료된다. 따라서 이 절에서는 신비가 하나님의 비밀을 푸는 열쇠인지 그렇지 않은지 통일신학의 관점에서 고찰해 보고자 한다.

1) 신비로 본 삼위일체

'신비'가 가장 많이 언급되는 에베소서에서 하나님의 숨겨진 비밀에 대한 계시적 측면이 언급된다(엡 3:3). 사도 바울은 골로새서에서 신적 비밀에 대해 '예수 그리스도'이심을 밝혔고(골 2:2-3), 하나님의 비밀 혹은 신비는 자연스럽게 예수 그리스도에 대한 계시와 하나님의 경륜(Oikonomia)에 연결되었다(엡 2:9-10, 3:2,9).[143] 초기 기독교인들은 예수를 신비 경험, 신비 사상, 신비 언어의 목표로 삼았고,[144] 하나님의 경륜과 계시를 성령을 통해 체험하면서 삼위일체 하나님을 고백하였다. 점차 '신비'가 기독교 공동체 내의 세례의식을 비롯한 여러 예전(禮典)으로 전개되면서 삼

---

143) Rowan Williams, On Christian Theology (Oxford: Blackwell, 2000), 256.; Milton Karl Munitz, The Mystery of Existence; an Essay in Philosophical Cosmology (New York,: Appleton-Century-Crofts, 1965), 24.

144) Jaroslav Pelikan, Jesus through the Centuries : His Place in the History of Culture (New Haven Conn.: Yale University Press, 1985), 123.

위일체 하나님의 신비는 곧 '영성(spirituality)' 신학으로 발전되었다.[145]

닛사의 그레고리를 비롯한 많은 신학자들은 삼위일체를 이해하기 위해 '영성'을 추구하는 것을 미덕으로 삼았다. 영성은 12세기에 이르러 육체와 물질과 대비되는 개념으로 인식되면서 진정한 영성을 추구하는 기독교인 중에 육체와 육신세계를 혐오하는 경향도 나타났다. 이원론적 개념은 아퀴나스에 이르러 새로운 전환을 맞아 영성은 내면의 순수성과 고양을 이루는 방법으로서 언급되었고, 18세기에 이르러 영성 생활로 '헌신'이나 '완성', '덕'과 같은 방법들이 제시되었다.[146]

'신비'가 삼위일체 하나님을 이해하는 근본적 방식으로 여겨진 것은 위(僞)-디오니시우스(Pseudo-Dionysius)의 '신비신학(Mystical Theology)'이 시초로 여겨진다. 그는 삼위일체 하나님에 대한 지식으로 인도하는 두 가지 신학의 길을 구별하였다. 인간의 범주와 개념을 긍정하는 긍정신학(Kataphatic Theology)과 이와는 반대로 부정하는 부정신학(Apophatic Theology)이다.[147] 동방교회와 서방교회는 하나님의 본질을 인식할 수 없

---

145) John D. Zizioulas, "The Early Christian Community," in *Christian Spirituality : Origins to the Twelfth Century.* ed. Bernard McGinn and John Meyendorff, vol. 16 of World Spirituality. (New York: Crossroad, 1987), 28.

146) Mark Allen McIntosh, *Mystical Theology,* 7.; Christopher Alfred Beeley, "Gregory of Nazianzus: Trinitarian Theology, Spirituality and Pastoral Theory", (Ph.D., University of Notre Dame, 2002), 6-7.

147) 블라디미르 로스끼, 『동방교회의 신비신학에 대하여』, 35-37.; 위-디오니시오스는 긍정신학과 부정신학을 다음과 같이 대비하여 말하였다. "이후로 우리는 어떻게 하나님을 인식할 것인지 탐구할 필요가 있다. 하나님은 인식할 수도, 감지할 수도 없고, 일반적으로 개체 존재들의 그 어떤 존재도 아니다. 본성으로 하나님을 인식한다고 말할 수도 없다. 하나님은 인식되지 않으며 모든 담론과 지성을 뛰어넘기 때문이다. 우리는 하나님으로부터 투영되어 하나님의 유사성과 모양을 지닌 모든 개체 존재들의 질서로 하나님을 인식한다. … 하나님은 인식을 통해 인식되고 인식되지 않음을 통해 인식된다. … 하나님은 모든 것 안에 있는 모든 것이며, 무 안에 있는 무이다. 모든 것과 관련해서는 모든 것으로 인식되고, 무와 관련해서는 무로 인식된다. 왜냐하면 축하를 받는 하나님에 대한 이 모든 것은 원인이

다는 데 동의하면서도 선호하는 이론적 기초는 달랐다. 동방교회는 부정신학을 발전시켰고, 서방교회는 유비의 방법을 전개하면서[148] 삼위일체 하나님의 신비와 구원의 경륜을 인식하고자 하였다.

부정신학은 인식할 수 없음에 대한 관점에서 하나님을 묘사한다. 여기서 인식 불가능성은 불가지론 혹은 하나님의 인식을 포기하는 것은 아니다. 신학의 목표를 하나님과의 연합에 두고 영들을 오성을 넘어서는 실재들로 고양시키는 관상신학을 추구한다.[149] 출애굽(출 33:18-21)에서 모세가 하나님의 영광을 눈을 가리고 보았던 것처럼 하나님의 숨은 신비(본질)를 묘사하는 방법이다. 웨어(K. Ware)의 비유처럼 대리석 조각을 깎는 행위에 비교될 수 있다.[150]

긍정신학은 존재유비의 방법에 기초하여 하나님에 대해 말하고자 한다. 'A와 B의 관계는 C와 D의 관계와 같다'는 식으로 비교 혹은 비례를 통해 유사성과 차이점을 드러낸다. 유비의 방법은 상징의 방식이기 때문에 상징이 가리키는 실재를 충분히 나타낼 수는 없으므로 단의성(univocation)과 다의성(equivocation)의 중간을 추구한다. 인간의 개념으로 하나님을 추론하더라도 유비의 방법으로 인간과 다른 어떤 속성들로 하나님을 서술한다. 탁월성의 방식(via eminentiae)으로 유한한 존재의 속성을 하나님 안에 존재하게 한다.[151]

되는 모든 것의 유비에 따라 정확하게 말하기 때문이다." Pseudo-Dionysius, *The Divine Names; and, Mystical Theology.* trans. John D. Jones (Milwaukee, Wisc.: Marquette University Press, 1980), 178-180.

148) 기본적으로 서방에서도 부정신학의 전통이 흐른다. 아우구스티누스, 아퀴나스에게서도 부정신학의 일변이 보이며, 스코투스 에리우게나(Scotus Eriugena), 마이스터 에크하르트(Meister Eckhart) 등의 학자들도 부정신학을 사용하였다. 여기서는 전반적 신학의 진행흐름에 따라 나누었다.

149) 블라디미르 로스끼, 『동방교회의 신비신학에 대하여』, 58.

150) Kallistos Ware, *The Orthodox Church* (Baltimore: Penguin Books, 1963), 167.

151) 캐서린 모리 라쿠나, 『우리를 위한 하나님-삼위일체와 그리스도인의 삶』, 457.

부정신학과 긍정신학, 혹은 양자의 균형을 사용하든 그 목적은 삼위일체 하나님의 신비에 이르는 것이다. 그리고 삼위일체론은 하나님의 개념에 대한 것이 아니라 예수와 성령을 통해 계시된 구원의 경륜을 통해 하나님을 인식하는 방법으로 이해된다.[152] 문제는 예수와 성령을 통해 계시된 내용이 신비스럽다는 것이다. 예수에 관한 세 가지 견해, 즉 본래의 예수, 성경에 기록된 예수, 그리스도로서 지금도 현존하는 예수를 구체적으로 표현할 수 없다.[153] 예수의 정체성에 대한 문제, 곧 인간으로서의 예수와 니케아 공의회에서 명시한 '동일실체'로서의 예수를 어떻게 이해할 것인가의 담론이 끝나지 않았기 때문이다. 예수에게 나타난 하나님과 예수 안에 표현된 하나님, 즉 거리(distance)와 부재(absence)의 다름에서 하나의 정체성을 어떻게 이해할 것인가는 쉽게 결론 내릴 수 없다.[154]

성령의 문제는 더욱 난해하다. 윌리암스(R. Williams)가 지적하듯이, 성령에 대한 연구는 피상적 차원에 그친다. 성령의 신비는 그리스도일원론자(christomonist)를 양성하고, 이들은 삼위일체의 한 위격인 성령을 비하하여, 두 위격(성부, 성자)과 한 힘 혹은 영 혹은 존재양태와 같이 표현하거나 삼위일체론에서 가장 적은 비중으로 다룬다. 이레네우스의 표현처럼 창조에 동역하는 성부의 두 손은 분명 성자와 성령이지만,[155] 성령은 성자의 영으로만, 혹은 예언자들을 위한 영감 정도로만 취급되면서 필리오케 논쟁에 휩싸여있다. 바울과 요한이 묘사한 속죄와 성화(聖化)의 삶을 이끄는 성령과 누가가 묘사한 대리자 혹은 두번째 중재자 정도의 성령과 같이 성경기자들의 표현 차이도 이를 부채질한다. 결국 성령에 대한

---

152) M. -D. Chenu, *Evangile dans le temps* (Paris: Cerf, 1964), 666.
153) Durwood Foster, "Notes on Christology and Hermeneutics: Especially Regarding Dialogue with Unification Theology," in ed. Frank K. Flinn, *Hermeneutics & Horizons : The Shape of the Future* (New York: Rose of Sharon Press, 1982), 204.
154) Rowan Williams, *On Christian Theology,* 158−162.
155) Ireneaeus of Lyons, *Against Heresies*, 4.20.1−6.

불명확한 이해는 혼란을 가져오고 신비에 남는다.156)

여전히 말로 표현할 수 없는 하나님의 신비(Theologia)는 주어진 것이고 자존적인 것이 아니기 때문에 서술할 수 없다. 따라서 최종적으로 부정이 하나님의 신비와 구원의 신비의 근본적 일치뿐 아니라 신학적 인식의 긍정적이며 부정적인 차원을 확보하는 신학의 본질로 여겨지고157) 하나님은 영원한 신비가 된다.

기독신학에서 구분된 세 위격들이 단일한 하나님을 구성한다는 삼위일체는 언제나 이성의 이해를 뛰어넘기 때문에 신비일 수밖에 없다. 삼위일체 하나님에 대해 신학은 "성부, 성자, 성령의 위격과 연합의 신비에 대해 형식적 성찰을 할 뿐이다."158)

2) 신비의 축소를 지향하는 현대신학

신비의 범주에서 하나님의 존재는 필연적으로 영적이고 초월적으로 다루어지게 된다. 삼위일체의 관계에 대한 개념은 캅파도키아 교부들로부터 연유되어 현대에 이르러 집중적으로 조명되고 있는데 그 관계도 초월적 특성을 유지하고 있다.159) 특히 삼위의 연합을 묘사하는데 사용되는 '페리코레시스(상호침투/상호내재)'는 신비적 연합을 의미한다.160) 절

---

156) Rowan Williams, On Christian Theology, 107-127 참조.; 자유주의 신학에서는 성령을 보편적 영으로 다루어 성령의 신격성을 간과하였고, 신정통주의에서는 양태론적으로 성령을 다루면서 성령의 개별성을 간과하였다. 복음주의 신학에서는 성령의 인격성과 성령의 사역의 중요성을 강조한다. 다음 참조. 전대경, "현대신학에 있어서 성령의 신적 인격성의 문제-성령의 제3위격으로서의 인격성에 대한 이해의 비판을 중심으로", 『한국조직신학연구』 19 (2013):172-196.
157) 캐서린 모리 라쿠나, 『우리를 위한 하나님-삼위일체와 그리스도인의 삶』, 464.
158) 김영선, "레오나르도 보프의 관계적 삼위일체론", 299.
159) 관계 개념은 바실리우스와 나지안주스의 그레고리에게서 처음 나타나고 이후 캔터베리의 안셀무스를 통해 체계적으로 나타나게 되었다. 레오나르도 보프, 『삼위일체와 사회』, 이세형 역 (서울: 대한기독교서회, 2011), 141.

대적이며 무한한 삼위의 관계는 하나님의 일체성을 구성하게 되고, 하나님의 실체 혹은 본질이라고 불리는 통일체의 근저에는 '사랑'이 있는데 이 사랑 역시 초월적이다. "하나님은 사랑이시다"(요한 1서 4:8,16)는 명제는 아우구스티누스에 이르러 삼위일체적 통합의 기초로서 확인되었는데,[161] 그가 발견한 하나님의 사랑은 삼위일체의 친교 가운데 하나님이 자신의 자아를 바라고 즐기는 '에로스'적 사랑이다.[162]

신비 속에서 성부, 성자, 성령의 관계성 가운데 존재하는 하나님의 사랑의 모델은 우리와의 관계가 약하다. 고전신학의 페리코레시스(하나님의 내적 연합)적 사랑 모델은 사랑을 베푸시는 하나님이 자신의 사랑을 실행하기 위해 창조 세계를 필요로 하신다는 주장을 부인하고자 세워졌다. 삼위일체 내의 다른 위격들의 존재는 유한한 세계 없이도 타자를 사랑하실 수 있는 하나님을 드러내고 하나님의 초월성을 강조하는데 사용되어 왔다. 결국 신비적으로 하나님의 일체성과 관계를 조명하는 일은 사변으로 치부되었고, 현대에 와서 하나님과 우리와의 관계, 곧 경륜과 관련된 내재적 삼위일체를 요구하게 되었다.[163]

현대의 신학자들은 하나님의 사랑을 신비적 사랑이 아닌 실재적 사랑으로 묘사한다. 벨커(M. Welker)의 말대로 하나님과 맺는 사랑의 관계가 신비해 보이더라도 살아있는 하나님과의 사랑의 관계는 신비한 연합

---

160) 캅파도키아 교부들로부터 발달한 페리코레시스 개념은 세 위격이 신적인 삶(Divine life)의 리듬에 따라 순환적으로 상호침투하여 내주함으로서 존재 공동체를 이룬다는 시적이고 몽환적인 개념이다. 조병하, "삼위일체와 그리스도 신앙 이해 논쟁과정에서 형성된 '페리호레시스'에 대한 고찰", 『성경과 신학』 vol. 64 (2012): 255-284.; 황진수, "삼위일체로서의 천지인참부모", 54.

161) 레오나르도 보프, 『성삼위일체 공동체』, 김영선, 김옥주 공역 (서울: 크리스천 헤럴드, 2011), 96-98.

162) 아우구스티누스, 『삼위일체론』, 14.3, 377-378.

163) Karl Rahner, *The Trinity*, 21-22.; 폴 피디스, "사랑으로부터의 창조", 『케노시스 창조이론』, 존 폴킹혼 편, 박동식 역 (서울: 새물결플러스, 2015), 296-297.

(unio mystica)이 아니다. 하나님과 맺는 살아있는 사랑의 관계는 우리의 사랑의 형태들을 형성하고, 하나님의 능력에 참여하게 하며, 우리를 성장시킨다. 하나님의 사랑은 실제로 우리를 강권케 하고(고후 5:14-17), 사랑의 연합은 하나님의 비밀인 그리스도를 실재적으로 깨닫게 하며(골 2:2), 우리를 충만하게 한다(엡 3:11, 17).[164]

현대 신학자들은 내재적 삼위일체와 경륜적 삼위일체의 연계를 통해 하나님의 존재와 관계를 드러내고자 한다. 실증적인 현대신학은 자연적 신 인식 곧 인간 오성에 의해 도달된 신 인식도 신에 의해 주어진 계시적 신 인식의 일부라고 본다.[165] 이에 따라 경험에 근거하고 과학을 비롯한 타학문과의 관계 속에서도 설명할 수 있는 삼위일체 하나님을 추구하고 있다.[166] 삼위일체 신비에 대해 인정하면서도 신비의 영역을 축소하기 위해 노력한다.

삼위일체의 신비는 예수 그리스도를 향한다. 그렇지만 예수가 정말 신비인가? 슐라이어마허와 하르낙과 같은 자연주의신학자 및 판넨베르크와 같은 이성적 신학자들은 '아니다'라고 이야기할 것이다.[167] 예수를 신

---

164) 미하엘 벨커, "낭만적 사랑, 언약적 사랑, 비움의 사랑", 『케노시스 창조이론』, 226-228.
165) 벨라 바이스마르, 『철학적 신론』 허재윤 역 (서울: 서광사, 1994), 216-217.
166) 한스 큉 · 데이비드 트라시 편, 『현대신학은 어디로 가고 있는가』, 박재순 역 (서울: 한국신학연구소, 2002), 75-85, 232.
167) 슐라이어마허와 하르낙은 신앙을 그 사고의 대상을 삼고 그리스도교의 경험을 역사적 실존의 사실로서 이해시키기 위해 부단히 노력했다. 그들의 실증주의적 태도는 삼위일체론을 부인하는 부정적인 측면도 있었지만 역사적 예수를 밝히고 신비를 벗어나려고 했던 면모는 탁월했다. 고전신학과 자유주의 신학의 관계에 대한 내용은 B. A. Gerrish, *The Old Protestantism and the New : Essays on the Reformation Heritage* (Chicago: University of Chicago Press, 1982) 참조.; 판넨베르크는 신학이 하나의 보편적인 과학이 되어야만 하고 신학의 작업은 보편성의 영역에 참여해야 한다고 보았다. 삼위일체론에 있어서도 역사적 삼위일체를 조명하였다. Wolfhart Pannenberg, "The Revelation of God in Jesus of Nazareth", in *Theology as History*. ed. James M. Robinson and John B. Cobb (New York; London,:

비로 규정한다면 성육신과 부활은 실재가 아니라는 영지주의자들과 가현설주의자들의 입장으로 빠지게 될 것이다.168) 예수가 신비가 아니라면 예수를 통해 본 삼위일체 하나님도 신비가 아니어야 하지 않은가?

피디스(P. Fiddes)는 인간의 사랑과 하나님의 사랑이 상당히 일치함을 주장한다. 하나님도 인간처럼 사랑을 갈망하고 있다고 말하며 하나님의 완전함을 모든 실재와 하나님이 맺는 완전한 관계로 설명한다.169) 폴킹혼(J. C. Polkinghorne)은 하나님의 신비스런 본성을 강조한다면 신정론에 어려움을 제기하게 된다고 보고, 경험의 범주에서 인간 작인(human agent)과 신적 작인(divine agent)을 다룸으로서 세계 가운데 활동하시는 하나님을 드러내고자 하였다.170) 김진춘에 따르면, 힉스 입자의 발견으로 '유(有)에서 유'의 하나님의 창조과정이 과학적으로 밝혀졌다. 철학의 실체 생성과 신학의 창조과정이 대칭성 붕괴로 설명되기 때문이다.171) 현대신학은 이와 같이 하나님을 신비가 아닌 우리가 이해할 수 있는 우리와 함께하는 분으로 증명해내고자 노력한다.

신비였던 '예수 그리스도'가 역사적 실존인물로서 조명되었을 때, 자연

Harper & Row, 1967), 131.

168) 영지주의(gnosticism)는 혼합주의와 신비주의를 특색으로 한다. 극단적인 이원론을 받아들여 물질세계는 악하고, 영적이며 신비적인 것만을 선한 것으로 간주한다. 이들에게 예수는 에온 그리스도로 영적인 존재이기 때문에 역사적 예수와 성육신을 부인하고 예수는 예수가 아니라 예수를 입은 에온이었다고 말한다. 가현설(Docetism)은 이원론적 우주관에 바탕을 두고 영적 세계의 선재적 창조와 선재적 타락, 그리고 인간의 구원을 골격으로 하면서 물질과 육체를 경멸의 대상으로 본다. 이들에게 있어 예수는 신적인 영체였으므로 인간의 몸을 입은 것처럼 보였으나 사실은 신이다. 차종순,『교리사』, 25-27, 56-63.

169) 폴 피디스, "사랑으로부터의 창조", 281. 하나님의 사랑의 갈망에 대한 내용은 Julian, *Revelations of Divine Love* (Harmondsworth: Penguin, 1966), 84. 하나님이 자신의 최대치를 넘어설 수 있음에 대해선 Charles Hartshorne, *The Divine Relativity, a Social Conception of God* (New Haven,: Yale University, Press, 1948), 76-82 참조.

170) 존 폴킹혼, "비움을 통한 창조와 하나님의 행동", 175-178.

171) 김진춘, "'신의 입자' 발견",『청심논총』 vol. 11 (2014):116-117.

스럽게 우리 삶에 예수의 행위가 미치는 영향이 더욱 확대되었다.[172] 마찬가지로 삼위일체의 신비는 신비가 아니라 사실로서 드러날 때 우리의 신앙과 생활에 더욱 직접적이고 실재적으로 다가올 수 있다. 신비가 주는 영성을 부인하는 것이 아니다. 오히려 진정한 영성은 신비가 아닌 실재적 실체가 될 때 빛을 발한다고 주장하고 싶은 것이다. 신앙의 푯대가 예수를 드러낸 것처럼 삼위일체의 신비는 필연적으로 신학의 발전과 더불어 벗겨져야만 한다.

3) 실재적 삼위일체에 대한 요구

신비를 풀고자 노력하는 현대신학의 경향은 하나님을 우리의 삶과 밀접한 존재로 묘사한다. 우리의 고난과 함께 하시는 하나님은 과정신학과 해방신학 등의 새로운 신학적 지평을 열었다. 그러나 여전히 하나님의 초월성은 하나님의 경륜과 더불어 하나님의 존재를 설명하는데 유지되어야 하는 요소로 여겨진다.[173]

신학에서 하나님의 초월성과 내재성은 하나님의 창조와 구속 혹은 하나님의 능력과 사랑으로 설명된다. 여기서 초월성은 고전신학에서 강조돼 왔던 하나님의 능력으로, 초월성이 없다면 하나님은 무능한 하나님으로 여겨진다. 제1원인자인 초월적 하나님은 고난 받으실 수 없으며, 제2원인자인 피조물과 철저히 구분돼 있으므로 '하나님은 사랑'이시라는 확

---

172) 슐라이어마허는 심리학적 차원에서 그 영향을 조사하고 분석하였다. Friedrich Schleiermacher, *Schleiermachers Glaubenslehre.* (Leipzig,: Deichert, 1910), 100. 2–3.; 브리안 게리쉬, "현대신학의 모형", 『현대신학은 어디로 가고 있는가』, 232.

173) 한 예로 몰트만이 『희망의 신학』에서 하나님의 초월성에서 내재성을 중심으로 신론을 옮겨갔을 때 그렌즈(S. J. Grenz)와 올슨(R. E. Olson)은 몰트만이 하나님의 초월성을 무시해 가면서까지 하나님의 내재성을 지나치게 강조하게 되었다고 비판하였다. Stanley J. Grenz, Roger E. Olson, 『20세기 신학』, 신재구 역 (서울: 한국기독학생회출판부(IVF), 1997), 295.

신에 의문을 제기할 정도로 창조와 멀게 느껴진다. 이러한 가정(假定)에서는 하나님과 우리가 함께 세계에 존재할 수 있다는 것이 모순이다.[174] 그런데 하나님의 능력이 피조세계와 분리된 초월성이어야 하는지, 또 하나님이 이분법적으로 능력과 사랑을 분리해서 활동하시는 존재이신지 다시 고려할 필요가 있다.

하나님은 분명 무소부재하시고 전지전능하신 하나님이다. 또한 하나님은 사랑이시고, 그 사랑은 신비적 사랑이 아니라 우리의 삶과 밀접한 관련을 맺는 사랑이다. 하나님의 전지전능은 하나님의 사랑과 관련하여 설명되어져야 한다. 하나님의 능력과 자유는 사랑의 대상을 위한 자발적인 희생 및 자기 투입과 연관된다.[175]

통일신학은 하나님을 '심정의 주인'으로 규정한다. 심정은 하나님의 성상의 가장 핵심이 되는 부분으로서 '사랑을 통해서 기쁘고자 하는 정(情)적인 충동'이다. '정적인 충동'은 내부로부터 솟아오르는 억제할 수 없는 원망(願望)이며 욕망이고, 이 욕망이 충족되어 기쁨을 얻는 방법은 사랑을 하는 것이다. 따라서 '한없이 사랑하고 싶은 정적인 충동'을 지닌 하나님에게 사랑하는 행위는 필연적이다. 사랑에는 반드시 그 사랑의 대상이 필요한 바, 하나님에게 창조는 절대적으로 필요한 것이었고, 불가피한 것이라는 결론이 나온다.[176]

---

174) 존 폴킹혼, "비움을 통한 창조와 하나님의 행동", 167–168.
175) "하나님이 만물을 창조할 때 자기를 투입해서, 자기를 희생시키면서 작은 것에서부터 큰 것으로 지었습니다. 사람을 지을 때도 자기를 희생시키면서 지었습니다. 그렇기 때문에 우리도 그와 같은 자리에 서야 합니다. 하나님이 지은 것은 뭐냐? 대상입니다. 그 대상은 무슨 대상이냐? 사랑을 중심삼은 대상을 바라고 지었다는 것입니다." 『말씀선집』 61권.
176) 통일사상연구원, 『통일사상요강』, 60.; "하나님은 사랑하기 위해서 존재하며, 주기 위해서 존재하십니다. 하나님은 완전히 이타적인 존재이십니다. 하나님은 혼자서는 존재하실 수가 없습니다. '사랑'과 '이상'은 두 사람이 서로 부족한 부분을 채워주는 관계일 때만 그 의미를 가지게 됩니다. ……하나님의 대상이 되는 인간

심정의 원천으로서 하나님의 능력은 '상대를 위하는' 위타(爲他)의 능력으로 발휘된다. 첫 번째로는 완전한 자기 희생과 자기 투입이다. 하나님의 창조는 자신이 할 수 있는 최대치의 희생과 투입으로 가능했다. 사랑의 대상을 위해 '절대신앙 · 절대사랑 · 절대복종'으로 창조하셨다.[177]

> 완전한 투입을 하는 데서 완전한 대상이 성립한다는 원칙을 두고 볼 때, 하나님은 주체로서 대상을 대해서 완전히 투입했다는 것입니다. 하나님 자신을 위해서 있기 위한 것이 아니라 대상을 위해서 있는 운동을 시작한 것이 창조역사입니다.[178]

하나님의 완전한 자기 투입은 과학적 현상에 빗대어 설명되어질 수 있다. 전기의 예를 들면 일반적으로 마이너스에서 플러스로 전기가 흐른다고 이야기 하는데 이것은 이미 플러스가 다른 구(球)를 통해서 반대방향으로 들어와서 밀어주는 힘으로 작용했기 때문에 가능했다고 본다. 그래서 과학적으로 봤을 때 하나님의 사랑이 플러스로서 먼저 작용했다는 것이다. 통일신학에서는 완전히 투입해야 하는 이유를 다음과 같이 설명한다.

> 백만큼 가졌던 작용을 사랑을 통해서 백 이상 주고 싶다는 거예요. 내가 사랑의 대상을 만나면 사랑의 힘이라는 것은 백만큼 가지고 있어도 천, 만만큼 주고 싶은 힘이 개재된다는 거예요. 그러니까 몇 바퀴라도 영원히 돌 수 있습니다. 내가 0점이 되니까….
> 왜 완전히 줘야 되느냐? 완전히 백 퍼센트 이상 왜 줘야 되느냐? 돌아오는 힘은 자동적이예요. 고기압이 되면 저기압은 자동적이라는 거예요. … 사랑의 태풍권을 이루게 되는 거예요.

은 하나님에 있어서 전부인 것입니다." 세계기독교통일신령협회, 『하나님의 뜻과 세계』(서울: 주간종교사무국, 1990), 262−263.
177) "천지창조 할 때 하나님이 절대신앙 · 절대사랑 · 절대복종 위에서 만들었어요." 『말씀선집』 278권, 1996.04.28
178) 세계평화통일가정연합, 『천성경』(서울: 성화출판사, 2013), 1−3−1−18, 83.

왜 하나님이 완전히 투입하는 놀음을 해야 하느냐? 사랑이 완전히 제한없이 막 잡아당기는 거예요. 잡아당기는 거예요. 완전히 주다 보니 자동적으로, 백 퍼센트 잡아당기는 거예요. 그렇기 때문에 스스로 회전할 수 있다는 거예요.

사랑의 힘은 입력보다도 출력이 커요. 세상의 모든 역학세계는 출력보다도 입력이 커요. 이래서 균형을 이루는 거예요. 사랑이 없이는 균형이 안 잡혀요. 그렇기 때문에 어디가 뿌리냐 하면, 사랑을 뿌리로 한 거예요. … 여기 유형 무형세계인데 이쪽은 안 보이게 연결되어 있습니다. 요 세계의 힘을 연결시키는 것은 사랑만이예요. 우주력을 중심삼고 투입할 수 있는 것은…. 여기 이것은 전부 다 상대만 맞으면 어디든 투입합니다.[179]

하나님이 사랑으로 완전히 투입한 위타의 능력으로 인해 사랑의 작용이 영원하게 된다. 고기압이 되면 저기압이 자동적으로 형성되어 순환하게 되는 것처럼 하나님의 완전한 투입으로 0이 되면 자동적인 순환운동이 벌어지게 된다. 또한 과학에서는 출력이 입력보다 작은데 창조가 벌어졌다는 점에서 자연계의 자동현상으로 창조가 생겨난 것이 아니라 하나님께서 사랑을 투입하셔서 창조가 벌어졌다는 증거가 된다. 또한 진화가 가능한 것도 '우연'이 아니라 끊임없이 하나님이 '의지'를 가지고 투입했기 때문이라는 사실이 증명된다.[180]

두 번째 위타의 능력은 사랑의 대상이 스스로 성장하여 완성함으로서 하나님의 창조성을 상속받아 '공동 창조주'의 입장에 설 수 있도록 완성할 때까지 직접주관하지 않으시고 '간섭치 않으시는 것'이다. 이러한 하나님의 위타의 능력은 아담 해와가 타락했을 때도 발휘되었다. 하나님은 아담 해와의 타락을 보시면서도 간섭치 않으셨고, 이후 타락 인류가 번식하여 악이 번식하는 것을 보시면서도 간섭하지 않으셨다. 이는 하나님께서 아담 해와는 물론 모든 타락한 인류가 완성한 아담 해와를 맞아 다시 본연의

179) 『말씀선집』 180권, 1988.8.22.
180) 『말씀선집』 266권, 1994.12.04

자리로 복귀하기 위해서는 스스로 세우신 복귀섭리의 원칙을 지키셔야했기 때문이다. 통일신학에서 보는 하나님은 우리의 창조주이자 부모이시기 때문에 인간의 고통 받는 모습을 보시고, 자식인 인간보다 더욱 아파하시는 한(恨) 맺힌 하나님으로 묘사된다.181) 그럼에도 하나님의 능력과 자유는 인간이 자신을 닮아 위하여 사는 '사랑의 주인'으로 완성될 때까지 인간을 '위하여' 그 성장 과정에 있어서는 간섭치 않으심으로 나타난다.

> (사랑의 주인이 되기 위해서는) 하나님의 사랑과 더불어 생명력을 만국에 투입해야 합니다. 그 과정에는 하나님이 절대 답변도 안 하고 모른체합니다. 간섭하면 안 된다구요. 그 투입이 끝날 때까지는 간섭 안 한다구요. 인간책임분담이 뭐예요? 자기 스스로 완성하는 것 아니예요? 마찬가지로 자기가 기도해 나갈 때는 하나님이 중간에 간섭 안 하는 거예요. 도리어 반대해요.182)

> 전능하신 하나님께서 그토록 고통의 자리에서 벗어나지 못하고, 역사의 배후에서 수난을 감내해 오신 것은 하나님이 못나고 능력이 없어서가 아닙니다.
> 타락으로 잃어버린 아담 해와의 본연의 자리, 즉 완성한 후아담의 현현을 기다려야 할 복귀섭리에 얽힌 말 못할 사연이 있었기 때문입니다. 아무리 전권을 가진 하나님이라고 할지라도 당신 스스로 영원의 기준위에 세운 천리원칙을 무시할 수는 없었던 것입니다.183)

인간이 완성하기 전까지 간섭치 않으시는 행위는 하나님의 전능성을 훼손하는 것이 아니다. 오히려 완전한 공동 창조주를 만드시는 하나님의 위대한 창조성과 자유를 드러내는 일이다. 『원리강론』에서는 하나님이

---

181) 세계평화통일가정연합, 『평화신경』, (서울: 성화출판사, 2009), 38-39. 세계평화통일가정연합, 제1편 하나님, "제2장 심정과 참사랑이신 하나님", "제4장 해방해 드려야 할 하나님", 『천성경』, 57-18, 99-123.
182) 『말씀선집』 180권, 1988.8.22.
183) 세계평화통일가정연합, 『평화신경』, 16.

인간의 타락행위를 간섭치 않으신 이유를 다음과 같이 세 가지로 든다.[184]

첫째, 창조원리의 절대성과 완전무결성을 위함이다. 하나님은 하나님이 간섭치 않으심에도 인간이 성장기간에 책임분담을 다하여 창조성을 부여받도록 창조원칙을 세우셨다. 따라서 하나님이 간섭치 않으시는 행위는 하나님의 창조원리가 절대적이며 완전무결하다는 증거이다.

둘째, 하나님만이 창조주로 계시기 위함이다. 하나님은 스스로 창조하신 원리적인 존재와 그 행동만을 간섭하신다. 만약 하나님이 범죄행위나 지옥과 같은 비원리적인 존재나 행동을 간섭하시게 되면 그 일을 초래한 사탄도 원리를 창조한 창조주의 입장에 서게 된다. 따라서 하나님이 타락행위에 간섭치 않으신 것은 하나님만이 창조주이심을 입증하는 것이다.

셋째, 인간을 만물의 주관위에 세우시기 위함이다. 인간이 만물을 주관할 수 있기 위해서는 하나님의 창조성을 부여받아야 한다. 그러기 위해서는 성장기간 동안 그 자신의 책임분담을 완수하여 완성해야 한다. 미완성기에 인간을 간섭치 않으심으로서 하나님은 미완성한 인간이 앞으로 완성한 인간이 된다는 원칙을 고수하신 것이고, 하나님의 창조원칙이 유효함을 보여주신 것이다.[185]

---

184) 세계평화통일가정연합, 『원리강론』, 106-108.
185) 통일사상은 다음과 같이 말한다. "인간은 만물을 총합한 실체상이며, 소우주이기 때문에 인간 한 사람의 가치는 우주의 가치에 맞먹는다. 따라서 인간이 자신의 책임분담으로 자기를 완성시킨다면 그 노력은 우주를 완성시킨 것(창조한 것)과 동일한 가치의 노력이 되는 것이다. 이것이 바로 하나님이 아담·해와에게 책임분담을 다하게 하신 이유였다. 즉 하나님은 아담·해와도 하나님의 창조위업에 가담했다는 조건을 세우도록 하기 위해서 책임분담에 의해서 완성토록 하셨다. 이러한 이유 때문에 하나님은 아담·해와에게 성장기간 동안에는 선악을 알게 하는 나무의 열매를 따 먹어서는 안된다(성적 관계를 맺어서는 안된다)는 계명을 주신 이후, 그들의 행위에 대하여 일체 간섭하지 않으셨다. 만일 간섭하게 되면 인간 책임분담을 하나님 스스로 무시하는 입장이 되며, 미완성한 아담·해와로 하여금 만물을 주관하게 하는 모순을 초래할 것이기 때문이다." 통일사상연구원, 『통일사상요강』, 251.

하나님의 위타의 능력은 현대신학에서 조명하고 있는 하나님의 비움(Kenosis) 개념과 유사하다. 폴킹혼은 하나님의 능력을 비움(Kenosis)으로 설명하면서 사랑과 균형을 맞추며 창조과정을 설명한다. 삶을 연극으로 비유할 때 '사랑이 깃든 창조성(loving creativity)'을 지닌 하나님은 감독과 같이 우리를 지켜보며, 우리는 즉흥 연기자와 같이 '스스로 자신을 만들도록' 허락받은 역할을 자발적으로 수행한다. 이러한 개념은 고전신학의 초월적 창조주와 영속적으로 의존하는 창조세계가 아니라 '생명의 씨앗'을 받아 '계속되는 창조(creatio continua)'로서의 세계를 선호하며, 인간을 '창조된 공동 창조자'로 언급하고자 한다.186)

그는 하나님의 능력을 네 가지 비움이라고 제시한다.187) 하나님이 본성의 일관성을 유지하기 위해 스스로 내적으로 '제한'하신다고 설명하며, 하나님의 자유를 우리를 위한 '자유 과정 변호(free-process defense)'라고 정의한다. 하나님은 자신을 비우시고 계속 창조하시는 창조주로서 창조세계와 끊임없는 상호작용을 하신다. 이 과정에서 하나님의 능력과 사랑은 조화를 이루는 것으로 간주되어지며 우연(역사적 우연성)과 필연(법적인 규칙성)의 상호작용을 통해 세계는 진화한다고 판단한다.188)

위타적인 심정의 하나님, 그리고 비움의 하나님은 결코 초월적인 분이 아니다. 피조물과 끊임없이 상호작용하고자 하시는 하나님이다. '정적인

---

186) 필립 헤프너가 인간을 '창조된 공동 창조자'로 언급하였다. Philip J. Hefner, *The Human Factor : Evolution, Culture, and Religion* (Minneapolis, Minn.: Fortress Press, 1993).

187) 1. 전능성을 비우심: 하나님이 자신을 제한하셔서 피조물이 존재하고 작용하는 인과 관계적 공간을 허용하신다. 2. 단순한 영원성을 비우심: 창조세계가 전개되는 역사 안에서 본성을 실현하도록 시간에 실재와 의미를 부여하신다. 3. 전지하심을 비우심: 하나님이 알려질 수 있는 것은 모두 아신다는 현재적 전지를 가지시지만 참된 생성의 세계이므로 미래를 상세히 알지는 못하신다. 4. 원인으로서의 지위를 비우심: 비움의 사랑으로 여러 원인 가운데 한 원인으로 행동하도록 허락하셨다.

188) 존 폴킹혼, "비움을 통한 창조와 하나님의 행동", 167-188.

충동'의 하나님은 필연적으로 사랑의 대상이자 자식인 인간에게 사랑을 전하고 싶어 하신다. 이러한 하나님이 신비일 수는 없다. 또한 하나님은 신비가 되고 싶지 않다. 우리가 베일에 싸인 하나님이라 정의하고 침묵과 관상으로 접근하기를 바라시지 않는다.[189] 하나님은 오히려 우리와 소통하고 함께 사랑을 주고받고 싶어 하신다. 이는 하나님의 창조목적에서 더욱 뚜렷하게 드러난다.

4) 창조목적과 삼위일체

사랑의 대상을 추구하시는 하나님은 실체적인 사랑을 원하신다. 창세기 1장 27절에 "하나님의 형상대로 사람을 지었는데 일남 일녀를 지으셨다." 고 하였다. 통일신학에서 하나님이 아담 해와를 창조한 목적은 다음과 같다.

> 첫째로, 이성성상의 중화적 주체로 자존하시면서도 무형으로 계시는 하나님께서는 실체세계를 상대하는 데 필요한 체를 입기 위함이었습니다. 남성의 체만도 아니요, 여성의 체만도 아닌 아담과 해와 두 사람의 체를 입고 실체세계와 자유자재로 교통하고 작용하기 위함이었던 것입니다. 체를 입지 않은 무형의 하나님으로서만은 유형실체세계를 상대하는 데 한계가 있기 때문입니다. …
> 둘째로는 사랑의 완성을 위해서입니다. 아담과 해와가 완성하여 완전

---

189) 침묵과 관상은 하나님의 신비에 접근하는 최상의 방법으로 여겨져 왔다. 대표적으로 아퀴나스의 말을 인용하겠다. "하나님은 침묵을 통해서 영광을 받으신다. 이것은 그분에 대해 아무것도 말하지 않는다거나 궁구하지 않기 때문이 아니라, 우리가 언제나 그분 존재에 상응하는 이해에 도달하지 못하고 이편에 남아 있다는 것을 알기 때문이다." 주세페 마르코 살바티,『한 분, 삼위이신 나의 하나님』이현미 역 (칠곡: 분도출판사, 2011), 19. 재인용. 아퀴나스의 하나님의 실재를 추구하겠다는 말의 저변에는 우리와 분리된 하나님을 상정하는 태도가 남아 있는데 통일신학에서 하나님은 언제나 함께하고 싶으신 하나님이다.

일체를 이룬 사랑의 실체가 되면 그 위에 하나님께서 임재하여 인류의 참사랑의 부모가 되고자 함에 있었던 것입니다. 하나님의 형상적 실체 부모의 입장에 서게 되는 아담과 해와가 실체의 자녀를 번식함으로서 이상가정, 이상세계를 이룰 수 있었을 것입니다. 그렇게 되면 인간을 통해서 영계와 지상계가 연결됩니다. 이처럼 하나님께서는 영계와 지상계를 연결하는 목적을 두고 인간을 창조하셨다는 결론을 내릴 수 있습니다.

하나님은 직접적으로 사랑하시기 위해 체를 쓰시기 원하시며, 단순히 사랑만 하는 것이 아니라 하나님의 이상하는 사랑의 완성을 원하신다. 바르트는 하나님의 자기 규명(self-identification)을 "그가 원하셨던 결정"이라고 서술한다.[190] 하나님이 원하셨던 결정이 사랑의 완성 실체가 되는 것이었으므로 우리는 여기서 하나님의 자기 규명을 "자기 실체화(self-substantialization)"라고 여길 수 있다. 하나님의 자기 실체 추구는 창세기에서 보이듯이 하나님이 사랑의 대상을 지으시고, 그 대상을 통해 사랑을 완성하는 방식이다. 사랑의 측면에서 하나님의 뜻은 결코 혼자서 이룰 수 없으며 상대를 필요로 한다. 하나님의 뜻은 신인애일체(神人愛一體)의 절대적 사랑의 이상세계 실현이며 이를 위한 상대가 실체대상인 '인간'이다.[191] 하나님의 뜻이 "선의 궁극적 기준"이라는 측면에서[192] 삼위일체 하나님을 신비적 실체를 지닌 하나님으로 규정하기보다 실재적 실체를

---

190) Karl Barth, *Church Dogmatics,* II/1, 271-72.

191) "참사랑의 주체자 되신 하나님께서는 그 참사랑의 상대자로 인간을 세웠습니다. 하나님의 사랑이상은 인간을 통해서만 완성되는 것입니다. 하나님의 창조목적은 신인애일체의 절대적 사랑이상세계입니다. 인간은 하나님의 최고 최선의 사랑의 대상으로 지음 받았습니다. 그런고로 인간은 창조물 중에 유일하게 하나님의 실체를 입은 대상입니다. 무형의 하나님 앞에 보이는 몸으로 태어났습니다. 인간은 완성하면 하나님의 성전이 됩니다. 하나님이 자유롭게 또 평안하게 언제나 들어와서 거하실 수 있는 유형의 실체입니다." 『말씀선집』 제277권, 196.

192) Vincent Brümmer, *Speaking of a Personal God : An Essay in Philosophical Theology* (Cambridge: Cambridge University Press, 1992), 102.

지닌 하나님으로 조명하는 일이 합당하다고 여겨진다.

판넨베르크는 하나님이 자기 현실화를 구성하고자 예수를 보내셨다고 주장한다.193) 성령에 의한 아들의 영광과 성부의 아들 보냄의 수단을 통해 완성되어지는 하나님의 활동으로 하나님의 나라를 실현하고자 하셨다는 것이다.194) 통일신학에서 하나님의 자기 현실화는 하나님의 자기 실체화라 할 것이다. 하나님은 예수를 통해 실체적으로 사랑하시고, 사랑의 이상가정과 이상세계를 창건하고자 하셨다.

그런데 하나님의 실체화는 결코 예수, 즉 남자 혼자로는 가능하지 않다. 성상과 형상, 그리고 양성과 음성의 중화적 통일체이신 하나님의 실체화는 남자와 여자, 곧 완성한 아담과 해와가 실체적으로 존재해야 가능하다. 이 점에서 통일신학은 예수뿐만 아니라 성령도 실체인 인간이어야 한다고 주장하게 된다. 성령이 인간과 같은 존재라고 가정할 때 지금까지 기독신학에서 문제가 되어왔던 성령의 '인격성'의 문제나 '존재' 문제가 새롭게 조명될 수 있으리라 사료된다. 더불어 위격들의 특수한 속성에 대하여도 형이상적 차원만이 아닌 현실적 차원에서 이해하면서 삼위의 구별성을 구체화할 수 있을 것이다.

하나님의 삼위의 구별성은 지금까지 하나의 비밀로 취급될 수밖에 없었다. 아우구스티누스는 '신성의 의인화(hypostasen)'된 것으로 표현되는 위격의 구별성을 비판하면서 하나님의 단일성을 강조하였다. 그의 관점에서 하나님은 다양성을 지닌 존재가 아닌 한 영(ein Geist)으로만 나타난

---

193) 판넨베르크는 내재적–경륜적 삼위일체의 관계성을 신론에서 찾았는데, 하나님의 자기 구별과 계시 안에서의 경륜을 통한 하나님의 자기 비움의 맥락을 하나님의 '자기 현실화'로 이해했다. Wolfhart Pannenberg, *Revelation as History* (New York,: Macmillan, 1968), 122–123. 김영선,『예수와 삼위일체 하나님』(서울: 기독교문서선교회, 1996), 148–149.
194) Stanley J. Grenz, *Reason for Hope : The Systematic Theology of Wolfhart Pannenberg* (New York; Oxford: Oxford University Press, 1990), 122–123.

다. 바르트에 와서는 하나님이 세 가지 '존재양태'로 이해되면서 역사 내의 경륜과 관련되었는데 여전히 '하나님의 주체성'으로부터 이해되어진다. 따라서 계시의 주체자인 한 분 하나님만 강조되고, 삼위의 존재양태는 사실상 불가능하다. 판넨베르크는 지금까지의 삼위일체론이 영원한 하나님의 존재만을 말하고 삼위의 구별성을 다루지 않았다고 비판하면서 역사적 예수로부터 시작되는 경륜적 삼위일체의 실재적 삼위의 구별성을 강조하였다. 삼위의 관계와 더불어 상호간의 구별이 삼위일체 하나님의 활동의 결과로 존재한다는 것이다.[195]

판넨베르크의 지적대로 신적인 본질의 개념, 하나님의 영, 하나님의 사랑 등의 개념에서 삼위일체론을 도출하려는 것은 심각한 문제이다.[196] 그러나 그의 구분 역시 실체 삼위일체에 대한 입장은 아니기 때문에 그 구별이 완전히 실감적으로 느껴지지는 않는다.

지금까지 하나님의 존재론적 논증들이 특별히 형이상학적 영역의 변론으로 간주되었다는 사실을 고려할 때[197] 하나님을 '신비'에서 벗기려하는 노력은 다소 무모해 보일 수 있다. 그러나 아우구스티누스처럼 심리학적 유비로서의 삼위일체론을 다룬다거나, 인격과 연관하여 관계적 삼위일체를 설명하는 일은 '신비'에 있기 때문에 늘 실재적 차원에서 한계에 부딪칠 수밖에 없다. 현대 신학자들은 과거처럼 신적 권위로서 신비적 영역에 대해 말할 수 있는지 의문시한다. 말할 수 있다고 하더라고 교회의 대변인이 하는 말이 확신과 감동을 주지 못한다고 여긴다. 사실적이고 이성적인 증거의 구조에서 이야기 할 때 확신과 감동을 줄 수 있다.[198]

---

195) Wolfhart Pannenberg, *Systematische Theologie,* Ⅰ (Göttingen: Vandenhoeck & Ruprecht, 1988), 308-311, 330-332. 조현철, "볼프하르트 판넨베르크의 삼위일체론", 『관계 속에 계신 삼위일체 하나님』, 264-267.
196) 판넨베르크, 『판넨베르크의 조직신학』 1권, 김영선, 정용섭, 조현철 공역 (서울: 은성, 2003), 374.
197) 박형룡, 『박형룡 박사 저작전집 Ⅱ(신론)』 (서울: 한국기독교교육연구원, 1988), 33.

삼위일체에 대한 실재적 관점은 이성적 증거에 호소하며 신학을 전개한다는 점에서 현대신학의 요구에 응답할 것이다. 삼위일체에 대한 구체적 진술은 사랑의 하나님과 우리와의 관계를 보다 실재적이고 친밀하게 만들며 사랑의 하나님의 존재를 보다 명확하고 진실하게 이해할 수 있는 밑거름이 될 것이다.

통일신학적 관점에서 신비는 반드시 풀려야 한다. 무엇보다 삼위일체 하나님을 신비로 간주하는 일은 하나님의 비밀을 푸는 게 아니라 구속(拘束)하는 행위이기 때문이다. 자식인 우리가 부모를 몰라본다는 사실은 하나님을 슬픔과 고통으로 밀어 넣는 일이 된다. 아울러 하나님의 계시가 왜 일어나는가를 생각할 때, 영(靈)으로만 머무르시는 게 아니라 부모로서 드러나고 싶으신 하나님, 우리와 부모-자식의 관계를 회복하고자 하시는 하나님을 염두해 두어야 한다. 새롭게 통일신학적 차원에서 '실체' 개념을 재구성하고 삼위일체의 존재와 관계를 규명하는 일은 하나님의 한(恨)을 풀어드릴 수 있는 하나의 행위가 될 것이다.[199]

---

198) 김영선, 『예수와 삼위일체 하나님』, 15.

199) 여기에 관련한 말씀 하나를 소개한다. "여러분은 과연 절대자를 대하여 이름 아닌 실체로써 하나님 아버지라고 부를 수 있는 자리에 들어가 있습니까? 문제는 여기에 있습니다. 인간이 타락하지 않았다면 하나님은 어떻게 되었을 것인가? 인류가 타락이라는 서러운 운명에 봉착하지 않았다면 어떻게 되었을 것인가? 두말할 것 없이 행복하게 되었을 것입니다. 그 행복은 사람을 중심한 것이 아니라 창조주를 위주로 한 것입니다. 반드시 창조주를 위주로 하여 행복을 주장하고 선의 이념을 주장한다는 것은 틀림없는 사실입니다. 그렇게 되면 여러분의 마음에도 몸에도 창조주가 함께 하시는 것입니다. 여러분의 생활에도, 여러분의 일생의 노정에도 마찬가지입니다. 우리의 생각과 감정, 감각까지도 창조주와 더불어 인연되어지지 않을 수 없다는 것입니다."『말씀선집』제11권, 1961.02.12.

Ⅲ. 통일 삼위일체론의 실체 개념

전통적 삼위일체론의 실체 개념은 단일성에서 시작하든 삼위성에서 시작하든 신비적 본질로서 초월성과 불가지성을 내포한다.[1] 하나님의 무한성과 불변성을 보장하기 위해 우유성이 있는 피조세계와 독립된 입장에서 서술하기 때문이다. 삼위의 경륜을 강조하는 동방교회에서도 삼위의 동일한 본질을 묘사하는데 있어서는 우주론적 연계나 경륜을 벗어나 피조세계와 연관된 모든 속성들을 부정하면서 산출되는 초월적인 정체성을 공통된 본질이라 강조한다.[2] 역사적 활동 및 지식을 영혼이 물질계에 예속되어 있는 결과로 생각한 플라톤적 역사관과 정적(靜的)인 세계관의 영향으로 고전신학에서 하나님이 인간의 개념 안에 담길 수 없다는 신념이 확고하다.[3]

하나님과 피조세계가 본질적으로 분리되어 있다는 사상은 삼위일체의 실체 개념의 시발인 성자와 성부와의 동일실체 문제에서도 드러난다. 니케아-칼케돈 공의회에서 정의된 바에 따르면 예수 그리스도는 속성의 교류(communicatio idiomatum)에 따라 신성과 인성의 두 본성을 성자의 한 위격 내에 지닌 존재다.[4] 그런데 정통교리는 철저하게 성자의 신성은

---

1) 이러한 삼위일체의 실체 개념은 언제나 이율배반적으로 표출된다. 계시적 속성을 모두 제거하고 삼위의 공통 속성으로 무한성을 견지하고자 하여도 관계적 특성을 남기고 서로 대조하여 삼위일체를 서술할 때 제한이 허용되면서 논리적 범주를 이탈한다.
2) 블라디미르 로스키, "부정의 신학과 삼위일체 신학", 227.
3) 로원 윌리암스, 『기독교 영성 입문』, 손주철 역 (서울: 은성, 2001), 59.

성부와의 동일본질로, 인성은 인간과의 동일본질로 구분한다. 따라서 성자를 하나님으로 조명할 때 그의 인성은 동떨어진 요소로 전락하며, 성자의 위격에 대해 인성은 연계의 개연성을 잃게 된다.[5]

　삼위일체의 한 위격인 성자의 두 본성이 절대적으로 구분된다는 사실은 성자의 정체성 문제를 넘어 삼위일체 하나님의 존재와 경륜의 불가피한 구분으로 이어진다.[6] 성자에 있어서 신적 동일실체는 신성에 기인하는데 그 사역은 인성 역시 포함할 수밖에 없다는 점에서 그러하다.[7] 내재적 삼위일체와 경륜적 삼위일체의 균형과 조화는 근본적으로 신성과 인성이 어떻게 균형과 조화를 이루는지에 대한 답변에서 시작되어야 한다. 신인

---

4) 속성의 교류에 대한 견해는 이그나티우스가 처음 피력한 것으로 보인다. 공식적으로는 에베소 공의회에서 논의되었고, 이후 칼케돈 공의회에서 예수의 두 구별되는 본성이 한 위격에서 일치를 이루고 있다고 승인하였다. Ignatius of Antioch, *Letter to Theophorus,* 7; J. N. D. Kelly, *Early Christian Doctrines,* 143.

5) Theodore T. Shymmyo, "Unification Christology: A Fulfillment of Niceno-Chalcedonian Orthodoxy," 26.; 교리 내용은 다음 참조. Jean Hervé, Nicolas, *Sintesi Dogmatica: Dalla Trintà alla Trinità,* vol. 1 (Città del Vaticano: Libreria Ed. Varicana, 1991), 354. James Stevenson and W. H. C. Frend, Creeds, *Councils and Controversies : Documents Illustrating the History of the Church Ad 337–461* (London: SPCK, 1989), 353.; 단성론(Monophysitism)을 정죄하고, 비위격적 인성이 아닌 위격 내 인성을 인정하면서 성자의 위격에서 두 본성의 완전한 연합을 꾀하였으나 삼위일체의 동일실체 논리에서 본다면 하나님 성자만이 취급되므로 실제 인간인 예수는 무시되면서 신성과 인성 간 긴장을 초래한다.

6) 철저히 창조주와 피조물을 구분하는 기독신학에서 구원의 경륜을 위한 유일한 매개체는 신성과 인성을 동시에 소유한 '예수 그리스도'이다. 구원의 경륜에서 신성 못지않게 인성이 중요하기 때문에 현대신학이 하나님의 초월성뿐만 아니라 내재성에 대해 탐구하고, 예수의 인성에 대해 보다 심도 깊게 조명하는 것은 어찌 보면 당연한 수순이다.

7) 하르낙은 구원을 위해 예수가 신성과 인성을 모두 소유해야 함을 다음과 같이 천명한다. "인간 본성의 구성과 그 신화(神化)에 실제로 개입하기 위해서, 구세주는 그 스스로 하나님이어야 하고 또 인간이 되어야 한다. 이 두가지 조건이 충족될 때 실제적이고 본성적인 구원, 즉 인간의 신화가 실제로 이루어진다." 윌리엄 랄프 잉에, 『로고스 그리스도론과 기독교 신비주의』, 안소근 역 (서울: 누멘, 2009), 95. 재인용.

일체가 직접적인 삼위일체론의 담론이 아닐지라도 삼위일체의 일체성과 삼위성의 근본적 이해를 위해서는 반드시 풀고 넘어가야 하는 과제이다.

통일신학은 신인일체를 하나님의 창조목적을 중심하고 설명한다. 심정을 동기로 하나님의 형상인 원상(原相)을 따라 애적인간(愛的人間, homo amans)을 창조하였으며(창 1:27), 사랑이상을 완성한 인간은 하나님을 온전히 닮아 하나님과 일체를 이루게 된다. 인간인 예수가 개성체로서 완성하여 '신성'을 얻고, 하나님은 완성한 예수의 '체(體)'를 입으시면서 '인성'을 취한다. 고전신학에서 신인일체가 '신성'에 근거하고, 현대신학에서는 비의적 교리에 맞서 '인성'에 근거한 다양한 의견을 표출한다면, 통일신학에서는 '신성'과 '인성'을 모두 포괄한다.[8] 사랑 안에서 신성과 인성이 상대 관계를 맺은 존재와 동화(同和)하기 때문이다.[9] 신인일체는 '신인애일체(神人愛一體)'이다. 사랑을 중심한 신인일체에서 하나님과 인간의 존재와 본질의 격차는 극복된다.

그러나 영원한 사랑이상을 실현해야 한다는 점에서 하나님과 예수만의 신인일체는 불완전한 것으로 간주된다. 신인일체의 완전한 형태는 하나님-남자-여자의 삼위일체다. 하나님은 이성성상의 중화적 통일체인 하늘부모님으로 계시기에 하나님의 실체적 전개는 남자와 여자이다. 따

---

8) 통일사상연구원, 『통일사상요강』, 263.
9) 동화적 원리는 다음의 말씀에서 확인된다. "無形世界와 有形世界의 同和的 根本意義: 하나님의 創造目的은 無形에 自體가 有形에 性体로 展開식켜 노은 것이며 그의 各個性体가 사람의 性品自體를 標本삼고 지었스며 그 사람은 다시금 生心를 中心하고 無形에 本形体에로 還存케 할려는 第一存在世界를 扶與 하심이 根本目的이였다. 그러무로 사람을 中心하고 하나님 自身의 無形体에서 有形体로 表成코저 함이며 그 사람의 다시금 無形体로 還存할 수 있는 原理로서 創造하심이 根本中心目的이다. 하나님=사람+萬物이라고 할 수 있다. 사람=靈人+肉身이다. 靈人은 無形体이면서 永遠存在이다. 그는 하나님의 永遠이니 그도 永遠存在다. 그럼으로 하나님도 靈人을 完成하는데는 肉身을 터로 주워서 蘇生으로부터 長成케함이 目的이다. 肉体은 萬物에 生에 体의 要素를 取케함의다." 문선명, 『원리원본』제1권, (부산: 필사본, 1951), 22.

라서 남자나 여자의 한 성(性)으로만 존재하는 것은 불완전한 것이며, 반드시 남성과 여성이 부부를 이루어 하나님과 일체를 이루어야 한다.

종적 참부모인 하나님은 횡적 참부모인 남자－여자의 참부모와 삼위일체를 이루어야 완전한 신인일체다. 신성과 인성의 연합 역시 삼위일체를 이룬 참부모 안에서 온전히 이루어진다.[10] 예수와 하나님과의 일체 역시 여성격인 성령을 포함한 삼위일체로 판단해야 온전한 이해이며,[11] 하나님, 예수, 성령의 삼위일체는 영적 참부모로 불린다. 역사적으로도 동일실체 논의가 성부와 성자 사이에서 시작되어 성령으로 확대되었다는 점에서[12] 신인일체의 문제는 삼위일체로 귀결되었다.

여기서 삼위일체에 대한 통일신학적 이해를 위해 한 가지 덧붙일 것은 예수를 중심한 삼위일체를 '영적 참부모'라고 부르는 이유이다. 영적 참부모는 예수가 삼위일체는 이루었지만 십자가에 달려 돌아가신 후에 영적으로만 이루어 불완전하다는 의미다. 하나님의 창조목적은 지상에서부터 삼위일체를 이루어 사랑이상을 완성하는 것이며, 타락 인간을 완전히 구원하기 위해서도 영·육 아우른 참부모의 존재가 요구된다. 따라서 통일삼위일체론에서 완전한 삼위일체는 지상에서 이루어져야 한다. 종적 참부모인 하나님은 '천주부모(天宙父母)'이며 지상에서 완성을 본 남자와 여자가 부부를 이룬 횡적 참부모는 '천지부모(天地父母)'이다. 천주부모와 천지부모가 궁극적으로 최종일체(最終一體)를 이룬 신인애일체의 삼위일체를 '천지인참부모(天地人參父母)'라 한다.[13]

---

10) Andrew Wilson, "Rev. Moon's Early Teaching on God as Heavenly Parent," 7.
11) Andrew Wilson, "Rev. Moon's Early Teaching on God as Heavenly Parent," 4.
12) 성부와 성자의 동일실체 논의는 니케아에서 주된 의제였고, 콘스탄티노플 공의회에서는 성령으로 확대되었다. 토머스는 성령의 신성을 긍정하여 성령까지 동일실체로 공인하는 데는 유세비우스, 키릴, 아타나시우스, 캅파도키아 교부들의 공이 컸다고 진술한다. W. H. 그리피스 토머스, 『성령론』, 신재구 역 (고양: 크리스챤 다이제스트, 2003), 121－128.
13) 세계평화통일가정연합, 『천성경』, 237.

통일 삼위일체론은 신인일체의 문제와 밀접하게 연관돼 있다. 새 진리로 간주하는 통원원리에 따르면 성부만이 신(神)인 하나님이고, 성자와 성령은 피조물인 인간이며, 삼위일체는 신인애일체이다. 따라서 신인애일체에 기초한 삼위일체인 천지인참부모의 동일실체는 신성(神性)과 인성(人性)을 포괄하는 공통된 본질이어야 한다.

칼케돈 공의회에서는 삼위의 신성을 공인하여 삼위일체론을 본격화하였다. 통일신학의 관점에서도 역시 성부−성자−성령으로 대표되는 하나님−참아버지−참어머니의 공통본질로서 '신성'을 언급한다.[14] 인성이 모든 인간이 가지고 있는 본성이라면 신성은 삼위일체를 이룬 참부모만이 가지는 고유한 본성이기 때문이다. 그러나 신성만을 동일실체로 규정한다면 삼위일체의 본질을 편파적으로 이해하게 된다.

성자와 성령의 입장을 고려하면, 이들이 신성을 얻기까지의 과정에서 인성이 바탕이 되었고, 참부모로 완성한 단계에서 신성을 지니게 되었다고 해도 인성이 사라지는 것은 아니다. 하나님의 입장에서 생각한다면 신성을 지니고 계셨다가 천지인참부모가 되어 인성도 취하신다. 이렇듯 실제 삼위일체가 신성과 인성을 공통본질로서 모두 지니고 있으므로 신성만을 언급하여 인성을 무시하는 것은 바람직하지 않다. 인성이 없다면 삼위일체의 경륜이 공중누각의 입장에 선다는 점에서도 인성은 중요하다. 그렇다고 예수의 예처럼 삼위일체가 '두 본성'을 지녔다고 규정하는 것은 옳지 않다. 본성은 존재의 총괄개념을 지칭한다. 양성론으로 삼위일체를 설명한다면 삼위일체에 대한 존재론적 혼란과 오해를 불러들이고 두 본성 교리가 초래한 여러 어려움을 답습하는 결과를 가져올 수 있다.[15]

---

14) 성자와 성령(성신)은 통일신학에서 완성하여 '신성'을 지닌 존재로서 다루어진다. 다음의 말씀을 참조. "성신은 어머니 신입니다. 타락하지 않은 해와가 완성해 가지고 이루어야 할 신성(神性)을 말하는 것입니다. 즉, 어머니를 이루기 위한 신성입니다." 『말씀선집』 제54권, 1972.03.26.; 세계평화통일가정연합, 『원리강론』, 46.

15) 슐라이어마허는 본성이란 모든 유한한 것을 제정하는 총괄개념이기 때문에 양성

따라서 필자는 대안으로 삼위의 동일실체를 '참부모성(참父母性, True Parents' nature)'이라 명명하고자 한다. 참부모성은 신성과 인성을 포괄하면서도 동시에 하나님과 성자, 성령이 삼위일체를 이루어 성취한 천지인참부모라는 존재적 의미와 관계적 의미를 동시에 살릴 수 있다. 신인애일체의 천지인참부모는 참부모성이라는 공통본질을 지니고 참부모로서의 경륜을 행한다는 논리이다.

참부모성을 기독신학의 동일실체와 비교한다면 삼위의 동일실체가 하나님의 실체와의 동일성을 의미한다는 점에서는 같다. 그러나 하나님의 실체라는 점이 하나님과의 존재적 동일성을 의미하는 것이 아니라 성장과정을 통해 완성하여 하나님의 성전, 즉 하나님의 체가 되어 하나님과 관계적으로 완전한 일체를 이루고 가치적 동일성을 획득한 것으로 본다는 점에서 차이를 보인다.[16] 즉, 기독신학에서는 동일실체가 '신성'으로

론을 사용하면 하나님과 인간이 본성에 의해 하나님의 동일한 보편개념 하에 분류되어 예수가 하나님인데 인간이 덧붙여진다거나 반대로 예수는 인간인데 거기에 하나님이 덧붙여진 존재가 되므로 비논리적이라 하였다. 또한 한 인격이 두 본성을 갖는다는 것은 인격의 통일성을 설명하지 못하여 예수의 삶을 일관성 있게 서술할 수 없다는 점에서도 비상식적이라 하였다. Schleiermacher, Friedrich. *Der Christliche Glaube Nach Den Grundsätzen Der Evangelischen Kirche Im Zusammenhang Dargestellt* (Berlin: Walter de Gruyter, 1960), II, 50, 명제 96.1. 심광섭, 『공감과 대화의 신학-프리드리히 슐라이어마허』 (서울: 신앙과 지성사, 2015), 583-584.
16) 통일신학은 하나님과 인간의 관계를 부자지관계로 정의하고, 참사랑 안에서 일체를 이루기 위해 창조되었다고 설명한다. "인간은 (하나님과) 심정적으로 하나되고, 참사랑 안에서 동위가 되며, 생활 속에서 진한 감정이 통하는 나눌 수 없는 부자관계로 지음 받았습니다.", 세계평화통일가정연합, 『평화경』 (서울: 성화출판사, 2013), 180-181. "흔히 하나님과 인간의 관계를 그 존엄성이나 거룩함을 두고 영원히 격위를 달리하는 관계로 알고 있습니다. 물론 창조주와 피조물로서는 다른 격위입니다. 그러나 무엇보다 우선하는 본연의 관계는 참사랑의 부모와 자식, 성상과 형상, 주체와 대상, 내외의 일체 관계입니다." 세계평화통일가정연합, 『평화경』, 180.; "하나님은 인간으로 하여금 하나님 자신을 종적으로뿐만 아니라 횡적으로도 사랑하는 것을 허락하지 않을 수 없습니다. 즉, 부자의 관계뿐만 아니라 둘로 분리되지 않은 하나로서의 관계를 유지하는 것을 허락하시지 않을 수 없습니다.

서 삼위가 '하나님'이라는 존재적 동일성의 의미를 내포하면서 삼위가 존재적으로 '하나'라는 수적 단일성으로까지 간주될 수 있다면, 통일신학의 동일실체는 '참부모성'으로서 참부모라는 하나님의 위상과 동일한 위상을 지녔다는 가치적 측면과, 하나님과의 관계적 일체성 및 우리와의 관계에서 참부모라는 관계성이 부각되면서 존재의 수적 단일성으로 이어지지는 않는다. 참부모로서의 존재적 의미는 존재의 본성만이 아니라 존재가 다른 인격들과 맺는 관계성까지 함의하고 있기 때문이다.

삼위의 동일실체로서 참부모성을 논증하기 위해 본 장에서는 통일 삼위일체론의 실체 개념을 구체적으로 밝힐 것이다. 전통적 삼위일체론의 존재와 경륜의 구분이 초래한 긴장을 해소하기 위해 삼위일체와 우리의 존재와 관계 문제에 중점을 두어 기존의 쟁점들을 새롭게 해석하면서 제시하고자 한다.

1. 실체와 존재

고전신학의 동일실체는 피조물과의 절대적 차이를 규정하면서 하나님의 존재와 경륜을 명확히 구분하여 우리와의 관계를 넓혀왔다. 여기에 대한 해답으로서 통일 삼위일체론이 신인애일체를 이룬 참부모로서 동일실체를 지칭한다고 할 때 문제가 되는 것은 하나님과 인간의 존재와 본질의 차이다. 앞서 사랑으로 존재와 본질의 차이를 극복한다고 했지만 이해를 돕기 위해 보다 구체적으로 논하고자 한다.

나는 '아버지와 아들의 종적 관계는 상하의 관계이다. 반면에 횡적인 차원에서는 그들은 나란하게 있을 뿐만 아니라 완전히 하나가 된다.'고 결론지을 수 있습니다." 『말씀선집』 제52권, 1972.01.02.

1) 고전신학의 입장

(1) 실체의 초월성에 따른 존재 기원의 구분

동방교회와 서방교회에서 실체는 비물질적이며 초월적이기에 한 하나님의 존재를 지칭하는 데는 적합하지만 인간과는 공통점이 없다. 본질의 차이를 강조하는 경향은 초기교부들의 사상에서부터 발견되는데 아타나시우스의 경우, 궁극적인 실체(substance)와 궁극적인 특성에서 기인한 의지(will)를 구분하여 예수와 피조물의 차이를 강조하였다. 예수는 실체에서 출생하였고, 피조물은 의지에서 창조된 것이므로 하나님과의 관계에서 같지 않다는 것이다. 성부의 실체에 성자가 속하므로 성부와 성자의 관계가 본성 안에서 뚜렷해지고, 대조적으로 피조물은 그 본질에서부터 차이를 보이기에 하나님과 존재적으로 일치될 수 없다.[17]

존재의 발생에 영향을 주는 실체와 의지의 차별적 대입은 동방교회와 서방교회에서 그 표현방법이 다를 뿐 성자와 피조물의 차이를 확고히 하는 데 근본적으로 동일하게 적용된다. '은총'만이 하나님과 우리의 관계를 이어주는 유일한 길이다. 동방교회에서는 본질이 아니라 의지(의지적 사유, pensée-volonté)에서 피조물이 탄생하였다는 점을 강조하며 인간을 '제한된 존재'로 본다. 이 신적 사유들(idées divines)은 하나님과 피조물의 관계의 토대가 되면서도 피조물과 분리되어 존재한다. 다만 하나님의 '은총'이 있기 때문에 '창조된 의지'를 가지고 하나님의 경륜으로 인식되는 신적 에너지에 참여하면 하나님과 연합하여 신화(神化)한다고 한다.[18]

서방교회에서는 신적 사유가 피조물의 본질을 결정하는 원인이라는 논리를 발달시켜 제1원인과 제2원인으로 구분한다. 아우구스티누스의

---

17) Athanasius, *Contra Arianos*, ⅰ.33; ⅰ.58; ⅱ.2, 존 지지울라스, 『친교로서의 존재』, 87−88.
18) 블라디미르 로스끼, 『동방교회의 신비신학에 대하여』, 119−124.

사상을 소개하면, 존재는 영원성과 불변성을 가져야 한다는 원칙하에 피조물에 존재의 이름을 붙이지 않아 '존재'인 하나님과 달리 피조물은 '비존재'이다. 하나님과 피조물은 '존재-비존재'로 '영원-시간', '불변-가변'의 차이가 있다. 그러나 하나님의 '은총'으로 존재하는 분이 성육신하여 오셨기 때문에 인간이 존재 자체에 도달할 수 있는 길이 있다. 인간은 존재 자체인 하나님의 '분여된 존재'로서 하나님의 최고선(summum bonum)을 향해 선한 의지(bona voluntas)를 갖고 신앙한다면 존재 자체로의 회귀가 가능하다.[19]

비록 동방교회와 서방교회에서 '신화'와 '존재로의 회귀'를 통해 하나님과 연합하는 방법을 제시하였지만 본질의 차이로 인해 하나님과의 완전한 일체는 불가능하다는 확신은 공공연히 드러난다. 아우구스티누스는 하나님이 피조물에게 당신의 존재와 같이 최고의 존재를 부여한 것은 아니라 하였고,[20] 닛사의 그레고리에 따르면, 하나님이 타락을 미리 예견하셔서 신적 모형이 아닌 비이성적 본성과 관련시켜 남성과 여성을 분리하여 창조하셨다.[21] 인간은 하나님의 본질과의 연관성이 없으므로 하나님과 인간의 관계는 영원히 만날 수 없는 평행선과 같다.

(2) 실체의 초월성의 근거인 무(無)로부터의 창조

양립 가능성이 없는 본질적 차이의 근거는 '무로부터의 창조(creatio ex nihilo)'에 대한 믿음이다. '무(無)로부터'라는 명사는 하나님의 외부를 의

---

19) 변종찬, "나는 있는 나다"(Ego Sum Qui Sum, 탈출 3,14)에 대한 아우구스티누스의 형이상학적 이해",『중세철학』vol. 18 (2012): 41-79.

20) Augustine, De natura boni 1, 변종찬, "나는 있는 나다"(Ego Sum Qui Sum, 탈출 3,14)에 대한 아우구스티누스의 형이상학적 이해", 54.

21) Gregory of Nyssa, De opificio hominis, 16, in PG, t.44, coll. 181-185, 블라디미르 로스끼,『동방교회의 신비신학에 대하여』, 134.

미하고, 외부라는 말은 공간이 아니라 본질이 한없이 떨어져 있음을 가리킨다. 하나님의 본질 안에는 창조에 대한 필연성이 없는데도 의지로 피조물을 창조하심을 강조한다.[22] 무로부터의 창조는 하나님의 자유성을 표상하고, 자유의 행위로서 증여하신 하나님의 사랑, 선택, 구원에 대한 인간의 의존을 증대하는 데 기여해 왔다.[23]

그러나 무로부터의 창조에 대한 신념이 옳은 것인지는 재고해 볼 필요가 있다. 무로부터의 창조는[24] 그보다 앞선 기록인 창세기 2장의 인간 창조보도에 위배되는 것이다. 하나님이 자신의 형상으로 인간을 창조하시는 과정을 보면, 두 손으로 물질을 빚고 숨을 불어넣어 생명을 갖게 하신다.[25] 무로부터의 창조의 또 다른 문제는 하나님의 자유를 인간 창조와 다른 영역에 놓으면서 하나님의 내재성을 철저히 배제한다는 것이다. 하나님의 인간 창조의 동기와 창조를 위한 헌신을 왜곡 혹은 축소하고, 인간이 최고의 존재가 될 가능성을 막으면서 하나님의 사랑을 조건적이고 이기적으로 묘사한다.[26]

---

22) 블라디미르 로스끼, 『동방교회의 신비신학에 대하여』, 117-118.
23) 요셉 슈미트, 『철학적 신학』, 이종진 역 (서울: 서강대학교 출판부, 2011), 404-405.
24) 통상적으로 마카베오 2서 7장 28절에 처음 '무로부터의 창조'의 개념이 등장한 이후 성경과 교부들의 문헌에서 진리로 받아들여졌다고 간주된다. 마카베오 2서 7장 28절은 기독교 박해로 6명의 형에 이어 순교하게 될 막내아들에게 어머니가 하는 조언에 관한 기록이다. "얘야, 내 부탁을 들어다오. 하나님께서 무엇인가를 가지고 이 모든 것을 만들었다고 생각하지 말아라. 인류가 생겨난 것도 마찬가지다. 이 도살자를 무서워하지 말고 네 형들에게 부끄럽지 않은 태도로 죽음을 달게 받아라. 그러면 하나님의 자비로 내가 너를 너의 형들과 함께 다시 맞이하게 될 것이다." 이 구절이 무로부터의 창조의 고전적 확립을 이루었는지에 대해서는 다음 참조. Wolfhart Pannenberg, *Systematische Theologie*, II, 28. 요셉 슈미트, 『철학적 신학』, 403-404.
25) 창세기의 표현대로 창조의 표상을 표현하기 위해 1세기에 쓰여진 지혜서는 "무형의 물질로부터 세상을 만들어 내신 당신이 전능하신 손" (지혜서 11:17)이라 한다. 무로부터의 창조보다는 질료형상론을 동원하였다고 평가된다. 요셉 슈미트, 『철학적 신학』, 401.
26) 김영운은 무로부터의 창조의 장점과 단점을 다음과 같이 지적한다. 장점: 1. 하나님의 초월적 능력을 주장, 2. 피조물로부터 하나님을 분리시키고 범신론을 부인, 3. 하

‘무로부터’의 창조는 하나님의 심정과 창조목적을 전혀 고려하지 않은 사상으로, 하나님과 다른 본질이 시원적으로 존재할 수 있다는 무신론적 가정이나 하나님만이 존재이므로 피조물은 비존재라는 결론을 도출한다. 하나님의 심정에 주안점을 두어 창조의 동기를 설명하는 통일신학의 입장에서 무로부터의 창조는 억측이다. 하나님은 자신과 전혀 관련 없는 본질에서 창조를 시작하신 것이 아니라 하나님의 본질의 같은 형태와 본성을 분성적(分性的)으로 전개하여 ‘유로부터 창조’하셨다. 하나님이 만유의 기원이자 절대기준의 근거이므로 무와 유 역시 하나님의 절대무(絶大無)와 절대유(絶大有)에서 기원한다. 따라서 우리가 감각으로 감지하거나 이성으로 사유할 수 없는 ‘무’에 대해서조차 하나님의 존재를 벗어날 수 없다는 점에서는 ‘유’이며,[27] 피조물이 무가 근본이라 하면 유로서 존재

────────────────────

　나님이 창조하셨음을 근거로 세계는 선함, 4. 세계는 자족성이 없으므로 하나님이 주관권을 지님. 단점: 1. 세계가 에너지로 시작했다는 과학적 설명과 배치, 2. 인간과 세계에 대한 하나님의 내재성 무시, 3. 인간이 창조의 거룩성이 없다고 판단하여 생태학적 문제를 일으킴. 김영운, 『조직신학개론』(서울: 主流・一念, 1991), 64-65.
[27] 『원리원본』은 우리의 감각, 체형, 이성을 넘은 권외에 있는 존재를 없다고 부정할 수 없다고 설명한다. 하나님을 닮아 우리도 유무의 존재이기에 현재 알 수 없어도 알 수 있게 되는 시점이 있으며 분명히 존재하기 때문이다. 우리가 감각하거나 알 수 없다고 하더라도 우리 이전의 선조와 이후의 후손의 존재가 있다는 점에서 무가 아니며, 영적 세계에 대해서도 우리가 현재 모르더라도 양심을 통해 계발하여 알아갈 수 있는 길이 있고, 혹은 육신의 죽음 이후에 영인체로서 직접 감득할 수 있는 기회가 있기에 무가 아니다. ‘유’가 존재를 의미한다고 할 때 우리는 있다고 할 수 있는 최소치를 고려하여 유라고 할 수 있고, ‘무’라고 하는 것도 없음이 아니라 현재 우리가 인식할 수 없는 무언가의 중간선상에 있는 것으로서 감각무와 인식무의 무의 최대치는 ‘나’의 감각이나 이성으로 고려할 수 있다. 예를 들어 우리의 혈관을 보면, 심장에서 동맥으로 다시 모세혈관으로 향해 간다. 심장은 감각할 수 있는 유라고 한다면 모세혈관은 우리가 직접 감각할 수 없으므로 무이다. 그러나 우리는 감각할 수 없는 방향으로 혈관이 흐른다고 하여 없다고 할 수 없다. 또한 모세혈관에서 정맥으로 다음에 심장으로 돌아와서 시작되는 순환노정을 고려해 볼 때 유와 무의 경계를 선을 그어 정할 수는 없다고 하더라도 유와 무가 있다는 사실을 알 수 있으며, 유무는 존재의 측면에서 유에서 시작한다고 할 수 있다. 자세한 내용은 다음 참조. 문선명, 『원리원본』 제1권, 67-88.

할 수 없다는 점에서도 하나님이 유로부터 창조하신 것이다. 그러므로 피조물은 의지만이 아니라 본질적으로도 '하나님'으로부터 시작한다.[28]

2) 통일신학의 입장

(1) 유(有)로부터의 창조에 근거한 실체의 범주

통일신학에서 모든 존재의 궁극적 원인은 하나님이다. 하나님의 원상(原相)을 실체라 할 때, 하나님의 실체가 전개된 인간과 인간을 제외한 피조물은 하나님의 대상으로서 존재적 의미를 가지는 실체이다. 그러나 하나님, 인간, 인간을 제외한 피조물은 닮음의 정도에 있어서 차이를 보인다. 존재의 닮음의 차이는 참사랑의 실현 정도에 따라 구분된 것이며, 실체의 범주로 구분하면, 하나님은 참사랑의 본체(本體)이시기에 실체적 실체, 인간은 형상적으로 사랑이 표현되므로 형상적 실체, 만물은 상징적으로 사랑을 표상하여 상징적 실체이다.[29]

닮음의 차이는 하나님과의 관계의 차이이기도 하다. 인간은 하나님의

---

28) 이러한 통일신학의 창조설은 '무로부터의 창조'와 대비되는 기독신학의 '방출에 의한 세계 기원론(emanationism)'과 일맥상통하는 바가 있다. 방출설은 하나님이 그의 본질로부터 피조세계를 창조하셨고, 세계는 하나님의 능력, 활동, 사랑의 발산으로 표현된다. 하나님은 피조세계의 부모와 같다. 방출설은 디오니시우스(Dionysious of Areopagite), 뵈에메(J. Böhne), 스웨덴보그와 같은 신비주의자나 헤겔, 로이스(J. Royce) 등의 철학자, 현대의 종교인 과학자들의 지지를 받아 왔다. 김영운, 『조직신학개론』, 65.

29) "사랑을 중심삼은 이상의 창조세계라는 것은 실체를 중심삼은 사랑의 표시가 형상으로 나타나고, 형상의 표시가 상징으로 나타난다는 것입니다. 통일교회 원리에서는 그렇게 말하고 있는 것입니다. 무엇을 중심삼고? 사랑을 중심삼고. 그 실체가 기뻐하면 그 형상되는 것도 자동적으로 기뻐하고, 그 형상되는 존재가 기뻐하면 상징적인 것도 자동적으로 기뻐할 수 있다는 것입니다. 그런 작용을 무엇이 하느냐? 사랑만이 한다는 것입니다." 세계평화통일가정연합, 『천성경』(이후 2013년도에 간행된 천일국 경전 『천성경』과의 구분을 위해 『천성경(2010)』으로 표기)(서울: 성화출판사, 2010), 1590, 1987.05.28.

형상으로서 하나님의 몸의 입장이고, 만물은 형상인 인간의 그림자와 같은 입장이다.[30] 인간은 하나님의 직접적인 기쁨의 대상으로 창조되어 하나님이 직접 임재하여 일체적 입장에 설 수 있으므로 직접적 관계를 맺고, 만물은 인간을 위한 기쁨의 대상으로 창조되고, 인간을 통해 하나님과 관계를 맺을 수 있으므로 간접적 관계를 맺는다.[31]

그러나 모든 실체에 동일한 중심점으로 참사랑이 작용하기 때문에 상징적 실체, 형상적 실체는 실체적 실체인 하나님과의 일체를 지향하며 위계적 차이보다는 참사랑 안에서 하나임이 강조된다.[32] 닮음과 관계의 차이는 인간과 만물이 그 존재목적(피조목적)을 완성하게 되면 하나님과 동일한 심정권 혹은 사랑권에 위치하여 하나님과 일체된 입장에서 동(動)하고 정(靜)하기 때문에 극복된다.[33] 창조의 시작이 통일체이신 하나님이

---

30) "하나님을 중심삼은 인간은 하나님의 몸과 마찬가지요, 몸과 마찬가지의 실체를 상징형으로 그림자와 같이 보내 준 것이 우주만상입니다. 이 우주만상은 무엇을 표방하고 지었느냐 하면, 하나님 자체를 표방하고 지었다는 것입니다." 세계평화통일가정연합, 『천성경(2010)』, 1585, 1963.11.15.

31) 세계평화통일가정연합, 『원리강론』, 55; 통일사상연구원, 『통일사상요강』, 154.; 『말씀선집』 제25권, 284, 1969.10.05. 참조.

32) "우리가 이 우주를 보게 된다면, 우주는 하나님의 실체를 중심삼은, 하나님의 모양을 중심삼은 상징적인 실체입니다. 그 다음엔 뭐예요? 형상적인 실체고, 그 다음에는 실체적인 실체라는 것입니다. 이렇게 되어 있다구요. 모든 전부가 그 실체, 본체를 닮아 있다는 것입니다. 제일 가까이 닮은 것이 형상적이요, 그 다음에 형상을 주체로 하고 닮은 것이 상징체입니다. 상징세계, 형상세계, 실체세계는 따로따로 돼 있는 것이 아니라 하나로 돼 있다 하는 걸 알아야 됩니다. 하나가 돼야 된다 이거예요. 그 중심이 여러 가지가 아닙니다. 상징·형상·실체를 중심삼고 볼 때, 3단계나 3계라고 말을 하지만 그 중심은 단 하나밖에 없다는 것입니다. 하나니까, 하나니까 통일된 자리일 수밖에 없다 하는 결론이 나와요. 아시겠어요? 상징도 하나를 원하고, 형상도 하나를 원하고, 실체도 하나를 원합니다. 그러면 이 세상의 상징적인 존재는 뭐냐? 만물입니다. 형상적인 존재는 뭐냐? 인간입니다. 실체적인 존재는 뭐냐? 하나님입니다. 그렇게 되어 있어요." 『말씀선집』 제298권, 105, 1999.01.01.

33) "만물은 인간을 위해서 지은 거예요. 상징적이요, 형상적이요, 실체로 인간을 지었기 때문에 만물은 형상과 상징적인 존재로서 하나님의 심정권, 사랑권 내에 같이 치리를 받고 나온다, 모든 존재가 하나님의 사랑권에 이탈되는 것은 하나도 없다,

자체의 이성성상을 분성적으로 전개한 실체대상을 통해 사랑의 자극을 받고, 이들이 완성하면 다시 일체된 상태에서 함께 영원한 사랑의 세계를 경험하기 위함이기 때문이다.[34]

상징적 실체나 형상적 실체가 실체적 실체와 일체를 이룰 수 있는 이유는 만물과 인간이 하나님의 실체대상으로서 하나님을 닮아 상징, 형상, 실체로 그 기준이 다를 지라도 구조상 '성상과 형상의 통일체'로서 존재한다는 공통점이 있고,[35] '성상과 형상의 계층적 구조'에 따라 대응할 수 있기 때문이다. 계층적 구조에 의하면 성상적 기준에서 계층성과 동시에 연속성이 존재하기 때문에 인간을 매개로 대응하여 일체가 가능하다.[36] 또한 원상의 이단구조를 닮은 존재의 이단구조를 지닌 상징적 실체와 형상적 실체는 개성진리체(個性眞理體)이자 연체(聯體)로서 존재하는데, 연체가 지니는 이중목적인 개체목적과 전체목적 중 성상적 전체목적이 상징적 실체인 만물은 인간을 위하여 사는 데 있고, 형상적 실체인 인간은 하

사랑권만 소유하게 되면 하나님과 같은 모든 사랑권을 차지하고 하나님과 대등한 가치에 들어갈 수 있다는 것입니다."『말씀선집』제313권, 1999.12.26.

34) 세계평화통일가정연합,『원리강론』, 44-45.

35)『통일사상요강』에서 실체는 하나님의 속성인 원상(原相)이 전개된 '성상 · 형상의 이성성상의 통일체(합성체)'로 정의된다. 피조물은 비록 닮음의 정도의 차는 있을 지라도 공통적으로 성상 · 형상의 이성성상의 통일체로 존재하기 때문에 실체이다. 통일사상연구원,『통일사상요강』, 45-46.

36) "실체와 형상과 상징의 기준이라도 대응할 수 있다. 인간은 소우주이지 우주의 실체는 아니다. 소우주의 성상적인 형태를 갖고 있는 것이다. 그것은 실체가 아니면 풀리지 않는다. 인간과 우주는 대응해야 할 기준을 갖고 있다."『말씀선집』제15권, 1965.10.07.; 원상의 이성성상을 닮은 형상적 실체인 인간, 인간의 이성성상을 닮은 상징적 실체인 만물로 창조되었기 때문에 피조물의 입장에서 광물, 식물, 동물, 인간으로 갈수록 점차 차원 높은 성상과 형상을 지닌다. 이를 '존재자에 있어서의 성상과 형상의 계층적 구조'라고 하는데 피조물의 성상이 계층성을 지니면서 동시에 연속성을 지니고 있음을 의미한다. 특히 인간은 만물의 총합실체상으로서 자신의 성상인 생심과 육심뿐만 아니라 다른 광물이나 식물 등의 성상과도 통할 수 있다. 통일사상연구원,『통일사상요강』, 172-173.

나님을 위하여 사는 데 있다.[37] 따라서 상징은 형상을 중심하여 일체되고, 형상은 실체를 중심하여 일체되면서 궁극적으로 하나님을 중심하고 심정권에서 일체를 이루게 된다.[38]

사랑의 일체권은 하나님과 인간의 공동 작업이다. 『원리강론』에 따르면, 하나님의 뜻은 절대적이지만 하나님의 뜻인 창조목적 성사는 하나님의 책임분담 95%에 인간 책임분담 5%가 가담되어야 한다.[39] 그런데 하나님은 자신의 뜻인 사랑이상에 대해 절대적이신 만큼 하나님의 책임분담도 절대적으로 완수하시므로 사랑의 일체권의 성사 여부에 있어 인간의 완성이 핵심 과제이다. 인간이 자신의 책임분담을 다하여 완성하면 창조목적이 완성되는 것이기 때문이다. 한편, 하나님과의 사랑의 일체권인 신인애일체 이상을 성취하면 형상적 실체인 인간은 실체적 실체의 입장에 서게 된다. 인간이 실체적 실체가 된다는 것은 신인애일체는 삼위일체를 이룬 참부모라는 의미이며, 참부모가 사랑으로 주관하면 상징적 실체인 만물도 동일한 심정의 일체권에 진입한다. 인간이 하나님과 만물을 잇는 매개자이자 천주의 화동의 중심이라는 사실도 사랑이상 성취에 있어 인간의 중요성을 나타낸다.[40]

(2) 실체로부터의 동일 기원

'유로부터의 창조'에 대한 통일신학의 입장은 하나님의 실체로부터 피조물이 창조되었기에 닮음의 정도에 있어 차이는 있으나 동형(同形)의 실체로 취급하며, 특별히 인간은 하나님과 참부모라는 동일한 가치와 위상

---

37) 통일사상연구원, 『통일사상요강』, 186-187.
38) 인간이 형상적인 면과 성상적인 면에서 천주의 중심이 되는 구체적인 예는 다음을 참조. 세계평화통일가정연합, 『원리강론』, 40.
39) 세계평화통일가정연합, 『원리강론』, 216.
40) 세계평화통일가정연합, 『원리강론』, 41.

을 지니고 일체된 삶을 영위할 수 있다는 것이다. 통일신학에서 비판의 대상이 되는 것은 기독신학이 '신화'와 '존재로의 회귀'의 개념을 통해 하나님과 인간과의 일체성이 가지는 유의미한 성찰을 제공하였지만 이들이 타락으로 초래된 하나님과 인간의 단절을 타락 이전 본연의 상태로까지 소급하여 '무로부터의 창조'를 적용하는 오류를 범했다는 것이다.[41] 본질상 하나님과 인간이 아무런 연관이 없다면 완전한 신화와 완전한 회귀는 불가능하다. 본래 인간이 '하나님의 참자녀'로서 하나님을 닮도록 창조되었기 때문에 하나님과의 관계성을 회복하면 창조본연의 모습을 회복할 수 있다.[42]

통일신학에서 예수와 타락인간의 차이는 실체와 의지로 구분된 기원이 아니다. 예수나 타락인간이나 모두 하나님의 의지에 따라 그 실체로부터 탄생하였기에 '신래성(神來性)'을 지닌다. 다만 타락인간은 아담 해와의 타락으로 인해 원죄와 타락성을 지니게 되어 그 자체의 존재구조가 심정이나 피조목적을 중심하지 않고 자기중심적이다. 따라서 하나님과의 심정의 인연을 맺을 수 없고 하나님을 닮아 완성할 수 없는 상태이기에 스스로의 내적 갈등과 사회 문제를 야기하며 자신의 기원조차 알지 못한다.[43]

타락인간과 달리 예수는 원죄 없는 본연의 남자인 제2 아담의 입장에서 탄생하였다. 본래 인간이 가야할 절대기준을 지키는 책임분담을 다하여 하나님의 심정과 피조목적에 일치하여 하나님과 일체를 이룬 분이다. 특별히 중요한 절대기준으로 제시되는 '절대성(絕對性)'의 기준을 지켜[44]

---

41) 통일신학적으로 또 다른 비판은 은총 혹은 칭의에 대한 신념이 너무 강하여 인간 자신의 '책임분담'을 소극적으로 다루거나 무시하였다는 것이다.

42) 통일사상연구원, 『통일사상요강』, 238.

43) 통일사상연구원, 『통일사상요강』, 98.

44) 절대성의 기준은 첫째, 결혼식 때까지 지켜야 할 절대 순결(絕對 純潔)로, 절대 순결을 지켰을 때 내외적으로 하나님의 실체대상이라고 불릴 수 있는 절대 인간이 된다고 본다. 하나님이 주신 "따먹지 말라"(창 2:17)의 계명은 절대 모델성을 완성을 통해 하나님과의 공동 창조주의 대열에 서게 하려 했던 절대적 기준에서의 축

하나님의 실체대상으로서 기능할 수 있도록 인격완성을 성취하였으며, 영적으로나마 하나님과 삼위일체를 이루어 참부모가 되었다. 예수는 하나님과 일체된 관계에서 신성을 지닌 존재이며, 영적 참부모로서 구원의 경륜을 행한다는 구원사적 의의를 지닌다. 그리고 문선명 · 한학자 참부모님은 본연의 제3 아담과 해와로 태어나 책임분담을 완료하고, 인류 최초로 영 · 육 아울러 하나님과 일체가 되어 천지인참부모로서 우리의 구원과 완성을 위한 경륜을 하신다는 점에서 창조목적 완성의 원형이며, 구세주, 메시아, 천주의 참부모로서 의미가 있다.

(3) 통일 삼위일체의 존재

상론한 바와 같이 신래성을 지닌 인간이라는 조건 하에 통일 삼위일체의 존재에 대한 입장을 밝히고자 한다. 기존 삼위일체의 존재론에서는 그 기원이 위격이냐 실체이냐에 관하여 관심을 가지면서 실체와 위격들의 관계를 조명한다. 동방교회에서는 무기원성의 기원인 성부의 위격을 존재에 선행한 존재의 원인으로 보고, 서방교회에서는 하나님의 실체가 위격들의 원인으로 본질적으로 동등한 세 위격들로 이루어진 삼위일체로 존재한다고 본다. 동방교회의 존재론을 인격의 존재론(ontology of person), 서방교회의 존재론을 본질의 존재론(ontology of substance 혹은 ontology of being)이라 할 때, 인격의 존재론은 경륜 안에서 인식되는 세 위격 간의 구체적 교제와 관계성을 드러낸다면, 본질의 존재론은 경륜을 배제한 채

복이었다. 둘째, 결혼 후 부부간에 절대 정절(絶對 貞節)이다. 절대 부부의 절대 모델성은 하나님의 실체대상으로서 참사랑 · 참생명 · 참혈통을 창조하는 공동 창조주의 절대 · 유일 · 불변 · 영원성의 본원지가 된다. 통일신학은 아담과 해와가 하나님의 뜻대로 계명을 지켜 절대성을 중심삼은 참부모가 되었을 때 하나님께서 온전히 임재하실 수 있는 인연이 결정된다고 본다. 세계평화통일가정연합, "하나님의 절대평화이상 모델인 절대 성 가정과 세계왕국", 『평화경』, 641-643.

한 하나님을 나타내는 실체와 서로 내재하여 소통 없이 총체적 관계성으로 기능하는 위격과의 관계에 중점에 둔다.[45)]

통일신학의 입장에서 삼위일체의 기원은 성부 하나님이다. 하나님으로부터 기원하여 하나님의 일성(一性)씩이 전개된 성자와 성령이 다시 하나님과 일체를 이룬 관계가 삼위일체다. 따라서 인격의 존재론을 옳다고 할 수 있다. 한편으로 성부의 원상을 실체라 하고, 삼위일체를 이룬 성자와 성령은 성부의 실체인 원상을 내외적으로 온전히 닮아 참부모라는 동일실체로 존재한다는 점에서 본질의 존재론 역시 타당하다. 그러나 인격의 존재론은 실체를 전혀 다룰 수 없는 것으로 취급하여 삼위가 어떻게 하나가 될 수 있는지 원리를 밝히지 못했으며, 본질의 존재론은 위격 간의 소통을 인정하지 않고 경륜을 취급하지 않은 채 삼위일체를 다루면서 실재적 관계를 제시하지 못하였다.[46)] 사실 통일신학에서 삼위일체는 성부이신 하나님의 자기 실체화이고, 성부의 위격이 곧 삼위일체의 실체이기도 하므로 존재의 기원을 인격과 실체로 나누어 인식하는 일은 불필요하다.

삼위의 존재도 경륜도 신성으로 투사하여 삼위일체를 신성 안에 있는 어떤 것으로 규정하는 고적신학의 입장과 달리 통일 삼위일체는 인간의 성장과 완성을 전제하면서 슐라이어마허의 방식처럼 역사 속에서 하나님

---

45) 동방교회에서는 성부의 위격을 기원으로 여기는 '인격의 존재론'을 지지하는데 경륜의 움직임을 따라 '성부→성자→성령'으로 묘사하며, 수육과 신화와 같은 경륜 안에 현현된 위격들에 초점을 맞춘다. 여기서 실체는 철저히 인식될 수 없는 것이다. 서방교회에서는 실체를 기원으로 '본성의 존재론'으로 표현되는데 실체는 구원의 현실과 동떨어진 것으로서 하나님 내의 삼위의 관계와 한 실체를 조화시키는데 초점을 맞추어 '세 잎으로 된 토끼풀, 삼각자, 불을 붙이는 성냥'과 같은 이미지들로 표현된다. 캐서린 모리 라쿠나, 『우리를 위한 하나님-삼위일체와 그리스도인의 삶』, 350-351.

46) 이종성은 라너의 말을 인용해 라틴 신학의 전통에서 삼위일체 하나님 안에서 위격 상호간에 어떠한 형태로든지 수수하는 일은 없다고 하며, 통일신학의 신관과의 차이점을 이야기한다. 이종성, 『삼위일체론』, 83, 각주 68.

과 세계와의 관계에서 표현된 하나님의 자기계시, 즉 인성과 연합된 신성으로 삼위일체를 말한다.[47) 그는 "세 위격의 각 인격을 동시에 신의 본질로 생각하거나 혹은 그 반대로 생각을 해야 한다."고 하였다. 왜냐하면 세 위격은 각각 다른 위격과 동등하나 "우리는 하나 혹은 다른 하나를 표상할 수 없고, 위격을 그의 단계 속에서 파악할 수 있을 뿐"이기 때문이다.[48)

통일신학에서 삼위일체는 성자와 성령의 종말론적 성취와 맞닿으면서 성자와 성령, 그리고 최종적으로 삼위일체에서 성부 하나님의 본질이자 인격이 고스란히 표현된다. 따라서 삼위는 실체이면서 또한 인격으로 취급되며, 삼위의 본질의 통일성인 삼위일체 역시 실체이면서 인격적 요소

---

47) Schleiermacher, Friedrich. *Der Christliche Glaube Nach Den Grundsätzen Der Evangelischen Kirche Im Zusammenhang Dargestellt,* II, 60–63, 명제 97.2. 슐라이어마허에게 있어 예수는 영원한 로고스가 아니라 성육신된 로고스로서 3단계 의식 형성의 최고단계인 '신의식(God-consciousness)'을 실현한 이상적 존재이다. 예수의 '인격형성 행위'는 신성과 인성의 연합의 행위로 이해될 수 있다. 김영운,『조직신학개론』, 114.; Macquarrie, John. Jesus Christ in Modern Thought (London: SCM Press, 1990), 205.; Schleiermacher, Friedrich. Der *Christliche Glaube Nach Den Grundsätzen Der Evangelischen Kirche Im Zusammenhang Dargestellt,* II, 458, 명제 170. 따라서 슐레이어마허는 하나님의 자기계시로서의 여러 진술들과 연결한 후 삼위일체를 말할 수 있다고 보고 일반적으로 삼위일체론에서 시작하는 조직신학의 구조를 거꾸로 적용하여, 신론, 창조론, 기독론, 성령론 등을 논의한 후에 삼위일체론을 다루었다. 많은 학자들은 슐라이어마허가 교의학 맨 마지막에 삼위일체론을 배치하여 삼위일체론은『신앙론』의 주변부에 위치시켰다는 비판을 가하지만 심광섭은 이러한 비판이 슐라이어마허의 의도를 곡해하여 발생한 것이라 설명한다. 예를 들어 존슨은 슐라이어마허가 삼위일체 상징의 실천적 가치의 문제를 제기하여 우리의 체험과 연결시킨 학자라 하였고, 아도르노는 삼위일체론이『신앙론』의 결론에 해당하여 전체 구도를 완성하는 화룡점정의 역할을 한 '그리스도교 교리의 갓돌'로 이해하고 있다. 심광섭,『공감과 대화의 신학』, 825, 829. 엘리사벳 존슨,『하느님의 백한 번째 이름』, 함세웅 역 (서울: 바오로딸, 2000), 288–289. 테오도르 아도르노,『부정변증법』, 홍승용 역 (서울: 한길사, 1999), 466.
48) Schleiermacher, Friedrich. *Der Christliche Glaube Nach Den Grundsätzen Der Evangelischen Kirche Im Zusammenhang Dargestellt,* II, 462, 명제 171. 심광섭,『공감과 대화의 신학』, 828 재인용.

를 내포한 것으로 간주된다. 그러나 슐라이어마허가 내재적 삼위일체론의 자기구분의 표상을 거부하고 경륜 안에서 하나님의 존재와 본질 자체의 동일성을 추구하였던 것과는 궤를 달리한다.[49] 통일원리에 계시된 원상의 구조와 내용을 전제하고 경륜적 입장에서 삼위일체의 존재를 다루기 때문에 판넨베르크가 내재적 삼위일체가 경륜적 삼위일체로 드러나는 하나님의 자기 현실화를 주장한 것처럼 내재적 삼위일체인 하나님의 존재가 경륜적 삼위일체를 통해 자기 실체화한 것이다.[50]

하나님의 자기 실체화로 삼위일체를 관조하는 통일신학은 실체와 인격이 모두 실존으로 인정되면서 실체와 인격을 각기 실존으로 인정하여 내재적 삼위일체와 경륜적 삼위일체의 양극단의 존재론을 발전시킨 고전신학의 입장을 통합적으로 수용하고자 한다. 통일신학에서 하나님의 자기 실체화는 정(正) · 분(分) · 합(合) 작용에 의한 사위기대(四位基臺) 형성으로 도식화할 수 있는데[51] 서방교회의 내재적 삼위일체는 정(正)을 표현하고, 동방교회의 경륜적 삼위일체는 정분합의 과정을 표현하였다고 평가할 수 있다.

정(正)은 하나님을 말한다. 『원리강론』에 따르면 "하나님은 절대자이면서 상대적인 이성성상의 중화적 존재이시기 때문에 3수적인 존재이시다." 하나님의 '하나'와 '셋'을 문예진은 하나님의 원인적 위격인 하늘부모

49) Schleiermacher, Friedrich. *Der Christliche Glaube Nach Den Grundsätzen Der Evangelischen Kirche Im Zusammenhang Dargestellt*, II, 459-460. 심광섭, 『공감과 대화의 신학』, 830-831.

50) Wolfhart Pannenberg, *Revelation as History*, 122-123.

51) "창조원리에 의하면 하나님은 3수적인 존재이시기 때문에, 그를 닮은 모든 피조물은 그 존재양상이나 그 운동이나 또는 그 성장과정 등 모두가 3수 과정을 통하여 나타난다. 그러므로 사위기대를 조성하여 원형운동을 함으로써 창조목적을 이루는 데 있어서도, 정 · 분 · 합의 3단계의 작용에 의하여 3대상목적을 이룸으로써 3점을 통과해야 되는 것이다. 세계평화통일가정연합, 『원리강론』, 404.; 이 책 4장 1절 2) 참조.

님과 결과적 위격인 하나님 아버지와 하나님 어머니의 관계를 통해 설명한다. 문예진에 의하면, 3수적인 존재라는 것은 하늘부모님, 하나님 아버지, 하나님 어머니의 세 위격이고, 절대자로 한 분이시라는 것은 세 위격이 가치적으로 동일하다는 것을 의미한다.[52] 그런데 창조 전에 하나님은 분화되지 않은 가능성으로 중화적 통일체로 계시기 때문에 3수로서의 역동성이 표면화되지 않는다.[53]

아우구스티누스의 삼위일체는 위격들이 하나님의 내부에 갇혀 있고, 외부적으로 순수한 '나'로서 하나이다.[54] 아퀴나스의 묘사에서 위격은 '~안에 존재한다(esse in)'와 '~향하여 존재한다(esse ad)'는 두 의미를 지니는 '실존하는 관계들'로서 신적 실체와 동일시된다.[55] 서방교회는 이러한 전통을 따라 위격을 구분될 수 있는 그 자신의 것을 소유하지 못한 채 실체와 거의 구분될 수 없는 실존하는 관계들로 정의한다.[56] 통일신학의 관점에서 한 실체 안에 식별 불가능한 위격들의 실존을 표상하는 서방교회의 입장은 창조를 시작하시기 전 분화되지 않고, 역동적 관계가 표면화되지 않은 상태의 하나님과 같다.[57]

---

52) Ye-Jin, Moon, "The Need to Recover Gender Balance, to Understand God as both Heavenly Father and Heavenly Mother," *Journal of Unification Studies,* vol. 16 (2015):73.

53) 통일사상연구원, 『통일사상요강』, 40, 48.

54) 라칭거가 아우구스티누스의 삼위일체론을 묘사한 내용이다. Ratzinger, Joseph. *Dogma and Preaching,* trans. Matthew J. O'Connell (Chicago: Franciscan Herald Press, 1985), 223.

55) Thomas Aquinas, *Summa Theologiae,* I , q.29, a.1. 오도넬은 아퀴나스가 위격에 대한 보에티우스의 실존에 대한 강조를 수정해 관계를 더하면서 휘포스타시스의 객관적 표상으로서 실존의 강조와 더불어 각 위격이 다른 위격들에 관련되어 있기 때문에 존재하는 자신임을 표현했다고 설명한다. 존 J. 오도넬, 『삼위일체 하느님의 신비』, 박종구 역 (서울: 가톨릭출판사, 2008), 170.

56) 미로슬로브 볼프, 『삼위일체와 교회』, 131.

57) 통일신학의 관점에서 내재적 삼위일체의 성부, 성자, 성령은 하늘부모님, 하나님 아버지, 하나님 어머니을 상징하는 것 혹은 가능성으로서의 성부, 성자, 성령이라고 이해될 수 있다.

분(分)은 창조를 시작하며 가능성으로 존재하던 정(正)의 이성성상이 조화로운 상호작용 속에 남성과 여성으로 분화되어 표면화되는 것이며, 합(合)은 정에서 분립된 남자와 여자가 다시 삼위일체로 합성일체화한 것이다.[58] 참사랑이상을 이루고자 위격으로 분화되어 실존하게 되었으며 사랑이상을 향해 위격 간의 교제가 참사랑으로 이루어진다. 정에서 분으로 분립되었다가 다시 합으로 일체되어 참부모가 되는 과정에서 중요한 것은 먼저 중심인 창조목적이며 다음으로 원활한 수수작용을 통한 교제이다. 사랑으로 존재가 시작하여 사랑의 수수작용을 통해 참부모가 되는 과정은 동방교회의 인격의 존재론과 유사하다.

지지울라스에 따르면 동방교회의 인격의 존재론은 '친교로서의 존재(being as communion)'이다. 캅파도키아 교부들이 존재론적 범주에서 '친교'를 사용했으며, 성부의 인격이 존재론적 '원리(principle)' 혹은 '원인(cause)'으로서 사랑으로 존재론적 방식을 표현하여 성자를 낳고 성령을 발현하며 이들과 교제하여 삼위일체의 존재를 이루었다는 것이다.[59] 자유로이 사랑하는 성부의 인격에서 존재가 시작되고 다른 인격들과의 친교 사건을 통해 위격들은 자신의 정체성을 확정한다.[60] 하나님의 존재성은 위격의 관계를 통해서만 말해질 수 있으므로 친교로서의 존재, 즉 관계적 존재로서 삼위일체다.[61]

---

58) 세계평화통일가정연합, 『원리강론』, 34.

59) Basil, *Letter* 38, 2 in PG 21:325. Jean Zizioulas, Being as Communion, 18.

60) Jean Zizioulas, *Being as Communion*, 17-18. 김은수는 지지울라스가 이해한 캅파도키안 사상을 두 가지 명제로 요약하여 제시한다. 1. 친교 없이는 참된 존재는 없다. 그 자체로 인식될 수 있는 하나의 '개별자'로 존재하는 것은 없다. 친교는 하나의 존재론적 범주이다. 2. 하나의 '휘포스타시스(hypostasis)', 구체적이고 자유로운 한 인격으로부터 비롯되어 '휘포스타세스(hypostases)', 구체적이고 자유로운 인격들로 나아가지 않는 친교는 하나님의 존재의 '형상'이 아니다. 인격은 친교 없이 존재할 수 없다. 그러나 (동시에) 인격을 부정하거나 억누르는 그 어떤 친교의 형태도 용납될 수 없다. 김은수, "지지울라스의 관계적 삼위일체론에 대한 이해: "친교로서의 삼위일체 하나님"과 그 신학적 함의", 『한국개혁신학』 vol. 45, (2015):16.

그러나 아쉽게도 서방교회와 동방교회의 삼위일체의 존재론에서 정과 정분합의 과정은 설명될 수 있지만 '합'인 삼위일체, 즉 참부모의 개념은 도출되지 않는다. 그 근본 이유는 그들의 실체와 위격의 개념이 '무로부터 창조'하시는 하나님에 대한 변증이라 통일 삼위일체의 실체와 위격의 개념과 차이를 보이기 때문이다. 서방교회에서는 무로부터의 창조에 근거한 본질적 실체 개념을 보호하기 위해 위격이 '관계 자체'로 명시되어 위격들 사이의 역동적 관계성이 없어 정(正)을 벗어날 수 없고, 동방교회에서는 무로부터 창조의 교리를 보호하기 위해 존재론적 '필연성'에서 벗어난 '자유'의 인격 개념으로 위격을 말하면서[62] 위격 자체에 있어서도 '관계 속에서 존재'하는 것이 아닌 이상 개별적 실존이 아니므로 사실상 개별성이 없어 분(分)과 합(合)의 과정이 불투명하다.[63] 따라서 개체적 위

---

61) 지지울라스의 관계적 존재론은 다음 논문 참조. 차길선, "지지울라스의 사귐의 存在論에 根據한 聖靈論的 神學理解", (한남대학교대학원, 기독교학과, 박사학위논문, 2006).; 지지울라스가 캅파도키아 교부들의 사상을 정확히 해석하지 못하고 자신의 통찰을 캅파도키아의 사상인 것처럼 부당하게 표현했다는 지적도 있다. Turcescu, L. "'Person' Versus 'Individual', and Other Modern Misreadings of Gregory of Nyssa", *Modern theology* 18, no. 4 (2002):536.; 그러나 지지울라스가 동방교회에서 대주교로서 가지는 영향력과 그의 사상이 동방교회의 전통에 기반했다는 다른 동방신학자들의 견해를 반영하여 이 책에서 동방교회의 인격의 존재론의 한 표본으로서 지지울라스의 사상을 사용하고자 한다.

62) Zizioulas, J. D. "Human Capacity and Human Incapacity: A Theological Exploration of Personhood", *Scottish Journal of Theology* 28, no. 5 (10 1975):416.

63) 지지울라스는 캅파도키아 교부들이 실체(ousia)와 동의어였던 위격(hypostasis)을 인격(prosopon)과 동일시하면서 인격을 존재를 구성하는 요소로 바꾸고, 존재라는 개념 자체가 관계적인 것이 되었다고 한다. 그의 표현으로는 "존재한다는 것과 관계 속에 존재한다는 것이 동일하게 되었다(To be and to be in relation become identical)." Jean Zizioulas, Being as Communion, 88.; 지지울라스는 "인격은 사귐 속에 있는 타자이며, 타자 안에 있는 사귐이다."라고 말하는데 그 의미는 인격의 존재론의 조건이 관계 맺음이기 때문에 오직 관계를 맺으면서만 존재하고, 고립된다면 인격적 정체성은 상실된다는 것이다. Zizioulas, J. "Communion and Otherness." *St. Vladimir's Theological Quarterlys* 38, no. 4 (1994):16. 이문균, "계시론적 삼위일체론과 존재론적 삼위일체론", 『신학사상』 148 (2010. 03):92.

격들의 합성일체화로서 삼위일체를 이룬 참부모의 개념은 나올 수가 없다.[64] 볼프가 지적한 것처럼 서방교회와 동방교회의 존재론의 하나와 다수 사이의 문제점들은 삼위일체의 위격들과 그 관계들을 상호 보완적으로 파악하고, 위격들을 페리코레시스적 주체들로서 규정하여야 할 필요가 있다.[65] 판넨베르크가 주장하듯이 삼위가 상호 결정적인 관계의 입장을 지니려면 삼위일체를 "분리된 행위 중심들의 생동적 실현화"로 정식화하여야 한다.[66] 그래야 정(正)으로부터 인격이 형성되고(分), 세 인격이 각자의 고유한 정체성을 잃지 않은 채 상호 역동적 교제 속에서 삼위일체를 이룬 참부모를 말할 수 있다(合).

상론하였듯이 통일신학에서 실체는 하나님, 즉 원상에서 시작한다. 성자와 성령에 있어서 위격은 부버의 근원어(Grundwort)가 두 겹으로 이루어져 복합적 관계의 존재를 말하듯이,[67] 개성진리체이자 연체인 한 개별적 존재를 의미하며, 위격 역시 실체의 범주에 해당한다. 한 공통본질의 실체든, 세 개별 실체인 위격이든 통일신학에서는 원상의 전개이기 때문에 원상이 내포한 실존성과 관계성을 성부, 성자, 성령이 모두 지닌 것이며, 이들의 삼위일체인 참부모도 역시 실존성과 관계성을 지닌 존재이다.

---

64) 볼프는 지지울라스의 인격 개념이 실제로는 개별성을 무시하는 분화되지 않은 인격성을 강조하여 탈개인화가 없는 개인의 인격화를 가져온다고 비판한다. 미라슬로브 볼프, 『삼위일체와 교회』, 158-159.

65) 미라슬로브 볼프, 『삼위일체와 교회』, 359.

66) Wolfhart Pannenberg, *Systematische Theologie*, Ⅰ, 319.

67) 마르틴 부버, 『나와 너』, 김천배 역 (서울: 대한기독교서회, 2000), 15-19. 부버는 근원어가 두 겹으로 되어 있기 때문에 사람의 '나'도 두 겹으로 되어 있다고 한다. 근원어가 '나-너'와 '나-그것'이라 사람 역시 '나'라 지칭할 때 관계적으로 이해해야 한다는 것이다. 부버의 두 겹 논리는 통일신학의 '이성성상'의 논리와 흡사한 면이 있는데 차이점이라면 이성성상이 자체 내의 동질요소를 잠재적으로 가지고 있는 성상과 형상으로서 내재적 관계와 외재적 관계를 모두 지칭하기 때문에 '나' 자체도 보고 관계 속의 나도 있는 반면, 부버의 논리에서는 '나-너' 혹은 '나-그것'이 근원어로서 관계적으로 존재하는 근거-통일신학적으로는 상호 간의 동질요소-에 대한 설명이 없고, '나' 그 자체는 인식될 수 없다.

즉, 통일 삼위일체의 존재는 고전신학의 실체의 뚜렷한 실존성과 인격의 상호 역동적 관계성을 모두 내포한 존재로서 한 마디로 요약하자면 인격적 실체의 존재론(ontology of personal substance)이다.

여기서 좀 더 고찰할 것은 인격적 실체의 존재론이 삼위일체의 '하나'와 '셋'을 설명하는 방식이다. 슐라이어마허의 경우, 성부, 성자, 성령의 위격을 실체나 인격으로 동일하게 여긴다면 본질의 통일성(合)은 세 위격의 통일성보다 작거나 혹은 그 반대라 하였다.[68] 통일신학이 이러한 견해에 동의할 수 있을까? 문예진은 논리적 사고로 하나님의 하나와 셋을 평가하는 것에 반대한다. 만약 정(正)이 1의 가치이고, 분(分)으로서의 한 위격이 0.5일 경우, 이들의 합(合)이 1.5이고, 그들의 가치는 둘로 나눠야 하므로 0.75가 된다. 그러나 심정이 동기인 하나님의 창조목적을 고려한다면 동일한 가치로 참사랑의 번식이 이루어져야 하므로 정과 분, 그리고 합 모두가 동일한 1의 가치를 가져야 한다. 또한 동일한 가치로 정분합을 이해할 때 세 위격의 역동적 관계도 보다 잘 이해할 수 있다고 한다.[69]

필자는 기본적으로 문예진의 의견에 동의하면서 여기에 한 가지를 덧붙이고자 한다. 하나님 자체, 즉 하늘부모님과 하나님 아버지, 하나님 어머니와 관련한 내재적 삼위일체에서의 정분합 작용에서 삼위는 처음부터 1의 동일한 가치를 지닐 수 있지만 내재적 삼위일체가 전개되어 하나님(성부), 참아버지(성자), 참어머니(성령)가 삼위일체를 이루게 되는 경륜적 삼위일체에서의 정분합 작용에서는 위격들 모두가 처음부터 1이 아니라 하나님은 1, 인간인 남녀는 각자의 책임분담 5%를 완수하여 참부모를 이루게 될 때 1로서의 본질을 지니고 동일한 가치를 지니게 된다는 것이다. 삼위일체

---

68) Schleiermacher, Friedrich. *Der Christliche Glaube Nach Den Grundsätzen Der Evangelischen Kirche Im Zusammenhang Dargestellt,* II, 462, 명제 171.

69) Ye-Jin, Moon, "The Need to Recover Gender Balance, to Understand God as both Heavenly Father and Heavenly Mother," 73−74.

가 삼위의 사랑의 일체권을 의미한다고 할 때, 인간인 성자와 성령은 성장하여 참부모가 되기 전까지는 하나님의 심정을 완전히 접할 수 없기 때문에,[70] 동일한 본질을 지닌 동일한 가치라 말할 수 없음에 기인한다.

상론한 통일 삼위일체의 존재론의 특징을 요약하자면, 첫째, 삼위일체의 셋과 하나는 모두 인격적 실체로서 실존성과 관계성이 있다는 것이다. 상대를 사랑하기 위해 성부로부터 존재가 시작하였고, 성부에게서 나온 성자와 성령은 성부를 닮아 실존하는 개체로서 상대를 사랑하고자 하는 자유의지를 가지고 사랑을 실천하면서 완성한다. 하나님과 심정의 일체를 이룬 성자와 성령은 성부와 동일한 본질을 지닌 참부모가 된다. 인격적 실체의 개념은 공통실체인 하나의 참부모의 존재로 삼위일체를 이해하면서도 삼위의 개체성을 보호하고 상호 역동적 관계를 뒷받침한다.

둘째, 성자와 성령이 전적으로 성부에 종속된 존재론적 비대칭성의 삼위일체가 아니라 존재론적 균형을 이룬 삼위일체임을 표상한다는 것이다. 경륜적 삼위일체의 성립과정을 보면 하나님의 책임분담과 더불어 인간인 성자와 성령의 책임분담이 요구된다. 성자와 성령은 존재의 구성원리이자 원인인 성부에 의해 위격적으로 '구성된 존재'이지만 책임분담을 완성하면, 즉, 그 자체들의 자유의지로 경륜적 삼위일체의 창조과업에 협조하면 '공동창조주'가 된다. 삼위일체를 이룬 성부와 성자, 성령의 관계는 종속적이 아니라 상호보완적이며 상호호혜적이다.

셋째, 성부, 성자, 성령의 삼위일체는 내재적 삼위일체와 경륜적 삼위일체의 통일성이라는 것이다. 통일신학에서 내재적 삼위일체는 성부, 즉

---

70) "하나님의 심정과 참부모님의 심정은 어디서부터 연결되느냐? 종적인 심정이 횡적으로 어떻게 연결되느냐? 하나님과 인간이 하나되어 완성하게 될 때 횡적인 심정권이 시작됩니다. 그러면 완성 기준이라는 말이 뭐냐? 17, 18세가 되면 성숙하게 됩니다. 아래에서 자라 중앙선까지 올라옵니다. 그렇기 때문에 심정권을 중심삼고, 반드시 참부모를 중심삼고 횡적 세계에 자기 생활무대의 인연이 벌어지는 것입니다." 세계평화통일가정연합, 『천성경』, 2-4-5-7, 234.

하나님인 종적 참부모의 삼위일체이고, 경륜적 삼위일체는 종적 참부모인 하나님과 횡적 참부모인 참아버지(성자), 참어머니(성령)가 신인애일체를 이룬 천지인참부모로서의 삼위일체이다. 이는 삼위일체 내의 세 위격의 연합 그리고 삼위일체와 우리와의 연합 모두 하나님과 피조물의 관계임을 함의한다. 내재적 삼위일체와 경륜적 삼위일체는 공통점이 없는 신학과 경륜의 논의가 아니기 때문에 통일 삼위일체 존재론에서 하나님과 피조물은 상호 관계를 맺을 수 있는 이론적 기반을 확보한다. 구체적으로 하나님과 인간의 존재와 닮음의 차를[71] 어떻게 극복하고 일체를 이루는 지에 대해서는 아래에서 점진적으로 다루고자 한다.

2. 실체의 상대 관계

일체를 전제할 때 통일신학에서는 인격적 실체(이후로부터 실체)가 '상대 관계'로 존재한다는 점을 주지한다. 통일신학의 한 실체 내의 상대 관계를 설명하기에 앞서 비교를 위해 동방의 인격의 존재론과 서방의 본질의 존재론의 입장에서 유래한 한 실체 안에서의 삼위의 관계에 대한 두 전통의 입장을 좀 더 구체화하고자 한다. 특히 동·서방의 교리적 분열의 기폭제로 작용한 기원의 관계(인과관계)에 대한 입장 차이를 중점으로 살펴보고자 한다.[72]

라틴 신학에서는 본질의 통일성을 강조하면서 세 위격의 구분을 나타내기 위해 관계를 사용한다. 하나의 비인격적인 본질이 내적인 관계에 의

---

71) 통일신학에서는 유로부터의 창조이므로, 정확히 말해서 본질의 차이가 아니라 닮음의 정도의 차이다.

72) 로스키에 따르면, '성령의 발현 문제'가 동방과 서방이 분열하게 된 유일한 교리적 근거이다. 로스키는 기원의 관계에 대한 전제 조건의 입장 차이를 필리오케 논쟁의 원인으로 간주한다. 블라디미르 로스키, "정교회 삼위일체 신학에서 성령의 발현", 246.

해 분화되면서 위격이 형성된다. 관계가 위격을 설명하는 긍정적인 접근 방식을 취하며 위격들의 상호 대립이 위격의 기초이다. 두 위격 사이에서만 성립될 수 있는 대립의 관계(opposite relationship)들로부터 위격의 구별성이 추론됨으로 위격의 기원의 관계는 이위일체(성부-성자)에서 삼위일체(성부+성자-성령) 순으로 이루어진다.[73] 단일체가 발달하여 이위일체가 되며, 다시 그 단순성으로 복귀하는 식의 논증이다.[74] 위격의 인과관계를 통해 비인격적 통일체로서의 본질의 우월성을 묘사한다.

헬라 신학에서는 삼위성이 그 자체로 절대적이며 시원적 개념이기 때문에 세 위격의 절대적 다양성에서 상이한 관계가 결정된다. 관계가 다른 존재들과 절대적으로 상이한 하나의 인격적 존재를 정의할 수 없다는 점에서 위격의 차이가 부정적 접근방식으로 나타난다.[75] 각 위격 자체가 다른 두 위격들과 구별되는 관계를 결정한다. 관계들은 위격의 기초가 될 수 없고, 단지 위격의 구별성을 표현하는 역할을 한다.[76] 성부로부터의 기원성이 실체와 위격들 사이에 균형을 잡는다. 성자와 성령이 성부와 구분되므로 위격적으로 구별되며, 다른 위격들이 성부와 하나이므로 동일 본질을 갖는다. 기원의 방식에서의 차이로 위격들이 독특한 실재를 받았음을 지적하므로 성자와 성령의 대립 관계가 조성되지 않으며[77] 세 위격

---

73) 라틴 신학에서 성령은 성부와 성자가 공통적으로 소유하고 있는 위격으로서 의미를 가짐으로 성부와 성자와의 관계를 먼저 표시한 후에 두 위격과 성령과의 관계를 나타낸다. Augustine. *De Trinitate,,* 1.11.; Thomas Aquinas, *Summa Theologiae,* I , q.36, a.1; a.2, 4. 블라디미르 로스키, "정교회 삼위일체 신학에서 성령의 발현", 252,
74) 블라디미르 로스키, "정교회 삼위일체 신학에서 성령의 발현", 262.
75) 예를 들어, 출발점이 없이 존재하시는 성부는 성자나 성령이 아니며, 잉태된 성자는 성령과 성부가 아니며, 성부로부터 발현하는 성령은 성부도 성자도 아니라는 것이다. Gregory of Nazianzus, *Orationes,* 30.9 in PG 36.141d, 44a. 블라디미르 로스키, "정교회 삼위일체 신학에서 성령의 발현", 255.
76) Vladimir Lossky, *In the Image and Likeness of God,* ed. John H. Erickson, and Thomas E. Bird (Tuchahoe, N.Y.: St. Vladimir's Seminary Press, 1974), 79.
77) John of Damascus, *De Fide Orthodoxa* 1.8, 10 in PG 94.828d, 837d; George of

의 구별성은 절대적인 것으로 상대화하지 못하는 단순성을 지닌다.[78]

　두 전통의 입장을 요약하자면 서방교회는 철학적 차원에서 실체와 위격들 사이의 근본적 모순을 억압하고자 기원의 관계를 통해 긍정적으로 접근하는데 대립의 관계가 위격의 구별성을 규정하는 기초이다. 동방교회는 교회적 전승에 따라 실체와 위격의 모순을 위격의 절대적 다양성으로 적절히 표현하고자 부정의 방식을 사용하는데 세 위격의 구별성이 근거가 되어 상이한 관계가 결정되며 역은 성립하지 않는다.[79] 전자는 한 실체 안에 상호 관계에 대한 논리가 존재하면서도 경륜과 단절된 내적 위치에만 치우쳐 비성서적이라 지적되며, 후자는 한 실체 안에 삼위성의 절대적 속성을 세 위격의 경륜에서 유추된 전승에만 의존하여 서술하므로 한 실체 안에서 삼위의 관계의 원리에 대한 논리성이 없다. 두 입장의 장점을 살리고, 단점을 보완하기 위해서는 위격의 관계에 대한 논리성과 위격의 구별성이 내재적 삼위일체와 경륜적 삼위일체에서 모두 나타나야 할 것이다.

　통일신학에서는 한 실체 안에서의 삼위의 관계성이 '상대 관계(相對 關係, reciprocal relationship)'로 표현된다. 상대 관계는 개체 실체 내에 본질적으로 내재하는 관계이며, 동시에 개체 실체 간의 외재적 관계이기도 하다. 상대 관계의 근원은 성부이신 하나님이며, 신상(神相)의 주체(主體)와 대상(對象)의 관계가 원리이다. 신상은 보편상인 이성성상(성상과 형상,

---

Cyprus, *Apologia* in PG 142.254a; 성부로부터의 기원 방식의 차이는 위격들의 생존의 방식으로서의 차이이다. *Basileios*, De Spiritu Sancto, 18 in PG 32.152b.; 블라디미르 로스키, "정교회 삼위일체 신학에서 성령의 발현", 255.; 김옥주, "니케아 신조(A.D. 381)에 나타난 위격들의 관계에 대한 몰트만의 새로운 제안: 사회적 삼위일체론을 중심으로",『한국조직신학논총』vol. 33 (2012):28−29
78) 동방교회에서는 단순한 삼위일체를 고백하며 모순적 표현인 셋으로 이루어진 통일체가 시원적 개념이다. 블라디미르 로스키, "정교회 삼위일체 신학에서 성령의 발현", 263.
79) 블라디미르 로스키, "정교회 삼위일체 신학에서 성령의 발현", 255−256.

양성과 음성)과 개별상(個別相)으로 구성되어 있으며 모두 주체와 대상의 관계를 내재한다.[80] 성자와 성령은 성부의 원상이 전개된 실체대상이므로 역시 동일하게 주체와 대상의 관계를 지닌다. 원상의 개별상을 닮은 개체 실체로서 개성진리체이면서 동시에 연체이다.[81] 이 때 개성진리체로서 독립적 입장에서 보면, 그 내부는 하나님의 원상을 닮아 주체(성상, 양성)와 대상(형상, 음성)의 상대적 요소가 수수작용을 통해 합성일체화하여 존재하며, 개체 간의 상호관계성을 중시하여 연체로 보아도 외적으로 주체와 대상의 관계를 형성하여 존재한다.[82]

신상 안에 이성성상과 개별상이 포함되므로 관계성과 구별성 양자 모두 시원적 개념이며 위격 내 그리고 위격 간의 상대 관계를 형성한다. 종속적이 아니라 상호보완적인 개념으로서의 주체와 대상의 관계이다. 삼위일체 안에서 이루어지는 상대 관계를 대략적으로 열거하면, 1) 위격 내의 주체와 대상의 관계 2) 하나님인 성부와 인간인 성자와 성령의 주체 대상의 관계이다. 그리고 삼위일체의 상대 관계가 경륜으로 확장되면 3) 삼위일체 참부모와 우리와의 주체와 대상의 관계가 된다. 여기서는 1)과 2)의 관계에 주목하고자 한다.

고유한 개체 실체인 한 위격 내에서의 주체와 대상의 관계는 보편상인 성상과 형상, 양성과 음성의 이성성상의 관계에 대응하여 이해할 수 있다. 성상과 형상의 이성성상에서의 상대 관계는 주로 마음과 몸의 관계로 비유되어 기능적인 면과 질료적인 면 등을 표현하는 데 공통적인 요소로

---

80) 통일사상연구원, 『통일사상요강』, 38−39.
81) 개성진리체란 하나님의 속성, 즉 원상의 내용을 그대로 닮은 개체를 말하는 것으로서, 하나의 개체에 대하여 다른 개체와의 관계를 생각지 않고, 독립적으로 다룰 때의 피조물을 말한다. 그러나 실제로 모든 개체(존재자)는 상호간에 밀접한 관계를 맺고 존재하므로 한 개체를 다른 개체와의 관계에서 볼 때, 그러한 하나하나의 피조물을 연체라고 한다. 통일사상연구원, 『통일사상요강』, 169.
82) 통일사상연구원, 『통일사상요강』, 185−186.

인해 상대를 별개의 것으로 취급할 수 없다.[83] 예를 들어, 하나님의 성상과 형상은 동질적인 요소의 두 가지 표현태로 이해된다. 하나였던 절대속성인 에너지적 심(心)이자 심적(心的) 에너지가 창조과정에서 성상인 심적 요소와 형상인 에너지적 요소로 분화된 것이다.[84] 인간에 있어서는 성상과 형상이 마음(정신)과 몸(물질)과 같이 이질적인 요소로 나타나지만 마음에도 전기 에너지와 같은 에너지가 있고, 에너지에도 진동단계와 같은 마음적 요소가 있다는 점에서 공통점을 지닌다. 따라서 위격 안에서 성상과 형상은 하나님에게 있어서는 동질적이고 인간에 있어서는 이질적이라는 차이가 있음에도 동질요소를 바탕으로 상대 관계를 맺으며 '성상과 형상의 통일체'로서 존재한다.[85]

위격 안의 양성과 음성은 성상과 형상의 각각의 속성으로서 성상과 형상이 위격의 직접적 속성이라면 양성과 음성은 간접적 속성으로서 상대관계를 맺고 있다.[86] 하나님의 경우 양성과 음성이 조화로운 변화를 일으킬 수 있는 가능성으로서 하나된 상태로 존재하다가 창조의 과정에서 표면화되어 성상이나 형상 안에서 조화로운 변화를 일으킨다. 인간에 있어서는 성상의 정·지·의의 기능과 형상의 각각 양적인 면과 음적인 면을 표현한다. 예를 들어 성상의 정적 기능에 유쾌, 기쁨, 흥분과 같은 양적 측면과 불쾌, 슬픔, 침착과 같은 음적 측면이 있고, 형상에 융기부와 돌출부, 표면과 같은 양적 측면과 함몰부, 공혈부, 이면과 같은 음적 측면이 있다.[87] 양성과 음성 역시 상호 간에 동질요소를 잠재적으로 지니기 때문에 단절된 것이 아니라 연속된 것이며, '양성과 음성의 조화체'로서 존재한다.[88]

---

83) 세계평화통일가정연합, 『원리강론』, 45.
84) 원상에서의 성상과 형상은 둘 다 심적 요소와 에너지적 요소를 가지고 있지만 성상은 심적 요소가 형상은 에너지적 요소가 더 많다.
85) 통일사상연구원, 『통일사상요강』, 48-50, 238.
86) 김민지, "유교의 음양론과 통일사상의 남녀이해에 관한 연구", 『통일사상연구』 vol. 8 (2015): 85.
87) 통일사상연구원, 『통일사상요강』, 55-56.

위격 내의 상대 관계, 특별히 성부의 상대 관계가 창조로 표면화된 것이 하나님인 성부와 인간인 성자, 성령의 주체와 대상의 관계이다. 주체적 입장의 실체인 하나님과 실체대상인 남녀의 관계는 성상과 형상의 입장으로 이해하면 원인과 결과, 종과 횡, 무형과 유형, 내적인 것과 외적인 것이 두드러진다. 예를 들어, 『천성경』에서는 하나님께서 '실체'를 가진 피조세계를 주관하기 위해서 하나님의 몸으로서 '실체'를 쓴 인간을 지으셨다고 한다.[89] 보이지 않는 무형(無形)의 하나님의 몸으로서의 실체대상은 보이는 유형(有形)의 형태로 나타나는데 이 때 실체는 문자대로의 몸이 아니라 원상의 전개로서 우리가 인식할 수 있는 존재이다.[90] 실체대상은 피조물의 객관적, 물질적 측면을 부각시킨 개념으로서 본질적 의미의 실체와 같이 관념적인 대상이 아니라 3차원의 공간적 요소를 갖춘 물질적 대상이라는 뜻을 내포한다.[91]

그런데 위격 내의 관계와는 달리 하나님과 인간 남녀의 성상과 형상의 관계는 1대 1로 대응하지 않는다. 하나님은 이성성상의 통일체이고 인간 남녀는 하나님의 이성성상이 분성적으로 전개된 분리체이므로 단일체가 복수체로 전개된 형이다. 이러한 분리는 실체대상인 남녀의 수수작용으로 사랑의 자극을 주기 위한 것이며, 하나님을 닮아 완성하여 삼위일체를 이루고 이상적인 완전단일체가 되기 위함이다.[92] 하나님이 '본성상(本性相)과 본형상(本形狀)의 중화적 통일체(中和的 統一體)라면[93] 인간은 한 성

---

88) 하나님의 경우 본양성과 본음성의 중화적 통일체라 할 수 있는데, 『통일사상요강』에서 인간의 경우 양성과 음성의 조화체로 명시하고 있어, 양자를 고려하여 조화체로 언급하였다.
89) 세계평화통일가정연합, 『천성경』, 373, 376.
90) 『원리강론』에서 하나님의 보이지 않는 신성(神性)을 그의 실체대상으로 전개해 놓았다고 하였는데, 여기서 신성은 통일사상의 하나님의 신상과 신성을 포괄하는 의미의 원상이다. 세계평화통일가정연합, 『원리강론』, 23.
91) 통일사상연구원, 『통일사상요강』, 137.
92) 문선명, 『원리원본』 제1권, 7.

(性)만 대표적으로 부각하여 남자는 '성상적 실체' 여자는 '형상적 실체'로 이해된다.[94] 남자나 여자나 모두 '성상과 형상의 통일체'로서 존재하지만 주체와 대상의 입장을 고려하여 성상적 실체, 형상적 실체로 불린다.

양성과 음성의 경우도 유사하다. 하나님을 '본성상적 남성과 본형상적 여성의 이성성상의 중화적 통일체'라고 한다면 주체와 대상의 관계에 따라 남자는 '양성실체(陽性實體)' 여자는 '음성실체(陰性實體)'라고 한다. 양성과 음성은 성상과 형상의 속성이므로 성상적인 양음과 형상적인 양음을 지니며, 성상적으로는 남자는 남성적인 양음, 여자는 여성적인 양음으로 질적(質的) 차이가 있고, 형상적으로는 남자는 돌출부가 여자는 공혈부가 하나 더 있는 양적(量的) 차이가 있다.

한편으로 남자를 성상적 실체 혹은 양성실체, 여자를 형상적 실체 혹은 음성실체라 표현하는 것은 하나님과 달리 사랑의 일체권에 있어서 반쪽짜리 실체라는 특징을 부각시키는 것이다. 하나님의 형상적 실체인 남녀가 사랑을 통해 하나 되고, 가정을 이루는 것은 완성을 위한 필수조건이다.[95] 하나님의 주체와 대상의 관계가 전개된 남녀는 남자가 주체, 여자는 대상의 입장에서 상호 수수작용을 통해 하나된 가운데 보다 거시적 관점에서 주체인 하나님의 대상으로서 주체와 대상의 관계로 일체를 이룬다. 이렇듯 주체의 입장인 남성이 대상의 입장인 여자를 만나 완성하여 하나님과 합하여 삼위일체를 이루고자 하는 본성을 『원리원본』에서는 '창조원성(創造原性)'으로 표현한다.[96] 실체에 내재한 상대 관계가 삼위일체를 이루는 근거가 된다.

---

93) 세계평화통일가정연합, 『원리강론』, 27-28.
94) 『말씀선집』 제327권, 2000.07.30.
95) 『천성경』에서는 하나님을 갈라놓은 반쪽 실체를 갖는 목적에 대해 남자와 여자가 사랑을 통해 하나 되어 가정을 만들고 나라와 천국을 만들어야 되기 때문이라고 밝힌다. 세계평화통일가정연합, 『천성경』, 376.
96) 문선명, 『원리원본』 제3권, 342.

상대 관계는 고유한 개별성을 지닌 위격들을 기본으로 이루어져 구별성을 시원적 개념으로 한다는 점에서 동방교회와 유사하나 추론과정 없이 단순한 삼위일체를 고백하지 않고, 성부의 개별상이 전개되어 삼위가 구별성을 지닌다는 논리적 방식을 따른다는 점에서 차이가 있다. 또한 상대 관계는 라틴 신학의 전통에서의 대립 관계와 같은 유형으로 여겨질 수 있으나 대립 관계가 위격 상호 간의 수수작용을 인정하지 않고 서로 단절된 상태에서[97] 상대를 지시하는 역할만 한다면 상대 관계는 상호 간의 잠재적인 동질적 요소로 인해 연속된 입장이며 수수작용을 할 수 있고, 주체와 대상의 상대 관계가 위격 내부와 외부에 모두 적용된다는 점에서 차이가 있다.

3. '참부모성'으로서의 동일실체

앞서 살펴본 실체의 상대 관계를 기초로 하나님, 완성한 남자, 완성한 여자는 사랑의 일체권인 삼위일체를 이룬다. 삼위일체를 이룬 위격들은 동일실체이다. 통일 삼위일체론의 동일실체는 본질의 동일성이라는 측면에서 통전적 동일실체에 대한 이해와 동일선상에 있지만 성자와 성령을 완성한 인간으로 보기 때문에 인간이 완성할 때까지의 과정을 고려한다는 점에서 차이가 있다. 또한 통전적 동일실체가 신만의 비공유적 속성으로서의 신성을 지칭하여 신성을 지니게 된다는 것을 신으로 간주한다면, 통일신학에서는 성자와 성령이 완성하여 신성을 지니게 된다고 하여도 완성한 '인간'이지 '신'은 아니다. 통일신학에서 삼위일체로서 성부, 성자,

---

97) 페리코레시스가 상호 연합의 표현이기는 하나 라틴 신학에서 삼위는 결코 대자적으로 상대와 상호 수수작용할 수 있는 원리를 가지지 않기 때문에 상호 내재하는 위격 간에 소통은 단절되어 있다.

성령의 존재론적 분모는 '참부모'이다. 여기서는 통일신학의 관점으로 지금까지의 동일실체, 즉 신성의 동일성의 의미를 고찰하고, 더 나아가 삼위의 공통본질을 '참부모성'으로 정초해야 함을 피력하고자 한다. 먼저, 비교를 위해 니케아 신경과 칼케돈 신경의 동일실체 내용을 언급하면 다음과 같다.

니케아 신경: 우리는 전능하신 아버지시요, 눈에 보이거나 보이지 않는 만물들의 창조주이신 한 분 하나님을 믿사오며, 또한 우리는 한 분 주 예수 그리스도를 믿사오니, 하나님의 아들이시요, 아버지에게서 유일하게 나신 자, 즉 성부의 본질에서 나신 자요, 하나님에게서 나온 하나님이시요, 빛에서 나온 빛이시요, 참 하나님에게서 나온 참 하나님이시니, 그는 낳으신바 되셨으나 창조되지 않고 성부와 동일본질에서 나오셨으며, 그를 통하여 천상과 지상의 만물이 창조되었다. … 우리는 또한 성령을 믿는다.[98]

칼케돈 신경: 거룩한 (니케아) 교부들과 함께 우리는 만장일치로 한분이시며 하나님과 동일하신 성자 우리 주 예수 그리스도께 대해서 다음과 같이 고백하도록 가르친다. 그리스도는 신성에 있어 완전하시고 인성에 있어 완전하시며, 참 하나님이시고 참 사람이시며, 이성적인 혼과 육체를 가지셨으며, 신성에 따라 성부와 동질이시며 인성에 따라 우리와 동질이시고, 죄를 제외한 모든 점에서 우리와 같으시며, 또 신성에 따라 창세 전에 성부로부터 나시고 마지막 날에 우리와 같이 되시며, 우리를 위하시고 또 우리의 구원을 위하시며, 인성을 따라 하나님을 낳으신 자 곧 동정녀 마리아에게서 나시고, … 연합으로 인해 두 본성들의 차이가 결코 없으시며, 오히려 하나의 위격 안에서 동시에 각각의 성격을 보존하고 계시며, 하나이시며, 두 위격으로 따로 계시거나 나뉘어 계시지 않으시고, 오직 동일한 성자요, 독생자이시며, 하나님이시오, 말씀이신 주 예수 그리스도이심을 믿는다.[99]

98) Robert L. Reymond, 『최신 조직신학』, 나용화 · 손주철 · 안명준 · 조영천 공역 (서울: 기독교문서선교회, 2004), 413-414.
99) Robert L. Reymond, 『최신 조직신학』, 772-773.

니케아-칼케돈 신경에서 삼위의 동일한 본질은 신성이다. 성자의 경우 창조 전에 성부로부터 기원하였음이 그 근거가 되므로 신성은 선재성을 함의한다. 동일실체를 배경으로 성자를 칭하는 독생자도 역시 선재성을 가리킨다. 그런데 통일신학에서는 삼위의 동일한 본질로서 신성을 인정하면서도 성자의 신성의 선재성에 대하여는 기존의 의견과 차이를 보인다. 통일신학에서 묘사하는 성자가 지니는 신성은 책임분담을 다하여 완성한 후 하나님과 일체가 된 가운데 지니게 되는 것이므로 성육신 이후 성장과정을 필하는 후천적인 것이기 때문이다.[100]

성부로부터 나온 자로서 성자를 독생자라 부르면서도 역시 선재성을 함의하는 신성을 근거로 하는 대신 다른 요인에 중점을 두어 사용된다. 복중에서 갖추어지는 하나님의 참혈통과 같은 성육신한 성자의 선천적 조건이나[101] 후천적으로 독생자라 칭해질 수 있는 자격요건을 충족하는 경우가 지배적이다.[102] 독생자가 창세전의 신성을 지녔다고 여길 수 있

---

100) 세계평화통일가정연합, 『원리강론』, 46, 111.
101) "이 세상에 완성한 하나님의 혈통을 중심삼고 태어난 아들딸이 없다는 거예요. 그렇기 때문에 메시아가 와야 돼요. 새로운 핏줄을 이어받은 사람이 와야 되는 거예요. 그렇기 때문에 예수는 독생자예요. 독생자는 하나님의 사랑을 중심삼고 첫번 났다는 말이예요." 『말씀선집』 제188권, 1989.02.26.; "마리아가 잉태한 예수는 복중에서부터 2천 년 동안 맑은 혈통을 가지고 태어났기 때문에 사탄이 '복중에 있는 예수는 내 것'이라고 주장할 수 없다는 것입니다. 비로소 하나님의 독생자가 난 것입니다. 예수님은 사탄과의 모든 혈통적인 관계를 극복해 가지고 태어났기 때문에 잉태된 그날부터 하나님이 사랑할 수 있는 거예요. 하나님이 마음대로 할 수 있는 아들로 태어났기 때문에 장자권, 왕권, 전체를 대표할 수 있는 메시아의 자격을 가지고 탄생했습니다. 돌감람나무 세계에 처음으로 참감람나무가 생겨난 것입니다." 『말씀선집』 제243권, 1993.01.28.
102) "예수님의 죽음이 아무것도 아닌 것 같지만 그로 인해 예수님은 역사상에 없었던 하늘땅을 연결시킬 수 있는 심정의 최고봉에 서시게 되었던 것입니다. 하나님을 자기의 아버지라 했고, 자기는 하나님의 독생자라고 했습니다. 이것이 위대하다는 것입니다. 그러면서 아들된 도리로서 아버지의 뜻을 위하여 효(孝)를 다하고 그 나라를 위하여 충(忠)을 다하고 갔던 것입니다. 그러므로 예수님은 인류역사상 하나님 앞에 있어서 더할 수 없는 효자요, 하나님께서도 비로소 독생자라고 선포

는 경우는 실체대상인 피조물을 전개하는 근원으로서의 원상을 신성으로 칭하는 경우와[103] 완성한 인간에 대한 로고스, 즉 관념적인 구상으로서의 신성만 가능하다. 이러한 성자의 신성의 선재성은 실재적 측면이 약하기 때문에 통일신학에서는 중점적으로 다루어지지 않으며 성령의 신성 역시 성자의 신성과 같이 후천적인 면이 더 강조된다.

즉, 통일신학에서는 하나님인 성부의 신성과 달리 성자와 성령이 지니는 신성은 책임분담 완수 후에 지니게 되는 후천적인 속성으로 인식된다. 따라서 최종적으로 신인애일체를 이룬 삼위 모두의 공통된 본질로서의 신성은 성자와 성령의 완성과 밀접한 관련이 있다. 신성을 일정한 시간을 요하는 발전과정의 결과로서 이해하는 방식은 판넨베르크에게서도 찾을 수 있다. 판넨베르크에 따르면 하나님의 신성은 역사적인 예수의 삶의 과정에 나타나고 존재하였으며 종말론적 완성에 의존하는 것이다.[104]

성자와 성령의 신성을 종말론적 성취의 결과로 파악한다는 것은 통일신학에서 동일실체를 신성의 동일성이라 간주하여도 삼위가 모두 존재적으로 하나님이라는 의미로 사용하지는 않는다는 것을 나타낸다. 바실이 동일실체를 동일가치(ὁμότιμος)의 의미로 받아들였듯이[105] 신성의 동

할 수 있는 주인공이신 것입니다. 예수님은 효라는 것을 통하여 승리의 출발을 하겠다는 일편의 이념을 남겼던 것입니다."『말씀선집』제29권, 1970.02.15.; "예수님이 하늘나라의 왕자가 된 것, 독생자의 권위를 가질 수 있었던 것은 무엇 때문이냐 하면, 사탄세계만을 사랑한 것이 아니라 영계까지 사랑했기 때문입니다."『말씀선집』제140권, 1986.02.01.

103) "피조세계의 삼라만상은 그것을 창조하신 하나님이 그의 보이지 않는 신성을 그의 실체대상으로 전개해 놓으신 것이다." 세계평화통일가정연합,『원리강론』, 22.

104) Pannenberg, Wolfhart. *Jesus : God and Man* (Philadelphia: Westminster, 1987), 179-183.

105) 프루체(B. Pruche)는 바실이 동일가치와 동일실체를 동의어로 여겼다고 소개한다. Benoit Pruche, "Introduction" to Basil, *De Spiritu Sancto, in Sourses Chretinnes* (Paris, 1945), 28. 조지 플로로프스키, "고대 교회에서 전승의 역할",『동방정교회 신학』, 161.

일성은 하나님으로서의 존재적 동일성이 아니라 하나님의 가치와의 동일성이라 할 수 있다.

> 완성한 인간은 창조목적을 두고 보면 하나님의 온전하심과 같이 온전
> 하여서(마 5:48) 하나님과 같은 신성을 가진 가치적인 존재인 것이다.106)

하나님이 인간을 자녀로 사랑하고자 창조하셨기 때문에 완성한 인간은 하나님과 같은 가치를 지닐 수 있도록 신성을 지니게 된다. 따라서 완성한 인간의 신성은 사랑(심정)의 차원에서 이해되는 신성이다. 『원리강론』은 인간이 하나님의 심정을 체휼하여 그 뜻을 알아서 생활할 때 하나님과 일체(요 14:20)를 이루어 하나님의 '신성'을 갖게 된다고 한다.107) 신성을 가진 인간의 특징으로 1) 하나님과 불가분(不可分)의 생활, 2) 원죄 없음, 3) 선(善)의 자손 번식을 들고, 이어 "영원(永遠)한 주체로 계시는 절대자(絶對者) 하나님의 기쁨의 대상도 영원성과 절대성을 가져야 하므로" 하나님의 성전으로서 절대로 타락되지 않는다고 설명한다.108)

『원리강론』에서 가리키는 '영원성'과 '절대성'은 사랑과 관련한 신성이다. 고전신학에서 영원성은 무시간성을, 절대성은 초월성을 의미하지만109) 통일신학에서 영원성은 주체와 대상 간의 수수작용을 통해 무한히 이루어지는 원형운동으로서 영원한 기쁨을 창출하는 것이고,110) 절대성은 주체와 대상 간의 사랑이 어느 누구와 바꿀 수 없음을 뜻하는 것으로

---

106) 세계평화통일가정연합,『원리강론』, 227.
107) 세계평화통일가정연합,『원리강론』, 46, 110-111.
108) 세계평화통일가정연합,『원리강론』, 152-153.
109) 복음기자들은 '시간을 극복하시며 시간에 얽매이지 않는 분'으로 하나님을 묘사하고 있으며, 하나님의 초월성은 고전신학에서 확고히 지켜온 전통이다. 테드 피터스,『삼위일체 하나님-신적 삶 안에 있는 관계성과 시간성』, 이세형 역 (서울: 컨콜디아사, 2007), 257.
110) 세계평화통일가정연합,『원리강론』, 43.

서 김진춘에 따르면 "어떤 조건이 붙지 않고, 아무런 제약도 받지 아니하며, 서로 견주거나 맞설만한 것이 없고, 그 무엇에도 의존·제약되지 않으며, 스스로 존재하면서 모든 것을 뛰어넘을 수 있는" 성질이다.111)

인간이 지니게 되는 신성을 하나님의 사랑에서 파생한 속성이라 한다면 우리가 유추할 수 있는 완성한 인간의 신성은 사랑의 내적인 속성인 절대성·유일성·불변성·영원성과 사랑의 외적인 속성인 창조성·주체성·관계성, 통일성이다.112) 사랑의 속성의 관계를 간략하게 설명하면 사랑의 내적 속성을 외적 속성이 겉으로 전시하는 역할을 하며 속성 간의 상대 관계를 맺으며 통일적으로 존재한다. 예를 들어 내적 속성은 절대성과 유일성, 불변성과 영원성이 상대 관계를 이루어 쌍이 되고, 외적 속성은 창조성과 주체성, 관계성과 통일성이 상대 관계를 맺고 쌍을 이룬다. 내·외적 속성 간에도 상대적 관계를 맺는데 내적인 속성이 전제가 되어 나타나며, 결과적으로 내·외적 요소가 유기적으로 연결되어 하나가 된다.

즉, 창조성은 절대 창조성, 유일 창조성, 불변 창조성, 영원 창조성이고, 주체성은 절대 주체성, 유일 주체성, 불변 주체성, 영원 주체성이다. 마찬가지로 관계성은 절대 관계성, 유일 관계성, 불변 관계성, 영원 관계성이고, 통일성도 절대 통일성, 유일 통일성, 불변 통일성, 영원 통일성이 된다.113) 사랑의 내·외적 속성이 내적·외적으로 상대적 관계를 맺으면 사랑의 이상적 체험이 가능하다. 따라서 사랑의 속성으로서 신성을 지닌 완성한 인간은 하나님과 사랑의 관계를 맺고 생활하면서 하나님이 마음껏 운행하실 수 있는 활동무대가 된다.114)

---

111) 김진춘, "『원리강론』의 창조원리적 주제에 관한 고찰Ⅲ: 창조본연의 인간을 중심으로", 『말씀과 신학』vol. 7, (2001):269-270.
112) 『말씀선집』 제304권, 37-38.
113) 『말씀선집』 제304권, 289.
114) 최예린, "통일원리로 본 사랑에 따른 성(sex) 개념과 속성에 관한 연구" (석사학위 논문, 신학과, 천일국영성학 전공, 청심신학대학원대학교, 2010), 57-59.

그런데 사랑과 관련한 신성은 성자와 성령이 참부모일 때만 온전히 지녔다고 할 수 있는 것이다. 닮음의 차원에서 이해하자면 사랑, 즉 심정이 신성의 가장 본질이면서 동시에 신상의 본질이라고 할 수 있는데 하나님의 심정을 온전히 체휼하고 닮아 심정(사랑)과 관련한 신성을 지녔다는 것은 필연적으로 심정을 근거로 삼는 신성과 신상을 모두 닮는 과정을 거쳤다는 것이다. 아래에서 자세히 논하겠지만 신성과 신상을 모두 닮은 존재는 참부모이므로 성자와 성령이 완성한 인간으로서 지닌 신성 역시 참부모가 되어 지니게 된 신성이라고 보아도 무방하다. 사랑의 내 · 외적 속성 자체만 보아도 참부모가 아니면 온전히 발현할 수 없는 신성이다. 따라서 필자는 성자와 성령이 완성하여 지니게 된 신성을 '참부모성(True Parents' nature)'이라 정초하고자 한다.

신인애일체를 이룬 삼위일체의 동일실체를 신성 대신 참부모성으로 정초하는 것은 하나님의 창조목적을 고려할 때도 보다 합리적이다. 창조목적인 참사랑 완성은 주체의 완성과 대상의 완성을 모두 함의한다.[115] 그런데 신성은 양자의 사랑의 완성을 명확히 드러내지 못한다. 먼저 하나님의 입장에서, 하나님의 존재론적 정체성은 '신'이지만 상대 관계를 내포하는 사랑이상을 함의한 정체성은 '참부모'이다. 신성이라 칭할 때는 자칫 참부모로서의 정체성이 누락될 수 있으며, 실체대상인 성자와 성령의 체(인성)를 입고 사랑이상을 완성하셨다는 측면이 부각되지 않는다.[116] 반

---

115) "참사랑 완성인데, 완성에는 둘이 있는 거예요. 주체와 대상이 있다는 거예요. 이런 두 개념이 있다는 것을 알아야 되겠어요."『말씀선집』제304권, 1999.09.05.

116) 사랑은 반드시 상대 관계를 맺고 수수작용을 해야 완성할 수 있다. "하나님은 전지전능한 분이기 때문에 원하는 대로 다 이룰 수 있고, 하고 싶은 대로 전부 할 수 있습니다. 그렇기 때문에 하나님이 이상 하는 그 무엇이 있을 수 없습니다. 단지 하나 사랑만이 필요합니다. 아무리 절대자 하나님이라 해도 혼자서는 사랑을 가질 수 없습니다. 사랑은 반드시 상대적 관계에서만 찾아지기 때문에 하나님이 아무리 전지전능하신 분이라 하더라도 사랑만은 하나님 혼자 소유할 수 없다는 것입니다. 물론 사랑의 소성을 가지고 있지만 사랑의 자극과 사랑의 신호는 상대를

면, 참부모성은 하나님이 참부모이시며, 참부모로서 완성하셨다는 사실을 표현하는 데 적합하다.

인간의 입장에서도 완성하여 '참부모'가 되었다는 점을 명확히 하는 참부모성이 낫다. 인간이 참부모가 되었다는 것은 하나님이 주고자 하신 3대축복을 온전히 상속하였음을 의미하면서 동시에 하나님의 사랑이상을 실체적으로 실현하는 존재임을 드러낸다. 참부모성은 신성이 주는 어감으로 인해 존재적으로 하나님으로 오인 받을 수 있는 여지를 차단하고, 참부모로서의 완성한 인간의 정체성을 명확히 한다. 창조목적을 개별 위격의 입장이 아니라 삼위일체의 실체에 적용해도 마찬가지다. 성자, 성령의 삼위일체의 정체성은 하나님이 아니라 '참부모'이다. 따라서 삼위일체의 정체성을 살린 동일실체는 신성보다는 참부모성이다.

삼위일체의 동일실체를 참부모성으로 정초하는 것은 내재적 삼위일체와 경륜적 삼위일체의 관계에서 구분을 피하고 통합을 꾀하는 측면도 있다. 참부모성은 삼위일체의 본질이 사랑임을 분명히 표명하고 내재적 삼위일체와 경륜적 삼위일체의 관계를 사랑을 중심으로 풀어낸다. 사랑이상의 측면에서 모든 관계는 주체와 대상의 관계로서 상대 관계를 맺고 통일을 지향한다. 따라서 내재적 삼위일체와 경륜적 삼위일체의 관계 역시 주체와 대상의 관계이며 수수작용을 통해 일체를 이루어나가는 것이다.

주체의 입장인 내재적 삼위일체는 성상적인 입장이고, 대상의 입장인 경륜적 삼위일체는 형상적인 입장이다. 내재적 삼위일체 자체를 보면 선을 중심삼고 각 위격이 주체와 대상의 상대 관계를 맺고 수수작용 하여 일체를 이룬다. 내재적 삼위일체에서 하나님 자체의 관계(하늘부모님, 하나님 아버지, 하나님 어머니)는 내재적 삼위일체와 경륜적 삼위일체의 관

통해서만 재현되는 것이지, 자체만으로는 현현할 수 없습니다. 이것이 사랑입니다. 사랑의 힘입니다." 세계평화통일가정연합, 『천성경』, 1-2-2-1, 66-67.

계(하나님(神), 참아버지(人), 참어머니(人))로 전개되어 내재적 삼위일체와 경륜적 삼위일체는 선을 중심삼고 주체와 대상의 상대관계를 맺고 수수작용 하여 신인애일체를 이루는 것으로 이해할 수 있다.

참부모성의 속성인 절대성 · 유일성 · 불변성 · 영원성으로 이해하면, 내재적 삼위일체는 성자, 성령이 제1 창조주인 성부 하나님을 닮은 제2 창조주로서 절대 · 유일 · 불변 · 영원의 기준에 따라 절대 부모, 유일 부모, 영원 부모, 불변 부모가 된 것이다.[117] 삼위일체를 이룬 참부모는 상대 역시 절대 · 유일 · 불변 · 영원하게 사랑하여 절대 · 유일 · 불변 · 영원한 관계를 맺고 하나되게 한다. 참부모를 통해 절대 부모, 절대 자녀, 절대 부부, 절대 형제 혹은 유일 부모, 유일 자녀, 유일 부부, 유일 형제, 불변 부모, 불변 자녀, 불변 부부, 영원 부모, 영원 자녀, 영원 부부, 영원 형제와 같이 절대 · 유일 · 불변 · 영원 가정의 개념이 형성된다.[118]

경륜적 삼위일체는 참부모의 절대 · 유일 · 불변 · 영원성이 참사랑 · 참생명 · 참혈통의 창조의 경륜으로 전개된 것으로 참부모가 주체의 입장에서 대상인 인간이나 세상과 관계를 맺고 일체를 이루어 대상이 참부모

---

117) 『말씀선집』 제305권, 1998.08.27.; "제1선언은 절대신앙 · 절대사랑 · 절대복종입니다. 제2선언은 절대 · 유일 · 불변 · 영원의 부자관계, 부부관계, 형제관계, 가정관계입니다. 제3선언은 소생 창조주는 하나님, 장성 창조주는 아담과 해와, 완성 창조주는 아담 해와의 아들딸입니다." 제306권, 1998.10.1.; 자르딘 선언은 8차례에 걸쳐 행해졌으며 참가정의 이상을 이룰 수 있는 방법을 제시하고 있다. 자르딘 선언에 관한 내용은 세계평화통일가정연합, 『참부모경』(서울: 성화출판사, 2015), 1198−1213 참조.

118) "부모로서 절대 · 유일 · 불변 · 영원한 부모가 되어야 된다구요. 그 중 한 가지만 되면 전부 완료된다구요. 자녀로서 절대 · 유일 · 불변 · 영원한 자녀가 되고, 남편으로서 절대 남편, 유일 남편, 그리고 불변 · 영원한 남편이 되고, 아내로서도 그런 4대 심정권을 패스한 아내 가 되고, 그런 부모를 중심한 자녀가 됨으로써 그러한 횡적인 번식을 하는 가정으로서 그런 철저한 완성권에 일치된 해방권에 서게 될 때 사탄권과는 영원히 갈라서게 되는 것입니다."『말씀선집』 제307권, 1998.11.06.

와 같이 절대·유일·불변·영원성을 지니게 되는 것이다. 무형의 하나님이 절대·유일·불변·영원한 참사랑·참생명·참혈통의 근원이라면[119] 삼위일체인 천지인참부모는 참사랑·참생명·참혈통의 실체적 종지조상(宗之祖上)이다.[120] 자녀의 입장인 인간이나 세상은 내재적 삼위일체에서 자녀인 성자와 성령이 부모이신 하나님과 심정의 일체를 맺어 하나되었던 것처럼 참부모를 모시고 심정의 일체를 맺어야 하나님과의 일체로 이어지고, 참부모성을 상속받게 된다.

여러분은 심정을 겸해야 하늘의 용사가 될 수 있습니다. 심정을 빼고서는 안 됩니다. 심정이 없으면 인격이 안 나오고, 심정을 통한 인격이 나오지 않으면 심정을 통한 진리도 나오지 않고, 심정을 통한 진리가 나오지 않으면 이상이 나오지 않습니다. 여러분의 이상은 무엇입니까? 참부모입니다. 통일교회는 역사가 찾아나온 중심인 참부모를 모시는 곳입니다. 시대가 요구하는 중심인 참부모를 모시는 곳입니다. 미래의 기원이 될 수 있는 참부모의 인연을 내가 상속받을 수 있다는 것입니다. 따라서 나는 역사적인 열매입니다. 나는 시대적인 중심입니다. 미래의 기원이 되고 조상이 될 것입니다. 참부모의 심정과 일치될 수 있는 인연을 맺어야만 그렇게 된다는 것입니다.[121]

참부모란 명사를 중심삼고서야 비로소 하나님의 심정과 일치될 수 있습니다. 참부모를 중심삼고 본연의 혈통이 시작되고, 본연의 인격이 시

---

119) "참생명과 참사랑 그리고 참혈통의 근원이신 하나님이 함께 거하시고, 하나님이 영원한 가치의 축복을 주신 참부모님께서 여러분을 인도하고 계십니다." 세계평화통일가정연합, 『평화신경』, 271.

120) "하나님께서는 절대평화모델이상가정을 이루시고자 아담과 해와를 창조하시고 그들을 인류의 첫 조상으로 세우셨습니다. 당신 전체를 완전 투입하시어 참사랑과 참생명과 참혈통이 연결된 천주의 총합실체요, 영·육계의 매개체이며 만물의 주관주인 아들과 딸로 세우셨다는 것입니다." 세계평화통일가정연합, 『평화신경』, 209.

121) 세계평화통일가정연합, 『참부모경』, 2-4-5-6, 233-234.

작되고, 언어가 본래의 위치로 돌아가고, 생활이 본연의 형태로 돌아가고, 본연의 국가가 형성되고, 본연의 세계가 이루어집니다. 이 전체를 총집약한 핵심적인 모체가 참부모입니다. 그렇기 때문에 참부모의 모든 사상을 인계받지 않으면 안 됩니다. 그의 심정, 그의 인격, 그의 생활관, 그의 국가관, 그의 세계관을 전부 인계받지 않고는 중심된 자리에 설 수 없습니다.[122]

참부모성으로 규명한 동일실체는 무형의 종적 참부모인 하나님과 유형의 횡적 참부모인 성자와 성령이 신일애일체를 이룬 천지인참부모의 존재로서 천지인참부모의 경륜을 행한다는 점을 명시한다.

4. 참부모성에 대한 변증 : 동일실체의 성립조건

본 절에서는 인간이 완성실체가 되는 조건, 즉, 동일실체가 성립되는 과정을 통해 삼위의 동일실체가 참부모성임을 증거하고자 한다. 삼위가 공통본질을 지니기까지의 과정에 대한 탐구이며, 어떻게 인간인 성자와 성령이 하나님인 성부와 삼위일체를 이루어 천지인참부모가 될 수 있는지에 대한 논증이다. 완성실체가 되기 위해서는 하나님을 온전히 닮아야 한다는 점에서 원상에의 상사성(相似性)에 대한 고찰이기도 한다. 따라서 인간이 원상을 닮는다는 점에 초점을 맞추어 존재와 관계의 측면에서 논의를 진행할 것이다.

완성실체가 되는 조건으로 동일실체가 참부모성임을 증명하려는 이유는 성자와 성령에 있어 완성실체는 3단계의 성장기간을 거치는 동안 책임분담을 다하여 하나님과 일체를 이룬 존재로서 하나님과 동일실체임을 뜻하는데, 궁극적으로 참부모를 가리키기 때문이다. 인간의 완성은 하나

---

122) 세계평화통일가정연합, 『천성경』, 2-1-1-9, 145.

님의 간접주관권에서 직접주관권에 진입한 것으로 설명되기도 하며, 직접주관권 역시 참부모를 함의한다.

> 아담이 하나님의 말씀을 믿고 순종하여 그의 성장기간을 다 거침으로써 '믿음의 기대'를 세웠더라면, 그는 그 기대 위에서 하나님과 일체가 되어 '실체기대'를 조성함으로써 창조본성을 완성한 말씀의 완성실체(完成實體)가 되었을 것이었다(요 1:14).[123]

> 타락 전 미완성기의 아담과 해와는 성장기간의 3단계를 거쳐 제4단계인 하나님의 직접주관권 내에 들어감으로써 비로소 사위기대(四位基臺)를 완성하게 되어 있었다.[124]

> 원리결과주관권에서 직접주관권으로 넘어가기 위해서는 반드시 성숙한 자리에서 부부의 사랑을 이루어야 됩니다. 그럼으로써 책임분담이 완성됩니다. 사랑 기준이 하나님과 절대적 기준에서 연결된 부부를 통해서 태어난 그 아들딸은 절대적인 혈연입니다. 그 기준을 목표로 해서 성사시켜 놓아야 할 책임이 인간에게 있습니다.[125]

통일신학에서 완성실체는 통상적으로 한 개인으로서 인간이 영·육 아울러 하나님과 일대일의 입장에서 일체를 이룸에 초점을 둔다.[126] 그러나 하나님과의 일체를 구조적으로 표현하는 사위기대가 개인적 사위기대, 가정적 사위기대, 주관적 사위기대이기 때문에 완성실체는 단절된 개인의 완성을 의미하는 것은 아니라 인격완성과 가정완성, 주관성완성을

---

123) 세계평화통일가정연합,『원리강론』, 258.
124) 세계평화통일가정연합,『원리강론』, 410.
125) 세계평화통일가정연합,『천성경』, 4−2−1−29, 407.
126) "하나님과 심정적인 일체를 이룸으로써 창조본성을 복귀하면 '완성실체'가 되게 되어 있었던 것이다."세계평화통일가정연합,『원리강론』, 322; "여러분의 삶은 영적인 기준과 육적인 기준을 잘 조화시켜 영·육이 합한 완성실체를 이루어 살다가 가야 합니다." 세계평화통일가정연합,『평화신경』, 55.

동시에 함의하는 관계성을 내포한 개인의 완성이다. 따라서 포괄적 안목으로 완성실체를 주시하면 참부모임을 알 수 있다.

한편, 하나님과 일체를 이룬 완성실체로서의 인간(참부모)이 하나님의 직접주관을 받을지라도 다시 완성실체로서 소생, 장성, 완성의 과정을 거쳐 최종완성을 설명하기 때문에 완성실체의 '완성'은 정지(停止)나 종결과 같은 미래에 대해 제한성이나 폐쇄성을 내포한 개념이 아니다.[127] 차라리 통일신학에서 완성은 기대치를 충족하는 어느 수준 이상에 도달한 것과 같은 '열린' 개념이다. 김영운의 표현을 빌리자면, "완성은 정적(靜的) 상태가 아니고 동적(動的)인 것이다." 완성한 인간은 하나님의 자녀로서의 자아를 실현하는 자유를 가지고 현세에서나 내세에서 새로운 경험을 통하여 더욱 더 풍부해 질 수 있기 때문이다.[128]

아래에서 다루게 될 완성실체가 되는 과정, 즉 하나님에 대한 상사성은 실체 개념에 대한 차이로 인해 완전히 일치할 수는 없지만 하나님과의 연합에 대한 고전신학의 전통적 가르침인 신화(神化, theosis)의 개념과 일맥상통하는 바가 있다.[129] 동방교회에서 신화는 신의 형상(image)으로부터 신

---

127) 통일신학에서 완성실체에 대한 논의는 대체로 하나님과의 일체를 이룬 인간에 대한 것이며, 인격완성을 이룬 자를 완성실체로 언급하는 예가 허다하다. 특히 예수의 예를 들어 설명하는 경우가 많은데 예수 자체가 완성실체로 불리면서도 가정완성과 주관성완성에 있어서 미완성하였다는 점은 분명하기 때문에 개인적으로 하나님과 일체를 이룰 수 있는 시점에 도착하였을 때가 완성실체의 시작점으로 사용되는 것 같다. 그러나 필자는 협의적으로 완성실체가 개인의 마음 몸 통일과 관련한 인격완성을 지칭할지라도 완성실체로서 예수를 말할 때는 영적 참부모임을 전제하는 것으로도 해석될 수 있다고 판단한다. 왜냐하면 『천성경』에서는 분명하게 개성완성(인격완성)이 상대의 완성을 통해 이루어지는 것으로 설명하고 있기 때문이다. "남자와 여자가 개인완성을 하려면 상대완성을 해야 되므로 결혼을 해야 됩니다. 결혼을 하지 않고는 사랑권 내에 못 나아갑니다." 세계평화통일가정연합, 『천성경』, 5-2-2-6, 515.
128) 김영운, 『통일조직신학』, 82.
129) 김영운, 『통일조직신학』, 67.

의 닮음(likeness)으로의 움직임으로 정의되며[130] 성육신의 신학(incarnational theology)에 따라 모든 인간이 도달하기 위해 애써야 하는 궁극적인 목표인 축복의 텔로스(telos)이다.[131] 동방교회에서는 하나님이 자신과 같이 되기를 바라서서 인간을 창조하셨기 때문에 인간이 하나님의 은혜를 입고, 영적 각성의 삶(nepsis)을 살아간다면 본성이 형상으로부터 닮음으로 변형되는 과정에서 신화된다고 가르친다(시 82:6, 벧후 1:4).[132]

서방교회에서는 비록 신화가 주된 신학적 논제가 아니지만 간헐적으로 다뤄져 왔고,[133] 하나님과 인간의 닮음을 고찰하는 존재의 유비(analogia entis)와 신앙의 유비(analogia fidei)와 같은 개념을 통해 점차 신화(존재로의 회귀)로 나아가는 경향이 있다. 아퀴나스가 심화시킨 존재의 유비는 비례의 유비와 속성의 유비를 결합하여 하나님과 인간의 관계에서 닮음을 논증한다.[134] 그러나 클라크(W. N. Clarke)의 지적처럼 존재의 유비는 벡터와 같이 불가해한 하나님을 가리키는 역할만 하므로 하나님과의 완전한 합일을 말하지 않는다.[135] 하나님과의 거리를 좁히기 위해 윱엘(E.

---

130) 동방교회에서는 이레네우스의 형상과 닮음의 구분에 따라 하나님의 형상을 본성에 내재한 인간의 자유 선택할 수 있는 합리성과 능력으로 보고, 하나님을 닮음을 하나님의 은혜와의 자유로운 협동 속에 하나님과의 잠재적인 유사성을 실현하는 것으로 파악한다. 대니얼 B. 클레데닌, 『동방 정교회 개론』, 김도년 역 (서울: 은성, 1996), 233-234.

131) Mantzaridis, Georgios I. *The Deification of Man : St. Gregory Palamas and the Orthodox Tradition* (Crestwood, N.Y.: St. Vladimir's Seminary Press, 1984), 12. Gregory of Nazianzus, To *Thalassios* 60. 대니얼 B. 클레데닌, 『동방 정교회 개론』, 209. 아타나시우스에 따르면, "하나님이 인간이 되셨으므로, 인간은 신이 될 수 있다." Athanasius, *On the Incarnation*, 1.4; 8.54.

132) Maximus the Confessor, *On the Lord's Paryer, and Various Texts on Theology* 2.88; Nicodemos of Athos, *Handbook of Spiritual Counsel*, (New York: Paulist, 1989), 219. 대니얼 B. 클레데닌, 『동방 정교회 개론』, 235, 241.

133) 대니얼 B. 클레데닌, 『동방 정교회 개론』, 215-216.

134) 장욱, 『토마스 아퀴나스의 철학』 (고양: 동과서, 2003), 53.; 정의채, 『형이상학』 (서울: 성바오로출판사, 1978), 88-104 참조.

135) Clarke, W. Norris. *The Philosophical Approach to God : A New Thomistic Perspective*

Jüngel)은 신앙의 유비를 통해 하나님과 인간의 접점, '신인동형론 (anthropomorphism)'을 끌어들였다. 융엘은 유비의 형태를 a : b = c : d에 서 x : a = b : c의 방식으로 전환하여 알려지지 않았던 하나님(x)이 파스 카 신비로 세상의 오시고, 세상에 실재와 상응하신다고 표현한다.[136) 발 타살(H. U. Balthasar)에 이르러서는 신앙의 유비 안에서 존재의 유비가 '사랑의 유비(analogia caritatis)'로 변용된다. 발타살은 성육신은 놀라운 교환(admirabile commercium)을 위한 하나님의 사랑이라는 전제 위에 하 나님과 인간의 유사성을 동적(dynamic)으로 묘사하면서 그리스도의 삶과 같이 하나님의 뜻에 복종한다면 인간은 신화한다고 주장한다.[137)

통일신학에서 원상에의 상사성을 통해 완성실체가 되는 과정은 하나 님으로부터 선의 씨앗을 받아 꽃을 피우고 열매를 맺어 본질적으로 동일 한 선이 되는 것으로 비유할 수 있다.[138) 잠재적 신적 요소의 발현이라는 측면에서 신화(神化)와 유사하다. 주요 차이점이라면 신화에서 구원의 경 험과 성화(聖化)의 경험을 동등시하는 것과는[139) 달리 통일신학에서 하 나님을 닮는다는 것은 본연의 인간의 궁극적 목표이므로 성화의 경험에 만 해당한다는 것이다. 구원이 필요 없는 자나 구원을 얻은 자가 경험하 게 되는 단계이다. 구체적으로는 본연의 인간이 성장과정을 통해 책임분 담을 다하여 완성하는 것, 즉 하나님과 동일한 본성과 가치를 지닌 동일 실체가 되는 것이다.

(New York: Fordham University Press, 2007), 33-65.

136) Jüngel, Eberhard, *God as the Mystery of the World : On the Foundation of the Theology of the Crucified One in the Dispute between Theism and Atheism,* trans. Darrell L. Guder (Grand Rapids, Mich.: Eerdmans, 1983), 258-260, 296-297. 존 J. 오도넬, 『삼위 일체 하느님의 신비』, 194-197.

137) 장홍훈, "삼위일체 하느님의 사랑: 사랑의 유비", 『神學展望』, 179 (2012):12.; 존 J. 오도넬, 『삼위일체 하느님의 신비』, 204.

138) 세계평화통일가정연합, 『평화경』, 1567.

139) 대니얼 B. 클레데닌, 『동방 정교회 개론』, 278.

1) 격위의 상사성

원상의 주체와 대상의 관계성을 닮아 인간은 격위적 존재로서 주체격위와 대상격위를 지닌다. 성자와 성령은 격위에 따른 존재 의의를 성취하여 성부와 더불어 동일실체를 이루게 된다. 삼위의 관계에서 하나님인 성부는 주체이며, 성자와 성령은 대상이다. 따라서 성자와 성령은 대상격위에 맞게 주체인 하나님의 주관을 받는 동시에 기쁨을 돌리는 행위를 한다. 참부모로서는 주체격위에 서서 대상입장의 인류나 만물을 주관하는 역할을 한다. 성자와 성령이 주체인 하나님 앞에서 대상격위의 책임을 다하고, 대상인 인류와 만물 앞에 주체격위로서 책임을 다하여 하나님의 주체와 대상의 관계성을 모두 온전히 닮은 존재로 인정되어 하나님과 일체를 이루게 된다.

대상격위의 존재로서 성자와 성령은 주체이신 하나님의 주관을 받는 입장으로서 주체에 대한 일정한 심적(心的) 태도인 대상의식을 갖고 대상의 위치에서 최선을 다해야 한다. 기본적으로 요구되는 대상의식은 하나님을 모시는 마음, 시봉심(侍奉心)이며 하나님은 참부모이자 참스승이며 참주인이시기 때문에 시봉심은 효심(孝心), 존경심(尊敬心), 충성심(忠誠心)으로 표현된다.[140] 또한 성자와 성령은 하나님의 절대사랑의 실체대상으로서 사랑에 대한 대상의식인 정조(貞操)나 열(烈)과 같은 절대성(絶對性) 의식을 지닌다.[141] 이러한 대상의식은 희생적 참사랑이 기저에 작용하여 예를 들어 심청의 효심, 춘향의 절개, 이순신의 충성과 같은 정도

---

140) 효심은 부모에 대한 시봉심이며, 충성심은 주인에 대한 시봉심이고, 존경심은 스승에 대한 시봉심이다. 통일사상연구원, 『통일사상요강』, 253-254.
141) "지금까지 역사적으로 군왕을 위한 충신 · 효자 · 열녀는 많았는데 비해 하나님의 뜻을 위한 충신 · 효자 · 열녀는 없었습니다. 그러나 오늘날의 우리는 다릅니다. 그들은 모두 땅의 기준에 입각한 자유 해방을 위해 바쳐 온 것입니다." 세계평화통일가정연합, 『천성경(2010)』, 2107.

나 그 이상을 표준으로 한다.[142] 하나님의 절대가치관을 중심하고 하나님에게 절대신앙·절대사랑·절대복종의 자세로 임하면 하나님을 절대주체의 입장으로 모시는 것이며, 스스로를 절대대상의 입장에 확립한 것이 된다.

하나님의 대상으로서 성숙한 의식을 지닐 때 성자와 성령은 참자녀의 입장에서 참부부, 다음으로는 참부모의 입장이 되며 하나님의 체로서 주체격위에 서게 된다. 주체격위의 존재로서 성자와 성령은 하나님 대신 위치에 서서 인류나 만물을 사랑으로 주관하게 된다. 주관하는 데 있어 대상에 대한 일정한 심적태도인 주체의식을 가지고 한다. 주체의식은 첫째, 대상에 대한 부단한 관심이다. 둘째, 대상에 대한 사랑이다. 셋째, 적당한 권위이다. 사람을 대하는데 있어서는 때로는 따뜻한 사랑을 베풀고 때로는 엄격한 사랑을 중심하여 대상이 하나님을 중심하고 성장하여 완성할 수 있도록 도와준다. 만물에 대하여는 참사랑으로 하나님의 창조성을 발휘하여 주관한다.[143]

한편으로 격위적 존재로서 성자와 성령은 각각이 하나님의 주체격위와 대상격위를 대표하여 완성한 존재이다. 하나님은 상대 관계의 존재이므로 '주체와 대상의 이성성상의 통일체'라 할 수 있다.[144] 하나님의 실체적 전개로서 성자는 남성으로서 주체적 입장을 완성하고, 성령은 여성으로서 대상적 입장을 완성하여 하나님과 삼위일체를 이룬 것이다. 주체와 대상의 관계에서 주체가 먼저 사랑을 주고, 대상이 미를 돌리는 것이 원칙이기 때문에 탄생에 있어 주체인 성자, 다음으로 대상인 성령의 순으로

---

142) 세계평화통일가정연합, 『천성경』, 13-4-2-7, 1448.
143) 통일사상연구원, 『통일사상요강』, 255-257.
144) 『원리해설』에서 「전편」 제1장 제1절 '하나님의 이성성상과 피조세계' 편을 보면 "피조물은 주체(+)와 대상(-)의 이성성상의 실체적 전개에 의하여 창조되었다" 고 하여 하나님이 주체와 대상의 이성성상으로 존재하심을 설명한다. 세계기독교통일신령협회, 『원리해설』(서울: 세종문화사, 1957), 24.

이루어진다. 완성에 있어서는 하나님이 실체대상인 인간을 완성시키시고 일체를 이루고자 하셨기 때문에 대상인 성령의 완성이 이루어진 후에 주체인 성자의 완성이 이루어진다.

그러나 실질적으로 탄생과 완성의 순차가 있음에도 가치에 있어서는 동일하며, 삼위일체가 형성된 이후부터는 그 시점에 있어서도 동일하게 적용한다. 이는 하나님이 무형으로 성자와 성령을 잉태하실 때 이들이 쌍둥이였고, 성자나 성령은 선유조건(先有條件)에 따라 상대를 위해 존재하도록 창조되었음에 기인한다.145) 또한 주체와 대상이 합성일체화하면 주체도 대상의 입장에, 대상도 주체의 입장에 설수 있기 때문이기도 하다.146) 구체적으로 참부모가 성립되는 성혼(聖婚)을 기점으로 삼위일체가 이루어지면 하나님의 창조목적을 바탕으로 탄생에 있어서 쌍태(雙胎)의 입장으로 태어난 것으로 간주하여 동일시점이 적용되고,147) 완성도 함께 이루었다고 판단한다.148)

이상에서 언급한 격위에 맞는 내적 자세와 외적 행동을 취하여 하나님

---

145) "아담과 해와는 본래부터 어떻게 있었느냐 하면 하나님 어머니의 복중에, 어머니의 자궁에 쌍태로 있었어요.. …쌍태가 뭐예요? 쌍둥이에요. 쌍둥이인데 날 때 나는 데 있어서는 남자가 먼저 나온 거지요. 쌍태가 한꺼번에 어머니 뱃속에서 좁은 문을 열고 나올 수 없어요. 남자를 먼저 내고 남자에 필요한 여자로서 태어났다. 태어나기를 남자는 여자 때문에 태어났고, 여자는 남자 때문에 태어났다는 것입니다."『말씀선집』제472권, 2004.10.10.

146) "주체와 대상이 합성일체화하면 미에도 사랑이, 사랑에도 미가 내포되는 것이다. 왜냐하면 주체와 대상이 서로 돌아서 일체를 이루면 주체도 대상의 입장에, 대상도 주체의 입장에 설 수 있기 때문이다", 세계평화통일가정연합,『원리강론』, 52.

147) "아담 해와는 하나님 자체 가운데 있던 그 하나가 여기에 옮겨진 것과 같기 때문에 오누이 쌍둥이와 마찬가지라는 것입니다."『말씀선집』제238권, 19992.11. 19.; "부처끼리는 나누어질 수 없습니다. 부처끼리는 갈라질 수 없는 거라구요. 아내는 자기 쌍둥이 누이동생이라는 원칙이 되어 있다구요. 부부는 하나님 앞에 아들딸이요, 형제라는 것입니다."『말씀선집』제236권, 1992.11.04.

148) "참부모가 결혼식과 생일 때 어머니 아버지가 쌍둥이로써 같은 날이 됩니다." 참부모님, 아침 훈독회, 녹취, 2011.09.02.

의 격위성을 닮아가는 정도가 하나님과의 내밀한 관계를 향상시키며 최종적으로 동일실체인 참부모성을 지니게 한다.

2) 신상의 상사성

성부와 동일실체라는 사실은 성자와 성령이 성부의 꼴인 신상을 닮았다는 의미이기도 하다. 신상을 닮아 신상적 존재인 성자와 성령은 성상·형상의 통일체, 양성·음성의 조화체, 개성체이다. 성상·형상의 통일체는 한 개인의 실존에 대한 내용을 함의한다. 양성·음성의 조화체는 성상과 형상의 속성으로서 존재 구조를 의미하기도 하지만 인간의 본성에 적용할 때는 양성실체로서의 남성과 음성실체로서의 여성의 조화체인 부부일체로서의 실존을 의미한다.[149) 개성체는 인간이 하나님의 개별상을 닮은 개성을 바탕으로 특유의 자극적인 기쁨을 하나님에게 돌리는 최고의 가치를 지닌 존재라는 의미를 지닌다.[150)

신상적 존재로서 성자와 성령은 통일체로서의 신상의 존재구조를 닮아 원만한 통일체로 존재한다. 통일체로서의 실존은 실체의 통일성을 적용하여 이해할 수 있다. 황진수에 따르면 실체의 통일성은 본체론적 통일성(ontological unity)과 지향적 통일성(orientational unification)의 두 가지가 있다. 본체론적 통일성은 실체가 생명이 유지하는 한 근원적으로 유지되는 불가분적 통일성으로 인간으로 이해하자면 인간의 활동이나 작용에 있어 심리작용과 생리작용이 통일적으로 병행한다는 것이다. 지향적 통일성은 인간이 자신의 마음과 몸의 관계에서 이루는 내재적 통일성과 타자와의 관계 속에서의 외재적 통일성을 성장기간 동안 참사랑을 중심하고 성취하면서 하나님을 닮은 지평을 체화하여 하나님의 성전(聖殿)이 되

---

149) 통일사상연구원, 『통일사상요강』, 236.
150) 통일사상연구원, 『통일사상요강』, 240.

는 것이다.151) 이러한 통일성을 적용하면 신상적 존재가 생물학적 실존의 통일체(a united being for biological subsistence)와 창조목적 완성의 통일체(a united being for perfection of the purpose of creation)로 존재한다는 사실을 알 수 있다.152) 본 절에서는 지향적 통일성을 적용한 창조목적 완성의 통일체로서의 성자와 성령의 존재 구조와 의미를 고찰하고자 한다.

(1) 성상 · 형상의 통일체

『통일사상요강』은 인간이 성상 · 형상의 통일체라는 사실을 네 가지 유형(類型)으로 설명한다. 첫째, 우주를 총합한 실체상(實體相), 둘째, 영인체와 육신의 이중적 존재(二重的存在), 셋째, 마음과 몸이 통일을 이루고 있는 심신통일체(心身統一體), 넷째, 생심과 육심의 이중심(二重心)의 통일체로서 이중심적 존재이다. 그리고 이 중에서 창조목적 완성과 관련하여 생심과 육심의 이중심의 통일체를 중점적으로 소개한다.153) 『원리강론』에서도 유사하게 성상과 형상의 관계에서 창조목적과 관련하여 생심과 육심의 관계를 기본으로 삼는다.

> 생심과 육심과의 관계는 성상과 형상과의 관계와 같아서, 그것들이 하나님을 중심하고 수수작용을 하여 합성일체화하면, 영인체와 육신을 합성일체화하게 하여 창조목적을 지향하게 하는 하나의 작용체를 이루는 것이니, 이것이 바로 인간의 마음이다.154)

---

151) 황진수, "성상-형상 통일의 의미에 관한 재조명: 통일사상의 통일론과 헤겔의 해동철학", 『통일사상연구』 vol. 7 (2014):120-123.

152) 생물학적 실존의 통일체와 창조목적 완성의 통일체는 지지울라스가 예수 그리스도의 휘포스타시스를 생물학적 실존의 휘포스타시스와 종말론적(삼위일체적) 휘포스타시스로 구분한 것에 영향을 받아 사용하였다. 존 지지울라스, 『친교로서의 존재』, 57. 각주 50.

153) 통일사상연구원, 『통일사상요강』, 233.

154) 세계평화통일가정연합, 『원리강론』, 69.

생심과 육심의 이중심의 통일체가 성상·형상의 통일체의 토대가 되는 이유는 먼저, 성상과 형상의 관계가 분리될 수 없는 연속된 관계이기 때문이고,[155] 다음으로 일반적으로 마음과 몸의 관계로 비유되는 인간의 성상과 형상의 관계에서 마음에 해당하는 생심과 육심은 몸인 영체와 육체에 대하여 주체의 입장에 서기 때문이다. 이 말은 영인체와 육신의 마음인 생심과 육심이 각각 영인체와 육신을 대표할 수 있다는 뜻이기도 하다. 본연의 세계에서는 대상이 주체를 따르는 것이 원칙이기 때문에 몸은 마음을 따르게 되며, 마음 안에서 주체와 대상의 관계가 마음과 몸의 주체와 대상의 관계에 적용된다. 따라서 마음의 관계를 다루는 생심과 육심의 이중심의 통일체가 다른 유형의 성상·형상의 통일체의 기본이 되는 것이다.

창조목적 완성의 통일체로서 생심과 육심의 이중심의 통일체는 하나님과의 일체성이 마음에서부터 시작함을 나타낸다는 점에서도 중요하다. 하나님을 중심한 생심과 육심의 일체가 하나님을 중심한 마음과 몸(영인체 내의 생심과 영체, 육신 내의 육심과 육체)의 일체와 하나님을 중심한 영인체와 육신의 일체로 이어지기 때문이다. 생심과 육심의 관계에서 주체에 해당하는 생심은 '하나님이 임재'하시는 장소이다.[156] 성상과 형상의 연속성을 고려할 때 하나님이 생심에 임하시면 생심과 떨어질 수 없는 영체도 하나님과 일체인 것이고, 영인체와 분리될 수 없는 육신도 함께 일체를 이룬 것이 된다.

---

155) 통일신학에서 성상과 형상은 언제나 통일체로서 이해되어야 한다. 예를 들어 심신통일체(united being of mind and body)는 육신을 쓰고 살아가는 인간의 마음과 몸이 분리되는 일 없이 연속된 통일체임을 의미한다. 마음과 몸 각각이 실체가 아니라 한 실체 안에 기능적 요소와 유형적 요소를 담당함을 함의한다. 이중심의 통일체(united being of spirit mind and physical mind)도 생심(生心)과 육심(肉心)이 연속되어 있음을 나타내며, 결과적으로 영인체(靈人體)와 육체(肉體)가 연속되어 있음을 나타낸다. 통일사상연구원, 『통일사상요강』, 233.

156) 세계평화통일가정연합, 『원리강론』, 66.

주체의 입장인 생심에 하나님이 임재하셔서 최종적으로 인간이 하나님과 일체된다는 것은 성상·형상의 통일체로서의 인간이 하나님의 주관을 받는 존재라는 의미도 된다. 김항제에 따르면, "하나님은 영인체의 구조 중에서도 성상적 부분인 생심과 상대기준을 조성함으로써 영인체를 주관할 수 있는 주체의 입장에 서고, 육신을 주관할 수 있는 주체의 입장에 서며 따라서 인간을 주관할 수 있는 입장에 선다."[157]

본연의 인간인 성자와 성령의 생심과 육심의 이중심적 통일체는 절대기준인 선(善)을 지향하여 수수작용한 가운데 합성일체화를 이룬 본연의 마음인 '본심(本心)'이다.[158] 타락 인간의 경우는 사심(邪心)과 본심의 기준 사이에서 갈등하지만 성자와 성령은 하나님을 중심하고 늘 본심의 기준을 따른다.[159] 본심이 지향하는 '선'은 창조목적 완성을 의미하므로 생심과 육심은 창조목적을 이루기 위해 수수작용하여 하나가 된다. 기능적 측면에서 생심은 영인체의 성장을 위한 미(美)·진(眞)·선(善)·애(愛)의 가치생활을 추구하고, 육심은 육신의 성장(본능)을 위한 의(衣)·식(食)·주(住)·성(性)의 물질적 생활을 추구하는데 생심이 주체의 입장, 육심이 대상의 입장에서 원만한 수수작용을 통해 하나된다.[160]

그런데 창조목적의 완성을 지향하는 생심과 육심의 관계에서 생심과 육심이 가지는 주체와 대상의 관계는 통일신학에서 통용되는 평등한 관

---

157) 김항제, 『통일교의학연구Ⅲ』(아산: 선문대학교출판부, 2006), 228.
158) 통일사상연구원, 『통일사상요강』, 171.
159) 『원리강론』에 따르면, 선을 지향하는 마음은 성상적인 본심(本心)과 형상적인 양심(良心)으로 구분된다. 본심은 본연의 선을 언제나 지향하며, 양심은 선의 기준에 대한 분별없이 선이라고 간주하는 바를 지향한다. 타락인간의 경우는 양심이 악(惡)을 선으로 오인하여 사심(邪心)의 지향성을 따르기도 하고, 본심과 사심의 기준에서 갈등을 일으키기도 하지만, 성자와 성령 같은 본연의 인간은 본심과 양심이 언제나 본연의 선만을 지향하므로 조화를 이룬다. 세계평화통일가정연합, 『원리강론』, 69.
160) 통일사상연구원, 『통일사상요강』, 171, 233-235.

계가 아니라는 점에 주목해야 한다. 『통일사상요강』은 생심과 육심의 주체와 대상의 관계를 다음과 같이 설명한다.

> 생심과 육심은 본래, 주체와 대상의 관계에 있다. 여기서 생심이 주체요, 육심이 대상이다. 영인체가 주체요, 육신이 대상이기 때문이다. 그리하여 육심이 생심을 따르는 것이 본래의 모습이다. 생심과 육심이 합성일체화한 것이 인간의 마음이지만, 생심이 주체, 육심이 대상의 관계에 있을 때의 인간의 마음이 본심이다. 육심이 생심을 따른다는 것은, 가치를 추구하고 실현하는 생활을 제1차적인 것으로 하고, 물질을 추구하는 생활을 제2차적인 것으로 한다는 말이다. 다시 말하면, 가치의 생활이 목적이고 의식주의 생활은 그 목적실현을 위한 수단인 것이다. 뿐만 아니라 육심이 생심을 따르고 생심이 제 기능을 잘 하면 영인체와 육신은 서로 공명한다. 이 상태가 인격을 완성한 상태이며 곧 본연의 인간의 모습이다.161)

분명 주체를 대상이 따르는 것은 통일신학의 정설이지만 일반적으로 생심과 육심의 관계에서처럼 주체(생심)의 추구가 1차적이고, 대상(육심)의 추구는 2차적인 것으로 표현하지는 않는다. 주체와 대상에 동일한 가치를 부여하기 때문에 이런 식으로 명백한 차등을 매기는 경우는 드물다. 생심과 육심의 관계는 대부분의 주체와 대상의 관계와는 달리 위계적 질서에서 파생한 수직적 관계이며 창조목적 완성의 맥락을 고려해야 이해할 수 있다.

지금까지 생심과 육심을 성상과 형상의 통일체로 설명하였지만 마음과 몸의 차원에서 보면 생심과 육심은 모두 성상의 영역에 속한다. 그리고 '존재자에 있어서의 성상과 형상의 계층적 구조'에 따르면 육심은 동물도 가지고 있는 본능으로서의 마음이라면 생심은 인간만의 독점적 영역

---

161) 통일사상연구원, 『통일사상요강』, 234.

인 영인체의 마음으로서 한 차원 높은 곳에 위치한다. 계층적 구조는 하나님의 창조적 질서에 의거한 것이기에 성상 내부에서 상위 계층인 생심에 대한 육심의 종속은 필연적이다.

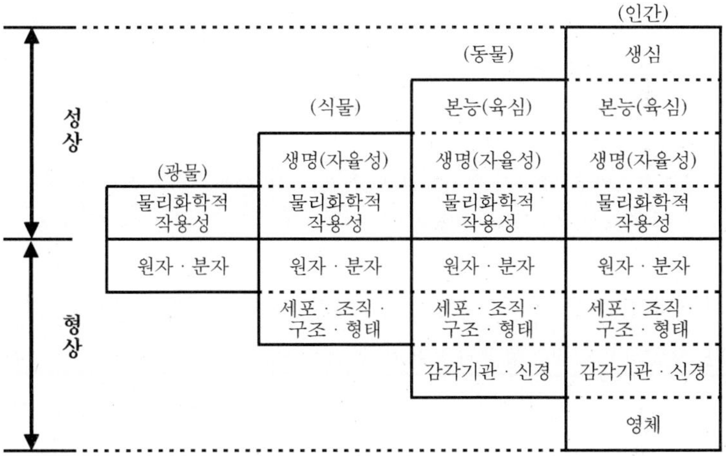

	(광물)	(식물)	(동물)	(인간)
성상				생심
			본능(육심)	본능(육심)
		생명(자율성)	생명(자율성)	생명(자율성)
	물리화학적 작용성	물리화학적 작용성	물리화학적 작용성	물리화학적 작용성
형상	원자·분자	원자·분자	원자·분자	원자·분자
		세포·조직·구조·형태	세포·조직·구조·형태	세포·조직·구조·형태
			감각기관·신경	감각기관·신경
				영체

[그림 1] 존재자의 성상과 형상의 계층적 구조*

* 통일사상연구원, 『통일사상요강』, 172.

이러한 생심과 육심의 종속관계는 영인체와 육신의 종속관계를 함의하며, 이는 영인체의 완성이 성상·형상의 통일체로서의 인간의 최종목적이기 때문이다. 창조목적 완성을 위해 성상·형상의 통일체로서 인간이 지향하는 하나님의 꼴로서의 완전한 상사성은 영인체의 완성에 달려 있다. 통일신학은 인간이 3단계의 삶을 복중생활(약10개월), 지상생활(약100년), 영계생활(영원)로 표현한다. 복중에서의 기간이 공기 중의 지상생활의 준비기간인 것처럼, 지상에서의 삶은 사랑으로 숨 쉬는 영계생활의 준비기간으로서 하나님과 사랑으로 하나됨을 목표로 한다. 영계에서는 영인체로 영생하기 때문에 창조목적 완성의 통일체로서의 성상·형상의 통일체도 궁극적으로는 생심과 영체의 통일체인 영인체로서의 완성을 의미한다.162) 영인체의 완성을 위한 영인체와 육신의 관계를『원리강론』은 다음과 같이 표현한다.

> 영인체는 육신을 터로 하여서만 성장한다. 그러므로 영인체와 육신과의 관계는 마치 열매와 나무와의 관계와 같다. 생심의 요구대로 육심이 호응하여 생심이 지향하는 목적을 따라 육신이 움직이게 되면 육신은 영인체로부터 생령요소를 받아 선화되고, 그에 따라 육신은 좋은 생력요소를 영인체에 다시 돌려줄 수 있게 되어, 영인체는 선을 위한 정상적인 성장을 하게 되는 것이다.163)

그런데 위의 본문에서 언급된 대로 영인체는 육신과의 상대적 관계에서만 성장하므로164) 성장과정에서 영인체 역시 육신에 종속된 입장이라고 할 수 있다. 창조목적을 위한 존재방식에 있어서는 영인체에 대해 육신이 종속적이지만, 실제 생존을 위한 존재방식에 있어서는 영인체가 육신에 종속되어 있는 것이다. 영인체와 육신은 각각의 이유를 가지고 서로에게 종속되면서 상호종속성을 띠며 동시에 상호보완성을 가진다. 따라서 완성실체는 영인체의 완성급인 생령체를 전제로 하지만 생령체가 되기 전까지 창조목적 완성을 위한 핵심적인 성상·형상의 통일체는 영인체와 육신을 포괄한 마음과 몸의 통일체인 심신통일체가 된다.

심신통일체는 생심과 육심이 합성일체화한 마음과 영체와 육신이 합성일체화한 몸이 하나님의 창조목적(인간에 있어서는 피조목적)을 중심하고 수수작용하여 합성일체화한 것이다. 마음이 무형적·기능적 측면을 담당하고, 몸이 유형적·질료적 측면을 담당하므로 성상·형상의 통일

---

162) 세계평화통일가정연합,『평화신경』, 55-58; 세계평화통일가정연합,『원리강론』, 65-68.
163) 세계평화통일가정연합,『원리강론』, 66.
164) 통일사상연구원,『통일사상요강』, 172.

체로서의 공리(公理)를 가장 잘 나타내는 유형이다.165) 완성실체를 향한 인간의 성상·형상의 통일체로서의 존재 구조 역시 심신통일체로서 이해하는 것이 타당하다.

심신통일체는 구조상 하나님의 내적자동적사위기대에 해당한다. 내적자동적사위기대는 내적사위기대와 자동적사위기대가 조합된 것으로 존재적으로 자기동일성을 이루면서 성상과 형상이 수수작용을 통해 통일체를 이루는 사위기대이다. 이를 닮아 본연의 인간인 성자와 성령은 선을 중심으로 마음(생각)과 몸(행동)이 수수작용하여 통일체를 이룬 존재이다. 실제 삶 속에서는 자신만이 아니라 타인과의 관계 속에서 사고하고 행동하므로 내·외적 관계 속에서 통일성을 이루고자 하는 관계적 개체이다.166) 창조목적을 완성하기 위한 심신통일체는 하나님의 심정을 체휼하고 사랑을 실현하고자 하므로 마음과 몸의 내재적 통일성은 물론 타인과의 관계에서도 미·진·선·애의 생활을 자연스럽게 행하여 외재적 통일성을 이루어 생활한다.167)

(2) 양성·음성의 조화체

창조목적 완성의 통일체로서 양성·음성의 조화체는 양성실체인 남성과 음성실체인 여성이 부부일체를 이루었다는 의미다. 통일신학에서 성자는 본연의 남성이고 성령은 본연의 여성이므로 성자와 성령이 부부로서 일체를 이룬 것이 본연의 부부의 원형(原型)이 된다. 『통일사상요강』은 본연의 부부의 중요성을 네 가지로 설명한다. 첫째, 본연의 부부는 각각 하나님의 이성성상 중 일성을 대표하는 존재로서 하나님의 현현을 의미한다. 둘째, 본연의 부부의 결합은 하나님의 창조과정의 최후의 단계로

---

165) 통일사상연구원, 『통일사상요강』, 31.
166) 통일사상연구원, 『통일사상요강』, 100.
167) 통일사상연구원, 『통일사상요강』, 66-70.

서 우주창조의 완료를 의미한다. 셋째, 본연의 부부는 각각 인류의 절반을 대표하며, 부부의 결합은 인류의 통일을 의미한다. 넷째, 본연의 부부는 각각 가정의 절반을 대표하여 가정의 완성을 의미한다. 이 중에 하나님의 현현으로서 부부를 논한 내용은 다음과 같다.[168]

> 본연의 부부는 각각 하나님의 양성과 음성의 이성성상 중 일성(一性)을 대표하는 존재이다. 따라서 부부의 결합은 양성·음성을 지닌 하나님의 현현을 의미한다.

양성·음성의 조화체인 본연의 부부가 하나님의 현현인 이유는 먼저 존재 구조의 닮음으로 이해할 수 있다. 앞서 성상·형상의 통일체로서의 본연의 인간이 원상의 이단구조를 닮은 존재의 이단구조 중 내적자동적사위기대를 닮았다면 양성·음성의 조화체로서의 부부는 외적자동적사위기대를 닮아 있다. 외적사위기대와 자동적사위기대가 하나로 조합된 외적자동적사위기대는 원상에 있어서는 만물을 창조하기 직전의 상태로서 본성상과 본형상 간의 외적사위기대가 자기동일성을 띤 통일체의 상태이다. 본연의 부부에 적용하면 성상적 실체이자 양성실체인 남성과 형상적 실체이자 음성실체인 여성이 각자의 내적자동적사위기대를 조성해가면서 그 터 위에 서로 협조하고 화합하여 외적자동적사위기대인 부부일체(합성체)를 이룬 모습이다.[169]

원상의 이성성상이 실체적으로 1성(性)씩 각각 분립된 남자와 여자는 하나님의 관점에서는 반 성(半 性)이기에 하나님을 온전히 드러내는 것이 아니다. 성상·형상의 통일체로서 본심대로 사는 인간 한 개체는 하나님의 심정과 일체된 존재로서 하나님의 내적인 부분만을 표현하므로 내적

---

168) 통일사상연구원,『통일사상요강』, 236-237.
169) 통일사상연구원,『통일사상요강』, 101, 238; "하나님의 성상적인 실체가 남편이고, 형상적인 실체가 누구예요? 부인이에요."『말씀선집』제327권, 2000.07.30.

사위기대만을 닮았다고 할 수 있다. 사랑의 완성을 추구하는 하나님의 창
조목적의 관점에서 완전히 하나님을 닮은 존재는 하나님의 분립된 일성
이 합성일체화한 부부이다. 자동적사위기대가 '자기동일성(自己同一性)'
을 내포한 존재의 사위기대이므로, 형상적 실체인 인간은 결혼하지 않으
면 불완전하고 완성하지 못한 채 남아있다고 간주한 유대 사상이 주는 교
훈과 같이[170] 하나님을 중심하고 부부로서 일체를 이루었을 때 하나님을
닮은 자아(自我)로서 완전한 것이 된다.

유사하게 『원리강론』에서 제시하는 인간의 완성 역시 하나님을 중심
한 마음과 몸이 삼위일체를 이룬 개인적 사위기대의 완성에 이어 하나님
을 중심한 부부로 삼위일체를 이룬 가정적 사위기대의 완성을 설명한다.
덧붙여 부부가 되어 가정적 사위기대를 이룬 완성실체는 만물의 주관주
의 자격을 갖춘 것이므로[171] 만물과의 삼위일체를 이루어 주관적 사위기
대를 완성한 것이기도 하다.

> 피조물의 완성은 곧 하나님과 일체를 이루어 사위기대(四位基臺)를
> 조성하는 것을 의미하는 것이므로, 인간의 개체가 완성되려면 하나님을
> 중심하고 마음과 몸이 삼위일체(三位一體)를 이루어 사위기대를 조성해
> 야 하고, 부부로서 완성되려면 하나님을 중심하고 남성과 여성이 삼위
> 일체를 이루어 사위기대를 조성해야 하며, 또 피조세계가 완성되려면
> 하나님을 중심하고 인간과 만물세계가 삼위일체를 이루어 사위기대를
> 조성해야 하는 것이다.[172]

양성 · 음성의 조화체로의 부부가 하나님의 현현인 또 다른 이유는 하
나님의 완전한 체로서 기능할 수 있다는 점이다. 우리는 앞서 하나님이

---

170) Paul King Jewett, *Man as Male and Female : A Study in Sexual Relationships from a
    Theological Point of View* (Grand Rapids: Eerdmans, 1975), 121.
171) 통일사상연구원, 『통일사상요강』, 237.
172) 세계평화통일가정연합, 『원리강론』, 411.

생심에 임재하신다고 하였는데 이는 인간이 '하나님을 모시는 마음'을 지닌다는 뜻이다.[173] 모시는 마음은 하나님이 임재하실 수 있도록 상대 기준을 조성하는 것으로 이해할 수 있다. 하나님이 임재하실 수 있는 조건은 주체와 대상이 선을 중심하고 하나되는 것이며, 주체와 대상이 하나된 그 중심자리에 하나님이 임재하시게 된다.[174] 따라서 완성한 남녀가 부부를 이루어야 하나님이 임재하실 수 있으며 부부는 하나님의 완전한 체로서 기능하게 된다.

성자와 성령이 하나님을 중심하고 일체를 이룬 부부는 '참부모'이다. 참부모가 중요한 것은 하나님의 형상으로서 완성하여 형상적 실체를 넘어 '실체적 실체'로서 기능한다는 점이다. 하나님과의 일체가 인간의 관점으로는 개인에서 시작해서 부부가 되고, 부모가 되면서 사랑을 체휼하고 완성하게 되는 것처럼 보인다. 그러나 하나님의 관점에서 실체적 실체로서 기능할 수 있는 시작점은 인간이 개체로 완성한 남녀가 부부를 이루어

173) "하나님을 중심삼고 보면, 하나님, 그 다음에 아담이 있습니다. 그 아담의 마음이 하나님을 싸고 있는데 이것을 생심이라고 하는 것입니다. 생심이 무엇이냐 하면, 종적 주체가 되시는 하나님은 횡적인 아담의 마음 가운데 임재하시는데 바로 하나님을 모시는 마음입니다. 그것을 생심이라고 하는 것입니다." 『말씀선집』 제50권, 1971.10.24.
174) "주체와 대상이 하나되어야만 하나님이 운행하지요? 원리적으로, 주체와 대상이 하나되는 데는 반드시 중심이 생겨납니다. 하나님이 임재한다 이거예요. 주체와 대상이 주고받으면 반드시 운동하기 때문에 하나의 중심점, 한 자리에서 영원히 돌 수 있는 중심점을 찾게 됩니다. 그렇기 때문에 주체와 대상이 움직이는 데서부터 구형이 생겨납니다. 그렇게 되는 거라구요. 그렇기 때문에 주체와 대상이 완전히 주고받지 않고는 하나님의 주관을 받을 수 없습니다. 하나님의 상대가 될 수 있는 조건을 설정하지 못하면 하나님과 관계없다는 논리가 성립되는 것입니다." 『말씀선집』 제82권, 1976.01.31.; 우리가 하나님을 사랑이라고 할 때 정확히는 사랑의 '중심'이시라는 뜻이다. 따라서 하나님은 언제나 중심자리에 위치하신다. "하나님은 사랑입니다. 그렇다고 해서 하나님 이뤌 사랑이 아닙니다. 하나님이 전지전능하시다지만 하나님 이뤌 전지전능이 아닙니다. 다만 그것의 중심이라는 것을 말합니다." 『말씀선집』 제20권, 1968.03.31.

'참부모'가 되었을 때부터 시작된다. 즉, 하나님이 임재하셔서 실체를 쓰신다고 하실 때의 실체는 참부모라는 의미다.

> 부부가 하나님을 중심으로 횡적으로 서로 사랑하면 하나님의 종적인 사랑이 거기에 임하게 되어서 여기에 사랑의 상승작용(相乘作用)에 의한 생명의 창조가 이루어지게 된다.[175)]

> 아담과 해와가 완성된 부부로서 일체를 이룬 그 자리가 바로 사랑의 주체이신 하나님과 미의 대상인 인간이 일체화하여 창조목적을 완성한 선의 중심이 되는 자리이다. 여기에서 비로소 부모 되신 하나님은 자녀로 완성된 인간에게 임재하시어 영원히 안식하시게 된다. … 여기에서 비로소 하나님의 말씀이 실체로 이루어지기 때문에, 여기가 바로 진리의 중심이 되어 모든 인간으로 하여금 창조목적을 지향하도록 이끌어 주는 본심의 중심도 되는 것이다. 그러므로 피조세계는 이와 같이 인간이 완성되어 하나님을 중심하고 부부를 이룸으로써 이루어진 사위기대를 중심하고 합목적적인 구형운동을 하게 된다.[176)]

> 하나님의 참사랑으로 자기 상대와 하나 되고자 할 때, 절대적인 하나님의 사랑이 임재하는 것입니다.[177)]

하나님의 온전한 실체로서 기능한다는 것은 곧 하나님의 체로서 하나님이 직접 사랑을 체휼하실 수 있도록 하는 데 있다. 하나님의 사랑은 완성한 남녀가 '참부모'가 된 후부터인 부모의 사랑부터 시작한다.

> 하나님의 사랑이 무엇인가를 알아보기로 하자. 하나님을 중심하고 그의 이성성상의 실체대상으로 완성된 아담과 해와가 일체를 이루어 자녀를 번식함으로써 부모의 사랑(제1대상의 사랑), 부부의 사랑(제2대상의

---

175) 통일사상연구원, 『통일사상요강』, 236.
176) 세계평화통일가정연합, 『원리강론』, 41.
177) 세계평화통일가정연합, 『천성경』, 1-2-2-4, 67.

사랑), 자녀의 사랑(제3대상의 사랑) 등 창조본연의 3대상의 사랑을 체휼해야만, 3대상목적을 완성하여 사위기대를 이룬 존재들로서 인간 창조의 목적을 완성하게 되는 것이다.[178]

따라서 사랑이상 실현이라는 목적으로 볼 때, 하나님의 실체대상으로서의 인간은 '참부모'가 되어야 비로소 완전한 실체로서 기능한다. 바꾸어 말하면 하나님과 일체를 이루지 않은 사람 혹은 부부(부모)는 완성실체가 아니며, 인격완성자라도 부부를 이루지 않았다면 완전실체(完全實體)가 아니다. 오직 참부모만이 '완성실체'이자 '완전실체'라고 여겨진다. 즉, 인격완성이 하나님의 내적 심정을 닮아 하나님의 성상적 기능을 한다면 부부일체는 외적 구조를 닮은 것으로서 형상적 기능을 하는 것으로서 하나님의 본성상과 본형상을 온전히 닮은 참부모만이 하나님의 내·외적 실체로서 기능할 수 있다. 하나님은 참부모의 체를 쓰고 사랑의 결실인 사랑이상의 완성을 향하여 계속해서 사랑을 추구하게 된다.[179] 참부모의 존재가 원상의 자동적사위기대를 닮았다면 이러한 참부모의 자녀 번식은 하나님의 인간창조를 닮고 있으며, 원상의 발전적사위기대를 닮은 것이다.[180] 발전적사위기대의 상사성에 대해서는 신성의 상사성에서 후술하겠다.

한편, 주체와 대상의 일체가 부부만을 의미하지는 않으므로 하나님의 임재에 대해 의문스러울 수 있다. 분명 주체와 대상의 관계에 마음과 몸, 부모와 자식, 국가와 백성 등이 해당될 수 있고, 이들이 선을 중심하고 하

---

178) 세계평화통일가정연합, 『원리강론』, 53.
179) "결혼해야 하나님의 성상·형상이 실체 형상으로 붙는다는 거예요." 『말씀선집』 제323권, 2000.05.28.; "하나님의 뜻은 창조이상을 완성함으로써 이루어지는 것입니다. … 하나님의 창조이상의 완성, 뜻의 완성은 무엇이냐? 하나님을 중심삼고, 하나님의 사랑을 중심삼고 사위기대를 완성함으로 말미암아 창조이상도 완성되고 뜻도 완성된다는 것을 여러분이 알아야 됩니다." 『말씀선집』 제102권, 174, 1978.12.24.
180) 통일사상연구원, 『통일사상요강』, 238.

나되면 하나님이 임재하신다고 볼 수 있다. 그러나 참부모가 성립되는 부부일체는 하나님의 온전한 체이며, 직접주관의 출발점으로서 특이성이 있다. 예를 들어 주체인 마음과 대상인 몸이 하나된 인격적인 개인의 생심에 하나님이 임재하신다는 표현이 있다.[181] 그러나 그 개인이 아직 부부를 이루지 않았다면 생심의 임재에 따른 하나님의 주관은 간접주관이다. 『원리강론』은 직접주관을 "하나님을 중심하고 어떠한 주체와 대상이 합성일체화하여 사위기대를 조성함으로써 하나님과 심정의 일체를 이루어 가지고 주체의 뜻대로 사랑과 미를 주고받아 선의 목적을 이루는 것"으로 명시한다. 그리고 인간에 대한 하나님의 직접주관의 구체적 예시에서 "하나님을 중심하고 아담과 해와가 완성되어 가지고 합성일체화하여 가정적인 사위기대를 조성함으로써 하나님과 심정의 일체"를 이룬다고 하여 직접주관이 부부일체에서 시작함을 보여준다.[182]

또한 생심에의 임재는 하나님의 주관성을 나타내지만 이때의 주관성이 처음부터 완성급의 주관은 아니다. 생심에 하나님을 모셔도 자연스럽게 하나님의 뜻을 실현하려면 소생, 장성, 완성의 성장과정이 반드시 필요하다.[183] 본연의 인간은 처음부터 생심에 하나님을 모시고 하나님과 소통할 수 있고, 뜻을 알 수 있으며, 하나님의 뜻에 따라 살아가므로 하나님의 성전(聖殿)이라 할 수 있다. 그러나 성전으로서 정착되기까지는 3단계

---

181) 예를 들어 다음과 같은 식의 말씀이 많다. "여러분의 말은 하나님의 천륜의 법도를 대신한 말이 되어야 하겠고, 여러분의 행동은 그 법도의 말씀과 하나된 행동이 되어야겠습니다. 여러분이 원리를 통해서 아는 것과 마찬가지로 말씀을 대신한 실체가 나타나면 거기에는 하나님의 마음이 임재한다는 것입니다. 그리하여 하나님의 마음이 임재한 그 개체는 영원한 이념을 통할 수 있는 방향으로 움직이기 때문에 그 몸과 마음이 실제 생활권내에서 아버지의 이념을 대신할 수 있는 생활을 하게 된다는 것입니다."『말씀선집』 제3권, 1958.01.12.
182) 세계평화통일가정연합,『원리강론』, 61.
183) "3수 원칙을 기반으로 하여 천지가 창조되었다는 것을 여러분이 알아야 된다구요. 우리는 몸뚱이…. 맘은 영생한다구요. 마음 가운데 하나님이 임재하게 되면 생심이라는 것이 있어 3단계라구요."『말씀선집』 제69권, 1974.01.01.

과정이 필요하다.[184] 또한 하나님이 거하실 수 있는 온전한 성전은 '가정'이기 때문에, 부부를 이루어 참부모가 되지 않으면 하나님의 활동이 제한되고 하나님이 자신을 완전히 드러내실 수 없으므로 가정을 갖춘 후에 다시 하나님의 성전으로서 3단계의 성장과정을 거쳐야 한다. 따라서 성자와 성령 역시 소생, 장성, 완성의 개인적 인격완성의 과정을 거쳐야 하고, 부부일체를 이룬 참부모가 된 후에도 소생, 장성, 완성의 과정을 거쳐 참부모로서의 완성과정을 거쳐야 한다. 성장과정이 소생기, 장성기, 완성기의 3단계이며, 각 기간마다 소생급, 장성급, 완성급의 과정이 있기 때문이다.

하나님의 직접주관은 오직 부부일체를 이룬 참부모에서부터 시작할 수 있다. 참부모는 하나님의 온전한 성전으로서 하나님이 직접주관하실 수 있는 실체대상이다. 타락인간들까지도 하나님의 체인 참부모를 중심에 모시고 관계를 맺어 하나되면 하나님의 직접주관을 받을 수 있다. 하나님의 직접주관권은 참부모로 말미암아 시작하여 가정, 사회, 국가, 세계 등으로 점차 넓혀질 수 있다.[185]

(3) 개성체

인간은 하나님의 보편상과 개별상을 함께 닮은 개성진리체이자 연체이다. 이런 인간을 개성체라 하면 하나님의 개별상을 중점에 두고 다룰 때의 개성진리체를 의미한다. 『통일사상요강』은 개성체로서의 인간이

---

184) 하나님의 창조목적인 사위기대는 3단계의 과정을 거쳐야 완성된다. 어떤 물체가 정착하기 위해서도 최소한 3점에서 지지되어야 하는 것처럼 성전으로 기능하는 데도 3단계가 필요하다. 세계평화통일가정연합, 『원리강론』, 57.

185) "임재지(臨在地)는 우리 가정이다. 부모님이다. 하나님이 이 가정 위에 영원히 임재하시기를 원하시는 것을 실감하느냐? 영계를 통하는 사람은 모두 선생님과 관계를 맺어야 한다. 하나님은 선생님 마음 가운데 선생님 가정 가운데 계신다.… 가정을 하늘이 얼마나 고대했느냐 하는 것을 느껴야 한다. 여기를 기점으로 가정 가정에 임재하시게 하기 위한 것이 축복이다."『말씀선집』제22권, 1969.01.21.

개인별의 개별상을 지니며, 개성이 용모상, 행동상, 창작상의 세 가지 특성으로 나타난다고 한다.[186] 개성체는 하나님을 닮은 용모나 행동, 창작으로 개성미를 보여주어 하나님께 기쁨을 주는 존재이다. 부모가 자신의 표현체인 자녀를 보고 아름답고 사랑스럽다고 느끼는 것과 같이 부모이신 하나님은 자녀인 인간 고유의 용모와 행동, 창작생활이 자신을 닮았음을 보며 기쁨을 느끼시게 된다.[187]

이러한 개성체를 창조목적 완성의 통일체로 조명하면 『원리강론』에서 설명하는 '하나님의 기쁨을 위한 선의 대상'에 해당한다. 『원리강론』은 하나님의 기쁨을 위한 선의 대상이 하나님 자체의 본성상과 본형상을 상대적으로 느낄 수 있는 자극을 주기 때문에 기쁨을 느끼게 한다고 설명하는데 개성체가 하나님의 표현체라서 하나님께 기쁨을 준다는 내용에 부합한다. 따라서 개성체로서의 지향점은 하나님의 기쁨을 위한 선의 대상의 지향점과 동일하다고 간주할 수 있다.[188] 하나님을 온전히 닮은 모습이 되어 하나님께 가장 큰 기쁨을 돌리기 위해서는 본연의 개성체의 용모와 행동, 창작활동에서 나타나는 개성미가 하나님의 기쁨을 위한 선의 대상이 지향하는 3대축복의 성취를 향해 드러나야 한다.

> 피조물이 어떻게 되어야만 하나님이 가장 기뻐하실 수 있을 것인가? 하나님은 만물세계를 창조하신 후, 끝으로 자기의 성상과 형상대로 희노애락의 감성을 가진 인간을 창조하시어 그를 보시고 즐기려 하셨던 것이다. 그러므로 하나님이 아담과 해와를 창조하시고 나서, 생육하고 번식하여 만물세계를 주관하라(창 1:28)고 하신 3대축복의 말씀에 따라 인간이 하나님의 나라 즉 천국을 이루고 기뻐할 때에, 하나님도 그것을 보시고 가장 기뻐하실 것은 두말할 필요도 없다.[189]

---

186) 통일사상연구원, 『통일사상요강』, 240.
187) 통일사상연구원, 『통일사상요강』, 241.
188) 세계평화통일가정연합, 『원리강론』, 45.
189) 세계평화통일가정연합, 『원리강론』, 44.

개성체로서 3대축복을 성취하기 위해 개성미를 나타내는 행위는 하나님께는 기쁨을 돌리는 것이지만 인간 입장에서는 하나님으로부터 사랑을 받는 것이 된다. 기쁨은 독자적으로 생기지 않으므로 기쁨이 있다는 말은 상대방과 상대기준을 조성하여 수수작용이 이루어졌다는 뜻이다.[190] 주체에게 대상이 돌리는 것이 '미(美)'라면 대상이 주체로부터 받는 것은 '사랑(愛)'이라 한다. 하나님은 부모로서 자식인 인간을 끊임없이 사랑하고자 하시기 때문에 언제나 주체로서 사랑을 주시므로 대상인 인간이 미를 돌린다면 사랑과 미의 수수작용은 계속된다. 따라서 본연의 개성체로서 개성미를 발휘하여 '선의 대상'이 되어 갈수록 하나님으로부터 점점 크고 깊은 사랑을 받게 된다.[191] 하나님께 기쁨을 돌리는 점을 강조한 개성체가 하나님의 기쁨을 위한 선의 대상이었다면 이렇듯 하나님으로부터 사랑을 받는 유일무이한 자녀라는 점을 강조한 개성체는 '독생자', '독생녀'라 할 수 있다.[192] 통일신학에서 독생자 독생녀는 하나님의 사랑을 받을 수 있는 참된 아들딸을 가리키기 때문이다.[193] 개성체인 독생자와 독생녀가

---

190) 세계평화통일가정연합, 『원리강론』, 45.
191) 세계평화통일가정연합, 『원리강론』, 52.
192) "독생자, 혹은 신랑 신부, 혹은 형제가 된다는 말은 무슨 말이냐? 무엇을 중심삼고 하는 말이냐? 예수를 중심삼은 것이 아니라구요. 하나님을 중심삼고 하는 말입니다. 이 땅 위에 수많은 남자들이 왔다 갔고, 수많은 남자들이 있고, 앞으로 수많은 남자들이 올 것이로되 하나님의 사랑을 중심삼고 볼 때 그 많은 남자 중에 하나님의 사랑을 첫번 받을 수 있는 대표자라는 말입니다." 『말씀선집』 제50권, 1971.11.06.
193) "참된 인생길이 무엇이냐? 하나님을 내 아버지로 모시고 그 아버지의 참된 아들딸, 즉 독생자, 독생녀가 되는 것입니다. 독생자, 독생녀가 되는 것이 우리들이 가야 할 인생길이라는 것입니다.…예수 그리스도는 '나는 하나님의 독생자다. 하나님은 내 아버지다'라고 했습니다. 독생자라는 것은 무엇을 말하는 거예요? 하나님의 첫사랑을 몽땅 받았다는 말입니다. 그러면 하나님의 독생자는 있었는데 독생녀가 있었어요? 독생녀를 못 만났기 때문에 하나님의 첫사랑을 몽땅 받을 수 있는 독생녀를 만나기 위해서 예수님은 재림하는 것입니다. 재림주가 와서 뭘 할 것이냐? 어린양 잔치. 즉 혼인을 해야 하는 것입니다. 하나님의 첫사랑을 몽땅 받은 남자와 하나님의 첫사랑을 몽땅 받은 여자가 가정을 이루어야 하는 것입니다. 그 자

사랑을 받는 기준 역시 3대축복 완성이다.

> 하나님이 독생자·독생녀를 바라보게 될 때 어떤 기준이 있을 것입니다. 그럴 수 있는 때가 오기를 고대하고 있었을 거예요. 그렇게 될 수 있었다 하면 하나님이 성이 나 가지고 할 수 없이 그럴까요? 하나님이 그렇게 지었기 때문에 지음받은 독생자·독생녀가 그렇게 되는 것을 보고 기뻐한다는 겁니다. … 구원섭리의 최고의 목적은 어디냐? 세계를 전부 다 하나님 품에 품는 것보다도, 그것을 품기 전에 무엇을 품어야 되느냐? 하나님이 사랑하는 하나의 가정, 본연의 하나님의 사랑을 중심삼고 독생자·독생녀 입장에서 이들이 장성해 가지고 하나님을 아버지로 모셔 드릴 수 있는 자리에서 축복의 터전을 이루어서 인류의 참된 조상의 터전을 마련해야 하는 것입니다.194)

독생자, 독생녀인 성자와 성령은 본연의 개성체이자 하나님의 기쁨을 위한 선의 대상으로서 하나님의 말씀인 3대축복을 이루면서 하나님께 기쁨을 돌리는 동시에 하나님의 유일무이한 사랑을 처음 받는 존재가 될 수 있다. 본래 최초의 독생자와 독생녀로 탄생한 존재는 아담과 해와였지만 이들은 타락하여 기쁨이 아니라 슬픔의 존재가 되었고, 사랑을 받지 못하게 되어 선의 대상도, 독생자와 독생녀도 아니게 되었기 때문이다. 성자와 성령이 독생자, 독생녀로서 책임을 다하면 본연의 개성체로서의 남성과 여성의 원형이 된다. 타락인간은 본연의 독생자, 독생녀인 성자와 성령을 모시고 이들을 닮은 개성체로서의 삶을 살 때 하나님의 기쁨을 위한 선의 대상이 되며 동시에 독생자와 독생녀로서 하나님께 사랑받는 참된 아들딸이 될 수 있다.195)

리가 어떤 자리냐? 타락하지 않은 아담과 해와의 자리입니다." 『말씀선집』 제41권, 1971.02.15.

194) 『말씀선집』 제159권, 1969.05.12.

195) "행복한 사람이란 하나님이 바라시고 소원하시는 제일 귀한 것을 내 것으로 만들수 있는 자리라는 것을. 그 귀한 것이 무엇이냐? 하나님을 아버지로 삼고, 하나님의 독

하나님의 참된 표현체이자 하나님의 참된 아들딸이라는 사실에 근거하여 독생자, 독생녀가 하나님의 사랑을 독점한다는 것은 하나님과 일체를 이룬다는 사실을 함의한다. 독생자와 독생녀는 하나님과 독특하고 친밀한 부자관계를 보여준다. 3대축복의 성취로 인해 긴밀해지므로 하나님과의 심정적 일치, 하나님과의 형상적 일치, 하나님과의 주관성 일치라 할 수 있을 것이다.196)

참고적으로 보스(G. Vos)가 정리한 독생자 예수와 성부 하나님과의 부자관계의 본질 네 가지를 소개하고자 한다. 보스는 하나님의 계시의 절정이라고 생각한 공관복음서의 내용을 토대로 하나님과 예수를 비교하여 부자관계의 본질을 유추하였다. 첫째는 아버지와 아들이 서로에 대하여 절대적 상호적 지식이 있다(마 11:27). 둘째, 아버지와 아들이 서로를 계시해야 하는 상호 필요성이 있다(마 11:16, 19, 25, 27; 16:17; 요 14:6). 셋째, 각각 절대적 주재권을 가지고 있는데 아버지의 주재권은 "천지의 주재"(마 11:25)의 말씀으로, 아들의 주재권은 "모든 것을 내게 주셨으니(마 11:27)"라는 선언으로 표현된다. 넷째, 상대방을 계시함에 있어서 각자 절대적 주권을 사용하는데 아버지의 주권은 "이렇게 된 것이 아버지의 뜻"(마 11:26)으로 아들의 주권은 "아들의 소원대로 계시를 받는 자"(마 11:27)에 드러난다.197)

생자를 아버지로 삼고, 하나님의 독생녀를 어머니로 삼을 수 있는 것입니다."『말씀선집』제9권, 1960.05.01.

196) "독생자란 무엇이냐? 하나님의 사랑을 독차지하는 사람입니다. 본래 하나님의 사랑은 일체를 만들기 때문입니다. 부모와 자식간에는 사랑이라는 인연으로 맺어져 있습니다. 그렇기 때문에 그 사랑을 꺾을 수 있는 아버지가 없고, 그 사랑을 꺾을 수 있는 자식이 없는 것입니다. 사랑만이 그 둘을 지배하기 때문에 사랑을 중심삼고 인연된 물건은 부모의 것이자 자식의 것이 틀림없는 것입니다. 이런 의미에서 "하나님이 세상을 이처럼 사랑하사 독생자를 주셨으니 이는 저를 믿는 자마다 멸망치 않고 영생을 얻게 하려 하심이니라(요 3:16)"라는 말씀을 주신 것입니다."『말씀선집』제31권, 1970.06.04.

보스의 주장에서 드러나는 부자관계는 창조목적과 기쁨에 대한 내용이 빠져 있어 상호 지식이 가능한 이유와 상호 계시의 필요성, 주재권과 주권이 어떻게 가능한지 말하지 못하였으나 상호 계시를 입증하고 제1축복과 관련한 지적 일치와[198] 제3축복과 관련한 주관성을 표현하여 독생자로서 예수가 3대축복의 말씀과 관련된다는 사실을 보여주고 있다는 점에서 통일신학의 관점과 유사한 면이 있다.

한편, 하나님을 표현하여 고유의 기쁨을 돌리는 개성체가 독생자와 독생녀로 나타난다는 사실은 남자와 여자가 모두 '하나님의 형상'이며, 개성체로서 완성하면 하나님의 유일무이한 사랑을 받는 독생자, 독생녀가 되기 때문에 동등한 가치가 있고, 존귀하다는 사실을 나타내고 있다.[199]

지금까지 신학사(神學史)에서 여성은 바울의 질서적 모형의 희생양이었다. 아우구스티누스, 아퀴나스가 확고히 정립하고 현대에 와서 바르트가 재확인한 '창조의 질서' 모형은 영혼과 머리를 상징하는 남자는 상위

---

197) Geerhardus Vos, *The Self-Disclosure of Jesus* (New York: George H. Doran company, 1954), 143-149. Robert. L. Reymond, 『최신 조직신학』, 299-302.
198) 심정의 일치는 정ㆍ지ㆍ의의 일치와 연관된다.
199) 통일신학에서 창조본연의 남녀의 관계는 동등하다. "여성은 남성의 보조자나 보호의 대상이 아니라 하나님의 또 다른 일성(一性)을 대표한 자리에서 오히려 남성을 완전하게 해주는 독립된 인격자입니다. 참사랑 이상을 중심하고 여성은 남성의 존귀한 사랑의 대상자입니다. 가치적으로 보아 남녀는 절대 평등한 존재입니다. 본연의 참사랑으로 하나된 남녀는 서로 같은 지위가 되는 동위권을 지니게 됩니다. 또한 어디서든 항상 함께하는 동참권을 갖습니다. 나아가 서로의 것을 제2의 자기 것으로 공유하는 이상적 상속권을 얻게 된다는 것입니다. 이렇게 하나님의 참사랑 이상 아래 하나된 남성과 여성은 동위ㆍ동참권뿐만 아니라 서로의 것을 자기 것으로 공유함으로써 참사랑을 중심삼고 가치적으로 완전히 평등한 존재가 되도록 창조되었습니다. 그러므로 남성과 여성은 서로 상대의 특성과 기질과 역할을 흉내 내거나 그것을 탐해서 빼앗는 대립ㆍ적대관계가 아닙니다. 참사랑으로 자기 것을 상대에게 베풀고 상대편을 더욱 완성시켜 주면서 더 큰 하나가 됨으로써 공유하는 관계입니다." 참부모님, "아벨 여성유엔 창설대회 기조연설", 세계평화통일가정연합, 『평화경』, 1001.

에, 몸을 상징하는 여자는 하위에 배치하여 여성을 억압하는데 일조하였다.[200] 그러나 통일신학에 따르면 남자와 여성 모두 하나님의 형상이다. 성서에서도 역시 하나님 아버지의 부성과 더불어 하나님 어머니의 모성도 상징화되어 표현되었다(호 11:4; 사 49:15, 66:13; 시 25:6).[201] 예수의 가르침 역시 남녀평등을 호소하며, 실제 예수의 사역도 억압받던 여성과 소외계층의 해방으로 나타났다.[202] 몰트만에 의하면 남녀의 질서적 모형을 지지하는 어떠한 그리스도적 근거도 발견할 수 없다. 하나님의 형상으로서의 남성과 여성은 결단코 남자의 '우월성'이 아니라 양자의 '상호성'만이 실현되어야 한다.[203]

통일신학적으로 하나님의 이성성상의 각 일성이 실체화된 남성과 여성의 차이는 하나님에게 자극이 되어 기쁨을 드리는 가치 있는 것이

---

200) Karl Barth, *Church Dogmatics*, III/2, 441.
201) 구약기자들은 자녀를 사랑하는 어머니로 하나님을 상징화하여 표현하였다. 하나님은 사람들을 품으로 끌어안고, 키스하며, 눈물을 닦아주는 어머니이다. 레오나르도 보프, 『성삼위일체 공동체』, 95.
202) 기독교적 해석을 주장하는 여성신학자들은 성서의 본질을 남녀평등의 메시지로 보았다. 류터(R. R. Ruether)는 예언자적 메시아적 전통을 주장했고, 러셀(M. Russell)은 성서의 해방전통, 트리블(P. Trible)은 성서에 가부장적 요소와 비가부장적 요소의 두 가지가 있다고 주장했다. 그 외 여성해방적 신학은 다음 참조. Elizabeth Cady Santon and Revising Committee, *The Women's Bible* (San Francisco : Harper & Row, 1988); 한국여성신학회, 『성서와 여성신학』(서울: 대한기독교서회, 1997), 9–14.; 정현경, "여성신학의 유형과 그 한국적 수용 및 비판 II",『기독교사상』11 (1989): 147.; Katie Geneva Cannon, "The Emergence of Blac Feminist Consciousness", *Feminist Interpertation of the bible*, ed. L. M. Russell, *Hosehold of Freedom : Authority in Feminist Theology*(Philadelphia : The Westminster Press, 1987), 30–33.; E. S. 피오렌자, 『돌이 아니라 빵을』김윤옥 역 (서울: 대한기독교서회, 1994), 19–25.; R. R. 류터, 『새 여성·새 세계: 성차별주의와 인간의 해방』, 손승희 역 (서울: 현대사상사, 1980), 41–56.
203) 몰트만의 이러한 해석은 그의 순환론적 삼위일체의 기본사상을 따른다. 위르겐 몰트만, 『삼위일체와 하나님의 나라』, 김균진 역 (서울: 대한기독교출판사, 2004), 272–273.

다.204) 더 나아가 모든 남성과 여성이 개개인의 기질과 특성이 다른 개성체라는 사실은 각자가 특유의 기쁨을 드리고 사랑받는 유일무이한 독생자, 독생녀가 될 수 있음을 함의한다. 『원리강론』의 설명처럼, "인간의 창조본연의 가치는 횡적으로 보면 누구나 동등하기 때문에 그 가치가 그다지 귀중한 것같이 여겨지지 않는다. 그러나 하늘을 중심하고 종적으로 보면, 각 개성은 가장 존귀한 천주적인 가치를 제각기 띠고 있는 것이다."205)

3) 신성의 상사성

신상이 하나님의 꼴의 측면이라면 신성(神性)은 하나님의 기능, 성질, 능력의 측면을 말한다. 인간은 하나님의 기능적 측면을 닮아 신성적 존재라 불린다. 하나님의 신성은 여러 가지가 있으나 가장 중요한 세 가지로 심정, 로고스, 창조성을 든다. 이러한 신성을 닮은 인간을 심정적 존재, 로고스적 존재, 창조적 존재라 한다. 성자와 성령이 심정적 존재, 로고스적 존재, 창조적 존재로 완성할 때 하나님과 동일실체라 할 수 있다.

(1) 심정적 존재

『통일사상요강』이 묘사하는 심정적 존재는 하나님의 끊임없이 사랑하고자 하시는 심정을 체휼하고 상속받은 존재로서 사람이나 만물을 사랑하는 생활을 하는 애적인간(愛的人間)이며 동시에 심정이 인격의 핵심이

---

204) 지금까지 남녀의 기질과 역할 차이는 남성 우월론자에 의해서 신분적 질서의 차이의 근거로 악용되었고, 여권 운동가들은 이러한 이론에 과민한 태도를 보이며 남성을 모방하여 같은 역할을 수행하는 것으로 대등한 지위를 확보하고자 하였다. 그러나 통일신학에서는 남성과 여성의 차이는 하나님께 기쁨을 돌리기 위한 자극이며 하나님의 각 일성을 담당한다는 점에서 가치로운 것이다. 세계평화통일가정연합, 『평화경』, 970.
205) 세계평화통일가정연합, 『원리강론』, 133.

라는 면에서 정·지·의의 기능이 균형적으로 발달한 인격적 존재이다. 즉, 심정적 존재는 하나님의 심정을 체휼하여 전인적(全人的) 품격을 완성한 인간이다.[206]

하나님의 심정을 체휼하기 위해서는 먼저 하나님의 심정을 이해해야 한다.[207] 하나님은 자녀인 인간을 창조하실 때는 인간에 대한 소망의 심정을 지니셨으나 아담과 해와의 타락으로 슬픔의 심정을 지니게 되셨고, 탕감복귀섭리에서 중심인물의 실패로 인간의 구원과 복귀가 연장될 때마다 고통의 심정에 처하셨다.[208] 이러한 하나님의 심정을 이해한다는 것은 하나님의 슬픔과 고통을 위로하고자 하는 효자의 자세를 지니는 것이며, 또한 하나님의 원수에 대한 공분심을 가지면서도 하나님이 그러하신 것처럼 원수를 참사랑으로 용서할 수 있어야 하는 것이다.[209]

그러나 심정적 존재가 무엇보다 이해해야 하는 하나님의 심정은 본래의 인간에 대한 소망의 심정이며 이를 체휼하여 소망을 이루어드리면서 기쁨을 드리고자 하는 자세를 지녀야 한다. 『가정맹세』에서는 인간의 타락이 없었다면 느끼셨을 하나님의 심정을 "사대심정"으로 정의하는데 곧 자녀의 심정, 형제자매의 심정, 부부의 심정, 부모의 심정이다. 심정적 존재가 성장과정에서 이러한 사대심정을 이해하고 체휼하여 사대심정권(四大心情圈)을 완성하면 하나님과 일체를 이루어 동일한 심정권에서 사랑의 생활을 하게 된다.[210] 마태복음 5장 48절에 "하늘에 계신 너희 아버지의 온전하심 같이 너희도 온전하라"의 완전성은 하나님의 사대심정을 체

---

206) 통일사상연구원, 『통일사상요강』, 243.
207) 통일사상연구원, 『통일사상요강』, 350.
208) 통일사상연구원, 『통일사상요강』, 354-356.
209) 통일사상연구원, 『통일사상요강』, 371-372.
210) 세계평화통일가정연합, 『평화신경』, 232.; "인간의 완성은 지식이나 권력, 혹은 돈에 의해서 이루어지는 것이 아니라 사랑에 의해서 이루어지는 것입니다. 그 사랑은 속화된 사랑이 아닌 본래의 사랑이며, 그 사랑에 의해 모든 것이 완성됩니다." 세계평화통일가정연합, 『천성경(2010)』, 327.

흍하여 일체를 이루고 자연스럽게 사대사랑의 생활을 하는 인격완성을 가리킨다.

인격을 완성한 인격적 존재로서 심정적 존재는 심정을 중심으로 생심과 육심이 원만한 수수작용을 하여 정(情)·지(知)·의(意)의 기능을 균형적으로 발달시킨다. 정·지·의는 각각 미(美)·진(眞)·선(善)이라는 가치를 추구하는 기능이기 때문에 심정적 존재는 미를 추구하여 예술을 발휘하고, 진을 추구하여 과학, 철학 등의 학문을 발달시키며, 선을 추구하여 도덕·윤리 등의 성과를 낸다. 정치, 경제, 법률, 언론, 스포츠 등도 모두 정·지·의의 활동이며, 심정적 인간이 주역이 되어 이루어낸 문화는 심정이 정·지·의를 중심한 전체 문화 활동의 원동력이 되므로 심정문화(心情文化)라 한다.211)

성자, 성령이 심정적 존재로서 완성한 심정문화는 특별히 사대심정권을 완성한 참부모로서 실현한 문화이기 때문에 '참부모 문화'가 된다. 참부모 문화는 하나님과 일체된 참부모를 중심하고 일관된 가치관 없이 이루어졌던 정적활동, 지적활동, 의적활동을 위타적인 하나님의 절대가치관으로 통일시키는 사랑의 문화이기 때문에 통일문화(統一文化)이기도 하다.212) 하나님을 중심한 하나의 대가족으로 서로를 인식하고 사랑하는 심정문화세계를 이루기 위해 성자와 성령이 심정적 존재로서 참부모 문화를 창건(創建)해야 한다.213)

---

211) 통일사상연구원, 『통일사상요강』, 244.
212) 세계평화통일가정연합, 『원리강론』, 567-568; 통일사상연구원, 『통일사상요강』, 246.
213) "참부모 문화를 중심삼고, 아담 완성 문화가 천년만년 계속돼야 돼요. 제비 둥지면 둥지를 트는 것은 아버지 어머니한테 배운 대로 트는 거예요." 『말씀선집』 제442권, 2004.03.10.; "이제 지상이 하나되어야 될 텐데, 명실공히 지상의 참부모를 중심삼고 참부모 문화를 영계의 문화와 연결시켜 가지고, 하나님을 왕권 중심삼고 천지부모를 모시니 주체적, 우리 맹세문의 제5번에 있는 대로 '매일 주체적 천상세계와 대상적 지상세계의 통일을 향해 전진적 발전을 촉진화'해야 천운을 대신한 가정들이 나오고 여러분이 천일국의 주인 가정이 되는 거예요." 『말씀선집』 제409권, 2003.06.20.

(2) 로고스적 존재

로고스는 원상의 성상 내(內) 목적을 중심하고 내적성상과 내적형상이 수수작용하여 산출한 신생체로서 이성과 법칙의 통일체를 의미한다. 이성과 법칙의 특성이 각각 자유성과 필연성이므로 인간이 로고스적 존재라는 말은 자유성과 필연성을 통일적으로 갖고 있는 이법적(理法的) 존재라는 의미다. 즉, 자유의지에 따라 행동하는 이성적 존재이면서 또한 법칙(규범)에 따라 살아가는 규범적 존재이다. 본연의 로고스적 존재는 법칙을 따르고 지키면서 참다운 자유를 누리는 인간이며, 공자가 "일흔이 되니 마음 내키는 대로해도 법도를 넘는 일이 없었다."(七十而從心所欲不踰矩)고 말한 것처럼 자유의지와 법칙이 통일된 생활을 한다.214)

로고스적 존재가 본성적으로 따르고자 하는 법칙은 우주의 공법인 참사랑의 질서이다.215) 하나님의 심정을 동기로 창조된 우주는 참사랑을 중심한 수수작용의 법칙이 작용하는 광대한 유기체로서 종적 질서와 횡적 질서를 통해 사랑을 실현하고자 한다.216) 따라서 로고스적 존재는 우주질서의 축소체인 가정에서 참사랑을 중심하고 종적 질서와 횡적 질서를 지켜 사랑이상을 실현하고자 한다. 종적규범(종적가치관)과 횡적규범(횡적가치관)을 통해 가족 간에 종적·횡적질서를 형성하고, 개인적 규범을 통해 인격완성과 유지를 도모한다.217) 참사랑이 가운데 위치하여 가족 간의 상중하(上中下), 우중좌(右中左), 전중후(前中後)의 관계를 형성한다.

---

214) 통일사상연구원,『통일사상요강』, 247–248.
215) 세계평화통일가정연합,『평화신경』, 60, 148.
216) 질서는 주체와 대상의 상대적 관계를 통한 원만하고 조화로운 수수작용을 위한 전제조건으로서 참사랑이 실현되는 데 중요하다. 주체와 대상 사이의 격위의 차, 곧 질서가 있을 때만 수수작용이 원만하고 조화롭게 이루어지기 때문이다. 두 요소의 개체가 동격일 경우에는 수수작용이 벌어질 수 없으며 도리어 반발이 벌어지기 쉽다. 양전기와 양전기 사이의 반발이 그 예이다. 통일사상연구원,『통일사상요강』, 91.
217) 통일사상연구원,『통일사상요강』, 248.

참사랑이란 질서를 언제나 지키고도 남을 수 있는 것입니다. 그럴 수 있는 절대적인 것입니다. 아들이 아버지 어머니 자리를 침범할 수 없고, 아들 며느리 자리를 부모가 침범할 수 없습니다. 그것은 절대적입니다. 서로가 완전한 질서를 유지할 수 있는 입장에서 사랑이 벌어져야 됩니다. 사랑은 무질서한 것이 아닙니다. 참사랑에는 반드시 전후관계·상하관계·좌우관계가 다 있습니다. 그것이 경계선이 아니고 질서라는 것입니다.218)

가정에서 부자관계의 참사랑은 종적이요, 부부의 참사랑 관계는 횡적이며, 형제의 참사랑은 전후의 입장으로서 (하나님은) 구형의 참사랑 이상을 바라셨던 것입니다. 즉 종으로 상현 하현(上弦下弦), 횡으로는 좌현 우현(左弦右弦), 전후로는 전현 후현(前弦後弦)을 전체 연결한 하나의 중심점에서 통일은 이루어지는 것입니다. 그 점이 구형체의 중심점이 되는 것입니다.219)

성자와 성령이 로고스적 존재로서 성취해야 할 이상적인 가정은 3대가 참사랑을 중심하고 질서가 잡힌 가정이다. 개인적 규범을 통해 인격을 갖춘 조부모, 부모, 자녀의 3대 가정에서 종적 사랑과 횡적 사랑을 통해 종적 질서와 횡적 질서가 표면화한 가정이다. 종적 사랑은 부모의 자녀에 대한 하향애(내리사랑)와 자녀의 부모에 대한 상향애(올리사랑)이며, 횡적 사랑이란 부부 간의 사랑, 자녀 상호 간의 사랑 등의 수평애(가로사랑)이다. 종적 질서는 조부모→부모→자녀→손자손녀로 이어지는 질서를 말하며 횡적 질서는 부부 간 및 부모 중심의 형제자매 간의 질서를 말한다.220)

종적 사랑이 종적 질서로 표현되는 것은 구조적으로 정분합작용(正分合作用)을 통해 형성되는 1대, 2대, 3대의 사위기대가 위계적 질서를 형성하기 때문이다. 자식은 부모의 사랑을 통해서 창조되기 때문에 심정적 일

---

218) 세계평화통일가정연합, 『천성경』, 3-1-4-59, 304.
219) 『말씀선집』 제259권, 44.
220) 통일사상연구원, 『통일사상요강』, 239.

체를 이루었다고 해도 상하 질서에 변화는 없다. 부모와 자식 간의 주체와 대상의 관계는 종적 주체와 대상의 관계이다. 부모와 자식의 관계에서 사랑을 중심한 종적가치관은 부모가 부성애와 모성애로 자녀를 양육하고, 자녀가 효를 실천하는 것으로 표현된다.[221]

횡적가치관은 부부관계를 원형으로 하여 횡적 사랑과 횡적 질서를 표현한다. 부부는 횡적으로 주체와 대상의 관계를 맺고 수평선상에서 수수작용을 한다. 자동적 사위기대에서 부모로 합성화하면서 절대적 동위성을 확보한다. 존재적 사위기대에서 일체되었기 때문에 일체를 이룬 부부는 주체와 대상의 역할을 바꾸어 활동하여도 질서가 유지된다.

형제자매간의 관계도 횡적가치관에 따른다. 그러나 형제자매간의 횡적 사랑과 질서는 부부 사이의 사랑과 질서와는 엄연한 차이가 있다. 부부는 관계적 일체를 통해 부모라고 하는 존재적 일체로 귀결되었지만 형제자매의 관계에서 존재적 일체는 불가능하기 때문이다. 수적 상응성에 있어서도 부부관계는 숙명적 1대 1의 관계이지만 형제자매의 관계는 숙명적이기는 하나 1대 다수의 관계이다.

형제자매의 관계에서의 횡적 사랑과 질서는 각각 형우제공(兄又弟恭)과 전후(前後)의 질서로 나타난다. 신생체인 자녀 형성에 있어 정분합작용의 시간차가 반영된 결과이다. 형은 먼저 태어난 자로서 우애로서 아우를 대하고, 아우는 나중에 태어난 자로서 형에 대해 공손과 공경으로 대

---

221) 자식이 부모의 사랑에 대해 돌리는 미(美)로서 효는 부모에 대해 대상의식을 가지는 절대적 사랑이다. "효의 길은 어떤 길이냐? 자기의 주체의식이 발발하게 될 때는 효자의 길은 깨져 나가는 것입니다. "어머니 아버지가 뭐야?" 하게 될 때는 또 다른 주체의식이 출발하는 것입니다. 그렇지 않아요? "어머니 아버지면 어머니 아버지지 뭐야? 그 늙은이가 날 낳아 줬으면 낳아 줬지 뭐야? 내가 낳아 달라고 해서 낳아 줬나? 자기들이 좋아서 낳았지!" 하게 되면 마지막입니다. 그건 둘 다 깨져 나가는 것입니다. 효라는 것은 주체의식을 갖지 않는 것입니다. "나는 대상이다." 해야 되는 것입니다." 『말씀선집』 제58권, 305.

한다. 이러한 형제자매의 사랑과 관계가 사회로 확대되면 인류애와 장유(長幼)관계 및 붕우(朋友)관계가 된다.222)

이와 같은 이상적 가정의 규범은 사회나 국가가 지켜야 할 규범의 근본이 된다. 성자와 성령이 로고스적 존재로서 형성하는 가정의 규범은 본연의 사회와 국가의 질서로 확대, 적용된다.223)

(3) 창조적 존재

창조적 존재는 하나님의 창조성을 부여받은 인간을 의미한다. 우주 창조에서 하나님의 창조성은 2단계의 발전적사위기대 형성의 능력으로 발현되었으므로 창조적 존재는 내·외적 발전적사위기대를 형성하여 창조성을 발휘하게 된다.224) 창조목적을 중심한 인간의 창조성은 두 가지로 나타나는데 하나는 자녀번식이고 다른 하나는 만물에 대한 주관성이다(창 1:28).

발전적사위기대는 창조목적을 중심하고 주체와 대상이 수수작용을 하여 신생체를 산출할 때의 사위기대를 뜻한다. 따라서 내적발전적사위기대는 내적사위기대가 외적발전적사위기대는 외적사위기대가 발전성, 운동성을 띠게 된 것이다. 발전적사위기대는 자기동일적 합성체를 뜻하는 자동적사위기대와는 달리 안팎에서 형성되며 동시적이 아니고 계속적이다. 즉 내적발전적사위기대가 먼저 형성되고 외적발전적사위기대가 형성된다.225)

원상에서 내적발전적사위기대는 심정을 중심하고 내적성상, 즉 정·지·의의 통일체로서의 영적통각(靈的通覺)이 내적형상인 관념, 개념, 법

---

222) 윤예선, "한학자 총재의 가정교육에 대한 연구" (석사학위논문, 신학과, 청심신학대학원대학교, 2012), 137.
223) 통일사상연구원, 『통일사상요강』, 249.
224) 통일사상연구원, 『통일사상요강』, 249–250.
225) 통일사상연구원, 『통일사상요강』, 103.

칙, 수리 등의 영적주형(靈的鑄型)과 수수작용을 하여 생동하는 주형적 관념인 구상체, 즉 로고스(신생체)를 창출한다.226) 다음으로 외적발전적 사위기대에서 심정을 중심하고 본성상, 즉 내적발전적사위기대의 결과물인 구상(로고스)의 주형에 본형상, 즉 무한응형성(無限應形性)을 갖춘 질료적 요소인 전단계(前段階)에너지(Pre-Energy)가 스며들어 물질적인 체를 갖춘 피조물(신생체)을 산출한다.227)

창조의 2단구조로 불리는 원상에서의 내적발전적사위기대와 외적발전적사위기대를 창조적 존재인 인간에 적용하면 새로운 생명의 창조인 자식을 낳는 행위와 물건이나 작품 등을 만드는 행위가 된다. 창조목적을 중심삼고 볼 때 자녀번식은 하나님이 직접 사랑하실 수 있는 실체대상을 확대하기 위한 것이며, 발명이나 창작 등은 하나님의 주관성을 닮아 만물에 대한 주관성을 확보하기 위한 것이다.

먼저 자녀번식을 살펴보자. 창조적 존재가 참부모가 되어 하나님의 실체로 기능하고 있다면 내적발전적사위기대의 결과는 하나님의 사랑이상에 맞게 3대의 가정에 대한 구상이다. 사랑의 완성은 창조이상세계 실현에 앞서 3대권의 완성으로 제시되기 때문이다.

> 하나님이 아담 해와의 결혼이 가까워 오게 된다면 성상·형상의 실체로서 몸 마음이 화합될 수 있는 자연적 환경이 되는 거예요. 그러면 하나님이 들어와 가지고 자동적으로 하나님의 몸 마음이 하나되고, 하나님이 일심, 일체, 그 다음에는 일념이 되는 거예요. 생각까지도 하나되는 거예요. 생각은 가정이상 확정이에요, 삼대상목적!228)

---

226) 통일사상연구원, 『통일사상요강』, 122-127.
227) 통일사상에서는 이를 하나님이 철의 산출과정에 빗대어 주형(거푸집)에 용해액을 부어 철물을 만들듯이 로고스라는 영적 주형에 영적 액체를 부어 넣는 것과 같은 방식으로 만물이 만들어졌다고 설명한다. 통일사상연구원, 『통일사상요강』, 110, 134-138.
228) 『말씀선집』 제388권, 200.08.01.

인간은 무엇보다도 먼저 참사랑을 바탕으로 한 참된 가정을 세워야 합니다. 참된 부모를 중심삼고 삼대권을 이루어 참사랑으로 한데 어우러져 사는 가정을 완성해야 한다는 뜻입니다.229)

다음으로 외적발전적사위기대에서 3대권에 대한 구상이 실체적으로 전개된다. 원상에서는 전단계에너지, 즉 전(前)에너지가 신생체의 질료적 요소를 담당하여 인간을 창조하였다. 인간에 있어서는 남편과 아내의 실체적 사랑이 질료적 요소를 담당한다. 즉, 외적발전적사위기대의 결과물은 남편과 아내의 생식기의 작용을 통한 자녀의 탄생이다. '혈통'을 통해 하나님의 사랑의 결실을 맺는다.230) 아우구스티누스가 '생명의 씨앗'으로 하나님의 창조를 추정했다면 통일신학에서는 '혈통'으로 명시되며231) 인간이 하나님의 실체로서 기능한다는 것은 하나님의 혈통의 3대권을 실체적으로 형성하는 것이다.232)

---

229) 세계평화통일가정연합, 『평화신경』, 275.

230) "여러분은 참부모의 진짜 아들딸입니까? 참자녀는 무엇을 중심삼고 말하는 거예요? 참혈통입니다. 물론 참사랑을 통해 인연되지만 이루어지기는 참혈통을 통해 연결되었다는 것입니다. 그렇기 때문에 참혈통을 통해 연결된 것은 어머니 아버지를 닮는 것입니다." 세계평화통일가정연합, 『천성경(2010)』, 990.

231) 아우구스티누스는 창세기 1:11, 20, 24을 들어 하나님이 생명의 씨앗을 창조했다고 믿었다. Augustine, *De Genesi Ad Litteram Imperfectus Liber,* in the Corpus scriptorum ecclesiasticorum Latinorum vol. 28/1, trans. Joseph Zycha (Vindobonae: F. Tempsky, 1894), c. man. 1.7.11.; 정승익, "창조주 하느님, 삼위일체 하느님", 『가톨릭신학』 vol. 22 (2013):12. 참조.

232) 신학적 상황에 적용하면 아담 해와의 창조인 원 창조(creatio originalis)나 새롭게 중생의 사명을 가지고 오신 참부모의 새 창조(creatio nova)가 하나님의 혈통의 창조라는 것이다. "예수는 하나님의 혈통적 직계의 원죄 없는 독생자로 오셔서, 타락한 온 인류를 그에게 접붙이어 한 몸이 되게 하심으로써 그들로 하여금 원죄를 벗고 하나님 직계의 혈통적 자녀로 복귀케 하시기 위하여 오셨던 것이다. 예수와 성신이 인류의 참부모로서 이와 같이 타락인간을 접붙이어 원죄를 벗게 하심으로써, 하나님과 창조본연의 혈통적인 인연을 맺게 하시는 역사를 우리는 중생이라고 한다." 세계평화통일가정연합, 『원리강론』, 396.

정(正)에서 갈라져(分) 가지고 합(合)이 돼요. 정분합(正分合)이에요.
… 합이 되려면 3대가 거쳐야 돼요. 하나님이 1대면 아담 해와는 2대고
아담 해와의 아들은 3대인데, 하나님이 손자를 못 가진 것이 타락이에
요. 3대가 핏줄이 끊어진 것을 알아야 돼요. 그러니 전부 다 부모를 부정
하고 쌍쌍제도에 반하는 동물세계가 되었어요. 사위기대 이것이 씨에
요, 씨. 씨는 타원형이나 원형을 그리는 거예요.233)

여러분 일대만을 중심한 가정이 아닙니다. 적어도 삼대권을 이루어
확고부동한 하늘의 전통을 세워야 합니다. 대대손손 선민의 참된 혈통
이 흐르는 가문을 정착시켜야 할 사명이 있다는 뜻입니다.234)

성자와 성령은 본연의 창조적 존재로서 하나님의 혈통인 '참혈통'을 소
유한 존재이기 때문에 이들의 자녀번식은 하나님의 가정을 시작하는 창
조이다.235) 더 나아가 이들의 '계속되는 창조'는 하나님의 참혈통을 종족,
민족, 국가, 세계, 천주까지 확장시킨다는 것을 의미한다.236)
　다음으로 만물에 대한 창조성의 발현은 내적발전적사위기대에서 청사
진을 그린 다음 외적발적적사위기대에서 실제 물건이나 작품 등을 만드
는 것이다. 이러한 만물의 대한 창조성은 하나님의 주관성을 닮기 위한
것이기 때문에 만물을 취급하는 산업활동, 정치, 경제, 과학, 예술 등의 활
동에서 하나님의 심정이나 사랑을 중심한 만물주관으로 이어져야 한
다.237) 본연의 주관이란 사랑을 가지고 창의적으로 행하는 행위이기 때

---

233) 『말씀선집』 제357권, 2001.10.29
234) 세계평화통일가정연합, 『평화신경』, 270-271.
235) 이레네우스는 하나님의 창조를 시작의 개념으로 파악하였다. 이레네우스 견해 참
　　조. 후스토 L. 곤잘레스, 『초대교회사』 엄성옥 역 (서울: 은성, 2012), 124-128.
236) 계속되는 창조에 대한 개념은 Ian G. Barbour, *Issues in Science and Religion*
　　(Englewood Cliffs, N.J.,: Prentice-Hall, 1966), 12장; A. R. Peacocke, *Creation and*
　　the World of Science (Oxford: Oxford University Press, 1979), 2장, 3장; J. C.
　　Polkinghorne, *Science and Creation* (London: SPCK, 1988), 4장 참조.
237) 통일사상연구원, 『통일사상요강』, 250.

문에238) 내적으로 심정적 주관자로서의 면모를 갖춘 후에 외적으로 기술, 과학 등을 활용하여 만물을 다루는 것이다.239)

본래 주관이란 타인이 만든 것에 대해 성립할 수 없으나 자녀는 자라서 부모의 권한을 상속받을 수 있으므로 하나님은 자녀인 인간이 성장기간 동안 책임분담을 다하여 스스로 완성하면 만물의 주관주의 자격을 얻도록 하셨다. 만물을 총합한 실체상이자 소우주인 한 인간의 가치가 우주의 가치와 맞먹는다. 따라서 인간이 스스로 완성한다면 그 노력을 우주의 창조위업에 가담한 것과 동일한 가치의 조건으로 인정할 수 있다.240)

창조적 존재로 완성한 성자와 성령의 만물 주관은 참주인의 주관이다. 타락한 인간은 사랑이 아닌 자기중심적 이성에 의해 창조성을 발휘하여 자연을 파괴하거나 공해, 전쟁병기 등을 개발하고 만물의 고통을 유발하였으나 참주인은 참사랑을 중심으로 창조성을 발휘하여 자연을 보호하고 만물 본연의 가치를 드러낸다.241) 또한 하나님의 창조성을 2/3정도만 이어받은 타락인간과 달리242) 온전한 하나님의 창조성을 상속하여 하나님을 중심한 주관적 사위기대를 완성한다. 본연의 창조성을 통해 만물과 인간 그리고 하나님과의 조화와 통일을 창출한다.

---

238) 통일사상연구원, 『통일사상요강』, 76.
239) 인간이 내외(內外) 양면이 있는 것처럼 인간의 주관성은 내외 양면의 주관성이 있다. 내적인 주관성은 심정적 주관성으로 피조세계에 대해서 사랑으로 심정적 주관자가 되는 것이다. 그리고 외적인 주관성은 과학에 의한 주관성을 의미한다. 인격완성자는 영감(靈感)이 고차적으로 발달되어 과학의 발달도 빨리 이룰 수 있어 피조물에 대해 외적인 주관을 하게 된다. 세계평화통일가정연합, 『원리강론』, 139−140.
240) 통일사상연구원, 『통일사상요강』, 250−251.
241) 통일사상연구원, 『통일사상요강』, 252.
242) 아담 해와가 장성기 완성급에서 타락하여 하나님의 창조성을 2/3 이어받았다. 통일사상연구원, 『통일사상요강』, 77.

이상의 내용들은 원상을 닮은 완성실체가 '참부모'임을 가리킨다. 따라서 성부, 성자, 성령의 동일실체는 참부모로서의 본질, 즉 '참부모성'임이 확증된다.

────── IV. 삼위일체론의 재구성

1. 일체성의 의미

2. 삼위의 구별성

3. 내재적 삼위일체와 경륜적 삼위일체의 관계

이 장에서는 통일 삼위일체론의 실체 개념을 삼위일체론의 난제에 적용해 보고자 한다. 기독신학의 신비적 경향으로 인해 설명하기 어려웠던 삼위일체론의 대표 질문들은 다음과 같다. 첫째, 성부, 성자, 성령의 삼위께서 '일체'라고 할 때 일체성(unity)의 의미는 무엇인가? 둘째, 하나님께서 성부, 성자, 성령의 삼위로 계시다고 할 때 이 '삼위(three persons)'의 정확한 의미가 무엇인가? 셋째, 하나님께서 역사의 과정 가운데서 당신에 대해 드러내신 삼위일체성과 역사 이전에 스스로 계시는 하나님의 삼위일체성의 관계는 어떻게 이해할 수 있을까?[1) 이다. 이러한 난제들은 삼위일체의 '일체성'과 '구별성', 그리고 '내재적 삼위일체와 경륜적 삼위일체의 관계'에 대한 질문으로 요약되며, 곧, 존재와 관계에 대한 질문이다. 삼위일체의 존재와 관계 문제를 통일 삼위일체론의 실체 개념으로 고찰해 보자.

1. 일체성의 의미

김병훈은 세 위격의 일체성, 곧 실체적 단일성의 특징은 세 가지 명제를 인정함을 뜻한다고 말한다. 첫째, 실체적 단일성은 명목론이 아니라 존재론으로 실재임을 인정하는 것이다. 둘째, 피조세계에 대한 삼위 하나

---

1) 이승구, "존재론적 삼위일체와 경륜적 삼위일체와의 관계", 120.

님의 사역이 분리되지 않는 것이다. 셋째, 삼위의 페리코레시스 관계를 인정하는 것이다.2) 이러한 점에서 전통적 삼위일체론의 일체성은 본질이나 삼위의 동역 혹은 관계의 차원에서 묘사되어왔음을 앞서 살펴보았다.

현대 삼위일체론은 바르트, 라너, 벌코프 등이 라틴 신학의 본질의 일체성의 전통을 이어 초월적 단일 본질(the supreme substance)이나 절대적 단일 주체(the absolute subject)로 일체성을 주장하는 한편, 몰트만, 보프, 라쿠나, 존슨(E. Johnson), 지지울라스 등이 헬라 신학의 페리코레시스적 일체성에 중점을 두어 관계(relation) 혹은 친교(communion, koinoia)로서의 삼위일체의 일체성을 지지한다. 그런데 바르트나 라너의 경우는 존재의 초월적 주체성을 강하게 주장하기 위해 위격을 비인격적으로 묘사하고 구별되는 특성을 최소화하면서 양태론적이라는 비판에 직면한다.3) 몰트만과 같은 사회적 삼위일체론자들은 종속론의 위험을 배제하고자 세 위격의 지나친 독립성과 구별성을 강조하면서 삼신론이라는 비판을 받는다.4)

현대의 삼위일체론은 전통적으로 강세를 보였던 심리적 삼위일체론의 주도에서 벗어나 성서에 증언된 삼위의 구원사역에 입각한 일체성을 찾고자한다는 점에서는 공통적이고 우리와 삼위일체 하나님의 관계를 실재적으로 조명하고자 노력한다는 점에서 고무적이다.5) 그러나 일체성에 대

---

2) 김병훈, "삼신론과 의식의 중심으로서의 하나님의 위격",『목회와 신학』no. 189 (2005): 203.

3) 위르겐 몰트만,『삼위일체와 하나님의 역사』, 이신건 역 (서울: 대한기독교서회, 1998), 10–13.; 라틴 전통에 기초한 바르트나 라너, 개혁주의 신학자들에게 세 위격들의 관계 방식은 외적으로(exist) 존재하는 것이 아니라 내적으로(subsist) 존재하는 것이다. 이들은 삼신론적 경향성에 대한 염려가 강하여 삼위일체의 인격(person) 개념을 추방할 필요가 있다고 생각한다. Karl Barth, *Church Dogmatics,* I /1, 402, Karl Rahner, *The Trinity*, 44.

4) 김병훈, "주제: 21세기 신학 교육과 목회 : 신학포럼; 위르겐 몰트만의 "하나님의 삼위일체론적 단일성" 개념에 담겨 있는 삼신론적 특성들",『성경과 신학』34, (2003): 438–65.

5) 박만,『현대 삼위일체론 연구』, (서울: 대한기독교서회, 2003), 34–36.

한 접근에 있어서 한 존재에 중점을 둔 초월적 주체성과 삼위의 뚜렷한 구별성이라는 각 극단을 추구하면서 삼위일체론의 형성과정에서 논란이 돼 왔던 양태론과 삼신론의 문제를 재현하고 있다.

통일신학적으로 삼위일체의 일체성을 바탕으로 한 존재와 관계는 포괄적이다. 통일 삼위일체는 천지인참부모를 의미한다는 점에서 삼위일체의 일체성은 '천지인참부모'의 개념을 중심으로 천착한다. 천지인참부모라는 한 존재와 천지인참부모를 구성하는 하늘부모님, 참아버지, 참어머니의 세 위격의 연합으로서의 일체성이다. 따라서 본질 중심적 일체성이 추구하는 한 존재적 일체성과 연합으로서의 일체성이 추구하는 관계적 일체성을 모두 내포하고 있다. 이해를 돕기 위해 통일신학적 관점에서 보는 일체성을 삼위일체의 일체성의 특성들과 연관하여 살펴보자.

1) 성부로부터의 기원

성부의 군주성이라 불리는 성부로부터의 기원된 성자와 성령의 이해는 삼위일체에 대한 논의가 본격화하기 전에도 저스틴(Justin Martyr),[6] 타치아노스(Tatianos),[7] 테오필로스(Theophilos of Antioch),[8] 아타나고라스(Athenagoras),[9] 이레네우스,[10] 등 초기 교부들의 저술에서도 찾을 수 있고, 삼위일체의 논의가 조금씩 정교화되었던 3세기 터툴리안과[11] 클레멘트(Clement of Alexandria),[12] 오리겐(Origenes)[13] 등의 사상에서는 삼위

---

6) Ioustinos, *1 Apologia Justini*, 23; 33; 46; 58; 63. 저스틴은 영어식 이름이고, 헬라식 이름은 유스티노스이다. 본문에서는 영어식 이름을 택했다.
7) Tatianos, *Oratio ad Graecos*, 7.
8) Theophilos, *Ad Autolycum*, II, 22.
9) Athenagoras, *Supplicatio pro Christianis* 4; 5; 10; 18.
10) Irenaeus, *Adversus haeresos*, II, 28, 6.
11) Tertullianus, *Adversus Praxeas*, 2; 3; 4; 8; 11; 29.
12) Klement, *Proteptikos*, I, 6; *Stromata*, IV, 25; VI, 7; VII, 1; *Quis dives*, 37.
13) Origenes, *De principiis*, II, 6, 1; *Commentarium in Joannis Evangelium*, VIII, 36.

일체의 위격, 발출, 출래 등의 용어 사용과 함께 성부의 기원성이 구체적으로 주장되었다. 이렇듯 삼위일체의 일체성을 성부로부터의 기원에서 이해하는 방식은 '(성자가) 아버지의 본질에서 나셨다(ἐκ τῆς οὐσίας τοῦ πατρός)'고 설명하는 니케아 신조가 정식화 되면서 전통으로 연면히 내려왔다.[14] 성경에 근거를 두고 전통적으로 기독교 교부들이 천명해 오면서 헬라 교부들뿐만 아니라 아우구스티누스를 위시한 라틴 교부들도 성부의 기원성을 명확하게 인정하면서 가르쳐 왔다.[15] 현대에 와서도 여전히 성부의 기원성은 수호되어야 할 전통으로 인정된다. 통일신학에서도 역시 성자와 성령이 성부 하나님으로부터 기원하는 것으로 이해한다.

> 창조원리에 의하면, 정분합작용(正分合作用)에 의하여 삼대상목적(三對象目的)을 이룬 사위기대(四位基臺)의 터전이 없이는 하나님의 창조목적은 이루어지지 않는 것으로 되어 있다. 따라서 그 목적을 이루기 위하여는, **예수와 성신도 하나님의 이성성상(二性性相)으로부터 실체로 분립된 대상으로** 서 가지고 서로 수수작용을 하여 합성일체화(合性一體化)함으로써, 하나님을 중심한 사위기대를 이루지 않으면 안 된다. 이때에 예수와 성신은 하나님을 중심하고 일체가 되는 것이니, 이것이 곧 삼위일체(三位一體)이다.[16]

통일신학에서 하나님은 본성상과 본형상의 이성성상, 그리고 그 속성인 본양성과 본음성의 이성성상의 중화적 통일체이시므로 정확히 말해 성부 하나님은 남성만이 아닌 부모로서 여겨진다. 가정연합에서는 성부

---

14) 니케아 신경 한국어 참조. Hubertus R. Drober, 『교부학』, 하성수 역 (분도출판사, 2001), 345.; 니케아 신경 헬라어 및 라틴어 참조. Philip Schaff, *The Creeds of Christendom, with a History and Critical Notes* (Grand Rapids, Mich.,: Baker Book House, 1919), II, 60.
15) 찰스 하지, 『조직신학 I』, 573.
16) 세계평화통일가정연합, 『원리강론』, 236–237. 굵은 글씨는 필자의 강조이다.

하나님의 공식 명칭을 '하늘부모님'이라고 하는데 이는 성부 하나님이 실제로는 남성격 성품과 여성격 성품을 동시에 갖추신 부모로 이해함을 보여준다.[17] 그러나 전통적으로 하나님을 아버지로 칭하였기 때문에 하늘부모님으로 이해하는데 어려움을 겪는 경우도 있다.

노무라(S. K. Nomura)의 경우는 창조주 하나님의 '아버지'성을 강조한다. 하나님을 '남성격 주체(男性格 主體)'로 언급하는『원리강론』의 내용과 하나님을 남자로 묘사하는 말씀 등을 토대로 하나님과 아담은 종적인 관계로 이해하고 해와는 하나님의 아내로서 아담과의 횡적인 관계를 통해 하나님과 연관되는 것으로 이해하고 있다. 또한 생명의 씨인 정자를 남자가 가지고 있기 때문에 남자를 통해 하나님의 혈통이 종적으로 연결되면서 통일신학에서 강조하는 '부자관계'가 성립될 수 있다고 강조한다.[18] 이러한 노무라의 주장은 전체적인 맥락을 고려하지 못하면서 하나님을 왜곡해서 이해할 여지를 준다. 반면 윌슨(A. Wilson)의 경우는 하나님의 '어머니'성을 드러내면서 하나님의 부성과의 조화를 꾀하였다. 하나님의 부성과 모성을 비교하여 제시하고 한편으로 성경의 다말, 마리아와 같은 여성들을 통한 하나님 혈통의 복귀노정과 하나님의 어머니성의 현현으로서 참어머님을 증거한다.[19]

여기서 하나님을 아버지−어머니로서 표현할 때 주지해야 하는 사실은 주체−대상의 관계는 상하관계가 아니라 격위의 차이를 통한 질서와 화합의 관계라는 점이다. 통일신학에서 주체와 대상은 상대의 선유(先有)를

---

17) "하나님은 이성성상의 주체로 계십니다. 무형의 이성성상의 주체로 계시는 하나님의 남성격 내적 성품을 실체로 전개해서 상대적으로 만들어 놓은 것이 아담이고, 여성격 내적 성품을 실체로 전개해 놓은 것이 해와입니다." 세계평화통일가정연합,『천성경』, 1−3−2−2, 87.

18) Stephen K. Nomura, "God as Masculine Subject Partner," *Journal of Unification Studies*, vol. 4, (2001−2002): 57−69.

19) Andrew Wilson, "Heavenly Mother," *Journal of Unification Studies*, vol. 10, (2009): 73−95.

인정하고서 상대와 조화로운 관계를 통해 존재함을 원칙으로 한다. 수수작용의 과정에서 어느 한쪽만이 영원히 주체이고 대상인 게 아니라 관계 속에서 주체와 대상의 역할이 바뀌지면서 동등성을 유지한다.[20] 상대가 없이는 존재할 수 없다는 원칙에 의거해 볼 때 창조의 기원이신 하나님을 부성과 모성 중 어느 한쪽만을 부각시킬 경우 하나님의 존재의 완전성을 훼손하는 행위가 된다. 하나님을 아버지 혹은 어머니로 부를 경우에도 참부모라는 사실을 인지해야 하고, 온전히 표현한다면 반드시 하늘부모님으로 혹은 종적 참부모로 명시해야 한다.[21]

2008년부터 2012년까지 참부모님께서 대대적으로 교육하신 『원리본체론』에서 강조하신 바에서도 알 수 있듯이 하나님은 '중화적 통일체'로서의 하나님이다.[22] 혈통을 창조하시기 위해 생명의 씨인 정자를 지닌 남성과 더불어 생명의 몸인 난자를 지닌 여성을 실체대상으로서 전개하신 하나님은 남성과 여성의 생식기의 근원을 모두 가지신 분으로서 참사랑과 참생명과 참혈통의 근원인 참부모이시다.[23]

---

20) 통일사상연구원,『통일사상요강』, 178−179.
21) 세계평화통일가정연합,『평화의 주인, 혈통의 주인』(서울: 성화출판사, 2009), 22.
22) 세계평화통일가정연합,『원리본체론』(서울: 현문미디어, 2012), 87.
23) 세계평화통일가정연합,『평화의 주인, 혈통의 주인』, 34.; 세계평화통일가정연합,
   『참부모경』, 58−63.; "무형의 하나님이 중화적 존재에서는 한 자리에 사랑을 중심 삼고 뿌리를 박고 있는데 하나예요. … 하나님의 성상·형상이 하나되는 것은 무엇이냐? 하나님의 보이지 않은 생식기, 보이지 않은 남성적 생식기와 여성적 생식기가 하나되어 가지고 내적으로 주고 받으면서 90도예요."『말씀선집』제409권, 2003.06.22.; 참고로 기독신학에서도 하나님의 형상이라는 개념에 성적(性的)으로 분화된 창조물로서 육체성(corporality)이 내재한다. "우리가 우리의 형상대로 사람을 만들자"라는 구절에서 하나님의 형상의 기능적 측면 혹은 창조활동에 대한 유비로서 하나님의 생식 활동(pocreation)을 상정한다. 기독신학의 견해는 다음 참조. Gerhard von Rad, *Old Testament Theology* (New York: Harper, 1962), vol. 1, 144−148.; Walther Eichrodt, *Theology of the Old Testament* (Philadelphia: Westminster Press, 1961), vol. 2, 122−131.; Meredith G. Kline, *Kingdom Prologue : Genesis Foundations for a Covenantal Worldview* (Overland Park, KS: Two Age Press, 2000), 30.; Henri

그렇다면 '남성격 주체'라는 말은 어떻게 이해될 수 있는지 살펴보자. 노무라가 인용한 말씀 중에 "남성은 창조 전 하나님과 같다"는 대목이 있다.[24] 통일신학에서 창조하기 전 하나님은 사랑의 주체의 입장이셨다고 한다.[25] 이러한 사랑의 주체는 사랑의 대상과 하나되기를 추구한다. 존재의 원칙이 주체와 대상의 이중 존재가 하나 되는 데 있기 때문이다. 일반적인 경우에 남자를 주체로, 여자를 대상의 격위로 상정하는데 이때 주체와 대상은 대응적(對應的) 관계를 통해서 하나가 되고 발전한다.[26] 여기서 주체는 먼저 주는 자로서 대상에 대해 절대투입을 행한다. 이런 점에서 하나님이 남성격 주체라는 말은 하나님이 '아버지'로만 존재한다는 뜻이 아니라 어디까지나 격위에 있어 주체라는 것이다. 절대적인 주체로서의 하나님이 상대인 실체대상을 위해 절대적인 사랑으로 투입한다는 것을 의미한다.[27]

Blocher, In the Beginning : The Opening Chapters of Genesis, trans. David G. Preston (Leicester, England ; Downers Grove, Ill., U.S.A.: Inter-Varsity Press, 1984), 93.

24) "(Man is) exactly like God before creation. Man is the deputy of God." Sun Myung Moon, "Words at the World Leaders' Conference," The Blessed Family, 1996, 48. (일본어 영문 번역본) Stephen K. Nomura, "God as Masculine Subject Partner," 62. 재인용.

25) "환경을 창조할 대 주체적 요소가 뭐냐? 사랑입니다. 주체·대상도 사랑이에요. 대응적 상대가 되는 것도 개인적 사랑에서 우주적 사랑으로 확장해 들어가야 되는 것입니다." 『말씀선집』 제279권, 1996.08.04.

26) "몸과 마음이 하나되어 있으면 남자는 주체가 되고, 여자는 마이너스가 됨으로 말미암아 대응적인 관계를 통해서 둘이 하나되는 것입니다. 하나되는 데는 이것이 큰 마이너스가 되고, 그 다음에 이것은 더 큰 플러스가 되는 거예요. 이것이 더 큰 것으로 가려면 마이너스를 흡수해야 되는 것입니다. 더 큰 것을 흡수해 가지고 더 큰 플러스에 흡수되어야 되는 것입니다. 몸 마음이 하나된 이것이 주체·대상과 같이, 대응적 관계로 발전되는 것입니다. 대응적 상대 관계로 여기에서 플러스 마이너스로 발전하는 것입니다." 『말씀선집』 제279권, 1996.08.04.

27) "절대적인 주체가 뭐냐? 절대적인 신앙, 절대적인 사랑, 절대적인 복종하는 사람입니다. 그런 절대적인 주체의 상대가 되어야 하는 것입니다." 『말씀선집』 제279권, 1996.08.04.

하나님이 아버지라면 하나님 어머니가 있어야 됩니다. '하늘부모' 할 때는 반드시 두 분이기 때문에, 통일교회에서는 이성성상의 중화적 주체인 동시에 격으로는 남성격으로 계신다고 해요. 그래서 정(正)에서부터 분(分)해 가지고 남자 여자를 갈라놓은 것이다 이거예요.[28]

생명의 본체, 사랑의 본체, 진리의 본체인 하나님은 인간의 아버지인 동시에 어머니입니다. 핵심은 부모입니다.[29]

하나님의 자식으로 태어난 아들딸 가운데는 하나님의 사랑이 심어져 있고 하나님의 생명이, 어머니 · 아버지의 생명이 심어져 있고, 하나님 어머니 아버지를 통한 혈통이 심어져 있다는 것입니다.[30]

『원리원본』에 따르면, 인간의 타락하여 미완성하였기 때문에 지금까지 하나님이 남성격 주체, 즉 아버지격으로만 존재했다. 창조목적에 따라 인간이 완성하였다면 하나님도 참부모로서 본형(本形)을 완성할 수 있었다. 그런데 타락하여 인류는 아직 어머니를 찾지 못하고 아버지 속에만 있는 자녀 입장이므로 하나님도 아버지격으로만 계셨다.[31] 하나님은 아버지뿐만이 아니라 어머니를 합하여만 완성된 존재이시기에 하나님도 어머니를 찾아 나온 것이 복귀섭리역사이다. 인류는 재림주이신 참부모를

---

28) 『말씀선집』 제388권, 2002.08.01.
29) 세계평화통일가정연합, 『천성경』, 1-1-2-11, 38.
30) 『말씀선집』 제214권, 1991.0.03.
31) "지금(至今)까지 타락(墮落)으로 인(因)하여 사람의 미완성하였으니 사람은 하나님 아버지만으로 하여 나오고 있다. … 아버지 속에 있는 자녀(子女)는 유(有)하여도 반드시 사랑을 중심(中心)하고 어머니 이 몸을 통(通)하여야만이 다시금 제2세(第二世) 생존체(生存體)를 구성(具成)하여 한 대신(代身) 역활(力活)를 갖게 되는 바다." 문선명, 『원리원본』 제5권, (부산: 필사본, 1952), 645, 미간행. 한문으로 써 있던 부분은 한글로 고쳤고, 본래 페이지 표시가 없으므로 정진완의 임의적 표시에 따랐다. 정진완, "『원리원본』에 대한 총론적 고찰", (선문대학교 신학대학원, 통일 성서신학 전공, 석사학위논문, 2001), 106-107.

맞은 지금에서야 하나님을 아버지뿐만 아니라 어머니로서 인식할 수 있게 되었다.[32] 섭리의 진전으로 절대주체이신 하나님이 절대대상인 참부모와 일체됨으로 말미암아 하나님 아버지, 하나님 어머니로서 본래 이상적 참부모의 입장을 확립하신 것이다. 문예진이 조명했던 것처럼 절대자이시면서 3수적인 존재인 하나님은 하늘부모님―하나님 아버지―하나님 어머니로 존재하신다고 판단해야 한다.[33]

정리하자면 통일신학적 관점에서 성부 하나님은 하늘부모님이시고 '남성격 주체'로서 성자와 성령, 곧 참아버지와 참어머니의 기원이 되신다. 덧붙여서, 성자와 성령은 하나님의 실체인 참부모로서 이상적 생명권을 상대하는 주체의 입장으로 표현할 때는 '남성격 주체'가 보이는 형상으로 표현된 것으로 여겨지며,[34] 성부 하나님과의 관계에서 상대적 실체대상 위치로 표현될 때는 '여성격 대상'으로 표현된다.[35]

---

32) "하나님은 아바지 뿐 아니고 (새군이 안이고) 어머니 합(合)하여 기본완성(基本完成) 보아진다. 그러니 하늘(하날)은 이 날이 전 소망(全 所望)과 고대(苦待)이였다. 그러니 지금(至今) 세상(世上)있는 인류(人類)은 참부모(참父母)를 주(主)로 하여서 영원 건설(永遠 建設)을 보아야 한다. 재림(再臨)아바지는 영원(永遠)한 아버지로써 이 내 님도 영원(永遠)한 어머니로써 새 출발(新 出發)하는 바다." 문선명, 『원리원본』제5권, 651.; "재림(再臨)으로 인(因)하여 기본(基本) 아버지 어머님을 완성(完成)하여서 양자계대(養子繼代)와 같치 제2차생(第二次生)를 받아서 어머님을 모시는 겄이니 이겄이 재림부활(再臨復活)애 목적(目的)인 바다." 문선명, 『원리원본』 제5권, 648.

33) Ye-Jin, Moon, "The Need to Recover Gender Balance, to Understand God as both Heavenly Father and Heavenly Mother," 73. 문예진의 경우 하늘부모님―하늘아버지―하늘어머니로 표기하였다.

34) "왜 남성적 주체냐 이거예요. 이상적 생명권을 상대할 수 있는 사람은 여성적 주체가 돼서는 안 돼요. 하나님이 주체라면 대상은 여성적 상대의 입장에 서 있기 때문에 여성이 주체가 될 수 없어요. 남성적 주체를 중심삼고 하나님이 가진 성상·형상의 중화적 존재요, 격에서 남성격 주체를 보이는 실체에 옮겨 심고자 한 것이 아담 해와 창조이상입니다."『말씀선집』제404권, 2003.01.31.

35) "유전성 법칙을 부정할 도리가 없어요. 천년만년 그 공식적 법칙이 순환하면서 확대되어 나가는 거예요. 그 가운데 본연의 주인인 하나님의 절대성의 모델인 남성

2) 삼위의 연합으로 본 일체성

통일신학적으로 보는 삼위의 연합은 신비적 연합이 아니라 실체적 연합이다. 우리가 앞서 실체 개념에서 실체대상은 하나님과 심정의 일체를 이룬다고 하였는데 이 말은 성부, 성자, 성령의 연합을 이끄는 요소가 곧 사랑임을 의미한다.

> 하나님은 무형의 존재입니다. 무형과 유형이 어떻게 결합하느냐? 무형세계와 유형세계를 어떻게 묶을 수 있느냐? 이것은 이론적으로 어려운 문제입니다. 육적인 무엇이 모체가 되어서는 영적인 나와 육적인 나를 묶을 수 없습니다. 영적인 부모와 육적인 부모, 타락하지 않은 본성의 기준에서 영적인 하나님과 보이는 실체적 태초의 타락하지 않은 인류조상이 무엇을 중심삼고 묶어질 것이냐 하는 것입니다. 종횡이 반드시 하나되어야 합니다. 종횡이 하나되어야 하는데 무엇을 통해서 묶어지느냐 하면 사랑입니다. 참된 사랑끼리는 최단 거리, 직단거리로 통합니다.[36]

여기서 사랑은 성상적인 사랑, 즉 마음에서 우러나는 사랑과 더불어 형상적인 사랑, 곧 성(性)적인 사랑의 행위도 의미하며 시간상으로는 정분

적 성을 갖고 본연의 모델인 여성적 성을 가진 그들(아담, 해와)이 타락과 사탄 혈통으로 상상도 할 수 없는 자리에서 하나될 수 있는 기준을 다 놓쳐버렸다는 것을 알아야 된다구요."『말씀선집』제589권, 2008.05.16.

36) 세계평화통일가정연합,『천성경』, 1-1-1-37, 34.; "반밖에 모르는 것을 전부 다 합덕시켜 가지고 완전 하나의 심정, 사랑과 더불어 생활 사정을 통해 가지고 환경에 박자를 맞출 수 있는 주체나 대상이 되면, 인성 완성, 인격적 신, 천지인(天地人) 완성이 벌어져요. 그렇기 때문에 천지인부모라는 것이 거기서 나오는 거예요. 천지인 완성 기준, 거기에 중심적인 핵이 될 수 있는 천지인부모예요. … 우리 통일교회에서는 보이지 않는 하나님을 천주부모라고 해요. 천주라는 것이 있어요, 천주. 무형이에요. 그다음에 천지부모가 있고, 천지인부모라는 것은 무형세계와 유형세계의 인격적인 신을 대신한, 몸뚱이도 신 앞에서 없어서는 안 될 그런 입장에서 정착될 수 있는 사랑의 출발을 하는 부모를 말해요. 이런 천지인부모를 말하는 거예요, 천지인부모."『말씀선집』제440권, 2004.02.28.

합작용(正分合作用)으로 전개되고 공간상으로는 사위기대(四位基臺)의 형태로 일체를 이룬다.

정분합작용에서 정(正)은 하나님의 원상을 의미하는데 분립되지 않은 상태의 하나님의 원상은 자동적 사위기대로서 성상과 형상이 통일체를 이룬 상태이다. 정(正)의 하나님 안에서의 성상과 형상의 수수작용은 심정을 중심하고 자기동일적이기 때문에 성상과 형상의 변화가 없는 정적(靜的) 수수작용을 하면서 존재한다.[37] 정적 수수작용으로 이성성상의 일심(一心), 일체(一體), 일념(一念), 일핵(一核)을 이룬 하나님은 완성된 가정의 형태를 무형으로 개념화한다. 정(正)은 중심을 의미하므로, 무형의 하나님이 천주부모(天宙父母)로서 고요하게 존재하면서 가정에 중심으로 안착해 계신 모습으로 묘사할 수 있으며 정성 안착(靜性安着) 혹은 정애 안착(情愛安着)이라고 한다.[38]

분(分)은 하나님의 자체 내의 이성성상의 수수작용에 의한 번식작용으로 하나님을 중심하고 이성성상이 양성실체인 남성과 음성실체인 여성으로 분립된 상태를 의미한다.[39] 무형의 이성성상의 통일체가 분립되어 실체화된 상태로 남성과 여성의 수수작용을 통해 일화(一和), 통일(統一)을 추구한다. 곧 성자와 성령이 부부를 이루어 실체적으로 서로 협조하고 화합하여 동성 안착(動性安着) 혹은 동애 안착(動愛安着)함을 의미한다. 이들은 유형의 존재로서 천지부모(天地父母)의 입장에 선다.

합(合)은 성자와 성령의 천지부모가 서로 사랑하여 일체된 자리에 하나님이 임재하시어 천주부모와 천지부모와 합성일체화한 천지인참부모를 의미한다. 무형이며 종적인 천주부모와 유형이며 횡적인 천지부모가 참

---

37) 통일사상연구원, 『통일사상요강』, 94–95.
38) 『말씀선집』 제415권, 272. 이 단계에서 하나님은 생각적으로 일심, 일체, 일념, 일핵의 상태로서 동성안착을 소망하면서 사랑의 대상을 위해 투입하고자 한다.
39) 세계평화통일가정연합, 『원리강론』, 33.

사랑으로 화합하여 완전일체(합성체)를 이룬 천지인참부모는 새로운 생명을 실체적으로 잉태하는 창조의 시작점이 된다. 창조이상인 가정의 안착을 하나님과의 일체권을 이룬 순결 · 순혈 · 순애성을 중심삼고 이루는40) 순애성 안착(純愛性安着) 혹은 순애 안착(純愛安着)의 존재이다.41)

숙명적으로 천지인참부모는 순애성 안착을 천주적으로 이루어야 하므로 12명 이상의 참자녀를 가진 3대 가정의 기반을 갖추어야 한다. 12명 이상의 참자녀를 가져야 12방수를 맞춰서 천상의 열두 진주문과 지상의 열두 달을 연결하고 확대할 수 있는 기반을 가지게 된다.42) 3대 가정의 기반을 갖춘 천지인참부모는 천주부모, 천지부모, 천지인참부모를 총합한 의미를 지니며,43) 하나님의 가정이상을 실체적으로 완성한 존재이다.

한편, 사랑을 통한 삼위의 연합에서 각 위격은 사랑으로 수수작용을 하기 전이나 한 이후, 성상과 형상의 결과에 있어서 본질적으로 달라진 것은 없다. 하지만 사랑하여 결합함으로서 일체된 존재인 천지인참부모가 된다.44) 이를 도식하면 다음과 같다.

---

40) "천주부모를 중심삼고 천지부모와 하나돼 가지고 천지인부모 완성의 자리가 비로소 하나님하고 일체권을 이뤄 가지고 순결 · 순혈 · 순애성을 중심삼고 안착함으로 말미암아 여기서 가정 출발, 종족 출발, 민족 출발이 벌어지는 거예요." 『말씀선집』 제427권, 2003.12.7.

41) 『말씀선집』 제415권, 273-275.

42) 『말씀선집』 제121권, 252.; 일반적인 축복가정은 동서남북의 사방성을 갖추어 확대할 수 있는 가정 기반을 가진 천지인부모가 되기 위한 조건으로 3명 이상의 자녀를 가져야 한다. 『말씀선집』 제422권, 2003.10.25.

43) 『말씀선집』 제422권, 2003.10.26.

44) 통일사상연구원, 『통일사상요강』, 94.

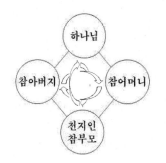

··· 정(正) : 무형, 종적 참부모,
           천주부모, 정성안착
··· 분(分) : 유형, 횡적 참부모,
           천지부모, 동성안착
··· 합(合) : 유 · 무형, 천지인참부모,
           순애성안착

[그림 2] 정분합작용으로 본 천지인참부모

　종과 횡의 연합의 순서를 살펴보면, 전반적으로 정(正)에서 종, 분(分)에서 횡이 있고 난 후에 합(合)이 일어난다. 성자와 성령의 개별 위격적 차원에서 고려하면 먼저 하나님과의 심정일체가 종적으로 있은 다음에 횡적인 부부의 관계가 있다. 그런데 사랑을 통한 실체적 연합 과정을 살펴보면 먼저 성자와 성령이 부부로서 횡적으로 일화 통일을 이룬 다음에 종적으로 하나님이 임재 하셔서 하나된다.

　　결혼해 가지고 하나되는 거예요. 사랑으로만 하나되는 거예요. 하나
　돼 가지고 뭘 하느냐? 하나돼야만 성상 · 형상, 큰 플러스가, 정(正)이 분
　(分)했다가 합(合)하는 것입니다. 남자 여자가 합해서 큰 마이너스가 되
　는 것입니다. 이것이, 나중에는 다시 큰 플러스인 하나님과 이 가정이 하
　나되는 데 있어서 종횡을 이루는 거예요. ··· 횡적인 기준이 벌어지면 반
　드시 종은 생겨나는 것이 천지 이치이기 때문에 지상에서 결혼해 가지
　고 사랑으로 하나되게 되면, 정에서 분했다가 합함으로 말미암아, 하나
　됨으로 말미암아 하나님과 하나되는 것입니다. 지상생활에서 사랑을 중
　심삼은 부부의 사랑은 하나님 자체의 사랑과 통할 수 있는 상대적 위치
　에 있다는 거예요.[45]

45)『말씀선집』제306권, 1998.09.23.

절대성을 중심삼은 아담과 해와가 하나님의 뜻대로 개인완성, 즉 인격완성을 이루어 하나님의 축복 속에 부부관계를 맺고 하나님과 완전일체를 이루었더라면, 하나님께서 그들 속에 임재하실 수 있는 인연이 결정되었을 것입니다. 더 나아가서는 그들의 자녀에게도 하나님과 직접적으로 부자의 인연을 맺을 수 있는 사랑의 기준이 연결되었을 것입니다. 다시 말해서 완성한 아담과 해와의 절대성을 중심삼은 결혼은 하나님 자신의 결혼이 되었을 것입니다. 하나님이자 아담이요, 해와이자 하나님이 되어 아담과 해와는 하나님의 몸이 되고, 하나님은 그들의 마음자리에 안착하시어, 더불어 유형·무형 두 세계에서 절대성을 중심한 인류의 참부모가 되었을 것입니다.[46]

성자와 성령의 실체적 사랑이 있은 후에 하나님과 일체를 이루어 천지인참부모의 존재가 성립된다는 말은 곧 실체를 쓴 참부모가 없이는 하나님이 참부모로서 현현하실 수 없다는 말이기에[47] 천지인참부모에서 '실체'를 의미하는 '인(人)'이 삼위의 연합을 이루는 중심이 된다.[48]

한편, 라틴 신학에서 주장하는 필리오케의 교리를 보면 성자를 통해 성령이 나온다고 하였는데 통일신학에서 보면 성자나 성령 모두 성부 하나님에서부터 나온다. 더 나아가 성부 하나님과 완전히 일체를 이루려면 성자와 성령이 서로 수수작용하여 사랑으로 하나되는 과정이 필연적으로 선행되어야 하므로 성자나 성령은 서로를 통해 하나님께 회귀한다고 볼 수 있다. 성자나 성령의 사랑의 기관의 주인은 상대이기 때문에 서로에 대해 절대신앙·절대사랑·절대복종 할 수밖에 없고,[49] 상대를 절대 위

---

46) 세계평화통일가정연합,『평화신경』, 172.

47)『말씀선집』제174권, 1988.03.01.

48) "'천지인 합덕(天地人合德)'이라는 제목으로 말씀하고자 합니다. '합덕(合德)'이라는 말은 완전히 합한다는 것이고, 보다 주체적인 내용을 중심삼고 하나된다는 말입니다. 그리고 전체 우주 가운데 주체성이 드러난다 하는 개념이 있다구요. 하늘 땅과 인간이 합하게 될 때에도 그 안에 주체 되는 개념이 있습니다. 그러면 여기에 중심이 누구냐? 하늘도 중심이 아니고, 땅도 중심이 아니고 사람이 중심이라는 것입니다."『말씀선집』제228권, 1992.03.15.

했다는 기준이 세워졌을 때 하나님과 일체된 3대 주체의 입장, 즉 참부모, 참스승, 참주인의 자격을 획득한다.[50]

사랑으로 이루어진 실체적인 삼위의 연합은 참사랑의 속성에 따라 절대 · 유일 · 불변 · 영원하므로 이러한 삼위의 연합은 지상생활에서는 물론 영계에서도 유지된다.

> 하나님은 참사랑을 중심삼고 아담과 해와에게 임재하심으로서 인류의 참된 부모, 실체의 부모로 계시다가 아담과 해와가 지상 생애를 마치고 영계로 들어가면 그곳에서도 아담과 해와의 형상으로 그들의 체를 쓰시고 참부모의 모습으로 현현하시게 되는 것입니다.[51]

삼위의 연합인 천지인참부모는 무형실체세계인 영계와 유형실체세계인 지상, 곧 천주에 동일하게 적용되며 그 연합은 참부모성에 따라 절대 · 유일 · 불변 · 영원하다.

3) 경륜으로 본 일체성

일반적으로 삼위일체의 경륜은 창조, 구속(redemption), 화해(reconciliation), 성화(sanctification), 만물의 총괄갱신(recapitulation) 등으로 진술된다. 이

---

49) "인간은 남자나 여자나 혼자서는 반쪽 인간밖에 되지 않습니다. 하나님의 창조가 그렇게 되어 있습니다. 그래서 하나님께서는 사랑의 기관인 생식기의 주인을 서로 엇바꾸어 놓은 것입니다. 아내의 생식기 주인은 남편이고 남편의 생식기 주인은 아내라는 것입니다. 따라서 서로 위해주는 참사랑을 중심삼고 하나가 되고서야 상대의 주인 자리에 설 수 있는 것입니다." 세계평화통일가정연합, 『평화신경』, 61-62.
50) "생식기의 주인 자리를 찾아서는 무엇을 하자는 것입니까 그 자리에서 하나님의 사랑을 점령하자는 것입니다. 하나님은 3대사랑의 주체이십니다. 천주의 주인으로서 참사랑의 스승, 참사랑의 주인, 참사랑의 부모이십니다. 이것이 바로 진정한 3대주체사상입니다." 세계평화통일가정연합, 『평화신경』, 62.
51) 세계평화통일가정연합, 『평화신경』, 41-42.

러한 경륜에서 통일신학이 기독신학과 가장 큰 차이를 보이는 부분은 '혈통(blood lineage)'을 통한 경륜을 내세운다는 점이다. 삼위일체 하나님의 사랑으로 인해 일어나는 경륜이라는 점은 공통점이지만 혈통이 핵심으로 등장하면서 창조, 구속, 화해, 성화 등의 경륜이 영적인 차원이나 개인적인 차원에서만 머무르지 않고,52) 실체적이며 가정적인 차원이 된다.

참혈통은 어디까지나 하나님, 성자, 성령이 신인애일체를 이룬 천지인 참부모를 기원해서만 실체적으로 전개될 수 있으므로53) 혈통으로 본 경륜은 삼위의 완전한 일체성을 지지한다. 참사랑과 참생명, 참혈통은 하나님을 중심에 모신 성자의 정자와 성령의 난자를 통해서 이어진다. 전통적인 부계(父系) 중심적 사고는 혈통은 아버지 쪽을 통해 온다고 보는데 이를 비판하여 통일신학은 "천년을 살아도 혼자서는 결코 자식을 낳을 수 없는 것이 천리"라고 주장하며 혈통은 아버지와 어머니가 공동창조주로서 사역한 결과임을 강조한다.54)

타락한 인류는 천지인참부모님께서 주시는 축복을 통해 혈통과 관련한 원죄를 청산하고 하나님의 혈통에 접붙임을 받을 수 있다. 사탄의 거짓혈통이 아닌 참혈통으로 중생하는 과정을 거쳐 하나님의 창조이상인 참가정을 시작하게 된다. 축복은 하나님과 끊어졌던 '부자지인연(父子之因緣)'을 회복하는 실체적인 구원의 과정으로써 진정한 속죄와 화해, 하나님과 하나되는 길을 제시한다.55) 여기서 중생은 새로운 생명으로 거듭

---

52) 기독교의 창조 사역은 '무에서의 창조'이며, 구원받은 부활체는 영적이고(고후 5:1-5, 고전15:38-50), 성령에 의한 성화도 영적이며(엡 1:13-14, 벧전 1:3-5), 칭의 받은 신자들의 영화가 미친 만물의 총괄갱신(롬 8:21)도 영적이다. 밀라드 J. 에릭슨, 『구원론』(서울: 기독교문서선교회, 1998), 269-274 참조.

53) 세계평화통일가정연합, 『평화신경』, 145.

54) 세계평화통일가정연합, 『평화신경』, 171.

55) "하늘의 참된 혈통을 갖고 오신 참부모님을 통해 결혼축복을 받는 것이 바로 참감람나무에 접붙임을 받는 은사입니다. 혈통을 바꾸지 않고는 씨를 바꿀 수가 없기 때문입니다. 축복은 중생, 부활, 영생의 3단계 축복을 거치게 되어 있습니다." 세계평

나는 일이기 때문에 반드시 천지인참부모의 사랑이 필요하다. 특별히 축복이 참혈통을 실체적으로 접붙이는 의식이라는 점에서 무형의 하나님 혼자서는 불가능하고, 유형의 참아버지 혹은 참어머니 혼자서도 불가능하다. 천지인참부모로서 삼위가 공동으로 함께할 때만이 영·육적 구원을 위한 중생의 역사인 축복이 가능하다.56)

> 하나님은 참사랑을 중심으로 하는 종적인 참부모이십니다. 하나님은 우리의 종적인 부모이시기 때문에 우리 한 사람 한 사람과 매우 친밀하십니다. 완전해진 인류의 조상, 즉 아담과 해와를 참부모로서 영접할 때 우리는 하나님의 수직적인 참사랑과 참부모의 수평적인 참사랑 간에 90도의 교차점을 만들어내는 것입니다. 우리에게는 두 쌍의 참부모가 계십니다. 이분들로부터 우리는 참사랑, 참된 생명, 참된 혈통을 받습니다. 이는 참사랑과 완전히 공명하는 하나의 세계를 창조하는 것입니다.57)

경륜이 '혈통'을 목적으로 한다는 점에서 삼위의 일체성을 설명하였다. 그러나 여기서 예상되는 두 가지 신학적 의문들은 이러한 내용을 받아들이는 데 어려움을 줄 것이라 생각된다. 예상되는 두 가지 질문은 첫째, 구원 혹은 화해가 왜 혈통 전환을 통해 가능 하느냐, 둘째, 피조물인 인간이 어떻게 타락인간을 구원할 수 있느냐이다. 먼저 구원이 혈통전환을 통해서만 가능한 이유를 간단하게 설명하고 참부모의 구원성에 대해 설명하겠다.

기독교에서 구원의 의식으로서 행해지는 세례는 영적인 '신앙(信仰)'의

화통일가정연합,『평화신경』, 111.; "본인이 주도해온 축복운동은 단순한 결혼의식이 아니라 원죄를 청산하고 본연의 참된 혈통으로 하늘 앞에 접붙이는 거룩한 행사인 것입니다. 참된 가정은 참사랑, 참생명, 참혈통의 근원입니다. 본연의 참된 이상가정을 통해 참된 나라, 참된 세계, 참된 천국이 건설되는 것입니다. 가정에서 참부모를 중심하고 4대 심정권과 3대 왕권의 기초가 천일국의 토대가 되는 것입니다."『평화신경』, 298-299.

56) 세계평화통일가정연합,『원리강론』, 234-236.

57)『말씀선집』제201권, 211. 1990.04.09.

영역에 존재한다.[58] 아담 해와의 죄의 본질은 수수께끼이고, 죄의 유전성에 대해서도 의견이 분분하지만[59] 기본적으로 타락이 계명을 어긴 것이기 때문에 믿음을 통해 속죄하면 하나님과 하나되는 화해와 성화의 길이 열린다. 이와는 다르게 통일신학에서는 타락이 영·육의 음란(淫亂)으로 인한 혈연적인 관계에서 이루어져 원죄를 유전한 것이므로[60] 원죄를 청산하고 하나님과 하나되기 위해서는 반드시 거짓혈통을 근절하고 축복을 통해 참혈통으로 전환해야한다.[61]

여기서 거짓혈통은 사탄의 혈통으로 '자체자각(自體自覺, selfish consciousness)'으로부터 연유한다. 사탄, 즉 천사장 누시엘이 하나님의 사랑이 자신보다 아담 해와에게 더 많이 가는 것에 질투를 느끼고 자기가 제일이 되고자 했던 이기심이 촉매가 되었다.[62] 이와는 반대로 참혈통은 하나님의 혈통으로 상대를 위하고자하는 '타체자각(他體自覺, altruistic consciousness)'에서 기원한다.[63] 아담 해와의 창조에서 볼 수 있듯이 참혈통의 발로는

<hr />

58) 윌리스턴 워커, 『세계기독교회사』, 88−89.
59) 아우구스티누스는 죄를 실존의 타락이므로 총체적 타락이라 주장하고 펠라기우스는 자유의지의 오용으로서 부분적 타락으로 간주한다. 아담의 죄에 대해 동방교회에서는 인간의 죄의 일차적인 모형으로 보고, 서방 교회에서는 죄의 근원이라고 본다. 원죄의 유전성에 대해서는 암브로시우스가 최초로 언급하였는데 아우구스티누스에 의해서 발전되었다. 그러나 휠러 로빈슨(H. Wheeler Robinson), 크라우스(H. J. Kraus), 크누드슨(A. C. Knudson), 어니스트 라이트(G. Ernest Wright)는 성경에서 근거를 찾기 어렵다는 이유에서 원죄의 보편성, 유전성에 대해 회의적이다. 랠프 스미스, 『구약신약』, 박문재 역 (고양: 크리스챤다이제스트, 2009), 338−348.
60) 세계평화통일가정연합, 『원리강론』, 82.
61) 세계평화통일가정연합, 『원리강론』, 236.
62) "타락이 무엇이냐? 타락은 사탄의 혈통을 받은 것을 의미하는 겁니다. 사탄의 혈통은 언제부터? 자기 자각으로부터예요. 나를 먼저 생각하는 거기서부터 이미 사탄의 혈통적 인연을 이어받은 존재임을 자증하는 거예요." 『말씀선집』 제171권, 1987.12.13.
63) "하나님과 사탄이 다르다구요. 사탄은 자체 자각이지만, 하나님은 타체 자각을 위해서 살아요. 그 경지를 넘어서야 돼요. 하나님의 섭리는 간단한 거예요. 구원역사

나님의 직접주관권 내에 진입하게 된다.[73] 또한 축복을 받아서 중생을 하여도 중도이폐(中道而廢)하면 다시 거짓 혈통을 이어받으므로 반드시 참가정의 3대권을 이루고 하나님의 심정적 혈통을 유지하고 발전시켜야한다.[74] 혈통이 중요한 가장 큰 이유는 혈통이 부자의 종적 관계를 결정하는 요소이기 때문이다.[75] 혈통에 내포된 주관성으로 인해 혈통이 다르면 하나님이 인류를 상대로 부모라고 공언(公言)하실 수 없다.[76] 거짓혈통을 지닌 타락인류는 하나님과 부자(父子)로서 상대기준을 맺을 수 없으므로 수수작용이 어려워 하나님과 일체를 이루기 힘들며, 거짓 부모인 사탄과 일체를 이루기 쉽다.[77]

둘째는 혈통을 통해 부모의 속성이 유전되기 때문이다. 혈통의 유전 법칙으로 인해 부모의 생물학적 면은 물론 영적, 성품적인 면까지 총체적으로 유전된다.[78] 성품적인 면에 집중하여 설명하면 거짓혈통을 지니면 사

[73] "인간에 대한 하나님의 직접주관이란 구체적으로 어떻게 되는 것을 말하는 것인가? 하나님을 중심하고 아담과 해와가 완성되어 가지고 합성일체화하여 가정적인 사위기대를 조성함으로써 하나님과 심정의 일체를 이루어, 하나님을 중심한 아담의 뜻대로 서로 사랑과 미를 완전히 주고받는 선의 생활을 하게 될 때, 이것을 하나님의 직접주관이라고 한다." 세계평화통일가정연합, 『원리강론』, 61.
[74] "구원의 완성은 완전한 구원을 의미한다. 중도이폐(中途而廢)는 누구도 원하지 않는다. 중도이폐하면 우리 인간들은 사탄의 혈통을 이어받게 된다." 『말씀선집』 제35권, 156. 1970.10.13.
[75] "부자의 관계가 갖고 있는 특성이 무엇입니까? 참사랑과 참생명과 참혈통의 관계입니다.…그 자리가 바로 하나님은 아버지가 되고, 인간은 아들딸이 되는 축이 세워지는 자리라는 것입니다." 세계평화통일가정연합, 『평화신경』, 14.
[76] "예수는 타락하여 사탄과 혈통적인 인연을 맺고 있음으로 말미암아 하나님과 관계를 맺을 수 없는 입장에 서 있는 인류를 복귀시켜야할 사명을 갖고 왔던 것입니다. 사탄과의 혈통을 끊어 버리고 하나님과 부자의 인연을 전개시켜 하나님의 자녀의 자리로 복귀시켜야 하는 사명, 즉 인류를 하나님이 사랑하실 수 있는 아들딸로, 하나님을 아버지로 모실 수 있는 아들딸로 세우는 사명을 갖고 오셨습니다." 『말씀선집』 제13권, 1964.04.12.; "제일 중요한 거에요. 하나님이 아버지가 되기 위해서는 부자지관계의 핏줄이 연결되어야 돼요." 제342권, 2001.01.11.
[77] 세계평화통일가정연합, 『원리강론』, 32.
[78] "몸 마음이 싸우는 부부가 아무리 훌륭한 가정을 하나 만들고 싶더라도 그것은 불

탄의 타락성인 자기중심적인 사랑이 유전되고, 참혈통을 지니면 하나님의 본성인 남을 위하는 참사랑이 유전된다.[79] 타락성이 강하면 악을 행하기 쉽고, 하나님의 심정에 무지하여 하나님이 바라시는 방향을 취할 수가 없다.[80] 반면, 참사랑이 강하면 하나님의 심정을 체휼할 수 있어 하나님과 일체된 인격완성을 이룰 수 있다.[81]

셋째, 혈통은 영원성을 띠기 때문이다. 사랑과 생명은 1대에서 그치지만 혈통은 과거, 현재, 미래가 연결된 영원성을 가능하게 한다. 참혈통을 지닌 가정을 이루면 조상과 현재의 가정, 후손들에 이르기까지 하나님과 영원히 함께 하는 천국생활의 길이 열리게 된다.[82]

따라서 통일신학에서는 아담 해와의 타락 이후 하나님과의 심정적 혈통의 복귀를 위한 탕감복귀섭리가 진행돼 왔음을 주장한다. 곧 하나님의 참혈통을 지닌 가정으로 복귀시키기 위한 역사가 지금까지의 하나님의 섭리역사라는 것이다. 『원리강론』의 내용 전개도 보면 중심인물의 '가정'에 주목한다. 아담 가정, 노아 가정, 아브라함 가정과 같이 최소 가정단위에서 하나님이 혈통을 복귀하기 위해 어떤 섭리를 이루어오셨는지에 초점을 맞추어 내용을 전개한다.

이런 관점에서 섭리역사를 보면 유대민족이 속죄의 조건으로 할례를 행하거나 속죄제물의 피를 사용하면서 피를 생명과 정화의 상징으로 본 것은[83] 악의 피를 뽑았다는 조건으로 타락인간을 성별하고,[84] 탕감조건

가능한 거예요. 그러한 가정으로부터 몸 마음이 하나 못 된 부부가 결탁해서 태어난 아들딸도 핏줄은 상속되기 때문에, 혈통이 유전되기 때문에 마찬가지입니다. 유전의 법칙은 엄격한 것입니다." 『말씀선집』 제389권, 2002.8.4.

79) 『말씀선집』 제309권, 1999.06.06.
80) 세계평화통일가정연합, 『천성경』, 105.
81) 세계평화통일가정연합, 『평화신경』, 145.
82) 『말씀선집』 제344권, 2001.03.02.
83) G. J. Wenham, The Book of Leviticus (NICOT, Eerdmans, 1979), 232.; J. Milgrom, Studies in Cultic Theology (Leiden: Brill, 1983), 76−78.; J. H. Hayes, "Atonement in

을 세워 하나님의 혈통으로 돌아가고 싶은 본심(本心)의 발로라고 여겨진
다.[85] 예수가 자기를 그들의 부모나 형제나 처자나 무엇보다도 더 사랑해
야 한다(마 10:37; 눅 14:26)하신 말씀은 거짓부모인 사탄과의 일체성을
끊고 참부모로 오신 예수와 심정적 일체를 이루어 참혈통을 전수받아야
함을 의미한다.[86] 일반적으로 속죄를 뜻하는 'atonement'는 '하나가 된다
(at-one)'에서 파생되어 '하나가 되는 것'을 뜻하는데[87] 하나님과의 진정
한 하나됨은 거짓혈통에서 참혈통으로 전환하여 하나님과의 부자의 관계
를 회복한 터 위에 실체적으로 절대성(絶對性)의 기준에 따라 사랑의 완
성을 이룰 때만이 가능한 것이다.[88]

다음으로 피조물인 참부모의 구원성에 대하여 설명해 보고자 한다. 초
기 교부들이 예수의 신성을 고수하고자 했던 가장 큰 이유는 신성이 없이
는 인간을 구원할 수 없다는 인식에서 비롯한다. 아리우스 논쟁에서 예수

---

the Book of Leviticus," *Interpretation* 52, 1 (1998), 10; F. H. Gorman, *The Ideology of Ritual; Space, Time and Status in Priestly Theology* (JSOT Sup 91), (Sheffield: JSOT Press, 1990), 180–89. 참조.

84) 세계평화통일가정연합, 『원리강론』, 82–83.

85) 『말씀선집』 제492권, 2005.04.16.

86) 세계평화통일가정연합, 『원리강론』, 170.

87) 속죄를 의미하는 'atonement'라는 단어의 본래 의미는 '하나가 되는 것'이다. 실제 속죄하면 떠오르는 '화해(reconciliation)'라는 의미는 예수님에 의해 이루어진 죄를 대속하고 하나님을 편안하게 하는 사역의 결과로서 의미를 가지고 있다. '조화가 형성되게 하는 행동이나 대가'를 뜻하는 의미는 이 후에 생겨난 의미이다. *The Interpreter's Dictionary of the Bible*, vol. 1. (New York: Abingdon Press, 1962), 309. 강신권, 『인간의 죄를 사하시는 하나님-그리스도의 죽음과 속죄-』(서울: 쿰란출판사, 1995), 29, 32.

88) 기독신학에서는 바울이 하나님과의 진노를 벗어나야(고전 15:55–57) 양자가 된다고 생각했던 의식에 따라 계약적 속죄론이 두드러졌다. 중세 교부들의 배상설(Ransom Theory), 안셀름의 만족설(Satisfaction Theory), 종교개혁가들의 형벌 만족설(Penal Satisfaction Theory), 아벨라르(Peter Abelard), 리츨(A. Ritschl) 등의 도덕설(Moral Theory), 바르트, 몰트만이 보는 '하나님의 고통의 신학적' 경향이다. 최윤배, 『그리스도론 입문』(서울: 장로회신학대학교 출판부, 2009), 193–203. 이외는 다르게 통일신학의 속죄론은 심정 회복으로서의 속죄론, 혈통 회복의 속죄론이다.

를 피조물로 본 아리우스의 논리에 반발했던 주원인이 예수가 구원자로서 사역할 수 없기 때문이었는데[89] 통일신학에서는 하나님과 하나된 인간이기 때문에 완전한 '구원자'로서의 사역을 할 수 있다고 본다.

> 예수는 영인체와 육신을 가진 완성한 아담으로 오셨던 분이었다. 따라서 그는 천주를 총합한 실체상이었던 것이다. 그러므로 만물을 그리스도의 발아래 두셨다고 말씀하셨다(고전 15:27). 예수는 타락인간이 그를 믿어 그와 일체가 됨으로써 그와 같이 완성한 인간이 되게 하시기 위하여 오셨기 때문에 구주이신 것이다.[90]

『원리강론』은 예수가 하나님과 하나된 완성한 인간이기 때문에 구원할 수 있다고 한다.[91] 완성한 예수의 말씀대로 살아 타락인간이 영·육 아울러 예수와 하나가 되면 영·육 아울러 구원받게 된다. 그런데 예수가 십자가에 달려 돌아가셨으므로, 예수의 육신은 사탄의 침범을 당하였고 완성하지 못하였기 때문에 육적 구원은 불가능하였다. 예수를 믿고 하나된 신도들은 어디까지나 영적으로 완성한 예수와 하나 되었기 때문에 영적 구원만 받게 되었다.[92]

---

89) 맥그래스는 아리우스의 주장이 받아들여질 수 없었던 이유를 다음과 같이 설명한다. 1. 어떤 피조물도 다른 피조물을 구원할 수 없다. 2. 아리우스에 따르면 예수는 피조물이다. 3. 따라서 아리우스에 따르면 예수는 인류를 구원할 수 없다. 그런데 당시 기독교 예전 전통은 다음과 같다. 1. 오직 하나님만 구원할 수 있다. 2. 예수 그리스도는 구원한다. 3. 그러므로 예수 그리스도는 하나님이다. Alister E. McGrath, *Christian Theology : An Introduction*, 286.
90) 세계평화통일가정연합,『원리강론』, 65.
91) 삼단논법으로 나타내면, 1. 인간(피조물)을 구할 수 있는 건 하나님과 하나된 완성한 인간이다. 2. 예수는 완성한 인간의 가치가 있다. 3. 예수는 구원할 수 있다.
92) "예수가 메시아로 강림하셨던 목적이 구원섭리를 완수하시려는 데 있었으므로, 그는 영적 구원과 육적 구원을 아울러 완성하셔야만 되었다. 그런데 예수를 믿는다는 것은 예수와 일체를 이룬다는 뜻이기 때문에, 예수는 스스로를 포도나무로 신도들을 그 가지로 비유하셨고(요 15:5), 또 너희가 내 안에 내가 너희 안에 있는 것을 너희가 알리라(요 14:20)고도 하셨다. 이처럼 말씀하신 이유는 영·육 아울러 타락

이해를 돕기 위해 완성한 인간이 타락인간을 구원할 수 있으며, 예수는 영적으로만 구원하였다고 하는 의미를 좀 더 고찰해 보자. 통일신학에서 완성실체는 실체 개념에서 상론한 바와 같이 성장기간을 거쳐 하나님과 일체를 이루어 사위기대를 완성한 존재이다. 여기서 사위기대는 인간의 성장기간에서 크게 세 가지 경우가 있다. 제1축복인 인격완성과 관련한 사위기대, 제2축복인 가정완성과 관련한 사위기대, 제3축복인 만물에 대한 주관성 완성과 관련된 사위기대이다. 예수가 육신으로 살아계셨을 때는 제1축복 인격완성자로서 완성실체이다. 그런데 이러한 개성완성자로서의 완성인간은 구원자로서의 완성인간은 아니다.

하나님과의 부자지관계를 회복시키는 것은 앞서 말했듯이 '혈통'이다. 혈통은 참부모를 통해 중생의 과정을 거쳐 다시 태어나야 이어받을 수 있기 때문에[93] 타락인간을 구원해 줄 수 있는 완성한 인간이란 제1축복의 개성완성자일 뿐만 아니라 제2축복의 가정완성자로서 완성실체이며, 참부모인 완전실체이다. 한편으로 참부모는 참스승, 참주인과 불가분의 관계에 있는 존재이므로 제2축복의 완성자는 제3축복의 완성자이기도 하다.[94] 따라서 완성한 인간과 하나되어 구원받는다는 말은 제1, 제2, 제3

인간을 구원하시기 위하여 그가 인간으로 오셨기 때문에, 그를 믿음으로써 영·육 아울러 그와 하나가 되었더라면 타락인간도 영·육 아울러 구원을 받았을 것이었기 때문이다. 그러나 유대인들이 예수를 불신하여 그를 십자가에 내주었으므로 그의 육신은 사탄의 침범을 당하여 마침내 살해되었던 것이다. 그러므로 육신에 사탄의 침범을 당한 예수를 믿어 그와 한 몸을 이룬 신도들의 육신도 그대로 사탄의 침범을 당하게 된 것이다. 이렇게 되어 아무리 독실한 신앙자라도 예수의 십자가의 속죄로써는 육적 구원은 완성할 수 없게 되었다." 『원리강론』, 160−161.

93) "참부모란 많은 인류시조로부터 역사적 모든 인간이 그릇된 혈통 가운데 사는 것을 청산하고, 하나님을 중심한 새로운 본연적인 뿌리를 중심삼고 사랑과 생명과 혈통이 이어진다는 뜻으로 하는 말입니다." 세계평화통일가정연합, 『천성경』, 2−1−1−6, 144.

94) "삼대 주체사상은 상호 절대 불가분의 유기적 관계를 가지고 있습니다. 참부모, 참스승, 참주인 모두가 주체적 자리에 설 수도 있고 대상적 자리에도 설 수 있기 때문

축복을 완성한 참부모를 통해 참혈통으로 전환되어 참부모와 부자의 관계를 맺었다는 의미이다. 이때 참부모는 하나님의 실체이시므로 하나님과의 부자관계를 회복했다는 의미도 된다.

예수의 경우는 지상에서 참부모로서 사위기대를 이루지 못하시고 십자가에 달려 돌아가셨다. 통일신학에서는 예수가 성령과 더불어 하나님을 중심한 영적인 삼위일체를 이루고 영적 참부모가 되셨다고 본다. 이러한 영적 삼위일체를 이룬 예수는 영적으로만 구원하실 수 있는 존재이다. 그런데 타락이 영·육 아울러 되었으므로 영적인 구원만으로는 완전하지 않다. 더욱이 영적으로는 혈통을 통한 실체적 영속적 구원이 불가능하므로 개인의 차원에서 그치고 만다. 지상에서 하나님과 하나된 실체적인 삼위일체를 이룬 영·육 아우른 천지인참부모는 영·육 아울러 중생의 역사를 하실 수 있으므로 영·육 아우른 완전한 구원성을 지니고 실체적 구원, 가정적 구원을 가능케 한다.[95] 천지인참부모의 경륜은 참혈통의 전수를 시작으로 참인격을 완성하고(제1축복), 참가정을 이루고(제2축복), 만물에 대한 참된 주인이 될 수 있도록 환경을 새롭게 창조하는 데까지 이른다(제3축복).

현대신학이 보는 하나님의 경륜 역시 완성을 지향점으로 갖는다. 판넨베르크는 하나님의 계시적 역사가 피조 세계의 완성을 향한 창조와 구속의 연속성이라 주장하였고,[96] 피터스(T. Peters)는 창조의 선취적 개념(proleptic creation)을 적용하여, 시간적 통전성을 통해 완성한다고 보았

입니다. 다시 말해서 참부모의 위치만 확보해도 거기에는 참스승, 참주인의 자리가 생겨나고, 참스승의 자리에만 나아가도 그곳에는 참부모, 참주인이 함께하고, 참주인의 위치만 확보해도 여러분은 참부모, 참스승을 만나게 된다는 뜻입니다. 인간은 원래 하나님의 완전한 삼대 주체사상을 상속받아 태어났기 때문입니다." 세계평화통일가정연합, 『평화신경』, 276.

95) 세계평화통일가정연합, 『원리강론』, 228, 236−238.
96) Wolfhart Pannenberg, *An Introduction to Systematic Theology* (Edinburgh: T. & T. Clark), 1991. 18−19.

다.[97] 웨슬리에 따르면, 구원 역사가 새 창조의 갱신과 회복(엡 4:23, 골 3:10)을 통한[98] 우주적 성화(cosmic sanctification)의 완성이다.[99] 통일신학이 제시하는 신인애일체 이상의 천일국은 '참혈통'의 복귀와 '절대성 가정'의 실현을 통해 하나님의 경륜이 실체적 차원에서 완성된다고 이해한다.

4) 일체성에 의한 동위권 · 동참권 · 동거권 · 상속권

삼위가 천지인참부모로서 동일하게 참부모성을 지니고 경륜을 행한다는 것은 가치의 동일성을 의미한다. 하나님을 초월적 존재로 숭상하고자 한다면 피조물이 하나님과 같은 가치를 갖는다는 말이 경건치 못하다고 여길 수 있다. 그러나 하나님이 사랑이시고, 인간의 부모라는 사실을 생각해 볼 때, 자식이 부모보다 낫기를 바라는 하나님은 완성한 인간의 가치를 자신보다 낮은 차원에 머물도록 창조하지 않으셨다.[100]

---

97) 피터스는 판넨베르크가 주장하는 하나님의 '미래 능력'을 '창조의 선취적 개념'으로 응용한다. 미래가 새로운 존재의 가능성과 변화를 주는 존재의 힘이다. 그는 존재의 힘을 단선적 인과율(과거→현재→미래)로 적용하지 않고, 거꾸로 미래로부터 적용한다. 하나님은 미래로부터 끌어당겨지는 힘으로 창조하신다는 것이다. Ted Peters, *God-the World's Future : Systematic Theology for a Postmodern Era* (Minneapolis: Fortress Press, 1992), 649−778 참조. 여기에 판넨베르크의 주장 − 전체가 부분의 총합보다 크다는 통전론(holism)의 원리를 신학에 적용할 수 있다 − 에 근거하여 우주를 하나의 전체로 보면서 피터스는 시간적 통전론을 통해 종말론적으로 완성한다고 보았다. 테드 피터스, 『삼위일체 하나님』, 298−299.
98) Theodore Runyon, *The New Creation : John Wesley's Theology Today* (Nashville, TN: Abingdon Press, 1998), 8.
99) 김홍기, "존 웨슬리의 삼위일체이해", 『신학과 세계』 no. 75 (2012.12): 173.
100) "참사랑에 접하게 되면 동위권에 설 수 있습니다. 아버지와 아들은 위(位)가 다릅니다. 그러나 아버지 앞에 사랑하는 효자는 같은 자리에 언제나 아버지도 있기를 원하고 아들도 있기를 원합니다. 그럴 때 아버지가 '애야, 너는 자식이니 위가 달라. 그러니 그 자리를 찾아 들어가라.'라고 하지 않습니다. 위가 다르더라도 같은 자리에 언제나 앉을 수 있는 특권이 있습니다. 사랑의 속성은 권위가 언제나 같다는 것입니다. 그 자리에는 동참권이 있습니다." 세계평화통일가정연합, 『천성경』,

하나님과 일체를 이룬 완성한 인간은 창조목적을 두고 보면 하나님의 성전으로서(고전 3:16) '하늘아버지의 완전함같이 완전한 인간(마 5:48)'인 것이다. 곧 하나님과의 이성성상적 관계에서 보면 하나님적인 가치를 지닌 것이다.[101] 더 나아가 인간 창조의 목적으로 보면 하나님께 기쁨을 드릴 수 있는 인간은 개성진리체이기에 유일무이한 존재로서의 가치를 지니며, 피조세계의 관계에서는 천주(天宙)를 총합한 실체상으로서 하나님과 피조세계를 연결하는 매개체이자 영인체로는 무형세계를 육신으로는 유형세계를 주관하는 주관주로서의 가치를 지닌다.[102]

지금까지 기독신학에서는 세 위격을 모두 하나님으로 간주해 왔다. 그런 점에서 보면 세 위격 중 성자와 성령이 완성한 인간이라고 하는 통일신학의 설명은 하나님보다 열등한 존재로 성자와 성령을 평가하는 것이라 여겨질 수도 있다. 하지만 통일신학은 완성한 인간을 하나님과 완전 일체를 이룬 존재로 보면서 하나님적인 가치로 본연의 가치를 드러내는 역할을 한다.[103]

완성한 인간의 가치가 하나님적일 수 있는 것은 '완성'이 인간뿐만 아니라 하나님도 목적으로 하는 참사랑 이상을 중심으로 하기 때문이다. 참

3-1-3-9, 286.

101) 세계평화통일가정연합,『원리강론』, 152, 224.

102) "완성한 인간은 창조목적을 두고 보면 하나님의 온전하심과 같이 온전하여서(마 5:48) 하나님과 같은 신성을 가진 가치적인 존재인 것이다. 그리고 하나님이 영원하신 분이기 때문에, 그의 실체대상으로 사랑받을 인간도 역시 완성되면 영원한 존재가 아닐 수 없다. 그 위에 완성한 인간은 유일무이한 존재이며 전피조세계의 주인이기 때문에, 그가 없이는 천주의 존재가치도 온전해질 수 없는 것이다. 따라서 인간은 천주적인 가치의 존재인 것이다." 세계평화통일가정연합,『원리강론』, 227.

103) "원리는 이제까지 많은 신도들이 믿어 온 바, 예수를 하나님이라고 믿는 신앙에 대하여 이의를 갖지 않는다. 왜 그러냐 하면 완성한 인간은 하나님과 일체임이 사실이기 때문이다. 또 원리가 예수를 말하여 그는 창조목적을 완성한 하나의 인간이라고 주장한다고 해서 그의 가치를 추호도 격하하는 것은 아니다. 다만 창조원리는 완성된 창조본연의 인간의 가치를 예수의 가치와 동등한 입장으로 끌어올리는 것뿐이다." 세계평화통일가정연합,『원리강론』, 228.

사랑 이상은 이상가정을 지향점으로 하는데 이상가정은 수직이나 수평이 아니라 구형(球形)을 띤다. 곧 종적인 하늘부모님, 횡적인 참부모가 참사랑을 중심하고 상중하(上中下), 우중좌(右中左)의 모습을 갖추고, 여기에 자녀들이 전중후(前中後)의 형을 갖춘 구형이다. 참사랑이라는 하나의 축을 중심삼고 구형운동을 하기 때문에104) 참사랑으로 하나된 주체와 대상은 그 가치에 있어 동등하다.105)

> 주관의 본질은 사랑입니다. 그 사랑의 본질에 접할 수 있는 나 하나의 생명적인 요소가 완전히 주체 앞에 대상적인 가치를 지니게 될 때는 그 대상의 가치는 주체의 가치에 해당합니다. 그 대상의 가치는 원인과 대등한 자리에 설 수 있습니다.106)

통일신학에서는 사랑에서 하나 되면 격위가 달라도 사랑의 평등에 의해 동위권·동참권·동거권·상속권(소유권)을 갖게 된다고 본다. 여기서 동위권은 하나님과 함께 설 수 있는 자리에 올라가는 것으로 하나님과 대등한 입장이기 때문에 하나님의 모든 경륜에 함께 참여할 수 있는 동참

---

104) "종적인 아버지로서 하나된 가운데 횡적인 아버지가 필요합니다. 왜? 구형을 이루려니까 필요합니다. 구형을 이루려니 그냥 그대로 구형이 될 수 없습니다. 반드시 수직을 중심삼고, 또 횡적인 것을 중심삼고 전후·좌우가 연결되어야만 구형이 이루어지는 것입니다. 구형이 이루어져야 마음대로 떠돌아다니지 않는 것입니다. 우주는 축을 중심삼고, 이 우주의 대축(大軸) 앞에 상대로 편성된 자리에서 축을 중심삼고 도는 것입니다. 그렇기 때문에 동위권에 서 있습니다. 그래서 이 우주의 하나님의 창조적 참사랑이라는 것은 하나입니다. 축이 하나입니다. 둘이 아닙니다." 『말씀선집』 제182권, 1988.10.16.; "상하관계는 부자지관계, 좌우관계는 부부관계, 전후관계는 형제관계인데 이게 삼위일체예요. 하나님의 본질적 사랑의 핵은 이런 일체권 내에서 묶어지는 것입니다. 가정의 핵이 하나님을 모시고 균형을 취해야 평지가 되고 평균 운동을 계속할 수 있는 거예요. 구심력, 원심력이 시일이 가면 발전해 나가는 거예요." 제334권, 2009.09.29.
105) 세계평화통일가정연합, 『천성경』, 289.
106) 세계평화통일가정연합, 『천성경』, 3-1-3-25, 289.

권을 가지게 되고, 동시에 모든 소유권 및 상속권도 주장할 수 있게 되며, 영원히 하나님과 함께 살 수 있는 동거권도 주장할 수 있게 된다.[107]

동위권이란 하나님 옆에 설 수 있는 자리를 말합니다. 부부가 사랑을 중심삼고 완전히 하나된 터 위에 하나님 사랑을 중심하고 하나되게 되면, 그 부부는 하나님의 자리까지 나아갈 수 있다는 것입니다. 하나님의 자리에 올라갈 수 있을 뿐만 아니라 하나님이 가진 모든 것이 나의 소유권 안에 들어오게 된다는 것입니다. 사랑의 힘은 이처럼 놀라운 것입니다. 하나님은 그들에게 동참적 권위를 허락함과 동시에 그들은 하나님이 가지신 전체의 소유권한을 전수받게 되는 것입니다. 아담의 소원은 천주를 지배하는 것이었습니다. 아담이 품고 사랑한 부부의 가치는 세계의 중심가치를 대신했던 것입니다. 타락하지 않은 하나님이 지은 본연의 사람, 즉 본연의 남자와 여자를 중심한 그 사랑이 얼마나 거룩하고 가치가 있는가를 확실히 알아야 하겠습니다.[108]

우리의 영원한 참부모 되시는 하나님은 100퍼센트 당신 전체를 투입하시어 인간을 창조하시고 동위권, 동참권, 동거권, 상속권을 부여하셨습니다. 하나님의 모든 속성을 다 주셨다는 것입니다.[109]

---

107) "두 사람이 참사랑에 의해 하나될 때에 이들은 늘 세 가지 주요한 권리, 즉 첫째, 상속의 권리(상속권), 둘째, 함께 동반할 권리(동위권), 셋째, 참여의 권리(동참권)를 가질 자격이 있는 것입니다. … 남자와 여자가 참사랑을 통해 하나님과 연결이 될 때 이들은 상속받을 권리, 참여할 권리, 하나님과 영원히 살아갈 수 있는 권리를 누릴 수 있습니다. 이렇듯 심오한 자리에 이르게 될 때 여러분은 항상 하나님이 존재하심을 체휼할 것이며, 하나님은 인간과 함께 기하실 것입니다." 『말씀선집』 제201권, 211. 1990.04.09.; "하나님이 천지를 누구를 위해 지었느냐? 하나님을 위해 지은 것이 아닙니다. 사랑의 대상을 위해서입니다. 그러면 하나님의 사랑의 대상이 누구입니까? 만물지중(萬物之衆)에 유인(惟人)이 최귀(最貴)라 했습니다. 사람만이 하나님의 사랑의 대상으로 지어졌다는 것입니다. 사랑의 본질적 내용을 분석해 볼 때, 속성에는 상속권이 있고 동위권, 동참권이 있기 때문에 사랑에 접하면 아무리 높은 하나님, 아무리 위대한 하나님, 아무리 우주적인 하나님이라고 해도 사랑에 놀아나는 것입니다." 제294권, 1998.8.1.
108) 세계평화통일가정연합, 『축복가정과 이상천국 I』(서울: 성화출판사, 1998), 969.
109) 세계평화통일가정연합, 『평화신경』, 15.

이처럼 천지인참부모의 세 위격은 동위권으로 인해 모두 성부 하나님과 동일한 위상을 지닌다. 모든 사역에 있어서는 각자의 고유 사역을 하여도 함께 참여했다는 권리를 가지며, 혹은 참여의 권리에 의해 서로 돕거나 함께 공동으로 진행할 수 있다. 상속권으로 인해 서로가 지닌 성상 · 형상적 소유는 공유되며, 동거권으로 인해 영원히 사랑의 관계 속에서 함께 살아가게 된다.

동위권 · 동참권 · 동거권 · 상속권의 관점으로 보면 요한복음 14장에서 하신 예수의 말씀이 설명되어 진다. '나를 본 자는 아버지를 보았거늘(요 14:9)', '내가 아버지 안에 있고 아버지께서 내 안에 계심을 믿으라(요 14:11)'는 말씀은 동거권과 관련된다. 천지인참부모로 보면 참아버지를 보아도 하늘부모님과 참어머님이 함께 계신 것이고, 참어머님을 보아도 하늘부모님과 참아버님이 함께 계신다는 것을 의미한다.

'내가 시행하리니 이는 아버지로 하여금 아들을 인하여 영광을 얻으시게 하려 함이라(요 14:13)'는 말씀이나 '내가 너희에게 이르는 말이 스스로 하는 것이 아니라 아버지께서 내 안에 계셔 그의 일을 하시는 것이라(요 14:10)', '너희의 듣는 말은 내 말이 아니요 나를 보내신 아버지의 말씀이니라(요 14:24)'는 동참권을, '내가 아버지께 감이니라(요14:12)'는 동위권을 의미하고, '나를 사랑하는 자는 내 아버지께 사랑을 받을 것이요 나도 그를 사랑하여 그에게 나를 나타내리라(요 14:21)'는 말씀은 상속권을 의미한다. 천지인참부모님의 경우를 생각해도 같다. 참아버님이 말씀하셔도 하늘부모님과 참어머님이 함께 말씀하시는 것이고, 참어머님이 행하시는 일도 하늘부모님, 참아버님이 함께 하시는 것이다. 어느 자리에 있어도 동등한 권리를 행사하실 수 있다. 또한 하나님의 상속권이 참아버님과 참어머님 모두에게 동등하게 있으므로 참아버님, 참어머님을 사랑하여 그 말씀대로 행하는 사람에게 상속을 전수해주는 권리도 동등하게 있다.

2. 삼위의 구별성

지금까지 기독신학에서 삼위의 구별성은 신비였다. 삼일일체라는 한 존재를 상정하고 세 개별 위격을 이야기한다는 것이 모순이기 때문이다. 모순의 해결을 위한 방안으로 내세운 라틴 신학의 하나님의 내적 관계 범주나, 헬라 신학의 경륜으로 구분된 세 위격은 형이상학적이며 신비이기에 실재적이지 않다. 통일신학에서 삼위일체는 천지인참부모로서 한 존재이다. 그리고 천지인참부모를 구성하는 하늘부모님과 참아버지, 참어머니는 개별 존재이시다. 기독신학에서처럼 삼위일체의 한 존재를 한 개별 실체로 보지 않고, 한 참부모를 지칭하는 것으로 봄으로써 한 존재 안의 세 위격이 구별된다는 개념의 모순을 없애게 된다. 또한 관계에서도 실재적 관계가 가능하다. 여기서는 삼위의 구별을 세 가지 차원에서 설명해 보고자 한다. 존재, 관계, 경륜에서의 구별이다.

1) 개별 존재의 구별성

삼위의 연합을 의미하는 페리코레시스는 "융합이나 혼합 없이" 상호 내재하여 서로에게 속한다는 개념이다.[110] 각각의 모든 위격들은 주체로서 존재하며 구별성이 철저히 옹호된다. 상대방에게 해소되어버리면 상대방 속에 존재한다고 이야기할 수 없기 때문이다.[111] 신비적 연합인 페리코레시스에 대비하여 실체적 연합은 '일화(一和)' 통일로 표현된다. 삼위일체의 일체성에서 천지인참부모는 하늘부모님, 참아버지, 참어머니가 화합하여 일체된 상태이다. 일화하여 통일된 상태인데 일화는 각 개체의

---

110) G. L. Prestige, *God in Patristic Thought,* 298.
111) 미로슬라브 볼프, 『삼위일체와 교회』, 348.

특성이 전부 있는 가운데 서로 상대를 위하여 화합하게 됨을 의미한다.112) 실체적으로 융합이나 혼합없이 서로 수수작용을 하면서 하나된 상태이다. 역동적으로 일화 통일된 하늘부모님, 참아버지, 참어머니는 그 본질과 개성을 온전히 소유한 채 천지인참부모로서 존재한다.113)

하나님은 원상으로서 본성상과 본형상, 그리고 본양성과 본음성의 중화적 통일체이시고, 성자와 성령은 하나님의 이성성상이 분립된 실체이다. "하나님이 자기 형상대로 사람을 창조하시되 남자와 여자를 창조"하셨다(창 1:27). 하나님의 이성성상의 실체로 분립된 존재로서 성자와 성령이 각자 하나님의 1성을 대표한다는 것이다. 성자는 하나님의 남성적 성품의 전개이고, 성령은 하나님의 여성적 성품의 전개라는 뜻이다.114) 따라서 하나님은 통일체로서 존재하신다면 성자, 성령은 하나님의 남성격, 여성격을 각각 대표한 실체로서 존재한다.

앞서 성자와 성령을 양음(陽陰)의 차이를 드러내어 표현하면 각각 양성실체(陽性實體), 음성실체(陰性實體)라고 하였다. 이 말을 오해하여 혹자는 성자를 하나님의 본성상과 본형상의 양성적(陽性的) 부분만이 전개된 것이고, 성령을 하나님의 본성상과 본형상의 음성적(陰性的) 부분만이 전개된 것이라고 착각할 수 있는데 개별적 실체로서 남자와 여자는 모두 성상과 형상을 갖추고 있으며 성상과 형상 내 속성으로 양성과 음성을 모두 포함하고 있다.

양성실체와 음성실체라는 말은 어디까지나 성상과 형상에서 양적인 면과 질적인 면을 비교할 때 양과 음 어느 쪽이 더 많으냐하는 차이에서

---

112) 『말씀선집』 제415권, 2003.08.15.
113) "화학(化學)할 때의 '화(化)' 자는 그 본질이 변하는 것입니다. 나무가 변해서 다른 것이 될 때 화학작용이라고 합니다. 일화(一和)의 '화(和)'는 본질이 변하지 않습니다. 천만 가지의 소성과 개성이 있지만 화합하는 것입니다." 세계평화통일가정연합, 『참부모경』, 9-5-2-1, 1087.
114) 『말씀선집』 제140권, 1986.02.09.

기인한다. 『통일사상』은 "남과 여의 형상에 있어서의 차이는 양과 음의 양적인 차이이다. 이에 반하여 성상(정·지·의)에 있어서 남녀간의 차이는 질적인 차이이다."라고 설명한다.[115] 여기서 유념해야할 것은 이러한 차이는 위계질서를 나타내는 것이 아니라 '조화와 미를 나타내기 위한 것'이라는 점이다. 남성과 여성뿐 아니라 육지와 바다, 낮과 밤, 알토와 소프라노처럼 양음의 차이는 하나님의 창조라는 웅장한 예술작품을 이루는 요소로 비유할 수 있으며 궁극적으로 기쁨을 가져오는 요소다.[116]

통일체인 하나님과 양성실체인 성자, 음성실체인 성령은 각각 성상과 형상을 갖추고 있으므로 개별적으로 존재할 수 있으며 동등한 입장에 있다. 이러한 입장은 남성, 여성을 대비해서 머리인 남성만이 하나님의 형상이 될 수 있고,[117] 영혼과 몸을 비교해서는 몸을 지배하는 영혼만이 하나님의 형상의 영역이라고 간주한 아우구스티누스나[118] 아퀴나스, 그 영향을 받은 칼빈의 이해를 비판한다.[119] 나지안주스의 그레고리는 통일신학의 관점과 유사하게 삼위일체 하나님의 유비로 아담, 해와, 셋의 최초의 가정을 들었다. 세 인격들이 각각 하나의 육체와 피로 이루어졌으며, 하나의 가족을 이룬다는 점에서 삼위일체가 개인 개체가 아니라 가정 공동체의 형태라는 것이다. 몰트만은 이를 사회적 삼위일체론으로 지지하면서 하나님의 하나됨은 '한분됨(Einer)'이 아니라 개체인 위격들의 '하나

---

115) 통일사상연구원, 『통일사상요강』, 178.
116) 통일사상연구원, 『통일사상요강』, 179-180.
117) 바울의 머리 신학(Kephale-theologie)에서 남자는 여자의 머리로 묘사된다. "그리스도는 남자의 머리이고, 남자는 여자의 머리이다. 그렇지만 하나님은 그리스도의 머리이다." 고전 11:3, 3:22-23; 엡 5:23; 히 12:5-10 참조.
118) Augustine, De Trinitate, 7.3.5.
119) 위르겐 몰트만, 『삼위일체와 하나님의 역사』, 134-135. 아우구스티누스와 아퀴나스의 '하나님의 형상'에 대한 주장은 통일신학적 관점에서 보면 성상적 측면만 다룸으로서 하나님의 형상적 측면이 생략되었고, 또한 남성만 형상으로 취하면서 하나님이 양성과 음성의 이성성상으로 존재하신다는 사실을 간과했다.

됨(Eins)'을 의미한다고 하였다.[120]

위격의 개별성은 각각의 위격들이 '인격'이라는 점에서 부각된다. 먼저 현대 신학의 입장에서 설명하자면 인격은 페르소나를 현대어로 번역한 것으로 '행위의 의식적 중심(conscious center of action)'을 의미한다.[121] 각 위격들을 분리된 행위의 중심이라 간주할 경우 각 위격의 주체성 (subjectivity)이 보장되면서 구별성이 확실해 진다. 판넨베르그, 몰트 만,[122] 볼프[123] 등이 이러한 입장을 긍정한다. 통일신학의 경우, 각 위격 이 성상의 속성으로 정 · 지 · 의의 기능이 통일된 영적통각(靈的通覺), 즉 의식을 갖추고 있으므로 인격적 존재라 한다.[124]

인격에 대한 다른 관점도 있다. 라틴 신학의 전통인 신적 본질과 연결하 여 라칭거(J. C. Ratzinger)는 인격을 순수한 관계(persona est relatio)로 규 정한다.[125] 바르트와 라너는 단일한 주체성을 강조하여 인격 대신 존재양

---

120) Gregor von Nazianz, *Fünf Theologische Reden* (Düsseldorf 1963), 239. 위르겐 몰트만, 『삼위일체와 하나님의 역사』, 263.; 몰트만은 휘포스타시스가 독립된 개체를 의 미한다고 보았다. 위르겐 몰트만, 『신학의 방법과 형식』, 김균진 역 (서울: 대한기 독교서회, 2001), 329.

121) 행위의 의식의 중심을 각 위격들에 두느냐 아니면 한 단일 인격성으로 보느냐에 따라 의견이 갈린다. 전자의 예로 판넨베르크는 '하나의 신적 주체라는 존재의 서 로 다른 양태들이 아니라 오히려 분리된 행위 중심들의 생동적 실현화'라고 각 위 격의 주체성을 옹호했다. Wolfhart Pannenberg, *Systematische Theologie,* Ⅰ, 319. 후자 의 경우는 뮬렌(H. Mühlen)에 의해 제기되었는데 그는 "신성 안에 있는 단일한 인 격적 행위 중심"을 주장한다. Heribert Mühlen, *Der Heilige Geist Als Person* (Münster Westf.: Aschendorf, 1969), 166. 미로슬라브 볼프, 『삼위일체와 교회』, 359.

122) Jürgen Moltmann, *The Trinity and the Kingdom,* 170−172.

123) 미로슬라브 볼프, 『삼위일체와 교회』, 334−367.

124) 통일신학에서 의식(靈的通覺)인 정 · 지 · 의의 기능은 육신의 마음인 육심의 정 · 지 · 의와 영인체의 마음인 생심의 정 · 지 · 의의 통일이다. 통일사상연구원, 『통 일사상요강』, 107−109.

125) 예를 들어 성부는 '낳는 분'이 아니라 '낳음의 행위(the act of begetting)', 이고 성자 는 낳아짐의 행위(the act of being begotten), 성령은 발출의 행위(the act of procession)이다. Joseph Cardinal Ratzinger, *Introduction to Christianity*, trans. J. R.

태로 간주할 것을 제안한다. 틸리히는 하나님의 초월적 본질을 더 강조하여 비인격성을 강력히 주장하고, 하나님을 존재 자체(being itself) 혹은 존재의 근거(the ground of being)로 정의하면서 범신론적으로 이해한다.[126]

이들이 각 위격을 의식을 가진 인격으로 간주하지 못하는 이유는 위격들에 내재된 신적 본질을 비인격적(비의식적)으로 보는 데 있다. 통일신학은 이 중에서도 초월적 본질의 극단인 범신론에 대해 범신성론(汎神性論)으로 응답하면서 하나님의 인격성을 지킨다.[127] 범신성론이란 피조세계가 하나님의 본성상과 본형상이 전개된 결과이므로 모든 피조물에는 하나님을 닮은 성상과 형상이 차원을 달리하여 존재한다는 것이다.

범신성론의 관점에서 보면, 하나님의 본성상의 기능인 의식이 모든 피조물에 심적 기능(心的 機能)으로 내재돼 있다. 광물의 물리화학적 작용성, 식물의 식물심(植物心), 동물의 본능, 인간의 마음이다.[128] 이러한 피조물의 의식은 하나님의 심정에서 파생한 '우주의식(cosmic consciousness)'이 유입된 결과이다. 우주의식은 세계의 배후에서 의식성에너지인 생명을 창출하는 사랑의 힘으로서 피조물에게 침투해서는 무의식 속에 원형(형식상, 내용상)을 형성하고 역동적으로 기능한다.[129] 따라서 범신성론은 모든 피조물의 심적 기능의 기저에는 하나님의 참사랑이 존재한다고 강조한다.[130]

Foster (London: Burns & Oates, 1969), 131–135.

126) Paul Tillich, *Systematic Theology*, Ⅰ, 236.

127) "범신론 같은 것은 무엇이든 다 신이라고 말하거든요. 범신론이 아니라 범신성론(汎神性論)이 맞는 말이라구요. 성품은 다 하나님 성품을 따온 거라구요. 범신성론이라는 것이 맞는 말이라구요." 『문선명선생말씀선집』제180권, 1998.08.22.

128) 통일사상연구원, 『통일사상요강』, 31–32.

129) 통일사상연구원, 『통일사상요강』, 214.

130) "성상·형상 및 양성·음성은 하나님의 이성성상으로서, 이 두 종류의 상대적 속성은 모두 피조세계에 전개되어서 보편적으로 모든 개체 속에 일일이 나타나고 있다. 성경에 '창세로부터 그 보이지 않는 것들 곧 그의 영원하신 능력과 신성('신

헤겔(G. W. F. Hegel)에 의하면, 인격의 본질은 상대를 위하여 자신을 내어주는 자기희생이고, 인격성은 희생의 정도에 결정되기 때문에 무한한 하나님이 가장 인격적이시고, 온전한 인격이다.[131] 통일신학에서는 위타적인 하나님의 사랑, 참사랑이 피조세계의 원동력으로 작용하면서 우주의 질서를 형성한다. 하나님의 본질이 심정에 있고, 우주의 작용 원리가 참사랑에 있으므로[132] 하나님이 모든 존재의 근거라 할 때도 비인격적이 아니라 인격적이다.

통일신학에서 하나님은 명백하게 심정을 중심으로 정·지·의의 인격을 갖추신 분이시고, 성자와 성령은 하나님의 심정을 닮을 수 있는 인격을 가지고 탄생한 존재다.[133] 그런데 하나님의 입장에서 참부모·참스승·참주인의 인격의 발현은 천지인참부모가 되기 전 무형의 하나님으로서는 불가능하다.[134] 따라서 참부모의 인격을 발현하는데 있어 아버지의 인격

상')이 그 만드신 만물에 분명히 보여 알게 되나니'(로마서 1:20)라고 기록되어 있는 것은 이 사실을 두고 한 말인 것이다." 통일사상연구원, 『통일사상요강』, 53.

131) Georg Wilhelm Friedrich Hegel, *Lectures on the Philosophy of Religion,* trans. E. B. Speirs and J. Burdon Sanderson (New York: Humanities Press, 1974), vol. 3, 24−25.

132) "참사랑은 공익성을 띤 무형의 질서요, 평화요, 행복의 근원입니다. 참사랑은 우주의 원천이요, 우주의 중심, 우주의 주인을 만들어주는 사랑입니다. 참사랑은 하나님의 뿌리요, 의지와 힘의 상징이기도 합니다. 따라서 참사랑으로 맺어지면 영원히 같이 있어도 좋기만 하고, 우주는 물론 하나님까지도 끌면 따라오는 사랑입니다" 세계평화통일가정연합, 『평화신경』, 60.

133) "원래 아담 해와는 이러한 엄청난 하나님의 심정을 상속받아서 심정의 기반 위에 인류의 참시조가 되게 되어 있었습니다.…(그런데 타락하여) 하나님의 심정을 잃어버렸고, 하나님의 심정을 닮을 수 있는 인격을 잃어버렸고, 인격 위에 세워져야 할 말씀의 목적을 잃어버렸다는 것입니다."『말씀선집』제14권, 1964.10.03.

134) "하나님도 혼자서는 사랑의 목적을 달성할 수가 없습니다. 무형의 하나님이시기 때문에 실체세계의 아들딸을 가지고 처음으로 천국을 만들 수가 있는 것입니다. 그렇지 않으면 영계에 가서 천국백성이 되는 길은 없습니다. 몸이 없으면 안 됩니다. 실체가 필요합니다. 무형의 하나님이 실체세계에 대해서 아무리 경고를 하고, 충고를 해도 통하지 않습니다. 통하지 않습니다. 그러니까 통하기 위해서는 실체가 없으면 안 됩니다."『말씀선집』제422권, 2003.10.25.

은 성자를 통해 어머니의 인격은 성령을 통해 실체적으로 구현된다.[135] 성자는 이상적 남성의 인격을 갖춘 후에 천지인참부모가 되어 하나님과 더불어 참아버지로서 참사랑을 실천하고, 성령은 이상적 여성의 인격을 갖춘 후에 천지인참부모가 되어 하나님과 더불어 참어머니로서 참사랑을 실천한다.

통일신학에서 보는 인격완성의 삶은 곧 4대 심정권인 자녀의 사랑, 형제자매의 사랑, 부부의 사랑, 부모(조부모)의 사랑과 3대 왕권인 부모(조부모), 부부, 자녀의 3대권을 갖춘 삶이다. 여기서 참부모 · 참스승 · 참주인의 인격이 완성된다.[136] 성자와 성령은 인류 앞에 인격완성의 길을 보여주는 존재이다. 성자가 갖춘 4대 심정권의 인격과 3대 왕권적 삶은 모든 남성이 따라가야 할 인격완성과 삶의 표본이며, 성령이 갖춘 4대 심정권의 인격과 3대 여왕권적 삶은 모든 여성이 따라가야 할 인격완성과 삶의 표본이다. 곧 성자는 이상적 아들, 남동생, 형/오빠, 남편, 아버지, 할아버지의 전형이 되며, 성령은 이상적 딸, 여동생, 누나/언니, 아내, 어머니, 할머니의 전형이 된다.

2) 관계의 구별성

관계 개념이 서방교회에서 발전하였다는 점에서 서방교회의 관계 개념과 비교하여 설명하고자 한다. 그러나 서방교회의 관계가 배타적 구별을 위한 대립 관계라면 통일신학의 관계는 통일성을 전제한 상대 관계라는 사실을 차이점으로 짚고 논의를 시작하고자 한다.

---

135) "인격적 신이 안 되어 가지고는 참부모가 못 돼. 천주부모는 무형의 하나님이시고 천지부모는 실체부모를 말하는 것인데, 두 부모가 하나되어야 인성적 부모가 되어 천주 · 천지 · 천지인부모가 돼요." 『말씀선집』 제450권, 2004.05.21.
136) 세계평화통일가정연합, 『평화신경』, 128−138.

비교를 위해 아퀴나스가 정리한 위격들의 관계를 보자. 아퀴나스는 한 하나님의 내적 행동으로서의 두 출원, 곧 말씀의 출원(processio verbi)인 출생(generation)과[137] 의지의 출원(processio voluntaltis)인 발출(spiratio)이[138] 하나님 안에 네 가지 실제적인 관계를 형성한다고 보았다. 첫 번째 관계는 출생하는 자가 출생되는 자와 맺는 관계로 아버지됨 혹은 부성이다(성부－성자). 두 번째 관계는 출생되는 자가 출생하는 자와 맺는 관계로 아들 됨 혹은 자성이다(성자－성부). 세 번째 관계는 내쉬는 자가 내쉼을 받는 자와 맺는 관계로 발출(성부·성자－성령)이고, 네 번째 관계는 내쉼을 받는 자가 내쉬는 자와 맺는 관계로 출원(성령－성부·성자)이다.[139] 네 가지 관계에서 세 위격이 구성되는데 성부는 출생하는 자이고, 성자는 출생되는 자이며, 성령은 발출되는 자이다. 여기에 세 위격이 서로 구별하는 다섯 가지 표지(notions)로 비출생성(innascibility or ingenerateness), 부성(paternity), 자성(filiation), 발출(spiration), 출원(procession)이 있다.[140]

통일신학으로 삼위일체의 한 존재는 천지인참부모이고, 출원은 정(正)에서 분(分)으로의 전개과정으로서 말씀과 의지가 각개 따로 전개 되는 것이 아니라 하나님의 원상의 모든 신상(보편상인 성상·형상과 양성·음성의 이성성상, 개별상)과 신성(심정, 로고스[말씀, 이법인 이성과 법칙], 창조성)의 요소들이 포함되어 양성실체와 음성실체로 전개된 것이다. 여기서의 출원을 핵심적 단어로 정의한다면 '사랑의 출원'으로서 출생

---

137) Thomas Aquinas, *Summa Theologiae*, Ⅰ, 27, 2.
138) Thomas Aquinas, *Summa Theologiae*, Ⅰ, 27, 5, ad 3.
139) 백충현,『내재적 삼위일체와 경륜적 삼위일체』, 105.
140) 라쿠나가 정리한 아우구스티누스와 아퀴나스의 삼위일체의 핵심요소들은 다음과 같다. 5 표지들(비탄생 혹은 비출생, 부성, 자성, 발출, 출원), 4 관계들(부성, 자성, 발출, 출원), 3 위격들(성부, 성자, 성령), 2 출원들(태어남[being begotten], 발출됨[being spirated]), 1 본질 혹은 본성(하나님)이다. Catherine Mowry LaCugna, *God for Us : The Trinity and Christian Life* (San Francisco, Calif.: HarperSanFrancisco, 1991), 179－180.

이다. 성자에 대한 출생은 사랑하는 아들인 독생자의 출생이고, 성령의 출생은 사랑하는 딸의 출생인 독생녀의 출생이다.[141]

관계 유형으로 보면 첫째, 성부는 출생하는 자로서 출생되는 성자와 성령과 관계를 맺는 부모성을 갖고, 둘째, 성자와 성령은 각각 출생되는 자로서 출생하는 성부와 아들 됨과 딸 됨의 관계를 맺는다. 셋째, 성자와 성령은 남편되는 자와 아내되는 자로서 부부의 관계를 맺어 남편 됨과 아내 됨의 관계를 갖는다.

위격적으로는 성부는 하늘부모님, 성자는 참아버지, 성령은 참어머니이다. 이러한 위격들의 특징으로 성부는 성자와 성령에 대해 부모성(父母性, parenthood)을 가지고, 성자와 성령은 성부에 대해 자성(子性, filiation)을 가지는데 성자는 아들됨(sonhood)이고, 성령은 딸됨(daughterhood)이다. 한편으로 성자는 성령에 대해 남편됨(夫性, husbandhood), 성령은 성자에 대해 아내됨(婦性, wifehood)을 가진다.

그런데 통일성을 띤 하나님의 이성성상이 전개된 성자와 성령의 대응 관계는 아우구스티누스의 파송의 개념[142], 곧 보냄 받은 목적과 관련하여 생각해 보면 가정 내의 전(全) 관계를 포함한다. 성자와 성령은 가정에서 이루어야 하는 4대 사랑의 관계, 곧 자녀 관계, 형제 관계, 부부 관계, 부모 관계를 완성할 수 있는 관계를 대표한다. 하나님의 전개로서 성자는

---

141) "독생자란 하나님의 사랑을 강조한 것입니다. 독생자는 하나님의 첫사랑과 인연된 개인입니다." 세계평화통일가정연합, 『참부모경』, 1-1-2-1, 31. "하나님이 아담 해와를 창조했듯이 독생자가 있으면 독생녀도 있어야 합니다. 예수와 성신의 섭리가 바로 그것입니다." 『참부모경』, 1-1-2-8, 33.
142) 아우구스의 파송개념은 하나님과 인간 사이를 구원론적으로 중보하는 성자와 성령의 목적을 중심으로 한다. 곧 파송은 성자 및 성령이 성부로부터 영원 안에서 나오심을 세계에 알리도록 하기 위해 성자 및 성령이 세계 속으로 보냄을 받는 것이라고 한다. Augustine, *De Trinitate*, 4.2.11.; 4.5.29. 백충현, 『내재적 삼위일체와 경륜적 삼위일체』, 101.

곧 성령에 대해 아버지, 남편, 오빠, 남동생, 아들의 입장을 대표하고, 성령은 성자에 대해 어머니, 아내, 누나, 여동생, 딸의 입장을 대표한다.

> 부부의 자리는 하나님 가정에서 자녀가 합한 자리요, 형제가 합한 자리요, 부부가 합한 자리요, 부모가 합한 자리입니다. 부부의 자리는 4대 심정권을 중심삼고 볼 때 자기를 완성시켜 준 절대적 자리인 것입니다.[143]

> 남자는 여자의 아기의 심정 완성권을 이루어 주고, 형제의 심정권을 완성해 주고, 부부의 심정권, 부모의 심정권, 이 4대 심정권을 완성해 주고, 여자도 반대로 파트너에 대한 4대 심정을 서로 서로가 완성해 줘야 된다 이것입니다. 사랑의 관계를 맺게 된 다음에는 자기 아내는 자기의 옛날에 태어난 자녀와 마찬가지예요. 그 다음에는 형제입니다. 갈라질 수 없어요. 그 다음엔 자기 아내인 동시에 어머니 대신입니다.[144]

『통일사상요강』에서는 이렇듯 부부를 이룬 성자와 성령이 가정의 모든 입장과 사랑을 대변하는 이유를 본래 하나님의 창조 구상에 있음을 밝힌다. 하나님의 아담 해와에 대한 구상이 전개되어 성자 성령의 성장과정에 따라 자녀에서 형제자매, 부부, 부모의 사랑을 실현하고 전 입장을 대표하게 된다. 구상으로서의 이들의 입장은 '영적(靈的)'으로 표시되며 그림으로 표현하면 다음과 같다.

---

143) 『말씀선집』 제259권, 45.
144) 『말씀선집』 제266권, 147.

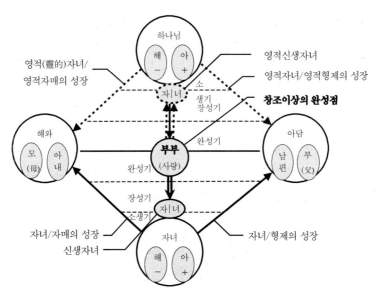

[그림 3] 사대심정(사대사랑)을 터로 한 부부*

* 통일사상연구원, 『통일사상요강』, 811.

출원이 참사랑에 기원하고, 파송이 참사랑을 실체적으로 완성하는데
있기 때문에 그 관계에 있어서 성자와 성령은 각각 하나님의 양성실체,
음성실체로서 남성이 가질 수 있는 4대 심정권, 여성이 가질 수 있는 4대
심정권의 완성을 지원해 줄 수 있는 상대적 관계를 가진다. 이 때 시작점
인 부부는 참부모의 출발점으로서 의미를 가지기 때문에 성자의 대표적
특성은 부성(父性, fatherhood)이고, 성령의 대표적 특성은 모성(母性,
motherhood)이다. 즉, 성부의 부모성 중에 성자는 부성을 드러내고, 성령
은 모성을 드러내며 상호 보완적인 관계를 형성하는 것이다.

　가정적 관계에서 본 삼위는 기본적으로는 하나님을 정(正)으로 하여 성
자가 주체, 성령이 대상 입장에 선다. 그렇지만 사랑의 관계가 형성되어
하나가 되면 각각 주체 격위에 설 수 있고, 한 위격이 주체가 되면 다른 위

격은 대상 격위에 서서 수수작용을 통해 삼대상 목적과 사랑의 완성을 지향하게 된다. 수수작용 시에 주체는 중심이 되고, 대상은 주체의 주관을 받는다. 지구가 태양을 중심으로 도는 것처럼 대상의 입장에 서는 위격은 주체 입장에 서는 위격을 중심으로 원환운동(圓環運動)을 한다. 그런데 각 위격은 인격적 존재이므로 주체와 대상의 관계는 주체의 마음과 대상의 마음과의 관계이다. 주체를 중심으로 대상이 주체의 주관을 받는다는 말은 대상의 마음이 주체의 명령, 지시, 부탁 등에 쾌히 따른다는 의미이다.[145]

성부의 표지는 근원성이자 부모성으로 참사랑의 근원이자 부모로 주체 입장에 설 수 있고, 성자의 표지는 부성으로 모든 남성적 참사랑을 대표한 참아버지로 주체 입장이 될 수 있으며, 성령의 표지는 모성으로 모든 여성적 참사랑을 대표한 참어머니로 주체 입장에 설 수 있다. 서로 참사랑을 중심하고 주체와 대상이 원형으로 수수작용을 하며 조화성, 원만성, 원활성의 관계를 가진다.[146]

3) 경륜으로 본 구별성

통일신학의 경륜은 '혈통'과 관련된다. 하나님의 창조이상이 신인애일체(神人愛一體)를 이룬 이상가정에 있기 때문에 참혈통의 상속은 타락인간의 구원을 위해 최우선으로 이루어져야 한다. 천지인참부모는 참혈통의 근원으로서 새롭게 인류를 중생케 한다. 여기서 하나님은 종적 참부모(무형)로서 성상적 참혈통을 전수하는 역할을 담당하고, 참아버지와 참어머니는 횡적 참부모(유형)로서 형상적 참혈통을 전수하는 역할을 한다. 참아버지와 참어머니의 역할을 다시 구분하자면 참아버지는 참사랑 · 참

---

145) 통일사상연구원,『통일사상요강』, 478.
146) 통일사상연구원,『통일사상요강』, 87.

생명 · 참혈통의 씨(정자)를 제공하며, 참어머니는 참사랑 · 참생명 · 참혈통의 몸(난자)을 제공하는 역할과 더불어 해산의 역할을 담당한다.[147]

> 하나님의 사랑과 하나님의 생명과 하나님의 핏줄을, 종적인 아버지의 특성을 이어받은 것이 마음입니다. 그렇기 때문에 마음은 종적인 나예요. 타락하지 않은 본연의 조상이 되었더라면 횡적인 면에 있어서 참사랑을 중심삼고 하나님의 사랑과 90각도로 일체화된 영원한 결착이요, 영원한 결속이요, 영원한 결합이 벌어지는 것입니다. 그 가운데서 몸적인 피와 생명과 사랑을 통해 가지고, 두 부모의 사랑을 엮어 가지고 전수받은 '나'이기 때문에 몸은 횡적인 참부모로 이어받은 '나'라는 거예요. 마음은 종적인 참창조주로 이어받은 내적인 '나'라는 것입니다.[148]

참혈통의 창조는 천지인참부모의 경륜의 시작으로서 의미가 있다. 타락인간에 대한 천지인참부모의 경륜은 참혈통의 전수를 시작으로 사탄에게 혈통권을 빼앗겨 잃어버렸던 소유권과 심정권을 다시 되찾을 수 있는 환경을 창조하기 시작한다. 곧 3대축복을 복귀할 수 있는 섭리를 경륜하시는 것이다(이 46:11).[149] 하나님의 참혈통과 연결된 위하는 생활을 통해 참인격을 완성하고(제1축복), 하나님을 중심에 모신 참가정을 이루고(제2축복), 만물에 대한 참된 주인으로 빈곤과 기아를 퇴치하고 환경을 보호하며 기술을 평준화하여 참사랑으로 공생할 수 있는 환경(제3축복)을 재창조하기 위해 '참되게 희생'한다. 참된 희생은 자신을 완전 투입하는 참사랑의 희생이다.[150]

참부모의 참사랑의 희생은 인류의 타락을 복귀하기 위해 탕감복귀섭리노정을 완성하는 경륜에서 드러난다. 참아버지는 아담의 타락을 탕감

147) 『말씀선집』 제404권, 2003.02.06.
148) 『말씀선집』 제214권, 1994.02.01.
149) 세계평화통일가정연합, 『원리강론』, 114-115.
150) 세계평화통일가정연합, 『참부모경』, 10-1-1-4, 1101.

복귀하고 참아담으로서 승리하는 노정을 걷고, 참어머니는 해와의 타락을 탕감복귀하고 참해와로서 승리하는 노정을 걷는다.[151] 아담과 해와가 하나님을 배반하고 타락하여 하나님을 서럽게 해드렸던 것과는 달리 그 동안의 하나님의 한을 해원하여 하나님을 해방·석방해 드릴 수 있도록 창조본연의 인간으로서 완성하고, 더불어 타락인류를 창조본연의 인간으로 복귀시키는 경륜을 한다.[152] 참부모, 참자녀, 참만물을 찾아세우고[153] 참하나님을 중심한 천주대가족의 천일국을 창건하기 위해 참아버지, 참어머니의 사명완수를 놓고 절대신앙·절대사랑·절대복종한다.

실체적인 경륜은 하늘을 상징하는 참아버지의 부성과 땅을 상징하는 참어머니의 모성이 조화를 이루며 천주적으로 진행된다.[154] 부성과 모성의 특징을 보면 부성의 성상적 특징은 종적 사랑(정), 이성적(지), 주체적

---

151) 세계평화통일가정연합,『원리강론』, 234-235.; "오시는 재림주는 3차 아담으로 오시는 분으로 천계의 비밀을 가지고 와서 다시 사탄편 개인, 가정, 국가, 세계노정으로 재탕감하여 아담의 실수와 예수가 못다 이룬 사명을 완전 탕감복귀함으로써 통일세계를 창건하는 것입니다. 이렇게 3차 아담은 첫 아담이 가정기준에서 타락했던 것을 국가기준에서 탕감복귀하고 나아가 세계 전체를 탕감복귀하여 승리해야 합니다." 세계평화여성연합 창설대회 및 아시아평화여성연합서울대회 기조연설. 1992.4.10.; "탕감복귀 해원성사에 있어서 해와 완성을 위한 탕감복귀역사가 있어야 됩니다. 선생님은 아담 복귀 완성을 위한 투쟁의 역사를 거쳐 가지고 승리의 터전을 닦아 온 당당한 남성으로 설 수 있지만, 여성이 당당한 여성으로 서기 위해서 해와의 탕감복귀노정이 있는 것입니다." 세계평화통일가정연합 역사편찬위원회 편,『참부모님 생애노정 4』(서울: 성화출판사, 2000), 132.
152) 세계평화통일가정연합,『원리강론』, 246.
153) "지금(제35회 참부모의 날)까지는 부모의 날, 자녀의 날, 만물의 날, 하나님의 날이라고 했지만, 오늘부터는 참부모의 날, 참자녀의 날, 참만물의 날, 참하나님의 날, 이렇게 하기로 결정했어요. 지금까지 하나님은 참하나님이 못 되었다는 것입니다. 인간이 타락함으로 말미암아 복귀의 한을 품은 하나님이 되었던 거예요. 그렇기 때문에 복귀의 한의 고개를 못 넘은 인간들은 참자녀가 못 되었다는 것입니다. 그러니까 참만물의 날, 참부모의 날, 참자녀의 날이 되지 못 했다구요." 세계평화통일가정연합 역사편찬위원회 편,『참부모님 생애노정 11』(서울: 성화출판사, 2000), 265.
154) 세계평화통일가정연합,『평화신경』, 43.

혹은 활동적(의)이다. 모성의 성상적 특징은 횡적 사랑(정), 감성적(지), 대상적 혹은 관계적(의)으로 나타난다. 부성은 형상적으로 근력과 기골이 각지고 단단한 반면, 모성은 형상적으로 부드럽고 동그란 형을 가진다. 이러한 부성과 모성의 상대성은 가정형의 관계들이 화합을 이룰 수 있도록 상호보완적인 역할을 하기 위한 것이다. 부성은 카리스마와 주도력으로 개척과 선포의 역할을 담당하고, 모성은 감화력과 관리력으로 교육과 안착의 역할을 담당한다.[155] 하나님의 절대가치가 실현된 이상적 남성과 이상적 여성을 양성하고 이상적 가정과 이상적 국가, 세계, 천주를 안착하기 위한 경륜을 한다.

3. 내재적 삼위일체와 경륜적 삼위일체의 관계

현대 신학자들은 삼위일체론의 발전에서 내재적 삼위일체와 경륜적 삼위일체 사이의 긴장에 주목한다. 아우구스티누스 이전의 이레네우스나 터툴리안, 오리겐, 캅파도키아 교부들은 삼위일체의 경륜에 집중하였고, 아우구스티누스 이후 바르트 이전까지는 삼위일체의 내적 존재방식에 치중하였다. '라너의 정식(Rahner's Rule)'은 내재적 삼위일체와 경륜적 삼위일체의 관계에서 동일성을 주장하여[156] 혁신을 일으켰다고 여겨진다. 현대에 와서 내재적 삼위일체와 경륜적 삼위일체의 관계에 대한 신학자들

---

155) 윤예선, "한학자총재의 가정교육에 대한 연구", 102-114.
156) Karl Rahner, *The Trinity*, 22. "경륜적 삼위일체는 내재적 삼위일체이며, 내재적 삼위일체는 경륜적 삼위일체다." 라너의 이러한 기본공리는 흔히 라너의 정식으로 불린다.; 라너는 하나님의 절대적 자기전달(self-communication) 속에 자신을 피조물에게 충분히 전달하셨다고 보고, 우리와 관계 맺으시는 경륜적 삼위일체가 자신 안의 내재적 삼위일체와 동일하다고 설명한다. Karl Rahner, *Theological Investigations IV: More Recent Writings*, trans. Kevin Smith (Baltimore: Helicon Press, 1966), 69.

의 담론은 양자의 조화를 추구하면서 다양하게 전개되고 있다.157)

국제신학위원회는 종합적인 의견을 표명하면서 내재적 삼위일체와 경
륜적 삼위일체를 명확히 구별해야 함을 주장하면서 동시에 경륜의 신비
에 새로운 영향을 받는 내재적 삼위일체로 인해 구별 안에 내재적 삼위일
체와 경륜적 삼위일체의 동일성이 함축되어 있다고 한다.

이렇듯 내재적 삼위일체와 경륜적 삼위일체가 구별되면서도 동일성을
가지고 있다는 인식은 통일신학의 입장에서 타당한 것이다. 2장에서 잠
시 논했듯이 통일신학의 입장에서 내재적 삼위일체와 경륜적 삼위일체의
관계는 주체와 대상의 상대적 관계이기 때문에 분명 구별되면서도 상대
기준을 맺을 수 있는 동질요소를 지니고 있다. 여기서는 내재적 삼위일체
와 경륜적 삼위일체의 관계가 통일신학에서 어떻게 표현될 수 있는지 구
체적으로 살펴보고자 한다.

1) 창조의 2단 구조로 본 내적-외적 삼위일체

『통일사상』에서 창조는 내적발전적사위기대와 외적발전적사위기대
의 2단계 과정을 거친다. '창조의 2단 구조'를 쉽게 설명하자면 창조는 반
드시 구상인 로고스가 내적발전적사위기대를 통해 창조된 후 이를 기반

---

157) 백충현은 현대 신학자들의 내재적-경륜적 삼위일체 논의를 다음과 같이 소개한
다. 1) 바르트의 상호상응(mutual correspondence), 2) 라너의 동일성(identity), 3)
몰트만, 판넨베르크, 젠슨의 종말론적 일치(eschatological unity), 4) 보프와 피턴저
의 내재적 삼위일체가 훨씬 더 큼(much more than), 5) 브라켄의 내재적 삼위일체
로의 침지(immersing), 6) 수코키, 라쿠나의 경륜적 삼위일체로의 흡수(absorbing),
7) 이정용의 상호포월(mutual inclusiveness) 백충현,『내재적 삼위일체와 경륜적
삼위일체』, 117-298 참조.; 그렌즈는 삼위일체론의 공헌한 20세기의 대표 신학
자 11명을 선택해서 소개한다. 1) 바르트, 라너-삼위일체론에 대한 인식 전환에
공헌, 2) 몰트만, 판넨베르크, R. 젠슨-위격의 역사적·경륜적 성격 강조, 3) R.
보프, 지지울라스, 라쿠나-관계적 삼위일체론, 4) E. 존슨, 발타잘, 토랜스-내재
적 삼위일체의 중요성 회복.; Stanley J. Grenz, *Rediscovering the Triune God : The
Trinity in Contemporary Theology* (Minneapolis: Fortress Press, 2004) 참조.

으로 실체 피조물의 창조가 외적발전적사위기대로 이루어진다는 것이다.158) 내적발전적사위기대의 결과물인 로고스는 구상, 계획으로서의 '말씀'이며 동시에 이성과 법칙의 통일체인 '이법'이다.159) 요한복음 1장에서 말씀으로 창조되었다고 하는데(요 1:1-4)160) 이 말씀인 로고스는 '완성된 구상'을 뜻하는 것으로 마음(본성상)에 그려진 창조에 관한 구체적인 청사진이다.161) 로고스는 외적발전적사위기대의 성상에 위치하여 목적을 중심하고 형상인 전(前)에너지와 수수작용을 하여 실체적인 창조를 가능케 한다. 곧 내재적 삼위일체는 구상체인 로고스의 창조와 관련되고, 경륜적 사위기대는 실체 창조와 연관된다.

황진수는 로고스-실체 창조의 구조를 적용하여 아담 해와의 로고스가 실체 아담 해와의 창조로 이어졌다고 설명한다. 아담 해와의 로고스는 창조의 모든 내용을 갖춘 총합된 존재인 아담과 해와의 산 구상(living plan)이다.162) 이 때 산 구상은 로고스가 생명을 지닌 생동하는 구상체라는 뜻

---

158) 통일사상연구원, 『통일사상요강』, 131.
159) 통일사상연구원, 『통일사상요강』, 67, 72. 말씀(구상)과 이법의 관계는 말씀 속에 이법이 포함된 것이다. 하나님의 창조에 있어 하나님의 무한대의 양과 종류를 내용으로 하는 말씀(구상) 중에 적은 일부분이 이법으로서 말씀 중 만물의 상호작용 혹은 상호관계의 기준에 대한 것이다.
160) "태초에 말씀이 계시니라, 이 말씀이 하나님과 함께 계셨으니 이 말씀은 곧 하나님이시니라. 그가 태초에 하나님과 함께 계셨고 만물이 그로 말미암아 지은 바 되었으니…, 그 안에 생명이 있었으니 이 생명은 사람들의 빛이라." 요한복음 1장 1-4절.
161) 통일사상연구원, 『통일사상요강』, 66.
162) 산 구상은 로고스가 생명이 없는 정적인 주형 관념인 전 구상(pre-logos)과 달리 내적발전적사위기대의 결과물로서 생명이 들어있는 산 신생체라는 점을 강조하여 표현한 말이다. 통일사상에 따르면 로고스의 형성에도 '전 구상'의 형성과 '로고스'의 형성 두 단계가 있다. 전 구상은 하나님의 내적성상인 정·지·의의 통합으로서의 영적통각(靈的統覺)과 내적형상인 관념, 개념, 법칙, 수리성이 수수작용을 하여 형성된 치밀한 내부 구조를 갖춘 '주형성 관념(鑄型性 觀念)'이다. 생명력이 없는 전 구상에 하나님의 내적성상(영적통각)의 정적, 지적, 의적 기능이 심정의 충동에 의해 차원을 달리하면서 주입되면서 전 구상에 활력을 불어넣어 비록

에서 단순한 관념이 아닌 실체성을 지닌 생각실체라 부를 수 있다.[163] 따라서 내재적 삼위일체는 창조 이전 하나님과 생동하는 아담 해와의 생각실체로서의 로고스가 일체를 이룬 모습이며, 경륜적 삼위일체는 창조 후 하나님과 실체 아담 해와가 하나된 관계를 일컫는다.[164]

여기서 우리가 유추할 수 있는 사실은 하나님은 창조 전이나 창조 후나 아담 해와의 실체를 쓰고 천지인참부모로서 존재하시고자 하셨다는 것이다. 창조 전에는 생각실체, 즉 로고스인 아담 해와, 창조 후에는 유형의 실체인 아담 해와의 체를 쓰고 참부모로서 존재하고자 하셨다. 『원리강론』은 요한복음을 예로 들어 로고스는 하나님의 대상으로서 하나님과 수수적인 관계를 취하고 있었다고 하고(요 1:1), 로고스의 이성성상으로 성자와 성신을 소개하며, 이러한 로고스의 이성성상으로 피조물이 창조되었다고 한다(요 1:3).[165] 창세기에서 실제 창조는 아담 해와가 맨 나중에 창조되었지만 사실상 아담 해와의 성상과 형상, 즉 로고스의 이성성상이 전개되어 피조세계가 실체적으로 창조될 수 있었다는 점에서 아담 해와가 먼저 존재하였다고 볼 수 있다.[166]

> 로고스는 하나님의 '말씀'이며 '구상'이기 때문에, 그리고 이 말씀에 의해서 만물이 창조되었기 때문에, 로고스 그 자체가 만물과 똑같은 피조물일 수는 없다.[167]
> 하나님은 천주의 창조에 있어서 제일 마지막으로 만들어야 할 인간을

구상이지만 살아있는 것 같은 생동감을 갖게 되는 살아있는 주형성 관념인 산 구상, 즉 로고스가 형성된다. 통일사상연구원, 『통일사상요강』, 121-122.
163) 우주를 창조한 말씀으로서의 로고스는 모호한 개념이나 관념이 아니라 구체적인 생각실체다. "로고스는 뭐고 실체는 또 뭐에요? 하나님이 했다면 실체가 되어야지, 왜 로고스를 갖다 붙였어요? 생각이에요, 생각실체예요." 『말씀선집』 제432권, 290.
164) 황진수, "삼위일체로서의 천지인참부모", 66-68.
165) 세계평화통일가정연합, 『원리강론』, 235.
166) 세계평화통일가정연합, 『원리강론』, 64.
167) 통일사상연구원, 『통일사상요강』, 66.

마음속에서는 제일 먼저 구상하신 것이다. 즉 제일 먼저 구상한 인간을 표준으로 하여 동물, 식물, 광물을 차례로 생각하신 것이다. 즉 구상된 인간을 표본으로 하여 동물을 생각하고 다음에 식물을, 그리고 나중에 광물을 생각하신 것이다. 이와 같이 구상에 있어서는 인간, 동물, 식물, 광물의 순서와 같이 하향식으로 생각하였으나 실제로 피조세계를 만든 순서는 그 반대였다. 즉 광물(천체), 식물, 동물, 인간의 순서와 같이 상향식으로 만드신 것이다. 하나님은 인간의 구상에 있어서 몇 개의 종차를 합쳐 가면서 인간을 구상한 것이 아니며, 한꺼번에 모든 속성(성상과 형상, 양성과 음성)을 구비한 인간을 구상한 것이다. 더욱이 추상적인 인간이 아니고 구체적인 개별상을 가진 인간 아담 해와를 마음에 그렸던 것이다.[168]

창조의 2단 구조는 로고스의 이중단계 이론(twofold stage theory)이 구체적으로 표현된 형으로 이해할 수 있다. 로고스를 창조의 원리로 적용한 첫 번째 인물은 필로(Philo of Alexandria)로 여겨진다. 필로는 스토아학파의 내재적 로고스(λόγος ἐνδιάθετος, 정신적 사유)와 표현된 로고스(λόγος προθορικός, 발화된 사유)를 신적 로고스에 적용해 먼저 하나님의 정신과 사유가 있고, 다음으로 무형적이고 비실재적인 물질에 투사되어 실재적이고 이성적인 우주로 만든다고 하면서, 로고스를 "처음 낳은 아들"로 비유하였다.[169]

이후 변증가인 저스틴,[170] 타티안(Tatian), 테오필로스(Theophilus), 아

---

168) 통일사상연구원, 『통일사상요강』, 182.

169) J. N. D. Kelly, *Early Christian Doctrines*, 21–22.

170) 포트만(E. J. Fortman)은 저스틴이 로고스의 이중단계 이론으로 삼위일체를 설명했음을 다음과 같이 말한다. "첫 번째 단계에서 로고스는 성부가 함께 교제를 나눌 수 있는 자로서, 성부와 함께 영원하면서도 인격적인 교제를 나누었다. 두번째 단계에서 이 로고스는 창조 목적을 위해 성부의 의지에 의해 성자로 출생했다. 이러한 일은 영원히는 아닐지라도 창조 이전에 발생했다." Edmund J. Fortman, *The Triune God; a Historical Study of the Doctrine of the Trinity*, 230. 백충현, 『내재적 삼위일체와 경륜적 삼위일체』, 77 재인용.

데나고라스(Athenagoras) 등에 의해 로고스의 이중단계 이론이 발전하였는데 그 중에 테오필로스는 로고스의 구별을 신학적으로 구체화하였고, 창조를 위하여 말씀과 더불어 지혜가 함께 출생되었음을 밝혔다. 내재적 로고스는 로고스가 성부 하나님과 맺는 내적인 관계를, 외재적 로고스는 로고스가 세계와 맺는 외적인 관계를 지칭하면서[171] 성부 하나님의 내재하는 말씀을 우주에 앞서 방사하여, 제1원리로 삼아 창조하였다는 것이다.[172] 이 때 창조를 목적으로 내재하는 지혜도 함께 출생시켜서 말씀과 더불어 영원히 함께 대화하였다고 한다.[173]

변증가들이 강조한 점은 로고스가 본질에 있어서 성부와 하나이고, 성부의 의지에 의하여 창조 전에 방사 혹은 출생하였으며, 출생 이전만이 아니라 이후에도 성부와 하나라는 것이다.[174] 즉 예수의 선재성(先在性)과 삼위일체에 대한 강조이다. 여기에 대하여 통일신학은 예수의 선재성을 로고스로서 존재한 것으로 규정하는 한에서 긍정한다. 실제 성자와 성령의 로고스가 없이는 피조물이 창조될 수 없었다는 점에서 아직 실체로 탄생하지 않았던 시점에서도 성자와 성령은 이미 존재한 것이다.[175] 또한 탄생 전에 하나님의 구상으로 내재하였고, 탄생 후에는 하나님의 실체

---

171) Thoeophilus of Antioch, *To Autholycus*, 2.10. 백충현, 『내재적 삼위일체와 경륜적 삼위일체』, 76.

172) J. N. D. Kelly, *Early Christian Doctrines*, 96–99.

173) 테오필로스는 창조 전에 내재한 말씀과 지혜의 출생을 함께 말하였고, 신성에 삼위(triad)의 용어를 처음 적용하였다. Thoeophilus of Antioch, *To Autholycus*, 2.10; 2.15; 2.22 J. N. D. Kelly, *Early Christian Doctrines*, 102, 104.

174) J. N. D. Kelly, *Early Christian Doctrines*, 101.

175) "만물, 큰 동물들 상징, 형상, 그다음에「상징 · 형상 · 실체입니다.」형상세계가 동물세계인데 고래, 코끼리를 지은 것이 2억5천만년, 3억만년이 넘는 것이 있다는 거예요. 그렇게 지었으면 그 주인 될 수 있는 존재를 6천년 전에 지었겠나? 주인이 되려면 2억5천만년 됐다면 2억5천만년 이상 됐다고 생각해야지. 생각으로도 그렇고, 아담 해와의 구조적인 내용을 가지고 천지 창조한 것 아니에요?"『말씀선집』제433권, 2004.01.26.

로서 창조의 위업을 같이 한다는 점에서 삼위일체라는 점도 수긍한다.

여기서 잠시 비판적 성찰을 위해 처음으로 내재–경륜 삼위일체를 통일신학적 입장에서 이해하고자 했던 심묘(T. Symmyo)의 주장을 검토하고자 한다. 심묘는 3수적 존재인 하나님의 세 가지 속성에 빗대어 내재적 삼위일체를 설명하였다.[176] 통일신학적으로 내재적 삼위일체를 내적 삼위일체(inner trinity)로 명명하고 심정, 본성상, 본형상이 속한다고 보았다. 여기에 대응된 경륜적 삼위일체를 외적 삼위일체(outer trinity)라 하고, 하나님, 성자, 성령을 위격으로 설명하였다.[177] 내적–외적 삼위일체의 명칭은 내적 사위기대와 외적 사위기대에 대응하여 생각하면 통일신학적 삼위일체의 용어로서 바람직하다고 생각된다. 문제는 심정–하나님, 본성상–성자, 본형상–성령의 대응이 적절하지 않다는데 있다.

심묘는 기독신학과의 연관을 생각하여 본성상을 로고스로 보아 성자에, 본형상을 에너지로 간주하여 성령에 대응하였다. 말씀, 즉 로고스를 성자로 여기고, 사랑과 은혜의 에너지를 성령으로 보는 것은 기독신학의 통속적 이해와 부합할 수 있다. 그러나 황진수의 지적처럼 하나님의 속성을 삼위일체로 표현할 수 있는지가 확실치 않고, 심정과 하나님에 대한 연결이 여의치 아니하며, 성상과 형상이 각각 창조목적을 완성한 여성과 창조목적을 완성한 남성으로 대응시킬 수 없다는 점에서 받아들이기 어렵다.[178]

더 심각한 문제는 내적 삼위일체를 심정, 본성상, 본형상으로 볼 경우

---

176) 세계평화통일가정연합, 『원리강론』, 57.

177) Theodore T. Shimmyo, "The Unification Doctrine of the Trinity", *Journal of Unification Studies*, vol. 2 (1998):6.

178) 황진수, "삼위일체로서의 천지인참부모", 62–63.; 어쩌면 심묘는 성자가 성상적 실체이고, 성령이 형상적 실체의 입장이라는 뜻에서 성상에 성자를, 형상에 성령을 대응시켰는지도 모른다. 그러나 실제 성상적 실체가 '본성상', 형상적 실체가 '본형상' 자체를 의미하는 것이 아니라 성상과 형상의 통일체인 성자와 성령이 각각 주체와 대상의 입장에 있다는 점을 부각하여 말하는 것이기 때문에 '본성상=성자, 본형상=성령'으로 표현한 도식에는 문제가 있다.

성부는 심정만, 성자는 성상만, 성령은 형상만을 대표하게 되어 실체 안에 성상, 형상의 이성성상이 각각 따로 분리되어 존재할 수 있다는 신학적 틀이 제기될 수 있다는 점이다. 이성성상이 분리된 위격은 인격적 존재로 볼 수 없기 때문에 기독신학의 삼위일체의 사역에 대해서도 충분한 설명을 할 수 없다. 이러한 설명은 아우구스티누스와 아퀴나스의 영적(靈的) 삼위일체 유비를 벗어나지 못하여 실체인 아담, 해와로 연결될 고리가 없고, 심하게는 말씀인 성자, 에너지로만 표현되는 성령의 존재가 바울의 머리−몸 신학과 같이 가부장적 삼위일체의 틀로 간주될 위험이 있다.

통일신학에서 삼위일체를 천지인참부모의 개념으로 이해하기 때문에 내적−외적 삼위일체 용어를 사용할 때도 그 내용에 있어 참부모의 틀을 고려해야 한다. 하나님의 내적 삼위일체의 세 위격은 성부(하나님), 성자의 로고스, 성령의 로고스로 보는 것이 바람직하다. 실체가 전제될 때 각 위격 내 이성성상의 훼손 없이 이해할 수 있기 때문이다. 이러한 내적 삼위일체가 전개된 외적 삼위일체의 세 위격은 성부, 성자(참아버지), 성령(참어머니)이 된다.

한편, 내적−외적 삼위일체를 로고스−실체 창조의 개념 대신 무형의 참부모−유형의 참부모를 적용하여 묘사한다면 내적 삼위일체의 세 위격은 하늘부모님, 하나님 아버지, 하나님 어머니이고,[179] 외적 삼위일체의 세 위격은 하나님, 참아버지, 참어머니로 간주된다. 통일신학에서 내재적−경륜적 삼위일체가 궁극적으로는 신인애일체의 통일성을 주장하므로, 로고스−창조 관계는 무형의 참부모−유형의 참부모를 표현하는 하나의 방편으로 이해할 수 있다.

이와 같이 내적 삼위일체와 외적 삼위일체는 하나님의 자기 실체화를

---

179) Ye-Jin, Moon, "The Need to Recover Gender Balance, to Understand God as both Heavenly Father and Heavenly Mother," 71−75.

표현하기 위한 것이며, 구체적으로는 창조의 2단 구조로 나타난다. 여기서 내적 삼위일체와 외적 삼위일체는 성상적인 것이 형상적인 것으로 전개된 것이므로 그 내용과 형태에 있어서 동일성을 지닌다. 동시에 창조의 2단 구조에서 내적 삼위일체는 내적 사위기대에 해당하고, 외적 삼위일체는 외적 사위기대에 해당하므로 분명한 차이가 있다.

한편으로 통일신학에서 내재적—경륜적 삼위일체가 창조의 2단 구조를 나타내는 내적—외적 삼위일체로 이해된다는 점은 기독신학과의 차별된 논리를 드러낸다. 기독신학의 내재적—경륜적 삼위일체는 실체의 단일성이 강조되는 하나님 자체의 삼위일체와 삼위의 구별성이 중점이 되는 하나님의 경륜의 삼위일체가 접점을 찾지 못하여 긴장을 초래한다. 반면, 통일신학의 내적—외적 삼위일체는 내적 삼위일체가 하나님 자체의 구조이고, 외적 삼위일체가 구별되는 인격들의 경륜을 보여준다는 점에서 유사하면서도 내적 삼위일체에서 외적 삼위일체로 이어지는 원리 및 과정을 발전적 사위기대에서 내적사위기대가 외적사위기대로 전개된 것으로 명확히 설명하면서 긴장이 발생하지 않고 조화를 이룬다.

또한 창조의 2단 구조에 의해 무형의 참부모가 유형의 참부모로 실체화되는 과정은 하나님과 인간의 책임분담을 수반함을 말하고, 그 책임분담을 완수하기까지 상대를 향한 하나님과 성자, 성령의 절대적이고 희생적인 사랑이 필요함을 드러내면서 삼위일체의 정체성이 선재적인 면(로고스)과 더불어 후천적인 면(실재)이 요구되는 신인애일체임을 명백히 한다. 이렇듯 신인애일체의 후험적 요인을 함의한 내적—외적 삼위일체는 내재적 삼위일체에서는 신성만을 가진 하나님이고, 경륜적 삼위일체에서는 인성도 지닌 구원자라는 예수의 이분법적 정체성을 해소시키는 역할도 한다.

2) 존재-경륜 삼위일체의 상대성

내재적 삼위일체와 경륜적 삼위일체의 관계에 있어 주요한 쟁점은 그 관계의 방향성에 있다. 한쪽이 다른 쪽에 영향을 주는 일방적인 관계인가, 아니면 상호 영향을 주는 쌍방적인 관계인가를 놓고 현대 신학자들은 다양한 의견을 표명한다. 라너와 몰트만의 경우는 내재적 삼위일체와 경륜적 삼위일체의 상호성에 주목하는데 그 중에서도 몰트만은 '상호적 관계'에 대해 구체적 진술을 하고자 했다. 몰트만의 관점에서 하나님의 구원행위를 통해 세계와 맺은 관계는 하나님의 내적 관계에 영향을 미친다. 또한 하나님의 존재 자체가 세계와의 관계를 이미 규정하고 있기 때문에 하나님 존재가 세계와의 경험에 영향을 받는다. 따라서 하나님의 존재인 내재적 삼위일체와 경륜을 통한 세계와의 관계를 의미하는 경륜적 삼위일체는 서로 영향을 주는 상호적 관계다.[180]

몰트만은 종말론적 실재로서 내재적 삼위일체를 보기 때문에 경륜적 삼위일체의 종말론적 완성으로 최종적 형태를 띤다고 본다.[181] 그는 삼위일체를 논리적 순서에 따라 기원의 삼위일체(Trinity of the origin: 시간 이전의 삼위일체의 실재), 보냄의 삼위일체(현재하는 삼위일체의 실재), 영광의 삼위일체(Trinity in the glorification: 구원사의 완성으로서 종말론적 삼위일체)로 나눈다. 기원의 삼위일체로서 내재적 삼위일체와 경륜적 삼위일체가 상호 영향을 주면서 점차 영광의 삼위일체로 나아가 완성한다는 것이다.[182]

---

180) Jürgen Moltmann, *The Trinity and the Kingdom : The Doctrine of God* (New York: Harper & Row, 1981), 161.

181) Jürgen Moltmann, *The Trinity and the Kingdom*, 152.

182) Jürgen Moltmann, *The Church in the Power of the Spirit : A Contribution to Messianic Ecclesiology* (New York: Harper & Row, 1977), 54.; Jürgen Moltmann, *The Trinity and the Kingdom*, 65-96.; 박만, 『현대 삼위일체론 연구』, 75-77.

통일신학에서 내재적 삼위일체를 천지인참부모라는 존재적 삼위일체로, 경륜적 삼위일체를 천지인참부모와 우리와의 관계로 본다면, 존재－경륜 삼위일체의 방향성은 어떠한가? 통일신학에서 내재적 삼위일체는 성상적인 입장이고 경륜적 삼위일체는 형상적인 입장이기 때문에 거시적 안목으로 본다면 일방향이다. 먼저, 참부모의 완성이 우주의 완성을 대표한다는 점에서 그러하다.[183] 둘째로, 존재를 의미하는 자동적 사위기대가 경륜과 발전을 의미하는 발전적 사위기대의 원형이 되기 때문이다. 명백히 존재적 삼위일체에서 경륜적 삼위일체로 방향이 설정된다.[184]

그렇지만 존재적 삼위일체와 경륜적 삼위일체의 상대성을 고려하고, 삼위일체의 완성을 향한 과정에 주목하면 일방향이 아니라 쌍방향으로 상호성을 가짐을 알 수 있다. 삼위일체를 주체로 우리를 비롯한 피조세계를 대상으로 보았을 때 주체와 대상의 관계는 상대적 관계이다. 주체와 대상은 독립적으로 존재, 발전하는 것이 아니라 수수작용을 통해 존재, 작용, 발전할 수 있다.[185] 여기서는 삼위일체의 존재와 우리와의 관계에 초점을 맞춰 두 삼위일체의 상대성을 논하고자 한다.

통일신학은 창조이상을 완성한 존재란 영인체가 완성한 존재라고 설명한다. 곧 3대축복인 인격완성, 가정완성, 주관성 완성을 이룬 존재가 영인체가 완성한 존재이다.[186] 천지인참부모의 존재의 완성도 결국은 영인

---

183) "우주 창조의 최종적인 목표는 만물의 주관주인 인간의 출현이기 때문이다. 이와 같이 부부의 완성은 우주 창조의 완료를 의미한다. … 인간은 만물의 주관주로 창조되었으나 남자만으로 혹은 여자만으로는 주관주가 될 수 없다. 부부로서 완성할 때 비로소 인간은 만물의 주관주가 되는 것이다. 그리고 그 때 우주창조가 완료되는 것이다." 통일사상연구원,『통일사상요강』, 237.

184) "자동적 사위기대의 터 위에서 필연적으로 창조목적이 세워져서 발전적 사위기대가 세워졌다고 보아야 할 것이며, 그것은 창조 후에도 이 자동적 사위기대가 발전적 사위기대의 터전이 되고 있다는 사실(하나님의 불변성, 절대성)이 이것을 더욱 뒷받침해 주고 있다." 통일사상연구원,『통일사상요강』, 118.

185) 세계평화통일가정연합,『원리강론』, 30－31.

186) "인간의 육신은 영원한 존재가 아니며, 영인체만이 영생한다. 즉 육신을 터로 하

체 완성에 귀결된다. 그런데 영인체가 성숙하고 완성할 수 있기 위해서는 반드시 지상에서 3대축복을 완성하는 과정을 거쳐야 한다.[187] 영원한 영계는 불변한 곳으로 성장 혹은 발전이 일어날 수 없기 때문에 영인체의 성장과 완성은 반드시 지상을 터로 해서만 가능하다.[188] 하나님이 천지인참부모로서 완성한 존재로 영존하기 위해서도 반드시 실체인 참부모가 지상에서 완성해야만 함을 시사한다.[189]

이러한 지상에서의 3대축복의 완성과정은 하나님과 같은 창조주이자 참부모로서 영존하기 위한 실체 참부모의 책임분담이라고도 볼 수 있다.[190] 가정완성의 관점에서 참부모가 존재하기 위해서는 참자녀의 존재가 전제된다. 천지인참부모는 인류의 참부모이기 때문에 인류가 참자녀가 되어야 한다. 참부모는 먼저 인류의 혈통복귀의 길을 열어주고, 책임분담을 다하여 완성하면 성장기간에서 있었던 체험을 가르쳐서 인류가 가벼운 책임분담으로 성장하여 참자녀로서 완성할 수 있게 한다.[191] 주관성 완성 차원에서는 천주의 주인이기 때문에 지상은 물론 영계까지 참

고 영인체가 완성하면 육신이 죽은 뒤 그 성숙된 영인체가 영계에서 영원히 살게 되어 있다(단, 인간의 타락에 의하여 오늘날까지 인간의 영인체는 미완성한 채로 영계에 가 있다). 영인체의 완성이란 창조목적을 완성하는 것으로서, 인간이 성장하여 인격을 완성하고 결혼하여 자녀를 번식하고 만물을 주관하는 것, 즉 3대축복의 완성을 의미한다." 통일사상연구원,『통일사상요강』, 210.

187) "마찬가지로 인간의 영인체는 나무와 같은 입장인 지상계의 삶에서 완성을 보아야만이 자동적으로 무형세계인 영계의 천국에 들어가는 것입니다. 다시 말해서 인간은 육신을 쓰고 사는 지상계의 삶에서 완숙한 삶, 즉 이 땅에서 천국을 이루어 즐기며 살다가 가야 자동적으로 천상천국에 입성하게 된다는 것입니다." 세계평화통일가정연합,『평화신경』, 56.

188) 세계평화통일가정연합,『원리강론』, 68.

189) "하나님의 아들딸이 축복을 받고 완성됨으로써 하나님의 사랑도 완성될 수 있습니다. 그럼으로써 하나님은 부모로서의 사랑이 완성된 기반 위에서 영존할 수 있게 됩니다." 세계평화통일가정연합,『참부모경』, 4-3-2-3, 374.

190) 세계평화통일가정연합,『원리강론』, 230.

191) 통일사상연구원,『통일사상요강』, 7.

사랑의 주관을 받을 수 있는 환경을 창조해야 한다. 참부모는 사탄을 굴복시키는 복귀섭리와 더불어[192] 영 · 육계의 심정권을 통일하는 섭리를 통해 창조이상세계를 창건한다.[193]

이러한 경륜은 하나님의 책임분담과 실체 성자 성령의 책임분담이 합하여져서 창조이상을 성취한다는 차원에서 천지인참부모로서 함께 경륜하는 것이다.[194] 그리고 천지인참부모가 가정을 넘어 종족 · 민족 · 국가 · 세계 · 천주의 참부모로서 실질적인 상대권을 넓힌다는 점에서[195] 천지인참부모로서의 존재 완성과 필연적으로 연계되어 있다.

몰트만의 삼위일체와 비교한다면 먼저 기원의 삼위일체는 창조목적의 삼위일체로 볼 수 있다. 통일사상에서는 창조목적과 창조이상을 구분하고 있는데 창조목적은 미래형으로 창조 시에 '설정한 목적'이고, 창조이상은 미래완료형으로 '이미 설정된 목표가 달성되어 있을 때의 상태'이다.[196] 창조목적의 삼위일체는 하나님이 구상하신 로고스적 삼위일체이다. 보냄의 삼위일체는 경륜의 삼위일체로 볼 수 있는데 차이라면 현재

---

192) 세계평화통일가정연합, 『원리강론』, 257.
193) "참부모는 전체 책임분담을 완성한 자리에서 간접주관권과 직접주관권의 심정권을 일원화시켜야 됩니다. 천국화시킬 수 있는 천상세계나 지상세계를 일원화시킬 수 있는 기반이 나오지 않고는 천국은 안 나오게 돼 있습니다. 그게 창조이상입니다." 세계평화통일가정연합, 『천성경』, 1090. (1986.10.09)
194) 통일사상연구원, 『통일사상요강』, 648.
195) "하나님의 성상적인 결실자로서 태어난 것이 아담이고 성상적인 결실자, 보이는 실체로 나타난 것이 해와인데 두 사람이 하나되다는 것은 하나님의 성상 · 형상이 비로소 사랑을 중심삼고 일체가 될 수 있는 기준이 되기 때문에 그걸 중심삼고 심정권이 발발, 시작하는 거라구요. 그것이 개인적인 가정을 중심삼고, 심정권을 중심삼고 종족적인 심정권이 확대되는 거예요. 그러면 개인적인 심정권에 대한 아담 해와가 종족적인 심정권의 중심이 되는 거라구요. 또 그 종족적인 심정권은 국가 형성이 되기 때문에 이담 해와 자체가 심정권에 있어서 개인적인 심정권, 가정적인 심정권, 국가적인 심정권의 대표자가 됩니다. 아담 일대에서 모든 모델이 형성되는 것입니다. 개인적인 모델, 가정적인 모델, 국가적 모델, 심정적 모델권이 전부 다 성립될 수 있었다는 것입니다." 『말씀선집』 제317권, 2, 2000.02.15.
196) 통일사상연구원, 『통일사상요강』, 156.

진행되는 경륜 자체가 종말기를 맞아 가능하다는 점이다. 통일신학에서 천지인참부모의 경륜이 현재 실체적으로 진행된다는 점에서 종말은 미래 형이 아니라 현재형이다.[197) 영광의 삼위일체는 창조이상의 삼위일체로 좁은 의미에서는 천지인참부모의 완성을 의미한다고 볼 수 있고, 넓은 의 미에서는 창조이상세계인 천일국의 완성으로 인해 전 천주의 참부모로서 실체적으로 영광 받으시는 삼위일체로 여길 수 있다.

창조목적의 삼위일체가 창조이상의 삼위일체로 가는 과정에서 존재-경륜의 삼위일체는 끊임없이 수수작용하여 발전해 나간다. 또한 창조이상의 삼위일체가 완성되어 천주의 참부모로서 존재하더라도 존재-경륜의 삼위일체는 상호작용을 계속하면서 유지된다.[198) 천지인참부모와 우리와의 관계는 원환운동의 수수작용을 통해 영속적인 관계를 맺는다.[199)

---

197) 통일신학은 참부모님께서 현현하신 지금이 종말기이고 완성을 향하는 노정이다. "역사의 종말기를 맞아 하늘의 인(印)침을 받고 현현하신 참부모님을 통해 완성되고 있는 것입니다." 세계평화통일가정연합, 『평화신경』, 63.

198) "세계 대가족이 아무리 되더라도 촉진화하지 않으면 중도에 해산돼 버리고 엉망 진창이 됩니다. 일을 하나, 어디를 가나, 앉으나 쉬나, 언제나 주체적 영계 앞에 대상으로서 하나되어 그것이 정지하지 않고 발전, 발전됨으로 가정, 종족, 민족, 국가에서 세계 고개를 넘어야 할 입장에 서 가지고 비로소 지상천국과 천상천국세계에 들어가는 것입니다. 이 모든 사탄이 준동하던 것을 깨끗하게 정리해 가지고 본연의 통일적 하나님의 이상세계를 완성하게 되는 것입니다." 『말씀선집』 제 261권, 90.

199) 통일사상연구원, 『통일사상요강』, 207-210.

─────── Ⅴ. 통일 삼위일체론을 실증하는 참부모

1. 예수

2. 천지인참부모

통일 삼위일체론은 실증적 토대를 실제 인물인 예수와 문선명·한학자 참부모님에 둔다. 앞서 통일 삼위일체론의 실체 개념이 삼위일체 참부모를 표명하는 장으로서 기능하였다면 본 장에서는 구체적으로 하나님의 자기 실체화이신 참부모의 존재와 참부모의 사역을 통해 인식되는 우리와의 관계를 설명하고자 한다. 이를 위하여 기존의 기독론의 핵심 담론인 예수의 존재와 사역을 참부모의 관점에서 새롭게 적용하여 논의를 이끌고자 한다.[1]

통일신학에서 참부모는 영계에서조차 인식할 수 없는 무형의 하나님이 인식할 수 있는 유·무형실체로 현현한 하나님의 자기 실체화로서 하나님의 사랑이상을 완성할 수 있는 존재이다.[2] 또한 참부모는 우리가 하나님과 관계를 맺어 자아를 완성하고 이상적 가정과 세계를 형성할 수 있도록 하는 근거이다.[3]

---

[1] 기독론은 예수론으로 여겨지는 바, 그 이유는 기독론이 기술하는 초점이 '예수는 누구신가?'와 '예수의 사역은 무엇인가?'에 있기 때문이다. Jean Galot, *Who Is Christ? : A Theology of the Incarnation* (Chicago, IL: Franciscan Herald Press, 1981), 20.

[2] "하나님은 무형으로 계시기 때문에 죽어서 영계에 가도 볼 수 없는 분입니다. 따라서 육신을 쓰고 사는 인간과 관계를 맺고 살기 위해서는 하나님도 체를 가진 아버지로서 이 땅에 현현하셔야 되는 것입니다. 하나님은 인류의 첫 조상되는 아담과 해와를 창조하셨습니다. 그들을 통해 하나님은 당신의 모습을 유형과 무형 양면으로 현현하시고자 했던 것입니다." 세계평화통일가정연합,『참부모경』, 1-1-4-1, 58.

[3] "하나님은 종적인 참부모이고 아담 해와는 횡적인 참부모가 되어서 그 두 부모가 하

하나님의 자기 실체화의 개념은 기독신학의 하나님의 자기 계시에 대한 심화된 이해라 할 수 있다. 기독신학에서는 참부모의 사명을 지니고 탄생한 예수를 하나님의 자기 계시로 이해한다. 하나님의 자기 계시로서 예수는 바르트, 브루너(E. Brunner), 템플(W. Temple), 니버(R. Niebuhr), 판넨베르크 등의 주장에서 다양하게 나타난다.[4] 판넨베르크에 따르면, 하나님의 자기 현실화인 예수가 하나님의 정의이며, 하나님의 신성에 속한다.[5] 예수를 통해 하나님의 실체를 인식할 수 있고, 하나님의 현존 양태를 이해할 수 있다.[6] 통일신학에서의 입장으로 풀자면, 예수는 하나님의 자기 실체화이고, 예수의 사역은 하나님의 실체대상인 참부모로서 이루어야 하는 책임분담이다.

존재적으로 참부모는 삼위일체의 구조를 지닌다. 하나님, 완성한 남자, 완성한 여자가 합성일체화를 이룬 형태다. 참부모의 존재는 관계적으로 하나님과 인간 남녀가 사랑으로 일체를 이루었음을 의미하기도 한다. 사랑으로 신과 인간이 하나된 신인애일체이며, 하나님을 이성성상의 하나님으로 고백하고 하나님과 결합한 인간으로 남녀 모두를 지칭하면서 남성과 여성의 성(性)의 결합을 의미하기도 한다.[7]

나된 터 위에 나의 심신통일이 이뤄지고 천국과 하나님이 연결된다는 것입니다. 따라서 참부모를 모시지 않고는 아무것도 안 된다는 것입니다." 세계평화통일가정연합, 『참부모경』, 1-1-4-4, 59.

4) Karl Barth, Church Dogmatics, 1/1, 362f.; Emil Brunner, I Believe in the Living God : Sermons on the Apostles' Creed (Philadelphia: Westminster Press, 1960); William Temple, Nature, Man and God (London: Macmillan and Co., Limited, 1949), 299, 301-325.; H. Richard Niebuhr, The Meaning of Revelation (New York: Macmillan, 1960), 138-156.

5) Wolfhart Pannenberg, Jesus : God and Man, 130.

6) 김영선, 『예수와 삼위일체 하나님』, 106.

7) 성의 결합은 현대 삼위일체론이 해결하고자 하는 성 문제(gender issue)의 해답을 제시하는 측면도 있다. 성 문제에 있어서 현대 신학자들은 전통적인 삼위일체 정식인 성부, 성자, 성령이 남성 중심적이며 가부장적이라는 비판을 중심으로 전개한다. 극단적인 여성신학자들은 삼위일체 정식을 거부하고 고대 세계의 여신 표상을 따라야 한다는 의견을 내고 있으며, 온건한 학자들은 삼위일체의 표상 속에 남성적 상징과

하나님을 중심한 완전한 성적 결합으로서 삼위일체를 이룬 참부모가 중요한 이유는 그 사역으로 이해할 수도 있다. 주재완은 통일신학에서 구원이란 "지상과 영계의 타락인간이 메시아 참부모를 통해 하나님의 직계 혈통의 자녀로 복귀하고, 참부모를 따라 성장하여 하나님과 일체를 이룬 창조본연의 인간으로 완성하고, 나아가 창조본연의 인간들이 사는 지상천국과 천상천국을 건설하는 것"으로 표현한다.[8] 즉, 구원은 혈통전환(원죄청산)과 더불어 인간의 완성(성화)의 길을 제시하는 데까지 이루어져야 한다. 완전한 구원은 하나님과 일체를 이룬 완전한 아버지와 어머니, 즉 참부모만이 할 수 있다.

메시아로서의 예수의 존재와 사역 역시 삼위일체를 이룬 참부모로서의 존재이며, 사역이다. 그런데 통일신학은 예수가 '영적 참부모'로서 '영적 구원'을 하였다고 정의한다. 예수가 지상에서 삼위일체를 이루어 참부모가 되는 데 실패하고 영적으로 참부모를 이루었음을 의미한다. 이 때, 예수의 신부격인 성령이 한 여성이라 확정할 수 없기 때문에 영적 참부모의 삼위일체를 성의 완전한 결합으로 보기 힘들다. 김영운은 성령이 개별적 인격성을 갖추지 못하였음을 지적한다.[9] 비록 성경에 성령이 모성적

<hr />

이성적 상징을 동시에 표현하거나 아예 하나님을 성적 상징이 없는 인격적 존재로 표현하려 시도한다. 또는 자연 상징물을 통한 표현이나 추상적 표현을 서술하여 삼위일체 정식의 여성 억압적 요소를 해소하기 위해 노력하고 있다. 메리 데일리, 엘리자베스 존슨 등의 여성신학자들은 삼위일체 정식의 수정을 요구하고 있으며 라너는 거룩한 신비로, 판넨베르크는 미래의 능력으로 표현하고 있다. 몰트만은 삼위일체 내 여성적 요소를 설명하고 있고, 여성적 성령론의 강조를 전개하는 학자들도 있다. 박만은 이러한 성 문제 해결을 포함한 현대 삼위일체 신학을 특징을 1. 구원 경험에 대한 신학적 진술로서 삼위일체론, 2. 실천적이며 해방적 교리로서 삼위일체론, 3. 유신론과 무신론의 극복으로서의 삼위일체론, 4. 관계 속에 있는 삼위일체 하나님, 5. 사회적 삼위일체론의 영향력 증대, 6. 성 문제 해결로 정의하고 있다. 박만,『현대 삼위일체론 연구』, 17-39.

8) 주재완, "영적 구원과 육적 구원의 의미",『통일교 사상연구 II』(아산: 선문대학교 출판부, 2014), 184.

기능을 수행하는 몇 가지 언급이 있을 지라도[10] 성령은 체를 갖추지 못한 존재로서 분명한 형체를 필요로 할 때는 타계한 사람의 영인체나 천사들을 매개로 하여 일하는 여성적 혹은 남성적 혹은 비인격적 하나님의 활동을 총칭한다는 것이다.[11] 하나님을 중심한 새 아담과 새 해와 사이의 삼위일체적 관계가 예수와 성령의 영적인 삼위일체에서는 완전하게 이루어지지 않는다.[12]

주재완에 따르면, 영적 참부모라는 것은 실제 참부모로서 완성했다는 의미가 아니라 영적으로 참부모 형을 갖추었음을 뜻한다. 영적 구원은 영적 참부모인 예수를 믿음으로서 하나님 앞에 양자가 되고, 장성기 완성급까지 성장할 수 있으며, 육신을 벗은 후 장성기 완성급의 영계에 갈 수 있는 구원이다.[13] 따라서 예수가 하나님의 구원섭리와 창조목적을 다 이루었다고 할 수 없다. 예수가 참부모로서 사명을 다 하기 위해서는 재림해야만 한다.

참부모로서의 사명을 완성하기 위해 참부모님이 재림하였다. 참부모님은 사명적으로 보았을 때, 제1 부모로 온 아담과 해와의 대신자이고, 제2 부모로 온 예수와 성령의 대신자이다. 선행으로 이들이 실패한 참부모의 기준을 탕감복귀해야 제3 부모로서 참부모의 사명을 완수할 수 있게 된다.[14] 따라서 참부모님은 예수로부터 참부모의 사명을 인계받았으

---

9) 김영운, 『통일조직신학』, 228.

10) 창 1:2, John Macquarrie, *Principles of Christian Theology* (London: SCM, 1977), 329−330.

11) 김영운, 『통일조직신학』, 229.; 이러한 성령에 대한 이해는 하나님의 신부 혹은 예수의 신부로서 이스라엘이나 교회를 지칭하였던 사례와 유사하다. 주님의 신부로서 이스라엘이나 교회는 실제 한 개인이 아니라 신부의 역할을 대신할 존재로서 신부로 불리고 신부의 위치를 차지하였다. Rosemary Radford Ruether, *Mary, the Feminine Face of the Church* (Philadelphia: Westminster Press, 1977), 19−24 참조.

12) 주재완, "통일신학에서 성신(聖神)의 존재론적 의미", 『통일교 사상연구 II』, 140

13) 주재완, "영적 구원과 육적 구원의 의미", 193−194.

14) 『말씀선집』 제55권, 153.

며,15) 누구보다도 참부모로서 승리하지 못한 비참한 예수의 심정을 이해하고,16) 그 한을 해원하기 위해 노력하였다.17) 참부모님은 예수가 영적으로 세계적 승리의 기대를 조성한 기대를 상속하고, 그 기반 위에 영·육적 세계적 승리를 이루고 천주적 승리의 기대를 세운다.18)

재림한 참부모님은 삼위일체를 완성하고, 영적 구원만이 아니라 영·육적 구원을 모두 행한다. 참부모님은 지상에서 참부모를 이루어 지상인과 영인이 하나님의 직계 자녀의 혈통으로 전환할 수 있도록 축복해주며, 3대 축복을 완성할 수 있는 길을 제시하여 성화할 수 있도록 한다. 지상에서 천지인참부모가 되고 육적 구원을 한다는 점이 독점적으로 부각되는 것은 영계는 영원한 곳으로서 변화가 있을 수 없으므로 죄의 청산과 부활 및 성장을 통한 완성은 지상을 통해서만 가능하기 때문이다. 참부모님의 경륜 속에서 지상인은 지상에서 완전한 구원의 길을 걸을 수 있고, 영인들은 지상에 재림하여 지상인을 매개로 하여 완전한 구원을 이룰 수 있다.19)

본 장에서는 하나님의 자기 실체화가 참부모라는 점에서 예수가 이룬 삼위일체를 영적 참부모로 재조명하고, 문선명·한학자 참부모님을 영·육아울러 삼위일체를 완성한 천지인참부모라는 점에 초점을 맞춰 그 존재와 경륜을 논하고자 한다. 참부모성을 획득한 하나님과 동일실체로서의 존재와 경륜이다.

---

15)『말씀선집』제55권, 133; 제285권, 212.

16) 세계평화통일가정연합,『평화신경』, 239, 296.

17) 참부모님은 예수를 위한 축복결혼을 거행했으며 2003년에는 예수를 예루살렘에서 유대교, 기독교, 이슬람 지도자들과 더불어 만왕의 왕으로 등극시키는 의식을 행하기도 하였다. 세계평화통일가정연합,『평화신경』, 242.

18)『말씀선집』제38권, 98. 세계평화통일가정연합,『천성경』, 2-4-1-3, 213.

19) 세계평화통일가정연합,『천성경』, 7-3-2-25, 766.; 세계평화통일가정연합,『원리강론』, 199.

1. 예수

1) 하나님과 일체인 예수에 대한 이해

신학적으로 삼위일체의 한 위격으로서 예수가 지닌 신성은 예수가 하나님과의 관계에서 일체라는 함의를 지닌다. 그렌즈는 기본적으로 예수가 하나님과 일체라는 주장을 기능론과 존재론의 관점으로 분류하여 설명한다. 기능론적으로 탐구하는 학자들은 20세기 전반에 성행한 반헬라적 경향으로 헬라 철학이 반영된 존재론보다는 예수의 사역을 통해 하나님을 인식하고(고후 5:19; 요 4:34, 9:4), 예수와 하나님의 기능적 일체를 하나님의 뜻을 이루려 했던 예수의 의지적 측면에서 규정한다. 리츨(A. Ritschl)은 예수의 소명 성취가 예수를 신으로서의 가치를 지니게 하였다고 이론화하였고, 쿨만(O. Cullmann)은 초대 교회에서 예수에게 부여한 다양한 기독론적 명칭을 통해 설명하면서 예수와 하나님의 관계의 신비를 푸는 열쇠는 구원사에서 표현된 예수의 역할에 있다고 하였다.[20]

이러한 기능론적 접근은 예수와 하나님과의 일체를 설명하는 출발점으로서 적절하다는 평가를 받았지만[21] 몇 가지 비판에 직면하여 20세기 중반에 이르러서는 기능을 넘어 예수의 정체성에 관해 존재론적으로 말하고자 하는 시도가 각광받았다.[22] 존재론적으로 예수를 규명하려는 학

---

20) 스탠리 그렌즈, 『조직신학: 하나님의 공동체를 위한 신학』, 391-392.; Albrecht Ritschl, *The Christian Doctrine of Justification and Reconciliation*, trans. H. R. Mackintosh, and A. B. Macaulay (New York,: Scribner's, 1900); Oscar Cullmann, *The Christology of the New Testament,* trans. Shirley C. Guthrie and Charles A. M. Hall (Philadelphia,: Westminster Press, 1963) 참조.

21) Emil Brunner, "The Christian Doctrine of Creation and Redemption" In *Dogmatics*, x, trans. Olive Wyon (London: Lutterworth Press, 1952)

22) James Barr, *The Semantics of Biblical Language* (London: Oxford University Press, 1961); Brevard S. Childs, *Biblical Theology in Crisis* (Philadelphia: Westminster Press, 1970).

자들은 하나님과 예수의 일체성을 본성적 차원에서 질문한다. 이들은 신약의 기자들이 시도했던 존재론적 방식에 근거를 두고, 우리의 정체성과 인격에 관한 오늘날의 문제들이 지니는 존재론적 차원에 대해 해결하고자 한다. 예수가 하나님의 계시라는 현대의 주장들 역시 계시자가 계시되는 대상과 분리될 수 없다는 점에서 존재론적 기독론으로 더 무게를 실어준다.[23]

그러나 예수의 존재와 기능을 따로 떼어서 생각할 수는 없다. 아퀴나스에 의하면 위격(persona)은 '그가 누구냐(chi è)'라는 존재론적 질문이고, 본성(natura)은 '그가 무엇이냐(che cosa è)', '그가 어떻게 행동하느냐(come agisce)'를 묻는 것으로 기능론적이다.[24] 라틴과 헬라 신학의 전통은 본성과 위격적 일치를 주장하면서 예수의 존재와 기능을 통합하여 사고하였고, 현대의 정체성과 인격에 관한 문제들도 어떠한 생각과 행동을 하느냐는 기능적 질문과 밀접하게 연관을 맺을 때 내가 누구인가에 대한 질문에 답을 줄 수 있다는 점에서 존재와 기능은 불가분리적인 관계를 맺고 있다. 내재적 삼위일체와 경륜적 삼위일체의 관계에서 존재와 인식의 조화를 추구하는 것처럼 예수에 대한 존재론과 기능론도 조화를 추구할 필요가 있다.

예수의 신성에 따른 하나님과의 일체성에 대한 측면에서 존재와 기능은 유기적 관계를 형성한다. 앞서 인간은 하나님의 실체대상으로 창조되었고, 인간이 신성(참부모성)을 가지기 위해서는 완성실체가 되어야 함을 논하였다. 따라서 하나님과 예수가 일체라 할 때 예수가 하나님의 실체로서 존재론적으로 일체를 이루었다는 측면과 더불어 예수가 완성실체가 되기까지 책임분담으로서의 사역을 다하였다는 기능론적 측면을 고려하

23) 스탠리 그렌즈, 『조직신학: 하나님의 공동체를 위한 신학』, 394.
24) Carlos Ignacio Gonzalez, *Cristologia: Tu sei la nostra salvezza* (Casale Monferrato: Piemme, 1988), 312. 김성태, "예수의 존재와 행위에서 드러나는 두 본성의 위격적 일치와 그 의미", 『現代가톨릭思想』no. 22 (2000):195-218. 참조.

게 된다. 인간이 하나님을 완전히 닮은 완성실체가 되어 참부모성을 지니기 위해서는 소생기, 장성기, 완성기의 성장과정을 필요로 하고, 각 단계에서의 성장은 그 존재가 본성에 맞게 참사랑을 체득하고 실천하느냐의 여부에 달려있다.[25]

『통일사상요강』에 따르면, 존재가 자체적으로 지닌 원형으로서의 성상과 형상은 피조세계에 외적으로 전개된 성상과 형상과의 수수작용을 통해서 복합원형을 생성하고 발전한다. 인식의 원형이 선천적인 원영상과 관계상(사유형식)은 물론 후천적인 경험적 관념으로 이루어져 있어서[26] 존재의 의식(영적통각)인 정·지·의의 기능도 그 자체로 완전한 게 아니라 각각이 추구하는 미·진·선을 인식하고 관념(개념)의 조작을 반복하면서 지식이 증대된다.[27] 이러한 과정을 거쳐 형성된 사유는 행동에 영향을 주고, 행동은 다시 사유에 영향을 주면서 인격이 성장 발전한다.[28] 이런 점에서 예수의 존재는 예수의 사역에 원형 혹은 근거를 제공하고, 예수의 사역은 예수의 본성을 표현함과 동시에 존재를 성장시키는 역할을 한다. 따라서 하나님과 예수의 일체성은 존재적 일치와 더불어 활동의 일치도 함께 논의되어야 한다.

여기서는 예수의 존재와 사역이 영적 참부모로서의 존재와 사역임을 논증하고자 하며, 예수가 지니게 된 참부모성의 한계 역시 짚고자 한다.

---

25) 세계평화통일가정연합 『원리강론』, 62.; 『말씀선집』 제271권, 66. 1995.08.21.
26) 통일사상연구원, 『통일사상요강』, 556−558, 575.
27) 인식은 세 단계를 거쳐 이루어진다. 감성, 오성, 이성의 단계인데, 감성적 단계에서는 오관에 비치는 대로 알므로, '나'는 대상이 무엇인지 모른다. 오성적 단계에서는 논리적으로 원인이나 이유를 따져서 아는 단계로, 영적통각(마음의 기능적 역할)이 감성적 인식상과 원형을 비교해서 인식한다. 이성적 단계에서는 판단력, 개념화의 작용으로 작용하던 이성이 사유작용을 통해 새로운 지식을 얻고, 관념의 조작을 통해 얻어진 지식은 매번 다음 단계의 새로운 지식 형성에 이용되면서 지식의 발전을 이루게 된다. 통일사상연구원, 『통일사상요강』, 571−577.
28) 통일사상연구원, 『통일사상요강』, 33, 244.

2) 예수의 존재

예수가 누구인가라는 존재론적 질문에 답하기 위해 먼저 예수의 본성으로 본 하나님과의 일체성을 고찰해 보자. 역사적으로 예수의 본성에 관한 논의는 예수의 완전한 인간성과 완전한 신성을 놓고 첨예하게 대립해 오다가 칼케돈 공의회에서 종합되었다. 두 본성 교리에 따르면 예수 그리스도의 신성과 인성은 혼동이 없고, 나누어지지 않으며, 분리되지 않는다. 삼위일체의 두 번째 위격인 성자 안에서 두 본성은 고유한 속성을 보전한 상태에서 완전한 조화와 위격적 일치(unio hypostatica)를 이룬다.[29] 즉, 예수는 속성의 교류(communicatio idiomatum)를 통해 "하나의 위격과 두 본성(una persona, duae naturae)"이 가능한 존재다.

그러나 전통적인 두 본성 교리는 예수의 존재를 올바로 표현한 것이라 할 수 없다. 칼빈은 "유한은 무한을 포함할 수 없다(finitum non capax infinity)"며 속성의 교류를 통한 위격적 일치에 난색을 표한다.[30] 슐라이어마허는 "자체만으로 완전한 두 존재가 함께 하나의 전체를 구성할 수 없다."고 지적하며 두 본성 교리에 대해 반론을 제기한다.[31] 부루너의 말처럼 두 본성의 통일이란 믿음으로만 수용 가능한 지적 공식화를 초월한

29) James Stevenson and W. H. C. Frend, *Creeds, Councils and Controversies : Documents Illustrating the History of the Church Ad 337−461* (London: SPCK, 1989), 353.; Jean Hervé, Nicolas, *Sintesi Dogmatica: Dalla Trintà alla Trinità,* vol. 1 (Città del Vaticano: Libreria Ed. Varicana, 1991), 354.
30) Jean Calvin, *Institutes of the Christian Religion,* II,14; II,17.1 참조. Jonathan Slater, "Salvation as Participation in the Humanity of the Mediator in Calvin's Institutes of the Christian Religion: A Reply to Carl Mosser." *Scottish Journal of Theology* 58, no. 01 (2005): 46.; J. Tylenda, "Calvin's Understanding of the Communication of Properties" in *An Elaboration of the Theology of Calvin,* ed. Richard C. Gamble (New York: Garland, 1992), 148–59.
31) Friedrich Schleiermacher, *The Christian Faith,* vol. 2, ed. H. R. Mackintosh and J. S. Stewart (New York: Harper & Row, 1963), chap. 96, 1.

신비이다.[32] 여기에 대한 해답으로 판넨베르크는 예수와 하나님과의 일치가 두 본성의 통합이 아니라 "사람으로서 예수가 하나님이다"라고 제시한다.[33] 하나님과 예수의 "인격적 교제"로서 일치를 제안하면서 예수를 하나님의 아들로 논증한다.[34]

인격적 측면의 일치는 사람의 아들인 '인자(人子)'라는 호칭에서도 드러난다. 마샬(I. H. Marshall)에 따르면 인자라는 칭호는 예수가 자신의 신적 인격(神的 人格)을 표현하는 방식이다. "인자 개념은 천적(天的) 기원을 가지며 하나님과 밀접한 연관을 가진 한 인격을 지칭한다. 따라서 '인자'라는 칭호는 예수의 신적(神的) 자의식을 표현하는 완벽한 도구인 동시에 눈이 멀고 귀가 먹은 자들로부터 그의 자기계시를 비밀로 유지하는 역할을 한다."[35]

통일신학의 신성을 가진 완성실체 역시 인격의 일치, 즉 인격완성에 초점을 맞춘다.[36] 하나님의 완전성을 닮는 것은 곧 하나님의 참사랑의 인격을 닮는다는 것이다.[37] 신성을 지닌, 나아가 참부모성을 지닌 완성실체가 신격 존재(神格 存在)와 동등하게 여겨지는 이유는 그가 4대 심정, 곧 자녀의 심정, 형제자매의 심정, 부부의 심정, 부모의 심정을 단계적으로 성장기간 동안 체득하면서 참사랑의 인격을 완성하였기 때문이다.[38] 완성실체의 인격 역시 단계가 있는데 여기서 최고의 인격은 3대 주체의 인격

---

32) Emil Brunner, *The Christian Doctrine of Creation and Redemption*, 356.

33) Wolfhart Pannenberg, *Jesus : God and Man*, 283.

34) Wolfhart Pannenberg, *Jesus : God and Man*, 323.

35) I. H. Marshall, "The Synoptic Son of Man Sayings in Recent Discussion." *New Testament Studies*, vol. 12, no. 04 (1966):350.

36) "참사람이란 하나님을 닮은 사람입니다. 이러한 참된 사람이 넘쳐 사는 세계를 이루려면 인간혁명이 아닌 인격혁명을 해야 합니다. 하나님의 신격(神格)을 닮는 것이 인격혁명입니다. 신격과 대등할 수 있는 기준까지 합치되게 하는 것이 인격혁명입니다."『말씀선집』제149권, 271. 1986.11.27.

37) 통일사상연구원, 『통일사상요강』, 350.

38) 『말씀선집』제271권, 66. 1995.08.21.

으로 참부모, 참스승, 참주인의 인격이다.[39] 예수가 인격적으로 하나님과 일체되었다고 할 때, 예수의 인격이 어느 단계까지의 참사랑을 체휼했는지 고려하여 하나님과의 일체성을 논해야 한다. 그러나 여기서는 예수의 인격단계가 개인적 완성인격 단계에 머물렀다는 점만 짚고, 인격적 일치의 의미에 대해 고찰해 보고자 한다.

인격적 일치의 가능성은 예수와 하나님 사이의 관계에서 찾아진다. 슈 뷔벨은 인격적 일치는 곧 관계적 일치로 논증됨을 지적하면서 예수가 하나님의 아들로서 아버지 하나님과 관계를 맺는 한 예수의 인간성은 영원한 아들의 신분과 동일시된다고 해석한다.[40] 예수가 하나님과의 관계에서 아들이기 때문에 하나님으로서 여겨진다는 점은 무엇을 의미하는가?

래드(G. E. Ladd)에 의하면 하나님의 아들됨은 예수의 메시아적 사명에 앞선 것이며 인자, 메시아, 주(主) 되심에 근거가 된다. 마태복음 11장 27절은 부자관계의 의미를 설명한다. "내 아버지께서 모든 것을 내게 주셨으니 아버지 외에는 아들을 아는 자가 없고, 아들과 또 아들의 소원대로 계시를 받는 자 외에는 아버지를 아는 자가 없느니라." 이러한 지식은 인간적인 지식과는 구별되며, 예수는 아버지 하나님이 그에 대해 소유하고 있는 것과 동일한 본유적(本有的)이며 독점적인 하나님의 지식을 소유한다. 예수가 하나님에 대해 가진 독점적이며 상호적인 지식은 예수가 사람들과 하나님을 중보하는 메시아적 사역을 부여받는 원인이 된다.[41] 예수

---

39) 세계평화통일가정연합, 『평화신경』, 273−280.
40) 슈뷔벨은 하나님의 아들과 예수와의 일치는 예수가 아버지 하나님에게 절대적인 순종의 관계를 맺으면서 간접적으로 확립되어지고, 예수의 존재에 대한 역사적인 측면에서 예수와 하나님의 부자의 관계가 영원한 아들과 아버지와의 관계성을 중개하는 한 예수의 인간성과 영원한 아들의 신분은 변증법적으로 동일시된다고 해석한다. Christoph Schwöbel, "Wolfhart Pannenberg", The Modern Theologians : An Introduction to Christian Theology in the Twentieth Century, vol. 1, ed. Ford, David (New York: B. Blackwell, 1989), 261.
41) G. E. 래드, 『신약신학』, 이한수, 신성종 역 (서울: 대한기독교서회, 2003), 202−205.

는 하나님의 아들이기 때문에(마 11:25) 하나님의 계시 전체 내용을 행사할 수 있는 권한을 받았다.[42] 따라서 우리는 아들 예수가 주는 계시를 통해서만 하나님을 알 수 있고, 예수를 통해 경험되는 아들 됨도 아들을 통해 중계되는 관계이다.

예수의 이러한 특별한 아들됨은 우리의 구원자, 중보자로서 "하나님이 세상을 사랑하사 주신 독생자(only begotten Son)"(요 3:16)로 설명된다. 관계적 측면은 특히 몰트만에 의해서 강조되었는데 그는 하나님과의 관계에 신성을, 우리와의 관계에 인성을 대입시켰다. 몰트만에 따르면 '그리스도의 신성'이란 예수가 하나님의 아들이란 배타성과 독특성에서 '독생자'이란 뜻이고, '그리스도의 인성'이란 예수가 형제들 중에 '처음 태어난 맏형'이란 의미다. 예수의 인격에 있어서 중요한 문제는 형이상학적으로 상이한 두 가지 본성이 아니라 독생자는 하나님의 단 하나의 아들이라는 성부에 대한 그의 배타적인 근원적 관계이며, 맏형이란 점은 많은 형제자매들에 대한 포괄적인 사귐의 관계이다.[43]

몰트만의 관계적 일치로서의 해석은 통일신학적으로 하나님의 실체로서 예수가 어떠한 인격적 활동을 수행할 수 있는지에 대한 통찰을 제공한다. 몰트만은 예수가 가지는 두 관계, 즉 하나님과의 부자의 관계 및 다른 형제들 사이에 장자(長子)로서의 관계가 상호필수적이라고 본다. 결코 아들 신분 없는 그리스도의 형제 관계가 없고, 형제 관계없는 아들 신분은 존재하지 않는다.[44] 예수는 아들로서 하나님의 '형상(Eikon)'의 특징을 가

---

42) Wilfred L. Knox, *Some Hellenistic Elements in Primitive Christianity*, trans. Shirley C. Guthrie and Charles A. M. Hall (London: Oxford University Press, 1944), 7.

43) J. 몰트만, 『삼위일체와 하나님의 나라』, 149.

44) 몰트만은 Confesion de Fe de la iglesia Prebiteriana Reformada en Cuba von 1977 in art. I , 의 기독론적 기본 사상을 참고한다. : "교회는 예수 그리스도, '하나님의 아들', 우리의 '첫 형제'를 믿는다.'" 이 교회는 예수 그리스도가 하나님의 성육신된 아들이며 우리의 부활하신 형제임을 선도한다. 이로써 희생의 각오가 되어 있고, 연대적인 사랑은 신적인 '필연성'인 동시에 인간적 필요성임을 증거한다.

지면서도 많은 자들 가운데 장자로서 그와 함께 장차 올 나라의 상속자가 될 형제자매들에 대한 '원형(Urbild)'이 된다.

따라서 예수의 성육신, 통일신학적으로 예수의 실체는 아버지인 하나님을 위해 그를 따르는 형제자매들 앞에 구원과 자유의 인도자로서(빌 3:21; 롬 8:19, 21; 롬 8:23) 아버지에 대한 아들의 관계를 열어주는 역할을 하고, 사람들은 구원과 해방을 경험하며 신적인 자유와 세계에 대한 주권을 받아들이게 된다. 예수의 이러한 행위는 예수와의 관계로 일체된 하나님에게는 창조의 약속 성취를 통한 자유를 누리게 하고, 예수와의 사귐으로 하나된 사람들은 삼위일체적 관계에 포괄시키는 역할을 한다. 예수를 통해 사람들은 세계 안에 존재하는 동시에 '하나님 안'에 존재하게 되며, 하나님은 '그들 안에' 계시게 된다.[45]

통일신학적으로 예수는 하나님의 실체대상으로서 하나님의 창조이상을 이룰 수 있는 참부모로 오셨던 분이다. 예수는 가정이상을 대표하기 때문에 우리와의 관계 속에서 종적으로는 부자관계에서 참아버지이며, 횡적으로는 형제의 자리에서 장자이다.[46] 복귀섭리에서는 실패한 아담을 대신하여 제2 아담으로서 오신 하나님의 독생자이며, 심정권, 장자권에 있어서 인류 앞에 장자이고, 하나님이 왕이라 할 때 자녀인 인류가 하나님의 왕자 왕녀로서 살아갈 수 있는 길을 실체로서 완성하여 보여줄 인류의 원형이자 전범(典範)이다.[47] 구약과 신약에서 하나님의 아들이란 표현이 하나님의 특별한 사랑의 대상으로서 가지는 관계에서 묘사되는데,[48] 예수는 하나님의 독생자로서 독점적으로 받을 수 있는 하나님의 사

---

45) J. 몰트만, 『삼위일체와 하나님의 나라』, 150-151.
46) "예수님은 아버지인 동시에 형제의 자리에 있는 것입니다. 횡적으로는 형제의 자리에 있는 것이지만 종적으로는 부자지관계라는 것입니다. 이것이 다 가정 이상을 중심삼은 것입니다." 『말씀선집』 제311권, 1999.09.10.
47) 세계평화통일가정연합, 『천성경(2010)』, 2046-2047.
48) G. E. 래드, 『신약신학』, 110-113, 195-196.; 보스(G. Vos)는 '하나님의 아들'이

랑을 보편화시키는 존재, 곧 다른 이들도 하나님의 참아들이 되도록 하는 구원자이자 중보자이다.

예수는 하나님과의 관계에서 심정적으로 일체되었고, 지상에서 참부모로서 완성하여 하나님의 실체로서 완전히 하나님과 일체된 모습으로서 자신은 물론 하나님까지 완성시킬 사명을 지녔다. 인류에 대하여는 첫 조상인 참부모로서 인류와의 관계에서 하나님의 참사랑 · 참생명 · 참혈통을 접붙여줌은 물론 하나님의 이상을 실현하여 그 스스로들이 참부모가 되고, 참가정을 이룰 수 있도록 인도하는 장자의 역할을 수행하여야 했다. 참부모로서 완성하여 하나님의 실체로서 기능할 뿐 아니라 다른 사람들도 하나님의 실체가 될 수 있도록 도우며 하나님을 중심한 천주대가족을 형성할 사명자였다.

이러한 예수님의 독생자, 구원자 신분의 근원적 요소는 예수가 사탄이나 타락과는 무관한 하나님의 참혈통의 소유자란 점이다. 하나님께서 진행하신 복귀섭리역사를 혈통의 관점으로 조명하면, 예수 조상의 계보는 혈통복귀섭리가 된다. 『원리강론』에서 언급된 '메시아를 위한 기대'를 위한 '믿음의 기대'와 '실체기대'의 조성은 하나님의 심정과 연결될 수 있는 참혈통의 복귀 노정으로 풀이된다.[49]

최소한 4가지 다른 방식으로 사용될 수 있다고 하였다. 첫째, 하나님의 피조물이 창조 활동의 결과물로서 하나님의 아들이라 불릴 수 있다.(눅 1:35, 3:28, 출 4:22; 말 2:10) 둘째, 하나님의 특별한 사랑의 대상으로서 하나님과 가지는 관계를 묘사할 때 사용된다. 이스라엘이나 기독교인들이 해당된다.(출 4:22; 요 3:3, 1:12, 롬 8:14, 19; 갈 3:25, 4:5) 셋째, 메시아적 의미로 다윗 계통의 왕이 지칭된다.(삼하 7:14) 넷째, 신학적 의미로 신성을 가진 예수를 증거할 목적으로 사용된다.(롬 8:3; 갈 4:4, 히 4:14) Geerhardus Vos, *The Self-Disclosure of Jesus*, 141.

49) 메시아를 위한 기대 조성에 대한 내용은 다음 참조. 세계평화통일가정연합, 『원리강론』, 260-368 참조. "탕감이란 원죄를 제거하는 것이며, 원죄를 제거하는 데는 혈통적인 것이 근본적으로 존재합니다. 혈통적인 것은 타락인간으로는 도저히 해결할 수 없는 것입니다. 그래서 메시아가 필요한 것입니다. 인간들의 대를 이어온 사탄의 혈통을 뽑아내는 일을 할 수 있는 사람이 있다면 그것은 참부모인 것입니

첫 가정에서 타락의 순서를 보면 해와가 먼저 사탄과 관계를 맺고, 다음으로 아담이다. 그리고 자녀인 가인과 아벨도 부모의 영향으로 이기심과 거짓 사랑을 중심한 사탄의 혈통을 이어받았다. 이를 복귀하기 위해서는 타락 행위와 반대경로를 거쳐서 타락의 모든 단계를 영·육적 양면에서 복귀해야 한다. 따라서 해와가 하늘 편에 선 차자 아벨을 도와 하나님의 뜻을 따라 믿음의 기대를 조성하게 하고, 다음으로 아벨의 사랑을 통해 사탄 편에 선 가인이 아벨에게 심정적으로 굴복하여 하나님을 중심으로 하나 되어 실체기대를 조성해야 했다. 이것이 하나님의 심정을 배신했던 과오를 탕감복귀하여 다시금 하나님의 심정적 혈통에 연결될 수 있는 참혈통을 가진 독생자를 탄생시키는 길이었다.

성서에서 보이듯 많은 중심인물들이 단계적으로 그 기대를 조성했고, 그 가운데 해와의 입장을 복귀한 여인들은 예수의 계보에 나오는 리브가, 다말, 라합, 룻, 밧세바, 마리아이다.[50] 이 중에서 다말, 라합, 룻, 밧세바는 성적 부도덕성으로 악명 높은 4대 음녀(淫女)이다. 윤리적인 관점에서는 시아버지와 관계를 맺은 다말이나(창 38:26), 다윗과 간통한 밧세바(삼하 11:4), 기생인 라합(수 2:1-11), 스스로 동침을 청한 룻(룻 3:6-9)은 정상의 범주를 벗어나 있다. 그러나 통일신학의 관점에서는 이 여인들이 예수를 탄생시키기 위해 사탄으로부터 하나님의 혈통을 심정적으로 되찾는 역사를 한 것이다.[51]

이들은 당시 사회의 규범에 반역하여 죽을 수도 있었지만 하나님 혈통

다. 이러한 참부모가 나타나지 않는다면 선한 하나님과 일치를 이룰 수 없으며 선한 상대 기준을 이룰 수 없습니다." 『말씀선집』 제35권, 156, 1970.10.13.

50) 마태복음에 리브가가 직접적으로 언급된 것은 아니지만 1장 1절에 "아브라함과 다윗의 자손 예수 그리스도"라는 언급에서 아브라함의 아들 이삭의 아내인 리브가가 예수의 계보에 속함을 알 수 있다. 통일신학에서 예수의 혈통복귀섭리에 가장 중요도를 지니는 여성 인물로 리브가, 다말, 마리아를 꼽는다는 점에서 빼놓을 수 없다.

51) 『말씀선집』 제92권, 1977.04.18.

의 순수성을 복귀하기 위해 과감히 행동하여 승리하였다. 예를 들어, 리브가는 차자 야곱을 도와 장자권을 상속받게 함은 물론 에서와 하나되게 하였고, 다말은 복중에서 베레스가 장자권을 복귀하도록 도와 하나님의 혈통이 복중에서 탄생될 수 있는 기대를 만들었다.[52] 라합은 이스라엘을 언약의 땅에 들어가게 하였고, 룻은 다윗을 낳게 하는 결혼을 주도하여 성취시켰다. 마리아 역시 약혼자였던 요셉 대신 하나님의 뜻에 따라 샤가라와 관계를 맺어 예수를 잉태했다.[53] 하나님의 뜻에 대한 이들의 절대적 심정 기준으로 인해 사탄이 소유권을 주장할 수 없는 참혈통을 지닌 예수가 탄생할 수 있었다.[54]

그렇다면 독생자로 태어난 예수와 하나님의 관계의 일치, 인격의 일치는 어떤 방법을 통하여 가능할 것인가. 기독신학에서는 하나님에 대한 예수의 '순종'을 말한다. 판넨베르크는 헤겔의 자기 헌신으로서의 인격 개념을 참고하여, 다른 것에 대한 헌신을 통해 인격을 취할 수 있으므로 아버지 하나님을 위한 예수의 헌신이 예수를 하나님의 아들로서 하나님과 일치되게 하였음을 논한다.[55] 그러나 하나님과 예수의 인격적 일치의 목적이나 이유에 대한 보다 구체적 지식은 결여되어 있다.[56]

---

52) 세계평화통일가정연합,『평화경』, 956−959.
53) 예수의 계보에 대한 이해와 마리아의 처녀탄생설에 대한 통일신학적 반론은 다음 참조. 김영운,『통일조직신학』, 217−224.
54) "복중 승리를 거둔 기준은 줄곧 이스라엘과 유대교의 자손에게 이어져 발전해 갑니다. 왜 그것이 국가적인 기준에 서지 않으면 안 되는 것일까요? 그것은 사탄 세계에 국가가 세워져 있기에 그렇습니다. 이런 이유에서 이스라엘 선민권이 발전하면서 내적·혈통적 승리의 기준이 연결되어 왔던 것입니다. 체면이나 위신이나 사회적 환경과 같은 것은 모두 잊고, 오직 하나님의 뜻이 전부라고 하는 대표적인 심정을 지닌 사랑의 딸이 마리아입니다. 승리를 거둔 기준을 이어받은 복중에는 사탄이 참소할 수 있는 내용이 없다는 것입니다. 그 기반에서 마리아를 통해 예수님이 잉태된 것입니다."『말씀선집』 제35권, 156. 1970.10.13.
55) E. Frank. Tupper, The Theology of Wolfhart Pannenberg (Philadelphia: Westminster Press, 1973), 336.
56) 김영선,『예수와 삼위일체 하나님』, 117.

통일신학에서 관계의 일치, 인격의 일치는 주체와 대상의 격위가 설정되고, 하나의 목적을 중심으로 상대기준을 조성한 뒤 수수작용을 맺을 때 가능하다. 특히 절대주체와 절대대상의 관계가 설정된다면 완전하고 영원한 일체가 이루어진다. 여기서 관계를 맺는 절대주체와 절대대상은 절대가치관을 중심으로 하는데, 이는 상대를 위해서 존재하고 참사랑으로 투입하고 잊어버리는 절대복종의 대상으로 서서 상대를 주체적 사랑의 주인으로 완성시키고자 하는 것이다.57) 따라서 예수가 아들로서 관계와 인격의 일치를 이루었다는 것은 예수가 절대가치관을 중심으로 아버지이자 절대주체이신 하나님 앞에 아들로서 절대대상에 위치에 섰다는 의미를 내포한다.

아담 해와의 타락으로 예수 이전까지는 하나님을 모시는 완성된 실체대상이 없었지만 예수는 본연의 자녀의 입장에서 하나님을 시봉하여 기쁘게 해드리고자 하였다. 아들로서 완전한 대상의식을 가지고 부모 앞에 심신을 다 바쳐 효도하며 기쁨을 느끼는 희생적 참사랑을 행한 것이다.58) 참된 대상의식을 가진 자녀는 희생적 길을 가더라도 부모이신 하나님의 사랑에 대해 늘 감사한 마음을 가지기 때문에 하나님의 사랑에 대한 충만감과 충족감을 느낀다.59) 따라서 예수의 공생애 노정과 십자가의 고난은 말로 다할 수 없는 희생과 박해의 노정이었지만 참된 자녀로서 예수는 아버지 하나님 앞에 절대신앙 · 절대사랑 · 절대복종하면서 끝까지 감사와 사랑을 품고자 하였다.

주지하다시피 예수가 하나님께 드릴 수 있는 가장 큰 효는 하나님을 사랑의 주인으로 완성시켜드리는 것이었다. 하나님의 사랑이상 성취가 예수의 목적이었다. 예수는 오랜 복귀섭리노정의 결실인 참혈통을 지니고

---

57) 『말씀선집』 제450권, 2004.5.21.
58) 세계평화통일가정연합, 『평화신경』, 25.
59) 통일사상연구원, 『통일사상요강』, 400.

온 독생자로서 타락한 인류에게 참혈통을 접붙여서 하나님의 참사랑을 중심한 개인, 가정, 국가, 세계, 천주를 이루어 구원섭리를 완성하고자 하였다. 예수는 하나님과 심정적 일체를 이룬 최초의 존재였고, 개인적으로 마음과 몸이 참사랑을 중심으로 하나된 완성인격을 갖춘 최초의 존재였다. 예수는 참부모로서 마음 몸이 하나된 이상인간, 부모와 자식, 부부, 형제가 하나된 이상가정, 인류가 하나된 세계를 이룰 수 있는 원형적 존재였지만 그러한 이상은 예수의 십자가 죽음으로 좌절되었고, 영적으로 참부모가 된 후에 영적인 한에서 또한 개인적 구원에 국한하여 이룰 수 있게 되었다.[60]

이런 점에서 예수는 탄생 이전부터 준비된 하나님의 아들이었지만 예수가 하나님의 온전한 실체로서 존재할 수 있었던 시점은 부활 후 영적 참부모가 되면서부터. 큉의 지적처럼 예수는 영원으로부터 하나님의 아들(Gottes Shon von Ewigkeit)이기 때문에 하나님의 아들의 지위를 획득한 시점이 그리스도에 대한 신앙적 성찰의 심화에 따라 점차 앞당겨졌다. 역사적 예수를 부활을 통해 고양된 분으로 보았다가 공생애의 시작(마르 1:9-11)인 세례사건으로, 다음에는 탄생으로(루카 1: 32, 35), 더 나아가 탄생 이전 하나님의 영원성(갈라 4:4; 요 3:16)으로 진술되었다.[61] 그렇지만 하나님과 관계적 혹은 인격적 측면에서 궁극적 일치는 판넨베르크의 주장처럼 부활 이후에 성립하였다. 부활 이전의 일치는 아버지 하나님에 대한 헌신으로 하나됨 혹은 하나님 왕국에 대한 미래의 충분한 실체를 미리 보여주는 것으로 하나된 선취적 측면에서의 일치이다.[62] 예수의 제자들의 상황의 전위(轉位)는 이에 대한 예증이다. 제자들은 예수의 부활 전

60) 세계평화통일가정연합, 『평화경』, 23.

61) Hans Küng, Existiert Gott? Antwort auf die Gottesfrage der Neuzeit (Müchen, 2001), 743-752. 조군호, "한스 큉의 神觀 研究." (박사학위논문, 수원가톨릭대학교, 신학과, 조직신학 전공, 2007), 138-139.

62) Wolfhart Pannenberg, Jesus : God and Man, 332-336.

에는 지상의 한 인간으로 알았다가 부활 후에야 예수님을 하나님의 아들로서 온전히 인지하였다.[63]

참부모성의 측면에서 예수를 조명하면, 지상에서 예수는 참부모성을 얻지 못하였으나 부활 이후 영적으로 삼위일체를 이루어 영적 참부모가 됨으로서 영적으로 참부모성을 지니어 하나님과 동일실체를 이룬 것이 된다. 지상에서 예수는 절대적 대상격위는 확보하였지만 절대적 주체격위는 완성하지 못하였다. 지상에서는 참부모가 되지 못하여 자녀의 심정만 경험하고 부모의 심정은 체휼하지 못하였다. 그러나 부활 이후 영적으로 참부모가 됨으로서 영적으로나마 주체격위를 지니게 되었고, 참부모로서의 심정권을 갖추게 되었다. 영적으로 참부모성을 지닌 예수는 하나님과 영적으로 동일실체가 되어 하나님이 경륜하실 수 있는 기대를 조성하였다. 이러한 사실은 예수의 사역에서 본 하나님과의 일체성에서 더 자세하게 논증할 것이다.

3) 예수의 사역

예수의 사역에 대한 입장은 다양하지만 삼중직(munus triplex)이 보편적으로 알려져 있다.[64] 삼중직은 예수의 세 가지 직분으로 예언자, 제사장, 왕을 일컫는데 이러한 예수의 사역은 예수의 부활 이후에 완성된 것으로 여겨지면서 육적인 면보다 영적인 측면이 부각된다. 예수의 기능적

---

63) Hans Küng, "Anmerkungen zu Walter Kasper, 'Christiologie von unten?'" in *Grundfragen Der Christologie Heute*, ed. Heinrich Fries and Leo Scheffczyk (Freiburg im Breisgau; Basel; Wien: Herder, 1975), 172. 손희송, "그리스도교 신학의 근본 규범인 예수 그리스도." (박사학위논문, 가톨릭대학교, 신학과, 조직신학 전공, 1996), 20.

64) 삼중직에 대한 공론은 개혁주의 교의학자들에 의해 주도되었다. 삼중직에 대한 설명은 다음 참조. 황승룡, 『통전적 관점으로 본 그리스도론』 (서울: 한국장로교출판사, 2001), 499-505.; 안택윤, 『삼위일체 조직신학』, 132-143.

측면에서 하나님과 일체를 이루었다고 할 때 시기상 부활 후로 초점이 맞춰져 있다.[65]

예수의 부활 전과 후의 차이는 종교개혁시대부터 사용한 예수의 이중상태(status duplex)라는 표현에서도 명백하다. 예수의 성육신의 삶을 겸비상태(謙卑狀態)로, 부활 후의 삶을 고양상태(高揚狀態)로 나누어 예수가 참하나님이자 참인간으로서 하신 직분적인 일을 고찰한다. 겸비상태에서는 백성을 위해서 의를 성취하셨고, 고양상태에서는 성취하신 일을 백성에게 적용시키신다. 구원자이신 예수의 고양과 겸비 속에 이루어지는 사역은(롬 4:25) '나를 위해서(pro me)' 하신 일로 우리에게 실천적 의미를 가진다.[66]

통일신학의 입장에서 이러한 차이가 생기는 이유는 예수가 부활 후에 영적으로 하나님, 성령과 더불어 삼위일체를 이루었기 때문이다. 예수의 지상사역에서 하나님과의 일체는 예수가 아들로서 절대대상에 위치에 섰을지라도 개인적 차원의 일체였다. 하나님의 실체로서 완전히 기능하기 위해서는 참부모가 되지 않으면 안 된다는 점에서 예수가 삼위일체를 이룬 시점은 부활 이후다. 부활 전의 사역은 참부모성을 지닌 동일실체가 되지 못하였다는 점에서 어디까지나 아들로서 행한 효의 차원이지, 하나님의 완전한 실체로서의 기능은 아니다.

신약의 기자들에 따르면 예수의 지상 사역의 완성의 결과는 성령 부으심이며, 성령이 없다면 우리는 그리스도에 속한 것이 아니다(롬 8:9). 부활을 통해서든(요 20:19-23) 승천을 통해서든(행 2:23) 성령이 강림한 후에 예수의 사역이 완성된 것이다(벧전 1:10-12).[67] 예수의 사역은 참부

---

65) Jean Calvin, *Institutes of the Christian Religion*, II, 15장 참조.; 브루스(F. F. Bruce)는 예수의 사역이 예수의 부활 이후에 더 큰 자비와 능력으로 이루어진다고 논증한다. F. F. Bruce, *The Work of Jesus* (Eastbourne: Kingsway, 1984) 참조.

66) 『하이델베르크 요리 문답』, 제17주일, 제11주일~22주일 참고. 최윤배, 『그리스도론 입문』, 71-91 참조.

모가 된 후에 우리에게 유의미하게 되었다. 여기서는 예수의 삼위일체가 영적 삼위일체임을 상정하고 예수의 사역을 고찰해 보고자 한다.

칼빈은 예수의 사역을 "우리를 위한" 사역으로 정의하면서 성육신 대신 부활과 승천에 무게를 싣는다. 칼빈은 부활 후 예수가 성령 안에서 행하는 내적 사역과 외적 사역을 중점으로 그리스도의 사역을 소개하며 "성령의 신학자"로 불릴 정도로 예수 혼자만의 사역이 아니라 성령과 함께 한 사역에 큰 의미를 둔다.[68] 칼빈에 따르면 성령을 통해 그리스도와 그에 관계된 모든 것이 우리에게 올 수 있으며, 성령의 능력으로 우리가 그리스도에게 참여하는 일이 가능하고, 그리스도는 오직 성령을 통해서 우리 안에 거하신다.[69]

부루스(F. F. Bruce)도 예수의 현재적 사역 가운데 많은 부분이 성령의 사역과 긴밀하게 결합되어 있음을 논증한다. 그리스도의 사역과 성령의 사역 중에는 그 주어를 바꾸어도 무방한 경우가 많다. 그리스도가 우리를 위하여 사역하시고, 성령도 그러하다. 우리는 "그리스도 안에(롬 8:1)" 있고, "성령 안에(빌 2:1)" 있다. 따라서 "우리를 위한" 그리스도의 사역과 성령의 사역은 분리될 수 없다.[70] 헨드리(G. S. Hendry)는 그리스도를 떠난 성령의 사역이 존재하지 않음을 들어 성령은 오로지 "그리스도의 영"임을 증거한다.[71] 통일신학의 관점으로는 참부모로서 기능하기 위해 예

---

67) 스탠리 그렌즈, 『조직신학: 하나님의 공동체를 위한 신학』, 539–542.

68) 부활과 승천에 대한 칼빈의 견해는 다음 참조. Jean Calvin, *Institutes of the Christian Religion*, Ⅱ. 16–17장. 성령 안에서 행하는 그리스도에 대한 내적 사역은 같은 책 3권, 외적 사역은 같은 책 4권 참조. Philip C. Holtrop, 『기독교강요연구핸드북』, 박희석, 이길상 역 (고양: 크리스챤다이제스트, 2003), 157.

69) Jean Calvin, *Institutes of the Christian Religion*, Ⅱ.17.12.

70) F. F. Bruce, 『예수님의 위대한 사역들』, 이한수 역 (서울: 총신대학출판부, 1992), 78–79.

71) 칼빈은 1539년 이후에 삼중직을 다룬다. 그러면서 지금까지 라틴 교회에서 사용하는 삼중직, 특히 제사장직이 그 의미를 제대로 파악하지 않고 사용되면서 차갑고 역겹게 악용된다고 비판한다. George S. Hendry, *The Holy Spirit in Christian Theology*

수는 성령과 함께 해야 하고, 성령도 예수와 함께 해야 하기 때문이다.

그렇다면 예수와 성령의 사역을 어떤 입장으로 봐야 하는가? 웬델(F. Wendel)에 의하면, 칼빈이 선지자, 제사장, 왕의 삼중직을 널리 다룬 것으로 알려졌지만 실제『기독교 강요』초판에서는 나타나지 않으며, 부처(Bucer)의 영향을 받아 나중에 1장을 할애하여 점진적으로 다룰 때에도 삼중직을 중보자 그리스도의 사역에 관한 교리의 기본 골격으로 삼지 않는다.72)

홀트롭(P. C. Holtrop)은 선지자 직분은 맨 처음 다루어지지만 칼빈의 관심사에서 멀고 비중이 없는 반면, 왕의 직분은 하나님의 권능과 신실하심에 중점을 두어 갈수록 강조되는 경향을 띤다고 분석한다.73) 칼빈은 예수를 우주적 선지자적 그리스도라고 인정하면서도 이 주제는 발전시키지 않는다. 예수의 순종과 고난으로 인한 은혜, 즉 예수의 제사장직도 단순한 도구나 사역자로서의 행함이 아니라 생명의 창조주, 인도자, 주재자로서 하나님의 은혜에 속한 왕적 성격임을 드러내는데 초점을 맞춘다.74) 여기서 그리스도의 왕직은 성령과 함께 하기 때문에 "영적 축복"과 "영적 능력"으로 표현되며, 성령을 통한 그리스도의 사랑으로 말미암아 우리는 그리스도와 함께 동참하는 영광을 받는다.75)

통일신학의 입장에서 예수의 삼중직 중의 선지자의 역할은 본래 참부모의 영역이 아니다. 선지자 혹은 예언자의 사명은 오실 메시아를 증거하는 일이다.76) 선지자는 어디까지나 참부모를 모시기 위해 하나님이 예비

(Philadelphia: Westminster Press, 1965), 26.

72) Jean Calvin, *Institutes of the Christian Religion*, II.15.1, 각주 2. François Wendel, *Calvin : The Origins and Development of His Religious Thought*, (New York: Harper & Row, 1963), 225.

73) Jean Calvin, *Institutes of the Christian Religion*, II.15.1.

74) Jean Calvin, *Institutes of the Christian Religion*, II.17.1. Philip C. Holtrop,『기독교강요 연구핸드북』, 159-161.

75) Jean Calvin, *Institutes of the Christian Religion*, II.15.4-6; II.16-17.

76) 구약시대 예언자는 어디까지나 하나님의 말씀을 전하는 도구로서, 하나님과의 언

하신 중심인물들이 담당해야 하는 역할이지 참부모의 사역이 아니다.[77] 예수의 공생애 3년 기간은 실제로 예수가 참부모로서 걸어야 했던 본연의 노정이 아니라 하나님이 준비하신 세례요한이 불신하여 그 사명을 실패함으로써 대신 걸었던 노정이다.[78]

예수는 실패한 아담 대신 참아버지로 오신 분이다(고전 15:45; 사 9:6). 따라서 그의 본연의 사명은 참부모로서 구원 섭리를 담당하고, 이를 완성한 뒤에는 이사야의 예언(사 9:6-7)과 마리아에게 나타났던 천사의 교시(눅 1:31-33), 그리고 예수의 직접 언급처럼 지상천국을 건설하고(마 4:17) 영영세세토록 소멸되지 않는 왕국을 왕으로서 통치하는 것이다.[79]

그렇다면 왜 예수는 굳이 세례요한을 대신하여 선지자의 역할을 수행한 것인가? 창조원리에 의하면, 하나님은 원리로써 창조된 인간을 사랑으로 주관하셔야 한다. 예수는 하나님의 독생자로서 하나님의 사랑을 대표하는 입장에 서 있으므로 예수도 마찬가지로 제자들을 진리로 찾아 세워서 사랑으로서 구원하셔야 한다.[80] 또한 하나님과 하나되는 기점을 세우기 위해 외적으로는 아들의 입장을 복귀하는 노정을 거치고, 내적으로는 부모의 입장을 복귀하는 노정을 거쳐 양면적인 입장에서 승리해야 한다.[81] 즉 인류에 대해서는 참부모의 입장에서 참사랑으로 구원해야 한다. 참부모의 심정을 지니면 종의 입장을 대신하는 일도 마다 않게 된다. 그러므로 예수는 자신의 앞길을 막은 세례요한까지도 사랑하여 대신 선지자의 역할을 행한 것이다.[82] 예수는 사랑의 표준을 몸소 생활 속에서 실

약을 따를 것을 공포하는 종의 사명을 한다. Robert Letham, *The Work of Christ* (Downers Grove, Ill.: Inter-Varsity Press, 1993), 21.
77) 『말씀선집』 제73권, 199. 1974.09.18.
78) 세계평화통일가정연합, 『원리강론』, 172-180.
79) 세계평화통일가정연합, 『원리강론』, 160, 163.
80) 세계평화통일가정연합, 『원리강론』, 90.
81) 『말씀선집』 제13권, 281.
82) 통일신학에서는 이러한 상태를 "부모의 심정으로 종의 몸을 쓴다"고 표현한다. 세

V. 통일 삼위일체론을 실증하는 참부모 ㅣ 267

천하고 본을 보여서 본연의 길로 인도하고자 했다.

한편으로 참사랑의 인격완성은 메시아의 자격 첫 번째에 해당한다. 그 스스로가 하나님의 참사랑을 온전히 체휼하고 실천해야 하나님의 사랑의 세계를 인류에게 가르칠 수 있기 때문이다. 인격의 완성 기준은 하나님의 심금을 울리고, 사탄조차도 자연굴복하지 않을 수 없는 사랑을 행하는 것이다.83) 예수의 말대로 원수까지도 조건 없이 사랑해야 한다(마 5:43; 눅 6:27). 따라서 선지자의 역할이 예수 본연의 사명이 아니며 고통스럽고 힘든 길이라도 참사랑으로 행하지 않으면 안 된다. 예수는 사탄편의 사람들이 박해하고 배신할 지라도 무지한 그들을 참사랑으로 감화 감동시켜서 자연스럽게 믿고 따르게 해야 했다.

다음으로 복귀원리의 따르면, 선지자의 노정이 완료되어야 참부모로서 실체이상을 이룰 수 있는 기준이 형성되기 때문이다.84) 아담과 해와는 장성기 완성급에서 타락하여 사탄 주관권에 떨어졌고, 그들의 자녀들인 타락한 인류도 사탄 주관권에 속하게 되었다. 타락인류가 사탄을 분립하고 원죄를 벗는 유일한 방법은 메시아를 맞아 중생하는 것이다. 그런데 탕감복귀원리에 의해 메시아를 맞기 위해서는 타락인간이 사탄 분립의 노정을 통하여 아담과 해와가 성장하였던 장성기 완성급까지 복귀한 형을 갖추어야 한다.85) 따라서 하나님은 지금까지 하나님의 실체성전 된 참부모를 맞게 하시기 위해 4대선지(四大先知)와 12소선지(十二小先知), 특별선지 엘리야를 보내시어 사탄분립의 역사를 하면서 메시아를 위한 기

계평화통일가정연합,『원리강론』, 374.

83) "하나님의 내적인 심정을 점령할 수 있는 경험을 가진 자가 아니면 하나님의 사랑의 세계를 만민에게 가르칠 수 없습니다. 그렇기 때문에 그것을 메시아가 갖추어야 할 첫번째 자격에 해당되는 것입니다." 문선명 총재, "전통의 기수" 1974.5.10., 일본 고가네이 공회당에서 주신 말씀. (미간행).

84) 세계평화통일가정연합,『원리강론』, 168.

85) 세계평화통일가정연합,『원리강론』, 241.

대를 조성해 오셨다.[86] 바꿔 말하면, 선지자가 하나님의 뜻을 타락인간에게 전하고 사탄 분립 노정이 완료되기 전에는 참부모가 실체적으로 주관하실 수 없다.[87]

세례요한은 엘리야의 재림(말 4:5)으로 온 구약시대 마지막 선지자였다(마 11:7). 그는 엘리야가 다하지 못한 사탄분립의 사명을(왕하 2:11) 대신하고, 특별히 지금까지 선지자들이 닦아 온 메시아를 위한 기대를 바탕으로 예수의 앞길을 곧게 하고 실제로 예수를 모시고 섬겨야 할 사명이 있었다(요 1:23; 눅 1:75).[88] 그러나 세례요한은 성령으로 세례를 주는 하나님의 아들이라고 스스로 증거하고서도(마 3:11; 요 1:33) 예수를 의심하였고(마 11:2-5), 결국 자신을 믿고 따르던(눅 3:15) 유대인들까지도 예수를 불신하게 하였다. 원칙적으로 예수는 독생자이자 영광의 주로 오셨기 때문에 고난의 길을 걸어서는 안 되었다(고전 2:8). 그렇지만 세계적 차원의 메시아를 위한 기대가 성립되지 않으면 메시아로서 구원섭리를 펼칠 수 없기 때문에 세례요한이 타락인간을 대신하여 세워야 했던 충효의 도리와 고난의 복귀섭리노정을 자처하실 수밖에 없었다.[89]

예수의 선지자직은 오순절 성령 강림까지 이어졌다. 『원리강론』은 예수가 세례요한을 대신한 선지자의 사명이 지상에서는 유대인들의 불신으로 실패하였음 논한다. 예수의 십자가 죽음은 사탄의 최대실권행사였다. 하나님은 여기에 대해 최대실권을 행사하시여 죽은 예수를 부활시키시어

---

86) 세계평화통일가정연합,『원리강론』, 167.
87) "이스라엘 민족이 비록 그 기대(메시아를 위한 기대)는 완성하지 못했지만 선민권을 목표로 하고 소망해 왔기 때문에, 하나님은 지상에 서둘러 예수님을 보내지 않을 수 없었습니다. 그러나 유대교와 이스라엘이 일체를 이루어 메시아를 위한 기대를 조성해야 예수님이 메시아로 나타나실 수 있는 것입니다. 그렇지 못할 경우에는 참부모로 오시는 메시아를 맞이할 수 없으며, 새로운 사랑을 중심으로 한 혈통 전환이란 생각할 수 없는 것입니다." 『말씀선집』 제35권, 158.
88) 세계평화통일가정연합,『원리강론』, 177.
89) 세계평화통일가정연합,『원리강론』, 373-375.

메시아로서 영적으로나마 구원의 길을 열 수 있도록 인도하셨다. 예수는 부활하여 세례요한의 입장에서 메시아를 위한 기대를 영적으로 세웠다. 영적인 믿음의 기대는 예수가 부활하신 후 40일간 이루어졌다. 원리에서 40수가 사탄분립 수이기 때문에 부활 후 40일 동안 제자들을 찾아다니시며(요 20:19, 눅 24:15-16) 사탄분립의 '영적인 믿음의 기대'를 세우셨다.

영적인 실체기대는 '타락성을 벗기 위한 세계적인 탕감조건'을 세우는 것으로 아벨 입장에 있는 예수를 가인 입장에 있는 제자들이 믿고 모시어 하나되는 것이었다. 예수의 제자들은 예수의 부활 이후 배신한 가룟 유대 대신 맛디아를 택하여 12제자의 수를 채우고 부활하신 예수를 목숨을 바쳐 믿고 모시고 따랐으므로(행 2:14-38, 4:1-2, 5:31-32) '영적인 실체기대'가 조성되었다. 이로써 '메시아를 위한 영적인 기대'가 복귀되었고, 이 기대 위에 예수는 세례요한을 대신한 선지자 입장으로부터 영적인 메시아의 입장을 확립하고 성신을 복귀하여 영적인 참부모가 될 수 있었다.[90] 신약 기자들이 예수가 부활하여 승천한 후에야 '주(Κύριος)'라고 칭하는 데 자연스러움을 느낀 것도 이 때문이다.[91]

현대 신학자들은 '십자가' 상의 예수를 통해 하나님의 참 모습이 계시되었다고 말한다. 바르트는 인간에 대한 사랑 때문에 종의 길을 걸으시는 예수 안에서 하나님의 신성의 본질을 깨달았고, 예수 그리스도의 인성과 십자가는 하나님의 계시 자체이고, 하나님의 신성을 이해하는 결정적인 자리라고 주장한다. 하나님께서 인간을 살리시고 인간과의 사귐을 위해

---

90) 세계평화통일가정연합, 『원리강론』, 385-391.
91) 복음서에서 주(Κύριος)라는 칭호는 초기에는 '랍비'와 같이 선생을 의미하는 형태로 사용되었다가 후에 메시아의 의미로서 사용되었다. 테일러(V. Taylor)는 특히 제4복음서에서 주의 사용이 처음 19장에서는 세 번만 나타나다가 나머지 두 장에서 15회 사용되었다는 점을 들어 복음서의 기자가 예수 생전에 이 칭호를 사용하였는지는 확실치 않다고 지적하였다. Vincent Taylor, *The Names of Jesus* (London: Macmillan, 1959), 41-43.

고난과 저주와 죽음을 하나님의 신성 안으로 받아들였다는 것이다.[92] 바르트의 영향을 받아 몰트만은 무감정의 신이 아닌 '공감의 신(deus sympatheticus)'이신 하나님을 역설하면서 삼위일체 하나님의 사건으로서 하나님의 고난을 말한다.[93] '하나님 안에 있는 죽음(Der Tot in Gott)'이란 표현으로 성부수난설의 위험을 차단하면서[94] 현실적으로 죽음을 당한 것은 성자지만 성부는 성자와 '공통의 의지(Willensgemeinschaft)' 속에서 죽음의 고통을 함께 겪으셨다고 한다.[95]

통일신학적으로 '십자가'에서 하나님이 고통을 겪으신 것은 사실이다. 그러나 예수의 죽음으로 인한 성부의 고난은 '공통의 의지'로 겪은 고난이 아니라 아버지로서 겪은 비극이요, 참극이다. 큉이 말한 것처럼 '치욕의 표지'로서의 십자가였고 고통이었다.[96] 사탄에 의해 험난한 탕감복귀섭리를 통해 얻은 독생자 예수가 죽는 과정을 지켜봐야했던 하나님의 서러움은 이루 말할 수 없었다. 이 과정에서 예수가 하늘을 위로하고 영적 구원의 길이라도 여시려고 메시아인 자기를 산 제물 삼은 행위는 본래 예정돼 있어서가 아니라 우리를 향한 크나큰 사랑으로 행하신 노정이었다(롬 4:25; 요 1:29).

십자가에서 예수는 하나님께 면목이 없었고, 배반의 아우성 때문에 귀를 막고 싶었다. 그러나 본래 만왕의 왕으로서 배반한 자까지도 붙들고 가야 할 입장에서 이스라엘의 민족적인 죄를 용서해 달라고 하나님께 애원하였다. 또한 자신의 죽음보다 자신이 간 길을 따라야 할 신자들의 고

---

92) 김명용, 『칼 바르트의 신학』(서울: 이레서원, 2014), 184−185.
93) J. 몰트만, 『십자가에 달리신 하나님』, 김균진 역 (서울: 한국신학연구소, 1979), 343, 384−402.
94) 베르코버(G. C. Berkouwer)는 바르트의 사상에서 '하나님의 죽음'이라는 표현이 성부 수난설을 야기한다고 문제를 제기하였다. G. C. Berkouwer, *The Triumph of Grace in the Theology of Karl Barth* (Grand Rapids,: W. B. Eerdmans Pub. Co., 1956)
95) J. 몰트만, 『십자가에 달리신 하나님』, 348.
96) 한스 큉, 『그리스도교』, 이종한 역 (칠곡: 분도출판사, 2002), 73.

난에 더 가슴 아파 하셨다. 원리적으로 예수는 인류의 부모로 오셨기 때문에 자녀들은 그 길을 따라야 하나님과 하나되고, 하나님의 나라를 이룰 수 있는 길이 생긴다. "아바 아버지여, 할 수만 있다면 이 잔을 내게서 면케 하여 주옵소서(마 26 :39)" 겟세마네 동산에서의 기도는 후대 기독 신도들에 대한 염려의 소리였다.

한편으로 예수가 십자가의 길을 책임지고 배반한 자를 용서했다는 조건을 세워야 이후에 영적 구원이나마 확립할 수 있었다. 예수는 최악의 사람들까지도 끝까지 사랑했다는 조건을 세계적으로 세우고, 하나님의 공인과 사탄의 공인을 받아야 했다. 그래야만 사탄의 참소조건 없이 제자들을 다시 찾고 구원할 수 있었다.[97] 그런 의미에서 예수는 십자가의 고난 이후 지옥에 내려가서 사망권을 넘어 생명권으로 갈 수 있는 길을 여는(벧전 3:19) 3일노정을 보낸다. 그리고 부활하여 영적인 메시아를 위한 기대를 세웠다.[98] 그러므로 예수와 하나님과의 일체, 즉 삼위일체의 사역은 십자가가 아니라 부활 후 정확히는 오순절 성령 강림 이후에 사건들이다.

> 십자가상에는 기독교가 없었다는 것을 알아야 됩니다. 그러면 기독교는 언제 출발했습니까? 죽었다가 3일 만에 부활해서 40일 동안 잃어버린 자신을 반대했던 제자들을 만나 성신이 강림한 후에 출발한 것이 기독교임을 알아야 됩니다. 그러나 기독교인들은 2천년간을 십자가의 도리가 아니라 부활의 도리로 인해 기독교가 생겨났다는 것을 모르고 믿

97) 『말씀선집』 제14권, 1964.05.03.
98) "예수님이 죽은 뒤 3일 동안 고통을 당했다는 사실은 무엇을 뜻하는 것입니까? 하늘땅이 사망권에 남아있고, 지옥도 사망권의 인연을 갖고 있기 때문에 예수님이 하늘땅을 주관하기 위해서는 이 사망권을 밑으로도 넘고 위로도 넘어야 했던 것입니다. … 3일 동안 예수님은 지옥을 구경하러 간 것이 아닙니다. 그곳에 가서 판결을 내려 사망세계에서 생명세계로 갈 수 있는 길을 터놓아야 했던 것입니다. 그리하여 사망의 지옥세계인 이 지상에 승리의 기반을 닦아 놓았으며 천국에 갈 수 있는 기원을 이루어 놓았던 것입니다." 세계평화통일가정연합, "하나님의 뜻으로 본 예수님의 생애와 말세인 현시대에 대한 하나님의 경고, 『평화경』, 888-889.

어 왔다는 것입니다. 이런 사실을 깨닫는다면 여러분 모두는 회개해야 됩니다. 예수님이 부활한 터전 위에서부터 기독교가 시작되었기 때문에 기독교는 영적인 기독교라는 것입니다.[99]

그렇다면 예수의 제사장직과 왕직은 어떻게 이해해야 하는가?『원리강론』은 예수의 영적 참부모로서의 사역을 다음과 같이 소개한다.

> 모세를 중심하고 섭리하셨던 민족적 가나안 복귀노정에 있어서의 성막이상(聖幕理想)은 이제 부활하신 예수님의 영적 실체성전(實體聖殿)을 중심하고 세계적으로 이루어지게 되었다. 그 지성소와 성소는 그것들이 상징한 바 예수와 성신, 예수님의 영인체와 육신이 영적 실체로 이루어졌고, 속죄소(贖罪所)의 이상은 예수와 성신의 역사에 의하여 이루어짐으로써 거기에 하나님이 나타나시어 말씀하시게 되었다. 그리하여 하나님의 말씀이 나타나는 그 속죄소에서, 인간 시조가 타락된 후에 그 앞을 가로막았던 그룹을 좌우로 갈라 세우고 법궤 안으로 들어가 생명나무 되신 예수님을 맞이하여, 하나님이 주시는 만나를 먹고 아론의 싹난 지팡이로 보여 주셨던 하나님의 권능을 나타내게 되는 것이다(히 9:4-5).[100]

예수와 성령이 영적으로나마 참부모가 됨으로서 속죄의 사역이 영적으로 이루어지게 되었고, 영적으로 세계적 기반을 닦게 되었다. 기독 신자들은 예수의 십자가 죽음으로 인해 영적 구원만을 목표로 영적 왕국에서 예수와 성령의 영적 참부모를 모시게 되었다.[101] 바울에 의하면 부활의 생명은 신자가 죽은 후에 부여된다. 죽은 후에 영적으로 새로운 몸을 입게 되고, 육체를 떠났을 때 "주님과 함께 본향에 있게"된다(고후 5:1-10). 기독교에서의 구원과 축복은 오직 죽은 후 "영적 축복"으로만 가능하다(빌 1:21, 23).[102]

---

99) 세계평화통일가정연합,『평화경』, 887.
100) 세계평화통일가정연합,『원리강론』, 391.
101) 세계평화통일가정연합,『평화경』, 886.

그런데 영적 참부모로서 예수의 제사장직과 왕직은 영적 구원으로서
도 한계가 있다. 먼저 왕직을 보면 기독교라는 제2 이스라엘 영적 국가 안
에서의 왕직인데, 육적 기반이 없는 영적 국가이기 때문에 실체적인 주권
국가가 아니다. 따라서 예수의 왕직이 실체적으로 선포될 수 없고, 예수
의 영적 기대의 승리도 완전한 게 아니기 때문에 한정된 영계에 한해서
구원의 권능이 발휘된다.103)

영계(靈界)를 크게 4가지로 분류하면 지옥, 중간영계, 낙원, 천국이 있는데,
예수가 인도할 수 있는 영역은 낙원까지다.104) 천국은 타락하지 않고 3대(代)
의 가정적 사위기대를 완성한 가정이 들어가는 곳이다. 예수는 부활 후에105)
영적 참부모가 되었지만 실체적인 가정을 이룬 것이 아니다. 지상에서 개인
으로 영계에 들어갔기 때문에 천국에는 갈 수 없었다.106) 따라서 그를 믿는
신도들이 들어갈 수 있는 최상의 영계 역시 낙원이다.

다음으로 예수의 제사장직으로 인해 부활될 수 있는 범위를 살펴보면,
완성부활이 아니라 생명체급에 한한다. 영계에서는 영인체(靈人體)의 기
준으로 생활하게 되는데 영인체의 성장단계는 소생기의 영형체(靈形體),
장성기의 생명체(生命體), 완성기의 생령체(生靈體)로 이루어져 있다.107)

---

102) F. F. Bruce, 『예수님의 위대한 사역들』, 152–153.
103) 세계평화통일가정연합, 『평화경』, 886–889.
104) 영계의 급은 영인체의 상황에 따라 그 단계별로 무수히 많다고 한다. 여기서는 통
    상적으로 언급하는 4가지 영계로 나누었다. 『말씀선집』 제9권, 85.
105) 영적 참부모가 성립한 시점은 정확하게는 오순절 이후이지만 편의상 부활 후로
    언급한다.
106) "하늘나라에는 절대 개인적으로는 못 들어갑니다. … 본래 천국은 가정 단위로 가
    게 되어 있는 곳입니다. 가정이 가게 되어 있다는 것입니다. 가정이 가는 거예요.
    아버지 어머니 아들 딸이 같이 가서 하나님을 중심삼고 같이 살 수 있는 곳이 이
    상적인 세계인 것입니다." 세계평화통일가정연합, 『축복가정과 이상천국 Ⅰ』,
    949. "예수님은 혼자 왔다 갔으니 자손이 없습니다. 없기 때문에 낙원에 가게 된
    것입니다. 천국에 못 들어가고 낙원에 있다는 것입니다." 세계평화통일가정연합,
    『천성경(2010)』, 647.
107) 세계평화통일가정연합, 『원리강론』, 67.

예수가 지상에서 완성했다면 완성단계인 생령체급의 영인체로 부활시킬 수 있었겠지만 십자가에 달려 돌아가셨으므로 신자들이 입을 수 있는 시대적 혜택은 생명체급까지이다. 따라서 예수를 믿고 따르는 자들의 영인체가 부활될 수 있는 기준은 장성부활의 생명체급이다. 정리하자면 신도들이 지상에서 예수의 복음을 믿고 "내가 그리스도와 그 부활의 권능과 그 고난에 참여함을 알고자 하여 그의 죽으심을 본받아"(빌3:10) 산다면 생명체급의 영인체를 이루고 이후에 생명체급 영계인 낙원에서 살게 되는 것이다.[108]

예수의 사역의 목적은 하나님의 실체인 참부모로서 삼위일체를 이루고, 자신을 믿는 신도들도 자신과 같이 하나님과 일체를 이룰 수 있도록 인도하는 데 있었다. "아버지께서 내 안에, 내가 아버지 안에 있는 것같이 그들도 다 하나가 되어 우리 안에 있게 하사 세상으로 아버지께서 나를 보내신 것을 믿게 하옵소서(요 17:21)."[109] 그런데 실제로 예수가 지상에서 삼위일체를 이루지 못하고 부활 후에 영적으로 이루었기 때문에 지상에서 하나될 수 있는 길은 사라졌다. 또한 지상에서 참부모를 중심하고 영계와 육계가 하나 되었어야 했는데 영적으로 참부모가 되어 예수는 하늘의 조건을 대신하고, 성령은 땅의 조건을 대신해야 했으므로 일체될 수 없었다.[110]

---

108) 세계평화통일가정연합, 『원리강론』, 191-192.
109) "기독교는 사랑과 희생에 의하여 예수님을 중심하고 인간 사이의 횡적인 수수의 회로를 회복함으로써, 하나님과의 종적인 수수의 회로를 복귀시키려고 하는 사랑의 종교인 것이다. 그러므로 예수님의 교훈과 행적은 모두 이 목적을 위한 것이었다." 세계평화통일가정연합, 『원리강론』, 33.
110) 세계평화통일가정연합, 『평화경』, 892. 『원리강론』에서는 "예수님은 남성이시므로 하늘(양)에서, 성신은 여성이시므로 땅(음)에서 역사하시는 것이다."고 한다. (『원리강론』, 235.) 그러나 본래 예수님이 지상에서 참부모가 되셨으면 나누어지지 않은 채 일체된 역사가 일어날 수 있었다. 예수가 하늘에서 역사하셔도 땅에 영향을 주고, 성신이 땅에서 역사하셔도 하늘에 영향을 주는 통일된 역사가 일어났어야 한다. 문흥진-훈숙 씨의 영·육계 성혼식에서 하신 참부모님의 말씀을 보면 흥진 씨가 영계에 있지만 훈숙 씨가 지상에 있기 때문에 천상과 지상에 다리

기독신학에서 예수는 영원한 대제사장이다.[111] 그러나 복귀섭리가 완성되었다면 예수의 제사장직은 지상에서 하나님의 나라를 이루었을 때 완료될 수 있었다. 전 인류가 원죄 없는 하나님의 참자녀가 되고, 하나님의 심정을 체휼하며 산다면 속죄가 필요 없기 때문이다.[112] 그러나 실제로는 여전히 영계에서도 제사장직을 행하며 왕직은 불완전한 상태다.[113] 따라서 다시 창조목적대로 지상천국과 천상천국, 곧 하나의 천주를 이루기 위해서 육신으로 재림하여야 한다.[114]

가 놓아지고 통일될 수 있는 길이 열렸다. 천상에서 하는 일과 지상에서 하는 일이 상대권을 형성하였다. 또한 홍진 씨와 예수가 아벨-가인으로서 하나되어, 예수가 지상에서 성혼하지 못하고 돌아가신 아픔의 해원성사와 더불어 영계에 있는 예수를 중심한 영인들에게도 상대 이상권이 갖춰지면서 축복 받을 수 있는 문이 열렸다.『말씀선집』제131권, 15-17, 1984.02.20.; 64-65, 79. 1984.04.16.

111) 쿨만은 히브리서 9:24에 나오는 '단번에(once for all)'를 10:10, 10:14의 '영원히'란 구절과 상응한다고 본다. 예수의 대속적 사건이 구원의 결정적이며 현재까지 이어지는 영원한 대제사장임을 증명한다는 것이다. 오스카 쿨만,『신약의 기독론』, 김근수 역 (서울: 나단, 1988), 160, 164-165.

112) 세계평화통일가정연합,『원리강론』, 153.

113) 통일신학의 관점에서 예수의 승천이 왕직의 완성은 아니다. 영계에서 왕국을 통일하는 것은 온전한 참부모이어야 하는데 예수는 지상에서 참부모가 못되었고, 영계에서 참부모가 된 것도 조건적 참부모이기 때문에 온전히 왕으로 기능하지 못한다. "영계에 가서 왕국을 통일하는 것은 참부모의 사명이지, 다른 사람의 사명이 아니예요. 예수님이 참부모 못 되었으니 낙원에 가 있는 거라구요."『말씀선집』제131권, 184.

114) "여러분 스스로는 천국을 못 이룹니다. 그건 부모님이 임해야 됩니다. 성신(聖神)과 더불어 하나되어 가지고 예수님의 사랑과 더불어 화합할 수 있어야 돼요. 그래야 하늘편의 감람나무에 접붙일 수 있는 가능성이 있습니다. 그렇다고 해도 접은 못 붙입니다, 영적이니까. 재림시대에 참부모가 와가지고 접붙여 주는 것입니다. 천국 건설은 그게 기본입니다."『말씀선집』제137권, 186.

2. 천지인참부모

1) 참부모의 존재

예수는 지상에서 하나님과 부자지관계를 맺고, 하나님의 절대대상으로서 인격적 일치를 이루었다. 그러나 이러한 일체는 참부모성을 지닌 동일실체가 아니기 때문에 삼위일체로 이해할 수 없다. 삼위일체로서의 예수는 영적 참부모라는 사실에 중점을 두어야 한다. 여기서는 앞서 다루었던 예수와 하나님과의 일체에 대한 내용의 토대 위에 육신을 쓰고 재림한 참부모의 독점적 개념을 바탕으로 참부모성을 지닌 참부모님을 존재적으로 고찰하고자 한다.

(1) 독생자, 독생녀

기독신학에서 독생자 개념은 다각도에서 조명돼 왔다. 그러나 독생녀 개념은 존재 자체가 없다. 성령이 실체로 현현하지 못했기 때문에 성(性, gender)이 불분명하고, 인격성조차 때때로 의문시되며, 불이나 기름, 바람, 물, 사랑 같은 속성만이 상징적으로 다루어지기 때문이다.[115] 그러나 하나님의 창조목적이 사랑이상의 실현이고, 실체대상으로서 아담과 해와를 창조하셨으므로 하나님의 실체가 완전하게 완성하기 위해서 또한 인류를 구원하고 재창조하기 위해서도 독생자와 더불어 독생녀가 반드시 필요하다.[116]

---

115) 전대경, "현대신학에 있어서 성령의 신적 인격성의 문제—성령의 제3위격으로서의 인격성에 대한 이해의 비판을 중심으로", 『한국조식신학연구』 19, (2013):172-196.; 김명용, "개혁교회의 성령론과 오순절교회의 성령론", 『장신논단』 15 (1999.12): 223-248.; 김명용, "칼 바르트(Karl Barth)의 성령론", 『장신논단』 38 (2010.9): 91-117. 참조
116) "하나님이 아담 해와를 창조했듯이 독생자가 있으면 독생녀도 있어야 합니다." 세계평화통일가정연합, 『참부모경』, 1-1-2-8, 33.

그런데 타락이 해와, 아담 순이었으므로 복귀과정에서는 반대로 아담, 해와 순이어야 한다. 따라서 인류 구원을 위한 독생자, 독생녀의 파송은 독생자 다음으로 독생녀 순으로 이루어진다. 독생자는 책임 못한 아담을 대신하여 먼저 와서 탕감복귀노정을 거쳐 독생녀를 찾아 완성시켜야 하며,[117] 독생녀는 타락한 해와 대신 탕감복귀하는 입장에서 복귀된 신부권을 독생자에게 연결하여야 한다.[118] 독생자와 독생녀는 참부모성을 지닌 완성실체를 이루어 본래 아담 해와의 입장인 쌍둥이와 같은 입장까지 도달하여야 한다.[119] 여기서는 먼저 하나님과 일체되기 위한 전제조건으로서 참아버지의 독생자 되심과 참어머니의 독생녀 되심을 설명하고자 한다.

독생자는 하나님의 아들을 말한다. 특별히 하나님의 사랑을 받을 수 있는 참혈통을 상속한 참아들을 의미한다. 혈통적으로 사탄과 관계가 없는 참아들이다.[120] 먼저, 문선명 참아버지의 혈통은 어떻게 이해될 수 있는지 알아보자.

『원리강론』에 인용된 포도원의 비유(마 21:33−43)에 의하면, 독생자를 살해하는 민족에게는 독생자가 재림하지 않을 뿐 아니라 그 민족에게 맡겼던 유업도 빼앗아 그의 재림을 위해 열매 맺는 다른 나라에게 준다.[121] 더하여 계시록(14:1)은 재림하는 그 나라가 동방나라 한국임을 가리킨다.[122] 예수가 실패함으로써 타락한 핏줄이 되어 유대민족의 핏줄은

---

117) 세계평화통일가정연합, 『참부모경』, 1−1−2−6, 33.
118) "해와는 하나님의 아내인 동시에 어머니입니다. 그대, 사탄세계의 진권을 어떻게 전수해 받느냐? 혈통을 선환한 메시아라 하더라도 사탄세계의 메시아 신부권을 전수받지 않고는 메시아가 될 수 없습니다."『말씀선집』제295권, 286, 1998.09.24.
119) "아담과 해와는 하나님의 이성성상 그대로 나왔으니, 한 보자기에서 나온 것과 같습니다. 쌍태로 태어난 오누이, 쌍둥이와 같다는 것입니다.『말씀선집』제238권, 248.
120) "독생자의 가치가 뭐냐? 어머니가 강연한 내용과 마찬가지로, 혈통적으로 사탄과 관계없다는 것입니다. 혈통을 맑혀 가지고 나왔다는 것입니다. 하나님이 비로소 사랑할 수 있는 첫번 상대로 태어난 자가 예수 그리스도입니다."『말씀선집』제252권, 124, 1993.11.14.
121) 세계평화통일가정연합, 『원리강론』, 547.

더 이상 선민(選民)의 혈통이 아니기 때문에 독생자를 탄생시킬 수 없다.[123] 참아버지는 예수와 유대민족의 선민 전통을 살려야 하는 입장이기 때문에 하나님을 모시는 천손민족(天孫民族)이자 선민인 한민족(韓民族)에서[124] 예수의 '참혈통'의 기대를 상속받아 하나님의 직계 아들로 탄생했다.[125] 예수 대에 혈통복귀섭리가 일단락되었으므로 별도의 혈통복귀섭리 없이 하늘이 준비한 가문을 통해 탄생하였다.[126]

독생자는 중보자의 사명을 해야 하기 때문에 제사장의 사명을 할 수 있는 나라와 가문에서 탄생해야 한다. 예수의 혈통을 보면, 다윗, 유다, 사가랴 모두 제사장의 입장에 있는 사람들이었다.[127] 한민족은 백의민족(白衣民族)이라 불리는데 이는 제사민족이라는 의미이다.[128] 가문적으로는

---

122) 세계평화통일가정연합, 『원리강론』, 549.
123) "나는 독출파(獨出派)에요. 핏줄이 달라요. 예수는 타락한 혈통이 되었지만 선생님은 태어나기를…. 생이지지(生而知之), 학이지지(學而知之) 그 다음에 뭐죠? 뜻, 천이지지(天而知之)!. 하나님의 뜻을 따라 가지고 그 일을 전부 다 한 거예요." 『말씀선집』 제502권, 138, 2005.07.27.
124) 한민족은 유대민족의 전통과 같이 하나님을 섬기는 민족이다. "한민족은 예로부터 하나님을 조상 중 최고 최상의 조상으로 숭앙하며 살아온 천손민족입니다. … 하나님을 원초조상으로 모셔온 민족이기에, 한민족의 정신과 전통 속에는 공생, 공영, 공의의 혼이 살아있는 것입니다. 오천년이 넘는 역사를 지켜오면서도 남의 나라와 민족을 침략하거나 약탈하지 않은 홍익인간의 맥이 뛰고 있는 선민입니다." 세계평화통일가정연합, 『천성경』, 13-4-2-6, 1447.
125) "문 총재에 대해서 세상에서 생각할 때는 "타락했기 때문에 문 총재도 타락한 핏줄이다." 하는데, 아니에요. 해와가 잘못했기 때문에 아담의 핏줄을 가슴에 품고 길러 나왔던 것입니다. 아담이 재창조될 수 있는 것입니다. 아담이 완전히 천지이치를 다 알아 가지고 라스베이거스라든가 음란의 소굴까지 지배할 수 있습니다. 그것을 내가 갖고 있습니다." 세계평화통일가정연합, 『평화의 주인, 혈통의 주인』, 47.; 실제 북한에 계실 때는 '여호와의 부인'이란 신령단체의 중심자인 박을룡으로부터 '하나님의 아들이요 하나님의 대상실체다' 라는 증거도 받았다. 역사편찬위원회, 『참부모님 생애노정 2』(서울: 성화출판사, 2001), 100.
126) 하나님의 혈통복귀섭리에 의해 예수님이 사탄의 참소를 받지 않는 원죄 없는 혈통을 갖고 출생함으로서 '혈통복귀섭리'는 일단락 되었다. 재림주는 예수 때까지 하나님 편이 승리한 근본섭리의 터 위에 오게 된다. 세계평화통일가정연합, 『평화경』, 126.
127) 『말씀선집』 제417권, 2003.08.31.

하나님을 모실 수 있는 제사장의 사명을 띤 '남평 문씨(南平 文氏)' 가문에서 탄생하였다.129)

독생녀는 하나님의 딸을 말한다. 독생자와 마찬가지로 사탄세계의 참소를 넘어설 수 있는 혈통적 내연을 가지고 태어난 참딸이다.130) 지금까지 성령은 실체가 없었으므로 성령의 혈통복귀섭리가 다루어지지 않았지만 독생녀 역시 혈통복귀섭리를 거쳐 참혈통으로 전환된 가운데 탄생한 분이다.

통일신학적으로 독생녀는 예수와 마찬가지의 혈통복귀섭리를 거친 자리에서 탄생한다.131) 예수의 신부는 사가랴—엘리사벳 가문의 딸, 즉 세례요한의 여동생으로 예정돼 있었다.132) 그러나 독생자가 메시아가 되기 위해서는 중심인물이 믿음의 기대를 세우고, 가인과 아벨이 하나되어 실

---

128) "역사를 이어 나온 것이 백의민족과 배달민족이에요. 백의민족은 제사민족이고 기쁜 소식을 전하는 민족이에요. 제사장의 국가라 이거예요."『말씀선집』제543권, 2006.10.29.

129) "문선명(文鮮明), 선(鮮)이니까 고기(魚)하고 산야(羊)를 사랑해야 되는 거예요. 명(明)이 해와 달이 되었으니 우주를 사랑하고, 거기에 '글월 문(文)' 자는 제삿상이에요. 하나님을 모시는 제삿상, 네 다리를 딱 해 가지고 제삿상이에요. 거기에 있어서 고기와 산, 해와 달을 올려 가지고 제사장 놀음을 해야만 메시아가 되잖아요? 그렇게 생각하는 거예요."『말씀선집』제413권, 2003.07.23.; "'문' 자는 제단을 말해요. 그 제단 위에 뭐예요? 고기와 양, 바다와 육지, 하늘땅의 일월성신(一月星辰)을 올려놓고 태양을 중심삼아 가지고 전부 다 하나님 앞에 봉헌해 드릴 수 있는 제사장이 되면, 문 씨가 나쁘지 않을 것이다 이거예요." 제561권, 2007.04.21.

130) "어머니를 택하는 데는 모든 조건이 맞아야 했습니다. … 제1의 조건이 뭐냐하면, 어떠한 핏줄을 타고 났느냐 하는 것입니다. 사탄세계의 참소 받을 수 있는 핏줄의 인연을 가지고 태어났느냐, 아니면 그것을 넘어설 수 있는 핏줄적 내연을 가지고 태어났느냐가 중요합니다."『말씀선집』제170권, 31.

131) "독생녀는 2천년 전 독생자가 탄생한 그 자리에 있었기 때문에 사탄과는 관계없는 자리에서 출생했다." 참어머님, 2015.3.11. 천정궁 오찬 말씀.

132) "구약시대를 중심으로 볼 때 세례 요한은 형이요, 예수님은 동생이에요. 타락은 뭐냐? 가인이 아벨의 여동생을 취한 거예요. 그렇기 때문에 복귀 때에는 그와 반대로 탕감조건으로 세례 요한의 여동생을 예수님의 상대로 정해야 된다는 것입니다."『말씀선집』제247권, 1993.04.21.

체기대를 세워 메시아를 위한 기대를 조성해야 했던 것처럼 독생녀를 위해서도 메시아를 위한 기대, 혼돈을 막기 위해 지금까지의 용어로 풀어 이야기하면 메시아의 신부권을 위한 기대가 조성되어야 했다.[133] 그런데 메시아의 신부권을 위한 기대가 형성되지 않았고 예수 편에서 신부를 찾고자 했던 노력도 물거품이 되면서 독생녀는 역사 속에서 사라졌다.[134]

개인의 책임분담의 관점에서는 독생녀가 예수와 마찬가지로 먼저 하나님과 인격적으로 일체되어 하나님의 사랑을 온전히 받을 수 있는, 참혈통을 지킬 수 있는 완성실체가 되어야 했다. 예수가 공생애 노정을 시작하기 전 30세까지 마음 몸이 하나님과 완전일체된 기준을 갖추어 개인적 차원이나마 완성한 아담으로 공인받았던 것처럼 독생녀도 완성한 해와로 공인받아야 했다.[135] 그런데 성경 상에 기록이 없는 점으로 보아 혈통의

---

133) 『말씀선집』 제257권, 1994.03.15.
134) "타락이 뭐냐 하면, 3대가 하나 못 된 것입니다. 라반의 아내, 즉 어머니와 레아와 라헬이 하나 못 되었다는 것입니다. 3대입니다. 3대가 하나되어야 되는 것입니다. 예수님 때에도 엘리사벳과 마리아와 예수님의 신부 될 여성, 3대가 하나되었어야 하는 거예요." 『말씀선집』 제245권, 1993.02.28. "예수님이 국가를 형성할 때까지는 가정적 메시아, 120가정을 중심삼아 가지고 거기에서 신부, 어머니를 세워야 되는 것입니다. 거기에서 어머니를 얻으려면, 가인 아벨입니다. 가인 아벨과 마찬가지로 여자들도 가인 아벨입니다. 레아와 라헬, 엘리사벳과 마리아와 같이 가인 아벨입니다. 형제 과정에서 하나되는 과정을 거쳐 나와야 됩니다." 『말씀선집』 제267권, 1995.01.03. 마리아가 사가랴─엘리사벳 가정에서 3개월간(눅 1:56) 머무는 동안, 엘리사벳은 레아의 입장에서 라헬의 입장에 있는 마리아를 도와야 했고, 이후에 예수의 결혼 문제에 있어서도 둘이 협조하여야 했으나 엘리사벳의 질투로 마리아는 예수의 결혼 문제는 이야기도 못하고, 예수 탄생 이전에 사가랴 가정에서 쫓겨나야 했다. 조응태, "예수 탄생사화에 대한 성약적 이해", 『통일신학연구』 vol. 7 (2002):153–186. 예수는 어머니 마리아에게 여러 차례 결혼에 대해 이야기 했으나 마리아는 전혀 듣지 않았다. "17세 때에 결혼해서 갈 길을 설명했고, 십년 후 27세에 했고, 또 3년 후에 이야기했지마 안 된 거예요. 세 번씩이나 해도 안 되니까 눈물을 머금고 출가를 한 것입니다." 『말씀선집』 제280권, 276.
135) 독생자는 완성한 아담을 의미하며, 마음 몸이 참사랑을 중심하고 하나된 개성적 완성실체가 되기 전에는 하나님의 참혈통이라고 공언할 수 없다. 예수의 경우는 30세까지 금식기도를 여러 차례 하였고, 요셉 가정에서의 참을 수 없는 박해를 견

기대는 있으되 완성한 해와로서의 독생녀는 실체적으로 출현하지 않았다고 판단된다.[136]

지금까지 실체로 현현한 독생녀가 없었기에 한학자 참어머니는 인류 역사상 처음으로 독생녀의 입장을 확보하여 참부모가 될 수 있도록 철저히 준비되었다. 수천 년간 하나님은 한민족을 기르며 준비시켜 나오셨는데 메시아의 신부권이 가져야 하는 대상의식인 충, 효, 열의 전통이 뿌리를 내릴 수 있도록 역사를 이끌어 오셨다.[137] 독생녀의 탄생을 위해 가문적으로도 준비시켰다. 참어머니는 '청주 한씨(淸州 韓氏)' 가문에서 탄생했는데 '한(韓)' 씨는 한국을 대표하면서도 우주를 대표할 수 있는 의미를 지녔다.[138] 최근 연구에 따르면 청주 한씨의 선조는 단군의 혈손인 기자조선의 후예이다.[139] 더 나아가 고조선 이전에 한씨조선이 있었다는 증거가 등장하면서 한(韓)은 한민족의 시원으로 여겨진다.[140] 한편으로 청

디고, 산송장과 같은 생활 과정을 거치면서도 하나님의 사랑과 하나되고자 하였다. 여기에 대해선 다음 말씀 참조.『말씀선집』제33권, 158, 1970.10.13.; 제346권, 2001.06.21.; 제381권, 2002.06.14.

136) "예수님은 인류의 참아버지요, 성신은 인류의 참어머니입니다. 따라서 성신이 실체를 쓰고 임해야 하는데 실체 되는 독생녀가 나오지 않았기 때문에 그 뜻을 이루지 못했다는 것입니다."『말씀선집』제23권, 176. 1969.05.18.

137) "하나님은 수천년간 한민족을 기르며 준비시켜 나왔습니다. … 한국의 역사 속에는 인간 삶의 근본 덕목이 되는 효와 충과 열의 혼이 살아 숨쉬고 있습니다." 세계평화통일가정연합,『천성경』, 13-4-2-5, 13-4-2-6, 1447.

138) "'한'하면 한국을 대표할 수도 있고, 우주를 대표할 수도 있지요. '한'은 하나로서 제일이라는 뜻이 기도 요."『말씀선집』제120권, 274.

139) 김주호는 은의 기자와는 관계없는 단군왕검조선의 혈통을 이은 기자가 한서여라고 한다. 최남선에 의하면, 우리말 'ᄀᆞᆯ인지' 해아들(太陽의 子)란 뜻인데 이 'ᄀᆞᆯ인지'를 한자로 '奇子'와 '箕子'로 썼다. 김주호, "섭리로 본 '한'−韓民族史에서 본 韓氏의 유래와 의미 3",『통일세계』vol. 522 (2015.01):86−91.; 전진국, "'한(韓)'의 유래와 명칭의 형성"『정신문화연구』35, no. 4 (2012.12):146−185. 참조.

140) 단군왕검을 낳은 환웅(桓雄)의 환(桓)은 옛 음을 따르면 한(韓)이다. 한민족의 근원은 '한(韓)씨조선이다. 세계평화통일가정연합,『참부모경』, 2-2-3-9, 140.; 윤내현은 왕부의『잠부론』을 들어, 한후가 기자조선 동쪽에 존재하는 연나라에 가까운 나라의 임금이라고 밝히고 있다. 따라서 시경에 등장하는 한후는 중국인이

주 한씨는 조선 시대 명망 있는 왕비 배출 가문으로서[141] 메시아의 신부가 되기에 가장 적합한 가문이기도 하다.

하나님은 여기에 더하여 외조모, 모친, 참어머니 본인에 이르기까지 3대가 기독신앙을 하는 가문적 환경을 조성하셨다.[142] 하나님의 참혈통을 상속받아 탄생하신 참어머니는[143] 이러한 기반 위에, 성장과정에서 하나님 앞에 완전한 대상으로 서서 인격적 일체를 이루어 성혼 전에 메시아의 신부 자격을 공인받을 수 있는 기준을 세웠다.[144] 그리고 조원모 외조모와 홍순애 모친의 도움으로 잃어버렸던 3대 여성의 심정권과 라헬과 레아의 자리를 복귀하였다. 복귀된 해와의 자리에서 참아버지에게 메시아의 신부권을 온전히 인계하여 참부모로서 출발할 수 있도록 도왔다.[145]

아니라 한씨조선의 임금인 단군이며 고조선은 한씨조선이 어느 시점부터 바뀌어 불린 이름이다. 윤내현, 『고조선 연구』(서울: 일지사, 1999), 431−433. 정형진, "『시경』한혁편의 한후와 한씨조선에 관한 새로운 견해", 『고조선단군학』 no. 13 (2005.12):482.; 한이 한민족의 기원이라는 사실은 소설로 간행되기도 했다. 김진명, 『천년의 금서』(서울: 새움출판사, 1999) 참조.

141) 숙종 7년(1681)에 간행된 『열성왕비세보』는 조선 전기 한씨 가문이 외척 세도임을 증거한다. 청주 한씨 12세 한영정의 딸이며 한확의 누이 두 명이 명 황실에 시집갔으며, 한확의 딸은 덕종 비였다. 14세 한명회의 두 딸은 각각 예종과 성종 비, 14세 한백륜의 딸은 예종 비가 되었다. 그리고 19세 한준겸은 인조의 국구였다. 강민식, "청주한씨의 연원과 시조 전승", 『장서각』 30 (2013.10):331.

142) 역사편찬위원회, 『참부모님 생애노정 10』, 20−21.

143) "한학자, 단 하나의 학자…. 학자님은 뿌리가 다르다구요. 하나님을 뿌리로 해 가지고 비로소 역사상에 참다운 사랑의 논리를 중심삼은 통일논리를 갖고 나타난 주인공이라구요." 『말씀선집』 제148권, 41. 1986.10.04.; "통일교회에서는 참아버지 참어머니라고 하는데 외모를 보면 여러분과 다른 것이 없습니다. 그렇지만 뿌리가 다릅니다. 여러분은 사탄세계의 타락한 부모를 통한 타락한 뿌리를 타고 나왔지만 참부모는 뿌리가 다르다는 것입니다. 하나님을 뿌리로 해서 비로소 역사상에 참다운 사랑을 중심한 통일논리를 가지고 나타난 주인공이라는 것입니다." 세계평화통일가정연합, 『참부모경』, 1−1−2−24, 40.

144) 역사편찬위원회, 『참부모님 생애노정 10』, 68−72. 윤예선, "한학자총재의 가정교육에 대한 연구", 65−71 참조.

145) 역사편찬위원회, 『참부모님 생애와 섭리 2』, 125−126. 조원모 외조모와 홍순애 모친은 섭리적으로 다음과 같은 사명을 하였다. 첫째, 3대 독녀의 신앙으로 참어

여기서는 복귀원리적 차원에서 독생자, 독생녀가 하나님과 인격적 일체를 이루었다는 점을 분석해 보고자 한다. 하나님과의 부자지관계를 토대로 이루게 되는 인격적 일체는 곧 심정적 일체를 뜻하며, 개인적으로 완성실체가 된다는 의미이다. 개인적 완성실체는 하나님의 참사랑을 중심으로 마음과 몸이 일체를 이룬 실체이다. 그렇다면 왜 마음과 몸의 일체를 강조하여 독생자, 독생녀의 메시아 자격 조건으로 설명하는 것일까?[146]

본연의 인간은 하나님과 일체를 이룬 가운데 사랑을 체휼하며 살아가는 존재이다. 사랑을 체휼한다는 말은 성상적인 마음의 사랑과 더불어 형상적 사랑, 곧 성적(性的) 사랑을 실제로 경험한다는 의미이다. 그런데 아담과 해와가 성적으로 불륜을 저지르면서 사탄의 사랑을 중심으로 아담과 해와의 인격이 형성되었다. 사탄의 사랑은 그 동기가 창조원리와 반대이기 때문에 자체적으로 모순을 내포하여 인격에 있어서도 본심(本心)의 기준과 사심(邪心)의 기준이 반발작용을 일으킨다. 본심의 기준은 하나님

머니의 사명을 다할 수 있는 혈통적 기준을 조성했다. 둘째, 3대 여성 심정권 계대를 이어주었다. 셋째, 레아와 라헬의 입장을 탕감복귀하였다. 넷째, 신령 역사를 비롯해 해와 역사를 중심한 섭리들을 연결해 주었다. 다섯째, 구약, 신약, 성약의 3시대를 연결시켰다. 윤예선, "한학자총재의 가정교육에 대한 연구", 63~64.

146) 참부모님이 성혼 전에 인격완성을 해야 했다는 점은 다음 참조. 참아버님 간증. "20세가 되기 전에 피눈물의 과정을 거치며 살아왔습니다. 거지들과 친구해서 이들을 내 형님과 같이, 내 어머니와 같이 사랑할 수 있는 마음을 갖지 못하면 하나님의 심정권에 못 들어간다는 것을 알았기 때문에 그런 수련과정을 거치기 위해 민족을 넘어 일본에 가시도 그런 일을 했습니다. 내가 노동판에 가서 돈벌이를 하여 친구들의 학비를 대주기도 했습니다." 세계평화통일가정연합, 『참부모경』, 2-3-4-10, 177.; 참어머님 간증. "내가 걸어온 길은 생각하기만 해도 견디기 어려운 고난의 연속이었습니다. 하나님은 택하신 아버님에게 시련을 주신 것같이 나에게도 몇번이고 시련을 주셨습니다. 그리고 사탄도 아버님과 예수님을 시험한 것과 같이 나 역시 시험하였습니다. 메시아가 통과하신 것과 같은 그런 가혹하고 지독한 시련을 이 약한 여성이 통과하였습니다.", "내 인생에 있어서 나는 정말로 천국과 지옥을 모두 통과해 왔는데, 그 어느 쪽도 하나님께서 기대하시는, 완전히 성숙된 인격을 형성하기 위하여 필요한 것이었다는 것을 알게 되었습니다." 『참부모경』, 2-4-4-2~3, 177.

의 사랑인 상대 중심의 사랑을 행하려 하고, 사심의 기준은 사탄의 사랑인 자기 중심의 사랑을 추구하게 된 것이다.

이러한 타락인간에게 하나님이 직접 임재하실 수는 없다. 간접적으로 하나님은 인간의 본심과 연관된 양심(良心) 작용을 강화시키기 위해 선지자를 보내어 위타적인 사랑을 체휼할 수 있도록 인도하였다. 그러나 하나님의 구원섭리는 본연의 사랑의 목적을 이루기 위해 존재한다.[147] 그리고 하나님이 임재하여 직접적으로 사랑하시기 위해서는 하나님과 같이 내외 양면이 일체된 완성실체가 요구된다. 따라서 메시아가 되기 전에 독생자와 독생녀는 마음과 몸 혹은 영인체와 육신 혹은 생심과 육심이 본심의 지향성에 따라 참사랑으로 통일된 인격적 완성실체로 성장하여야 한다.[148]

"우주주관 바라기 전에 자아주관 완성하라"는 말은 완성실체로 성장해야 하나님과 일체를 이룰 수 있음을 의미한다.[149] 완성실체가 되면 "하나님께서 아담 해와를 지으시고 그 코에 생기를 불어넣으시니 사람이 생령이 된지라(창 2:7)"의 말씀과 같이 영인체의 완성인 생령체를 이룰 수 있다.[150] 생령체가 되기 위해서는 하나님을 중심하고 영인체에서 오는 생

---

147)『말씀선집』제33권, 159−160.
148) "인간에 있어서의 성상 · 형상이란, 현실적으로는 성상 · 형상의 통일을 말하는 것으로서 마음과 몸의 통일, 생심과 육심의 통일을 말하며, 인격의 완성을 뜻한다." 통일사상연구원,『통일사상요강』, 52.
149) 기독교에서도 영 · 육 아우른 심신 수련의 중요성이 논의돼 왔다. 이는 하나님의 이성성상의 전개로서 영과 육이 타락으로 인해 본심과 사심의 지향성 사이에서 방황하는 것을 본심의 방향으로 인도하기 위함으로 풀이된다. 팔라마스의 경우는 하나님의 형상이 영과 육적 본질로 돼 있음을 들어 구원을 향한 노력도 기도생활을 통한 영적 수련 뿐 아니라 성례 및 기독교적 활동들도 배재할 수 없다고 하였다. 하나의 예시로서 호흡을 제어하여 심신을 통일하는 수련법을 주장했다. Gregory Palamas, "Prosopopoeiae," in *Patrologia Graeca,* vol. 150, ed. J. P. Migne (Paris: Garnier Fratres, 1865), col. 1361.; Kallistos Ware, The Orthodox Church, 225.; Gregory Palamas, *Triads,* 1.2.7. John Meyendorff, *A Study of Gregory Palamas,* *t*rans. George Lawrence (London: Faith Press, 1964), 145.; 윌리엄 C. 플래처,『기독교 신학사』, 133.
150) "보이지 않는 무형의 요소는 뭐냐 하면 생령요소, 보이는 요소는 생력요소, 둘이

령요소(生靈要素)와 육신에서 오는 생력요소(生力要素)가 원활한 수수작용을 하여 성장하여야 한다. 곧 영인체와 육신이 완전한 수수작용을 하여 합성일체화함으로써 사위기대를 이룬 완성실체여야 가능하다. 완성실체는 그 영인체에 느껴지는 모든 영적인 사실들이 그대로 육신에 공명되어 생리적 현상으로 나타나기 때문에151) 하나님이 나의 부모임을 실감하는 존재이며, 하나님과 일체된 가운데 스스로가 영원불변한 하나님의 실체대상이라는 것을 체휼하는 존재다.152) 따라서 생령체를 이룬 완성실체는 생심에 임재하신 하나님을 체감하며, 그 육체는 하나님의 공명체(共鳴體)의 입장에 서서 하나님의 뜻대로 행하기 때문에 하나님과 인격적 일치를 이루게 된다.153)

이러한 완성실체로 성장하는 데는 책임분담이 요구된다. 즉, 인격적으로 완성하기 위해서는 4대 심정권을 실체적으로 체휼하는 과정이 필수적이다. 그런 점에서 인격의 성장을 스스로 깨닫는 정체성 자각 역시 독생자, 독생녀의 성장과정에서 단계별 체휼이 있었을 때 완성된다. 메시아, 참부모, 만왕의 왕으로서의 자각은 결국 메시아의 사명, 참부모의 사명, 만왕의 왕으로서의 사명을 수행하는 과정에서 체휼하는 4대 심정권을 기반으로 이루어지는 것이다.154) 이러한 과정을 거쳤을 때만이 인격적으로

하나되어 주고받는데 천지조화 영계의 영인체 완성도 이루어진다 하는 이런 가르침이 있지. 그건 우주의 근본을 따른 것으로 원칙은, 논법은 마찬가지예요." 『말씀선집』 제478권, 2004.12.01.

151) 세계평화통일가정연합, 『원리강론』, 66-67.
152) 참부모님, "하나님의 심정과 말씀의 실체", 『통일세계』 vol. 534, (2016.01):8. 1959.1.11. 말씀.
153) 『말씀선집』 제33권, 158.
154) 독생자, 독생녀의 자각의 완성은 결국 개인적이 아니라 참부모가 되어 실체권을 갖춰야 가능하다. "참부모의 자각을 깨닫기 위해서는 참부모는 이러이러한 어려움도 당연히 책임질 수 있어야 돼요. 그런 자리에 가서 나만이 아니고 하나님이 같이 하는 것을 볼 때 '아하!' 아는 거예요. 그 고개를 넘고 나서 '아하!' 아는 거예요. '이렇게 해야 메시아가 되는 구나. 이렇게 해야 참부모가 되는 구나.' 그런 자

완성된 참부모, 참스승, 참왕의 인격을 갖추었다고 할 수 있으며, 이런 면에서 개인적 사위기대의 완성실체의 완성은 가정적 사위기대의 완성실체와 주관적 사위기대의 완성실체의 완성과 전일적 관계를 맺게 된다.

예수의 경우, 개인적으로는 하나님과 인격적 일치를 이루어 생령체가 되었을 지라도[155] 지상에서 참부모가 되지 못하여 4대 심정권을 다 경험하지 못했다. 따라서 생령체가 완성된 것은 아니며 무엇보다 참부모성을 지닌 실체 참부모가 아니기 때문에 우리가 예수와의 관계를 통해 생령체가 될 수 있는 길은 없다.[156] 그러나 참부모님은 탕감복귀섭리 노정을 모두 거쳐 승리하면서 단계적으로 4대 심정권을 모두 체휼하고 완성하였기 때문에 인격적으로 완성하였고 생령체도 완성을 보았다. 또한 지상에서 참부모성을 지닌 실체 참부모로서 완성하였기 때문에 참부모님을 통해서는 우리가 생령체로 완성할 수 있는 길이 생긴다.[157]

한편으로 인격의 완성은 심정권의 완성에 있고, 심정권은 곧 하나님의 직접주관권을 의미하는 것이므로 참부모가 하나님의 직접주관을 받는 하나님의 완전한 실체대상임을 입증한다.[158] 참부모는 하나님의 심정과 완전일치를 이루어 하나님의 심정이 곧 참부모의 심정이요, 참부모의 심정이 곧 하나님의 심정이므로 참부모는 '심정의 실체'이기도 하다.[159] 하나님과

각된 실천권이라는 것을, 실천장이라는 것을 자기 것으로 인식할 수 있는 자리에까지 가지 않으면 자기와 관계를 맺을 수 없다는 거예요. 그래서 선생님이 참부모의 자각을 완성할 수 있는 것을 다 이루어 놓고, 천일국을 전부 다 이루어 놓고 보니까 '…고비 고비의 사건 사건들이 나를 자각시키기 위한, 하늘의 선물을 받기 위한 축복의 길이었느니라!' 아는 거예요."『말씀선집』제396권, 153-154.

155) 세계평화통일가정연합,『원리강론』, 231.
156)『말씀선집』제9권, 88.
157) 『말씀선집』제388권, 2002.07.26.
158) "자각의 심정권, 그것은 원리로 말한다면 책임분담 완성입니다. 책임분담은 결과주관권과 직접주관권의 과정을 통과하여 사랑을 가지고 일체화합니다. 일체화하여 직접 하나님의 지도권에 들어간다구요. 주관권에 들어가는 그 자체가 하나님의 심정권에 속하는 것입니다."『말씀선집』제183권, 1988.10.29.

의 심정적 일치의 중요성은 이것이 천상천국과 지상천국의 전제조건인 영계와 육계의 통일을 의미하기 때문이다. 그동안 인간의 생심과 인연된 영계는 하나님의 참사랑과의 인연이 끊어져 육계와 하나될 수 없었다. 참부모가 인격완성을 이루고 하나님과 심정의 일치를 이루었기 때문에 영계와 육계도 일체를 이루고 참사랑의 평화의 기원을 확립할 수 있게 되었다.160)

유념할 것은 하나님의 인격은 위타적인 인격이므로 단계별 인격 성장 과정에서 상대에 대한 사랑의 자각이 더 강해져야 온전한 성장이며,161) 단계별 성장과 완성의 기본은 마음과 몸 혹은 생심과 육심이 참사랑으로 하나된 인격이다. 개인 안에서 하나된 터 위해 부부의 일체, 가정의 일체, 종족의 일체, 민족의 일체, 국가의 일체, 세계의 일체, 천주의 일체로 나아가기 때문에 독생자와 독생녀도 참사랑의 인격완성실체가 메시아의 기본 자격요건으로 요구되는 것이다.

따라서 참아버지와 참어머니가 겪었던 고난들은 독생자, 독생녀로서 하나님과 인격적 일치를 이루기 위한 필수 과정이었다. 하나님 심정권과의 완전한 공명은 하나님이 창조하시면서 느끼셨던 기쁨뿐만이 아니라 인간의 타락과 복귀섭리 연장 과정에서 겪으신 모든 한과 슬픔을 체휼해

---

159) 참부모님, "하나님의 심정과 말씀의 실체", 『통일세계』 vol. 534, (2016.01):9.

160) "영인체의 마음과 같은 것이 영적 세계입니다. 그것은 반드시 하나님과 관계를 맺고 있습니다. 그러므로 하나님과 관계를 맺지 않고는 영인체의 마음과 같은 것이 생겨나지 않습니다. 영과 마음이 다르다는 것입니다. 마음은 하나님과 관계없는 것입니다.", "하나님은 존엄하신 분입니다. 그래서 영계와 육계는 일체를 이루어야 합니다. 참사랑이 나타나지 않았기 때문에 영계와 육계가 통일되지 못한 것이고, 참사랑이 서지 않았기 때문에 종교와 정치가 갈라진 것입니다. 참사랑을 중심삼고 전부 하나되는 것입니다." 세계평화통일가정연합, 『평화경』, 702-703.; 세계평화통일가정연합, 『천지부모 통일안착 생활권시대』 (서울: 세계평화통일가정연합, 2002), 64.

161) "자기 자각을 먼저 해서는 안 돼요. 사랑을 중심삼고 여자는 남자 자각을 먼저 해야 되고, 남자는 여자를 먼저 자각해야 되는 것입니다. 그 자각을 할 수 있게 하는 것이 뭐예요? 그것은 사랑입니다." 『말씀선집』 제171권, 1987.12.13.

야 가능하기 때문이다. 주체이신 하나님에 대해 철저한 대상의식을 가지고 하나님의 심정을 체휼하면서 뜻을 실천해 나갈 때 하나님과의 더 강한 인격적 일치를 이룰 수 있었고, 하나님과 같이하는 자리에서 새로운 자각권을 형성시켜 더 큰 섭리의 발전을 향해 나아갈 수 있었다.162) 이렇듯 하나님과 인격적 일치를 이룬 독생자, 독생녀 됨은 그들 본연의 사명인 메시아, 참부모, 만왕의 왕의 근거가 된다.

(2) 하나님 아버지의 실체, 하나님 어머니의 실체

독생자, 독생녀로 탄생하고 하나님과 인격적 일치를 이루었던 목적은 참부모가 되기 위함이었다. 신인애일체 이상세계를 실현하기 위해서는 가장 먼저 참사랑·참생명·참혈통을 창조할 수 있는 참부모의 존재가 세워져야 한다. 참부모가 없이는 참자녀가 탄생할 수 없으며, 참가정이 이루어질 수 없고, 참국가, 참세계, 참천주가 성립되지 않는다. 따라서 구원섭리 완성과 창조이상세계 실현을 위한 최우선 과제는 참부모의 현현이다.163)

참부모는 인류 최초로 하나님의 참사랑의 인격을 실체화하는 존재이다. 참아버지는 참된 (할)아버지, 참된 남편, 참된 아들의 이상적 남성인격의 전형이며, 참어머니는 참된 (할)어머니, 참된 아내, 참된 딸의 이상적 여성인격의 전형이 된다. 하나님의 온전한 남성적 인격과 여성적 인격을 실체적으로 표현하고 수수작용하여 발전·확대하면서 참된 가정과 세계,

---

162) "하나님에 대한 체휼적 감정을 얼마만큼 자기 생활주변에 유도해 가지고 실현화시키느냐 하는 것이 문제입니다. 그 실현화가 되어 자기를 중심삼고 표현할 때 자기뿐만 아니라 자기의 생활주변에 새로운 자각권을 형성시킬 수 있는 것입니다.", "일체의 생활을 나 혼자 하시 않고 주체와 너불어 주체의 복적을 위해서 하는 것이라고 느껴야 됩니다. 그러한 것을 느끼는 자리, 하늘이 같이하는 자리에서 새로운 자각을 해 가지고 세계로 나서게 될 때 비로소 하늘의 뜻은 이루어지게 될 것입니다." 『말씀선집』제58권, 293, 322.
163) 세계평화통일가정연합, 『참부모경』, 1-1-4-7, 60-61.

천주의 원형이 된다. 심정권의 통일을 이루는 참부모는 하나님의 참사랑 이상을 실체화하여 하나님의 한을 해원하는 존재요, 타락인류가 하나님의 참혈통으로 거듭나게 할 수 있는 메시아, 구세주이며, 하나님의 실체로서 인격적 일치를 이루는 전통을 확립하는 인류의 원형적 존재이다. 또한 천주가 그 본연의 가치를 회복하고 하나될 수 있도록 심정권을 연결하는 중보자이자 화동의 중심적인 존재이다.

참아버지와 참어머니는 메시아, 참부모, 만왕의 왕으로서 책임분담을 완수하였기 때문에 하나님의 실체대상으로서 완성하였고, 하나님과 완전 일체를 이루어 참부모성을 지닌 천지인참부모가 되었다. 여기서는 천지인참부모로서의 참아버지, 참어머니가 하나님과 일체되심을 명확히 설명할 수 있는 개념이 무엇인가에 착안하여 하나님 아버지의 실체, 하나님 어머니의 실체로 설명해 보고자 한다.

통일신학에서 창조주 하나님은 하늘부모님이시다. 즉 하나님 아버지와 하나님 어머니가 일체를 이룬 중화적 통일체라는 의미다. 창세기를 보면, "우리(אלהים, 엘로힘)가 사람을 만들자(창 2:6)"라고 하여 창조주 하나님이 '복수형'으로 사용되었고, 신적 협의(協議)로서의 창조를 가리키면서 하나님이 '참부모'로 존재하심을 표현한다.164) '천지인참부모 정착 실체말씀 선포 천주대회' 강연문에서는 '하늘부모님'을 '밤낮의 하나님'으로 표현하는데 상대 관계로 계신 한분의 하나님이라는 뜻이다.165)

---

164) Walther Eichrodt, *Theology of the Old Testament*, vol. 2, trans. J. A. Baker (London: SCM Press, 1961), 125. 창세기에서 창조의 하나님은 보통 '엘로힘'으로 표현되는데 이는 신을 뜻하는 '엘로아흐(אלוה)'의 복수형이다.

165) "절대 · 유일 · 불변 · 영원의 본체이신 **밤낮의 하나님**께서 당신의 사랑을 혼으로 불어 넣어 지은 인간"으로 하나님의 인간 창조를 설명한다. 세계평화통일가정연합, 『천성경』, 13-4-1-9, 1444.; 또한 "한 분이신 만인의 조상, 그 분을 '한 분님', 즉 '하나님'이라 불러 主人(**밤과 낮의 創造主**)으로 모셔왔고, 따라서 모든 수의 근원도 하나, 둘로부터 시작했던 것입니다."라고 하였다. 하나님인 주인 안에 밤과 낮의 창조주가 들어있다. 굵은 글씨는 필자의 강조이다. 세계평화통일가정

하나님이 상대 관계로 계시다는 의미는 '주체와 대상의 이성성상의 통일체'로 존재한다는 것이다.166) 주체와 대상의 이성성상의 통일체는 『원리강론』에서 '본성상과 본형상의 이성성상의 중화적 통일체'인 동시에 '본성상적 남성과 본형상적 여성의 이성성상의 중화적 통일체'로 제시된다.167) 따라서 하나님의 주체와 대상의 이성성상은 본성상과 본형상의 이성성상과 본양성과 본음성의 이성성상을 포괄하는 개념으로 이해된다.

주체와 대상의 이성성상의 통일체로 존재하시는 하나님이 창조를 하신 이유는 주지하다시피 사랑이상을 실현하기 위함이다. 중화적 통일체의 존재로서는 실체적 사랑을 할 수 없다. 따라서 하나님은 자신의 형상으로 인간을 지으셨다(창 1:26). 하나님이 인간으로 실체화하신 것이다.168) 여기서 주목할 점은 창조에서 하나님은 '남성격 주체'로서 실체대상인 인간은 '여성격 대상'으로서 격위가 설정되었다는 점이다. 이것이 함의하는 바는 창조는 주체적 입장의 존재가 투입하여 대상적 입장의 존재를 형성하는 것이라는 점이다. 창조목적에 있어 또 하나 주목할 점은 중화적 입장에서 주체격을 띤 하나님, 대상격을 띤 인간은 사랑이상을 실체적으로 완성하여 다시 일체된 상태가 되어야 한다는 것이다.169) 이 때 대

연합, 『천성경』, 13-4-2-6, 1447.; 여기서 하나님과 관련한 수의 근원을 '하나, 둘'로 언급할 때 그 의미는 한 분 하나님이 '상대 관계'로 계신다는 것이다. 참부모님, "천지인참부모 정착 실체말씀 선포 천주대회", 녹취, 2010.12.4., 천복궁.; 밤의 하나님과 낮의 하나님을 하늘부모님의 입장으로 생각하면 밤의 하나님은 하나님 아버지로 낮의 하나님은 하나님 어머니로 간주할 수 있다. 윤예선, "밤의 하나님과 낮의 하나님의 실체로 본 천지인참부모" 참조(미간행).

166) 세계기독교통일신령협회, 『원리해설』, 24.
167) 세계평화통일가정연합, 『원리강론』, 27.
168) "참다운 세계 평화는 참부모의 이상으로 성경에 '하나님의 형상대로 인간을 지으셨다.'는 말씀은 볼 수 없는 무형의 하나님이 인간으로 실체화하신 것을 말합니다." 『말씀선집』 제219권, 1991.08.28.
169) "격위라는 말은 실체시대가 필요하다는 거예요. 그런 총론이 내려졌다는 사실이 놀라운 거라구요. 우주의 근본인 하나님이 그랬으니 성상 · 형상의 중화적 과정을 거치지 않으면 안 돼요. 그러니 수놈 암놈 영적 기준에 있어서 마음으로부터

상적 입장의 존재가 완성하여야 주체도 완성하여 일체를 이루게 된다.

이해를 돕기 위해 하나님의 첫 번째 실체대상인 아담과 해와의 창조과정과 비교해 보자. 아담이 주체, 해와가 대상이기 때문에 실체 창조는 주체, 대상 순으로 아담이 먼저 창조되고 해와가 창조된다. 그러나 이러한 순서는 가치적 차이를 내포하지 않는다. 선유조건(先有條件)을 고려하면 아담과 해와는 가치적으로 동등하다.

> 하나님을 닮았기 때문에 무형의 실체가 유형의 실체로 변화된 것이 아담이에요. 아담 가운데는 무형의 성상·형상, 그 다음에 중화적 존재, 격위는 남자격이에요. 거기서부터 비로소 실체가 주체 혼자만 돼서는 안 되겠으니 상대인 아담을 통해서 해와를 지은 거예요. 골자를 따 가지고 해와를 지었다는 거예요.…
>
> 아담에게 들어가 있던 것, 성상·형상의 실체를 중심삼고 아담 앞에 주입된 것을 갈라놓은 데서 비로소 상대가 나오는 거예요. 그래서 남자가 생겨난 것은 절대적으로 남자 때문이 아닙니다. 여자 때문에 태어났고, 여자는 남자 때문에 태어난 거예요. 혼자서는 사랑을 영원히 못 이루어요. 그래서 오관 자체가 자기를 위해 있는 것이 아니라 상대를 위해서 있는 거예요.[170]

> 수평이 되어 중화적 존재요, 격위에서는 남성격 주체예요. 그 하나님이 무형의 중화적 존재로서 실체적 존재로 나타난 것이 아담이에요. 아담은 뼈와 같아요. 뼈가 생긴 거예요. 하나님의 뼈를 연결시킬 수 있는 사람을 만들어야 되겠으니 그것이 남성이에요. 그러니 무형의 성상·형상의 중화적 존재와 격위에서는 남자와 같은 격을 갖춘 실체로 딱 만들어 놓은 거예요. 그렇게 만들어 보니까 아담이 생겨난 거예요. … 아담은 이중적이에요. 영적 부모의 성격, 성상·형상 어머니 아버지 성격을 갖췄는데 격에서는 플러스가 앞서는 거지. 다 갖추어 가지고 아담 대신 실체를 심어

큰 때까지…. 새들도 커야 수놈 암놈이 만나잖아요? 안 그래요? 무형의 하나님이 할 때는 뼈와 살이 달라붙어 있었어요." 『말씀선집』 제412권, 2003.07.17.
[170] 『말씀선집』 제399권, 2002.12.18.

놓았기 때문에, 그게 자라서 위에서는 여기까지 오는 거예요. 아들딸이 여기서부터 커 가지고 다 자라서 남자는 여자가 절대 필요하고 여자는 남자가 필요해서 '수평이 되자!' 하는 거예요. 실체가 말이에요."171)

사랑의 상대 대상권으로서 아담 해와의 실체를 중심삼아 가지고, 무형의 실체 되시는 하나님께서 유형의 실체권을 이루기 위해서, 아담 앞에 모든 것을 퍼부어 넣어 가지고 아담 창조와 더불어 아담을 본떠서 해와를 창조해 가지고 성상·형상의 실체권을 중심삼은 부부의 인연을 갖춰 가지고 제3대 아들딸을 소망하였던 것이 창조이상이었습니다.172)

한편으로 하나님의 실제 창조에 있어서 먼저 남성격 주체인 하나님의 모든 성품을 받아 실체 주체인 아담이 창조되고 다음으로 아담을 통하여 실체 해와가 창조된다는 사실(창 2:21-22)은 필리오케 논쟁(Filioque controversy)에 대해 명확한 입장을 표명한다. 먼저 아담 해와의 창조의 원천은 오직 하나님이시므로 '그리고 아들로부터'로 해석되는 필리오케를 거부하며 동방교회의 '오직 아버지만으로부터(ἐκ μόνου του πατρός)'를 지지한다. 그러나 주체격 하나님의 성품이 실체로 전개될 때 먼저 아담에게 전부 전해진 후에 아담을 통하여 해와가 나왔다는 점에서 성부와 성자의 부자관계를 강조하며 동방교회의 볼로토프(B. Bolotov)가 '아들을 통하여'로 새롭게 재해석한 필리오케는 긍정적으로 수용한다.173)

---

171) 『말씀선집』 제400권, 2002.12.28.
172) 『말씀선집』 제400권, 2003.01.01.
173) 볼로토프는 성령이 오직 아버지로부터만 나온다는 입장을 견지하면서도 아들이 아버지와 너무 가깝기 때문에 성령이 아버지로부터 나오는 데 대한 논리적인 전제와 사실적인 조건이 된다고 주장한다. "성령은 아들이 존재하는 동안 아버지로부터 나오며, 아버지와 아들은 직접 접하고 감동하는 것으로 생각되기 때문에 성령의 언제나 현재적인 출현의 계기는 다음과 같이 이해된다. 즉 아버지로부터 나오는 성령은 아들에 의하여 이미 하나의 불완전한 본체로 태동된다는 것이다.… 아버지로부터 불완전한 본체로서 나오는 성령은 아들을 통하여 오며 아들을 통하여 나타나며 아들이 아버지로부터 받는 그의 본질을 아들을 통하여 나타낸다.

부자관계 이것은 종적이에요. 부자가 하나되기 위해서는, 아버지가 아들을 하나 만들기 위해서는 몸 마음이 아버지 자체도 하나님과 같이 하나되어야 되고, 엄마 자체도 그 아담한테서 갈라져 가지고 나온 거예요. 하나님부터 나온 것이 아니에요. 하나님부터 나온 건 아담이에요. 하나님의 보이지 않는 성상·형상을 실체로서 남성격 앞에 전부 다 갖다 박아 놓은 거예요. 그게 아담이에요.[174]

이러한 내용은 몰트만이 제시한 성령에 있어서 그 무엇이 아버지로부터 나오며, 아들로부터는 무엇을 받는가라는 명제의 답으로도 유사하게 이해할 수 있을 것이다. "성령은 아버지로부터 그의 완전하고 신적인 실존(hypostasis, hyparxis)을 가지며 아들로부터 그의 관계적 형태(eidos, prospon)을 받는다."[175]

그런데 본래 하나님이 중화적 통일체로 존재한다는 점에서 남성격 주체 하나님과 주체적 성품을 상속받은 아담 자체만으로는 불완전한 존재다. 상대 관계로 계신 하나님은 절대적으로만 존재하셔서는 안 되며 대응되는 유일적 존재가 필요하다. 아담 역시 대상인 해와가 없으면 없어질 수밖에 없다.[176] 대상의 중요성은 주체의 존재 여부와 연관되며 한편으

그는 아들을 통하여 빛나며 광채로 가득하다." 위르겐 몰트만, 『삼위일체와 하나님의 나라』, 221-222. 재인용.

174) 『말씀선집』 제398권, 2002.12.15.

175) 몰트만은 성령의 신적인 실존은 오직 아버지로부터 오는 것이라고 생각해야 하지만 성령의 형태 내지 얼굴은 아버지와 그리고 아들에 의해서 형성되는 것이라고 인식해야 한다고 주장한다. 위르겐 몰트만, 『삼위일체와 하나님의 나라』, 222-223.; 통일신학적으로 이해하면 성자와 성령은 실체 아담과 해와에 해당(로고스의 아담 해와 포함)하므로 하나님이 실체로 창조한 남자와 여자의 염색체로 이해할 수도 있을 것이다. 남자의 염색체는 23번째 성염색체가 XY이고, 여자의 염색체는 XX이다. 참고로, 마지막에 창조된 해와의 경우 가장 완전하다 할 수 있으며, Y 염색체가 유전자를 78개 보유한 데 비해 X 염색체는 1,098개 보유하여 우수하다는 연구결과가 보도되었다.
http://imnews.imbc.com/20dbnews/history/2005/1930848_19610.html

176) "어머니 아버지 쌍수입니다. 천지인부모는 사람을 중심삼은 거예요. … 하나님도

로 완성에 있어 우선권을 갖는다는 점에서 부각된다. 즉, 창조의 관점에서는 주체가 우선시 되나 완성의 관점에서는 대상이 먼저다. 대상이 완성될 때 주체가 완성된다.

이러한 점은『원리원본』의 '하나님 아바지만으로 모시는 영인은 미완전생(未完全生)'이라는 소제목의 내용에서 여실히 드러난다. 여기서 하나님이 지금까지 '남성격 주체'로만 존재하였던 이유를 인간이 타락하여 미완성하였기 때문이라고 한다. 요점은 재림주의 출현으로 아버지 어머니를 완성할 때 어머니를 모시고, 하나님 아버지뿐만 아니라 하나님 어머니를 합하여 완성을 보게 된다는 것이다.[177] 대상 해와가 완성할 때 주체 아담이 완성하고, 대상인 참부모가 완성할 때 주체인 하나님이 완성한다. 하나님의 입장만 놓고 보면, 대상격인 참부모가 완성할 때 하나님 어머니가 완성하여 표면적으로 등장하며 하나님 아버지와 더불어 하늘부모님으로서 위상을 확보한다는 의미다.

참부모님의 섭리는 하나님 완성을 목표로 진행되어 왔다.[178] 하나님 완성은 복귀섭리의 목적인 신부를 찾는 섭리 혹은 어머니를 찾는 섭리의 결론이 되며, 실체대상인 참부모의 책임분담을 요구한다.[179] 참아버지는

주체가 됐으니 플러스입니다. 대응적인 존재에 대치될 수 있는 자리에 서면 둘 다 없어집니다. 대응이 없으면 없어집니다. 이런 무서운 사실을 생각할 때에 땅위에 완성한 부모가 나오면 천지의 완성한 부모가 나오지만 땅위에 부모가 자리를 못 잡게 되면 천지도 없어집니다." 참부모님, "전통을 세우는 역사적인 대전환시대",『통일세계』vol. 490 (2012.4):8.

177) 이 책 4장 각주 31, 각주 32 참조.

178) "하늘에 계신 인류의 아버지께서는 자식을 잃어버린 부모와 같은 단장의 슬픔에 한이 맺히신 것을 본인은 발견한 것입니다. 본인의 인생의 목표는 하나님의 맺히신 그 한을 풀어 드리려고 한 것이었습니다. 그 슬픔의 하나님을 슬픔과 외로움과 고녀로부터 해방시켜 드리려고 했던 것이 본인이 살아온 목적이었습니다."『말씀선집』제198권, 161. 1990.02.01.

179) "오시는 주님은 어떤 분이며 무엇을 하러 오시느냐? 물에 빠진 사람을 건져 주기 위해서, 인류를 사망에서 구해 주기 위해서 인류의 어머니를 찾아오신다는 것입니다."『말씀선집』제16권, 183, 1966.03.22.

아담이 책임 못해서 어머니를 잃어버렸기 때문에 대신 해와를 재창조해서 참어머니를 창조주 어머니 자리에 세워야 한다. 참어머니는 해와의 타락을 대신 탕감복귀해서 실체 참어머니의 자리를 확보하여야 한다. 참부모님이 이러한 책임을 다할 때 하나님 아버지의 상대인 하나님 어머니가 찾아진다.[180]

천지인참부모가 성립되기까지의 선포식은 이러한 내용을 증거한다. 참부모님의 선포는 탕감복귀를 통해 승리한 기준에서 사탄이 참소할 수 없는 실체적 조건을 중심하고 이루어지는데[181] 대상의 책임완수를 통한 탕감복귀 완성이 곧 주체의 책임완수로 이어지고 해방·석방에 이어 완성으로 나아간다. 참어머님의 책임완수 선포(2008.04.06) 이후에 하나님의 책임분담 해방권이 완성(2008.10.9−21)되었고, 만왕의 왕으로서 하나님의 위상(2009.01.15., 2009.01.31)을 찾아드릴 수 있었다. 다음으로 참아버님, 참어머님, 참자녀님, 축복가정의 완성(2009.10.31)을 선포한 후 하나님과 참부모권 완성(2009.11.01)이 선포되었다. 이러한 기반 위에 참부모님 최종일체 완성·완결·완료(2010.06.26. 천력 5.15)가 선포되었으며 밤의 하나님과 낮의 하나님(2010.07.15.)이 선포되고 천지인참부모로서 천주적으로 정착할 수 있는 기대를 조성하였다(2010.11.22.−12.7).[182]

천지인참부모의 일체와 완성의 관점에서 선포식을 살펴보아도 대상격의 참부모님 양위분의 일체완료와 완성·완결·완료 선포(2010.천력5.8, 천력5.15)가 먼저이고,[183] 참하나님과 참부모님의 일체완료와 주체격인

180) "재림주님이 다시 와 가지고 성혼할 수 있는 전통이 마련됐습니다. 에덴동산에서 '선악과를 따먹으면 죽으리라'하는 계명에 걸려 쫓겨났던 아담 해와가 이제는 선악과가 하나되서 밤의 하나님, 낮의 하나님, 참부모를 모셔요." 참부모님, "축복의 날, 영광의 날",『통일세계』vol. 486 (2011.12):8, 2011.11.05.

181)『말씀선집』제310권, 142.

182) 오택용, "문선명 선생의 선포식을 통한 하나님의 섭리이해", (박사학위논문, 선문대학교, 통일원리와 사상 전공, 2012), 179−191.

183) 2010년 천력 5월 8일 2시 20분과 천력 5월 15일 오전 3시 25분에 '참부모님의 최

하나님의 완성·완결·완료 선포(2011.천력11.17-18)는 이후에 이뤄진다.[184] 하나님의 실체대상인 참부모님의 완성이 주체인 하나님의 완성의 실체적 조건이 되었으며 기원절을 기해 하나님은 공식적으로 '아버지' 대신 '하늘부모님'으로 선포될 수 있었다.[185]

다음으로 천지인참부모의 일체완료의 의미를 알아보자. 천지인참부모는 횡적 참부모인 천지부모가 하나된 가운데 종적 참부모인 천주부모가 임재하여 일체된 존재이다. 천주부모는 하늘부모님이며 하늘부모님은 한분 하나님 안에 하나님 아버지로서의 성품과 하나님 어머니로서의 성품을 의미한다. 따라서 하늘부모님의 이성성상인 하나님 아버지와 하나님 어머니가 실체로 전개된 참아버지, 참어머니와 일체를 이루었다는 의미이다.

> 하나님은 보이지 않지만 마음적 왕의 세계, 아담은 보이는 왕의 세계, 두 세계가 비로소 결혼할 때, 아담이 결혼만 했더라면 보이지 않는 하나님이 마음의 주인의 자리에 들어가고, 아담은 그 마음의 몸이 되어서 하나되었을 것입니다. 또 여자는 그 상대적 성상으로서 마음과 하나님 어머니와 하나되고 하나님 어머니 실체와 하나된 것이 (손뼉을 치시며) 한자리에서 씨를 거둬야 되는 거예요. 그게 3대입니다.[186]

종일체 완성·완결·완료'가 선포되었다. 이 때 3시의 3은 구약·신약·성약시대의 완성·완결·완료의 시대를 상징한다. '참아버님과 참어머님의 최종일체권'이 선포되었다. "'3시는 초부득삼(初不得三)의 3시대를 대표하여 구약·신약·성약시대의 완성·완결·완료의 시대를 맞아 참아버님과 참어머님의 최종일체권이 완성·완료된 전체·전반·전권·전능의 시대를 봉헌 선포함'이라고 했습니다." 세계평화통일가정연합, 『참부모경』, 1-2-4-31, 104.

184) '천일국 최대승리 기념일'에 선포되었다. 주요 사항은 '참하나님과 참부모님 일체완료'와 '하나님이 완성·완결·완료'가 선포되고 '시봉천국(侍奉天國)'이 되었다는 점이다. 세계평화통일가정연합, 『참부모경』, 99.

185) 윤예선, "밤의 하나님과 낮의 하나님의 실체로 본 천지인참부모", 7.

186) 『말씀선집』 제425권, 2003.11.12.; 하나되기 위한 방향성은 다음 말씀 참조. "사람마다 마음이 있다는 것은 하늘 부모, 천지부모, 천지의 무엇보다도 어머니 되고 아버지 될 수 있는 체에 아버지는 위에서 내려오는 거요, 어머니는 아래서 위로 오는 거요. 부부들…. 바른쪽에 이렇게 가는 거요, 부부는 이렇게 가는 거요. 손자

하나님 아버지의 성품은 주체적 성품이고 하나님 어머니의 성품은 대상적 성품이다. 따라서 하나님 아버지는 본성상적 성품과 본양성적 성품, 하나님 어머니는 본형상적 성품과 본음성적 성품으로 구체화할 수 있다. 이에 따라 하나님 아버지의 실체인 참아버지는 성상적 실체 혹은 양성적 실체로, 참어머니는 형상적 실체 혹은 음성적 실체로 표현된다.

사랑의 주인의 출발이 하나님으로부터 했기 때문에 결혼해 가지고 부부가 첫날밤 첫사랑을 하기 전에 아담의 마음 가운데 성상적 하나님이 들어가고, 형상적 하나님의 영적인 여성 실체가 해와한테 들어가 가지고 한 몸이 되는 거예요. 한 몸이 돼 가지고 몸과 마음이 공명권에 있기 때문에 위하고 사랑하는 그런 관계를 가지면, 위하고 사랑하는 본체의 부모의 세계에 있는 하나님은 자동적으로 공명하는 것입니다.[187]

하나님의 성상적인 실체가 남편이고, 형상적인 실체가 누구예요? 부인이에요. 둘이 결혼식을 한다는 것은 종적인 아버지가 횡적인 아버지하고 초점을 맞추어 가지고 90각도가 되어 하나되는 거예요. 이러한 결혼식이 타락하지 않고 아담 해와가 첫날 저녁에 사랑관계를 맺는 그 자리였다 이거예요.[188]

남자는 성상적인 하나님의 성품을 받아 가지고 나고, 여자는 형상적인 성품을 받아 가지고 나는 거예요. 그래서 이것이 하나돼요. 정(正)에서부터 플러스와 마이너스로 갈라졌던 것이, 분(分) 했던 것이 합(合)해야 되는 거예요. 보이지 않는 것이 갈라졌다기 둘이 합해야 된다구요. 하나님으로부터 시작하는 거예요. 보이지 않는 것이 남자와 여자로 갈라졌다가 합하는데, 합하는 데는 보이지 않는 것으로 합하는 것이 아니라 실체로 합해야 됩니다. 그래서 실체적인 대상이 되는 것입니다.[189]

면 손자하고는 남자는 앞에 있고 뒤에 가서는 도는 것이야. 도는 길을 동시남북을 돌지, 서동북남이라는 얘기는 안 했어. 그 틀린 말이 아닙니다." 참부모님, 아침 훈독회 말씀, 녹취, 2011.6.9., 청해가든.
187) 『말씀선집』 제306권, 1998.09.23.
188) 『말씀선집』 제327권, 2000.07.30.

1남과 1녀는 무형이신 하나님의 실체대상으로 나타난 아들딸입니다. 남자는 하나님의 플러스(+) 성품을, 여자는 하나님의 마이너스(−) 성품을 대신한 실체대상(實體對象)입니다. 창조이념은 양성(兩性)의 중화체(中和體)로 계시는 하나님의 성상(性相)을 이성(二性)으로 분립했다가 다시 하나님의 본성상(本性相)을 닮은 모습으로 합성일체화(合性一體化)하는 것입니다.[190]

그런데 여기서 주의해야 할 것은 주체와 대상의 성품을 강조해서 남성, 여성이라는 것이지 본성상이 남성이고 본형상이 여성이라는 의미는 아니라는 것이다. 로고스의 이성성상의 경우를 참조한다면 성상인 로고스의 이성성상으로서 성자와 성령이 존재하였던 것처럼[191] 하나님 아버지 하나님 어머니의 성품을 정의할 때도 하나님의 본성상 내의 하나님 아버지와 하나님 어머니로서 본양성과 본음성의 표면화로 이해하여야 한다.[192] 또한 '천일국최대승리기념일'에 선포된 천지인참부모의 일체완료는 완성기의 실체적 실체로서의 완성이며, 소생기에 실체적 실체로서의 일체완료는 1960년 천력 3월 16일 참부모님의 성혼식에서 이미 이루어진 가운데 경륜을 시작하셨다는 점이다.

문선명 참아버지와 한학자 참어머니는 하나님 아버지의 실체와 하나님 어머니의 실체로 완성하기 위하여 하나님 아버지의 주체성과 하나님 어머니의 대상성을 완성하는 노정을 거쳤다. 『원리강론』은 다음과 같이 완성한 아담과 완성한 해와를 설명한다.

---

189) 『말씀선집』 제260권, 1994.04.11.
190) 세계평화통일가정연합, 『천성경(2010)』, 92, 1960.04.16.
191) 이 책 4장 3절 1) 참조.
192) "하나님은 심정 중심한 원인적 존재이시기 때문에 창조 전의 하나님의 성상(지정의)과 형상의 속성인 양성・음성은 다만 조화로운 변화를 일으킬 수 있는 가능성으로서만 존재하며, 일단 창조가 개시되면 그 가능성으로서의 양성・음성이 표면화되어서, 지・정・의의 기능에 조화있는 변화를 일으키고 형상에도 조화로운 변화를 가져 온다." 통일사상연구원, 『통일사상요강』, 48.

인간은 천주를 총합한 실체상이다. 여기에서 우리는 인간 시조로 창조되었던 **아담이 완성**되었더라면 그는 피조물(被造物)의 모든 존재가 갖추고 있는 **주체들을 총합한 실체상**이 되고, **해와가 완성**되었더라면 그는 또 피조물의 모든 존재가 갖추고 있는 **대상들을 총합한 실체상**이 되었으리라는 결론을 바로 얻을 수 있는 것이다. 그리고 하나님은 피조세계를 주관하도록 인간을 창조하셨기 때문에, 아담과 해와가 다 함께 성장하여서 **아담은 피조물의 모든 주체의 주관주(主管主)로서 완성**되고, 또 **해와는 모든 대상의 주관주로서 완성**되어 그들이 부부를 이루어 일체가 되었더라면, 그것이 바로 주체와 대상으로 구성되어 있는 온 피조세계를 주관하는 중심체였을 것이다.[193]

따라서 하나님과 일체완료를 이루신 참아버지는 마음, 무형, 영계, 하늘, 남성, 종(縱) 등 모든 주체의 주관주로서 하나님의 성상적 실체 혹은 양성적 실체인 하나님 아버지의 실체이며, 참어머니는 몸, 유형, 육계, 땅, 여성, 횡(橫) 등 모든 대상의 주관주로서 하나님의 형상적 실체 혹은 음성적 실체인 하나님 어머니의 실체이다. 참아버지가 하나님의 주체적 성품을 완성하시고, 참어머니가 하나님의 대상적 성품을 완성하셨기 때문에 참사랑을 중심하고[194] 완전일체가 가능한 것이며, 일체된 입장에서는 완전한 동위권, 동참권, 동거권을 확보한다. 즉, 천지인참부모로서 하늘부모님, 참아버지, 참어머니는 공명된 심정권을 통해 밤낮의 경계 없이 영계와 육계의 섭리를 경륜하실 수 있는 존재이다.[195]

---

193) 세계평화통일가정연합, 『원리강론』, 41. 굵은 글씨는 필자가 강조한 것이다.
194) 여기서 참사랑은 부부의 참사랑인 성(性)관계를 포함한 사랑이다. 참부모님은 일체되는 지점을 남녀의 생식기로 규정하신다.
195) "이제 참아버님께서는 천법에 따라 영계를 거점으로 삼으시고 자유자재로 영·육계를 왕래하시며 천일국의 확장을 위해 섭리하실 것입니다. 참아버님께서는 밤의 하나님의 실체로서 육계에 재림하시어 낮의 하나님의 실체로서 지상섭리를 계속할 참어머님과 일심·일체·일화·일념의 경지에서 섭리를 경륜하시게 될 것입니다. 기원절의 승리를 통해 본연의 에덴동산을 이 땅위에 창건하는데 여러분과 함께하실 것입니다." 참부모님, "참부모님의 승리권을 상속받아 희망찬 미

영계에 가게 되면 하나님 아버지만 있는 것이 아니예요. 하나님 어머니가 있게 된다는 말이예요. 어머니 아버지가 없이 생명체가 나올 수 있어요? 그러한 어머니 아버지와 같이 아담 해와의 배후에는 하나님이 갈라져 나와 가지고 하나돼 있는 거예요. 그렇기 때문에 어머니를 통해도 그렇고, 아버지를 통해도 하늘 갈 수 있는 길이 생긴다는 말이 된다구요. 그렇게 되었더라면 저 영계의 천상천국의 주인공이 누구냐? 실체를 쓰고 살던 내 어머니 아버지가 저나라에 가서 영원한 천국의 왕이 되는 거예요.196)

구약을 보면 모세가 하나님에게 인격성을 대표하는 이름을 물었을 때 '하야(הָיָה, hayah)'라고 대답하는 장면이 나온다(출 3:13－14). '스스로 존재하는 자'라는 번역이 일반적으로 알려져 있지만 하이야트(J. P. Hayatt)에 의하면 '장차 내가 되고자 하는 것이 될 것'이 의미상 더 적절하다. 하야 동사가 '능동적인 존재(active being)'를 표현하기 때문이다.197) 하나님은 자신의 의지대로 "하나님의 형상"인 인간을 실체대상으로 창조했다(창 1:26－27; 5:1; 9:6).

"하나님이 이르시되 우리의 형상(צֶלֶם, 첼렘)을 따라 우리의 모양(דְּמוּת, 데무트)대로 우리가 사람을 만들고(창 1:26)"에서 히브리어 첼렘과 데무트는 각각 육체적 특질과 영적 특질을 의미하면서198) 하나님의 이성성상

래를 얼어가자", 8 (통일교 세계지도자 특별집회 참어머님 말씀, 2012.09.17., 청심평화월드센터)

196) 『말씀선집』 제90권, 1977.01.01.

197) 'הָיָה(hayah)'는 동사의 모호성으로 네 가지로 번역될 가능성이 있다. 1. 나는 스스로 존재하는 자이다(I am who I am), 2. 나는 나로 인해 존재한다(I am because I Am), 3. 나는 장차 내가 되고자 하는 것이다(I will be what I will be), 4. 나는 존재하는 자이다(I am the one who is). J. Philip Hyatt, *Commentary on Exodus* (London: Oliphants, 1971), 76.; Martin Noth, *Exodus : A Commentary*, trans. John Bowden, (London: SCM, 1962), 45. 스탠리 그랜즈, 『조직신학』, 148.

198) 어원론적인 형상의 용법에 대해서는 여러 견해가 있다. 여기서는 이성성상을 표현하는 의견만을 채택하였다. 이성성상과 유사한 견해는 초기 교부들에서부터 찾아진다. 예를 들어 이레네우스, 터툴리안, 아타나시우스, 키릴 등은 첼렘은 육체적 혹은 자연적 은사로 보고, 데무트는 영적 혹은 초자연적 은사로 보았다. 반

을 따라 인간을 육체와 영인체로 창조했음을 시사한다(창 2:7).[199] 클라인스(D. J. A. Clines)는 고대에서 형상(image)이 일차적으로 신의 영 혹은 유체(流體)의 거소로 기능하며, 신들의 형상의 의미는 크게 두 종류인데 통상적으로는 왕을 의미한다고 파악한다.[200] 왕을 통해 신이 자신을 드러내기 때문에 왕은 신의 속성 혹은 특권을 지니고 있다고 여겨졌다.[201] 이러한 하나님의 형상은 남자와 여자의 두 성(性)으로 이루어졌으며(창 1:27), 자신의 유일한 참된 상대를 통하여서 완성하고,[202] 모든 피조물에 대한 통치권을 소유한다.[203] 하나님은 자기를 실체화하여 천지인참부모가 되심으로서 실체적으로 참사랑 · 참생명 · 참혈통을 창조할 수 있는 인격적 신으로 완성하셨다.[204] 천지인참부모를 통해 하나님을 중심한 참

면 클레멘스와 오리겐은 육적 특질은 거부하였고, 닛사의 그레고리 등은 구분하지 않은 채 통합하여 사고하였다. 근세에 루터가 첼렘과 데무트를 구분하는 것을 거부하고 동일한 의미의 반복으로 주장하면서 이러한 사고가 확산되었지만 첼렘과 데무트에 대한 견해는 여전히 다양하며 통합되지 않았다. 형상과 모양의 어원론적 의미는 다음을 참조. D. J. A. Clines, "The Image of God in Man," *Tyndale Bulletin* 19 (1968):75–80; Gerhard von Rad, *Genesis: A Commentary* (Philadelphia,: Westminster Press, 1961), 56; Gordon J Wenham, *Genesis 1–15*, (Waco, Texas: Word Books, 1987), 26–34. 랠프 스미스, 『구약신약』, 288–296.

199) 사람의 창조 순서는 흙(자연 요소)으로 빚은 육신, 다음에 생기(초자연 혹은 영적 요소)를 불어넣은 영인체 순이다. 세계평화통일가정연합, 『원리강론』, 160.

200) 신들의 형상은 주로 왕이며, 다른 하나는 조형적인 형태와 살아있는 사람이다. D. J. A. Clines, "The Image of God in Man," 81.

201) 특히 이집트와 메소포타미아에서 왕들이 '신의 형상'으로 여겨졌다.

202) 바르트(C. Barth)에 따르면 남자와 여자라는 두 성이 하나님의 완전한 피조물이다. 아담에게 해와가 유일한 참된 반려이며, 아담은 해와를 통하여 참된 인간성을 성취한다. 하나님의 형상대로의 두 성은 인간의 실존에 본질적인 것이다. Christoph Barth, *God with Us : A Theological Introduction to the Old Testament*, ed. Geoffrey William Bromiley (Grand Rapids, Mich.: W.B. Eerdmans, 1991), 23.

203) D. J. A. Clines, "The Image of God in Man," 96.

204) "천주부모는 무형의 하나님이시고, 천지부모는 실체 부모를 말하는데, 두 부모가 하나되어야 인격적 부모가 되어 천주 · 천지 · 천지인부모가 됩니다. 인격적 신이 안 되어서는 참부모가 못 된다는 것입니다. 하나님도 체를 입어서 아들딸을 낳을 수 있는 인격적 신이 되어야 합니다." 세계평화통일가정연합, 『참부모경』,

가정과 참국가, 참천주의 출현이 가능해지면서 실체적 통치권을 행사하시게 되었다.

무엇보다 중요한 것은 지상에서 하늘부모님, 참아버지, 참어머니가 천지인참부모로서 일체완료를 이루셨다는 점이다. 예수가 지상에서는 참부모성을 갖추지 못하고 영적으로 삼위일체를 이루어 하나님과 동일실체가 된 것과는 달리 참부모님은 지상에서 참부모성을 지닐 수 있는 조건을 충족하고 영·육 아울러 삼위일체를 이루어 천지인참부모가 되셨다. 천지인참부모는 완성 삼위일체로서 지상에서 우리가 완성하여 동일한 일체권을 실현하도록 인도하실 수 있다. 천지인참부모님은 우리도 참부모가 되어 하나님과의 독점적 사랑의 관계를 참가정 안에서 누릴 수 있도록 하시는 참부모, 참스승, 참왕이시다.

2) 참부모의 사역

참부모의 사역은 참부모성을 지닌 하나님과 동일실체로서의 경륜이며, 메시아, 참부모, 만왕의 왕의 사역이다. 각 사역은 순차적으로 인지된다는 점에서 메시아 사역은 참부모 사역의 근거가 되며, 참부모 사역은 만왕의 왕의 사역의 근거가 된다.[205] 기독신학에서 다뤄졌던 삼중직인 선지자, 제사장, 왕의 사역은 탕감복귀섭리의 승리적 발전에 따라 단계적으로 달리 나타난다.

예를 들어 메시아 사역에서는 준비된 기독교가 세계적 선지자의 책임을 못함으로서 참부모가 대신 선지자의 사역을 국가적 차원에서 하였고,

---

13-1-5-9, 1488.

205) 참어머님께서는 참아버님을 증거하시면서 메시아적 노정 40년, 참부모 노정 40년, 그리고 평화의 왕, 만왕의 왕으로서 10년의 노정을 거치셨다고 시간적 순차를 두어 설명하신다. 참부모님, "참부모님의 승리권을 상속받아 희망찬 미래를 열어가자", 7.

V. 통일 삼위일체론을 실증하는 참부모 | 303

1960년 참부모 성혼 이후부터 1992년 세계적 차원의 참부모 선포 이전까지는 세계적 차원에서 선지자 사역을 대신 하였다.206)

제사장의 사역을 보면, 하나님 해방에 대한 부분은 메시아 사역에서부터 만왕의 왕에 이르기까지 계속되었다. 인류 구원에 대한 부분은 메시아 사역 시절에는 인격완성에 대한 측면에서 이루어졌고, 참부모가 되신 이후부터는 축복을 통한 실체적 구원의 길을 지상인을 대상으로 개문하셨고, 1995년부터는 영인까지 축복을 통해 구원받을 수 있도록 하셨다.207)

왕의 사역은 2003년 축복가정왕, 2004년 평화의 왕, 2006년 천주평화의 왕, 2009년 만왕의 왕으로 즉위하시고 현재까지 이어지고 있다. 또한 축복가정에게 신종족 메시아 활동과 조상해원 · 조상축복식을 할 수 있도록 개문해 주시면서 축복가정도 영계와 육계를 아울러 메시아, 참부모, 종족의 왕, 더 나아가서는 국가의 왕으로서 사역할 수 있게 되었다.208)

---

206) 참부모님의 성혼은 1960년 천력 3월 16일(양 4월 11일)에 거행되었다. 국가적 차원에서의 참부모이다. 1992년 7월 3일 서울 세계일보 내 국제 연수원에서 처음으로 재림주 선포를 하시고 7월 6일 4대 도시 재림주 선포에 이어 8월 24일 제1회 세계문화체육대전 축하만찬회에서 세계적으로 참부모님이 인류의 메시아요, 구세주요, 재림주요, 참부모임을 만천하에 공포하셨다. 역사편찬위원회, 『참부모님 생애노정 10』, 370.

207) 영인해원은 청평에서 1995년 1월 19일 시작하였고, 영인축복은 1995년 8월 23일 충모님 가정, 대모님 가정, 대형님 가정의 축복을 시작으로 1997년 11월 29일 4000만가정 국제축복결혼식에서 32억 명의 영인축복으로 전면화되었다. 성화출판사, 『참부모님 청평섭리 이해』 (서울: 성화출판사, 2016), 58.

208) 1989년 1월 3일 한남동에서 종족적 메시아권이 선포되었으며 1991년 7월 1일 칠일절을 기해 축복가정이 종족적 메시아 신청서를 제출하고 종족복귀 활동을 전개할 수 있게 되었다. 기원절 조직위원회, 『평화세계를 향한 여정, 섭리기관사 Ⅰ』 (서울: 광일인쇄기업사, 2013), 47-48.; 참부모님께서는 1996년 1월 1일 미국 뉴욕 세계선교본부에서 거행된 참하나님의 날 기념식에서 33년 공직자와 21년 해외 선교사들에게 시상을 하셨다. 33년 공직자 수상자 54명은 3월 12일부터 청평수련소에서 47일 수련 후에 추첨을 거쳐 국가별 임지를 배정 받아 국가메시아로 임명되었다. 기원절 조직위원회, 『평화세계를 향한 여정, 섭리기관사 Ⅰ』, 97.; 1999년 1월 8일 '참축복 천주화와 사탄혈통 근절 완성해방 선포'와 더불어 조상해

참부모의 이러한 사역은 하나님 해방·석방, 인류 구원, 천일국 완성이라는 섭리적 목표를 두고 이루어졌다.[209] 궁극적 목표는 하나님 아래 한 가족(One family under God)의 성취이다. 통일신학적 용어로는 '천주주의(天宙主義)' 곧 '하늘 집 주의'라고 한다. '하늘 집'이라는 명칭에서 보이듯이 하나님을 참부모로 모시는 가정을 의미하며, 그 가정의 범위는 천주인 영계와 육계이다.[210]

하나님을 참부모로 모시고 살기 위해서는 참부모님이 하나님의 실체로서 완성하여 참사랑·참생명·참혈통을 전수해 줄 수 있는 입장을 확보하셔야 한다. 이러한 천지인참부모로 말미암아 우리도 하나님의 참자녀로 새롭게 거듭나고 참부모님과 심정의 일체를 이룬 후에는 우리도 하나님의 실체로서 하나님을 참부모로 모시는 생활이 가능하다. 참부모님으로부터 시작한 하나님의 자기 실체화는 우리의 완성을 통해 확산된다.[211]

천주주의는 천지인참부모의 주권의 천주성을 내포한다. 이해를 돕기

원과 조상축복을 할 수 있는 축도를 해주심에 따라 청평수련원에서 조상해원은 1992년 2월 12일, 조상축복식은 동해 12월 12일부터 가능하게 되었다. 성화출판사,『참부모님 청평섭리 이해』, 58.;『말씀선집』제298권, 217-221, 1999.01.08.

209) "참부모님은 하나님의 해방과 인류구원 그리고 평화이상세계 완성이라는 생애의 섭리적 목표를 세우시고 일생동안 전력투구해 오셨습니다." 참부모님, "참부모님의 승리권을 상속받아 희망찬 미래를 열어가자", 7.

210) 천주(天宙)는 무형세계(영계)와 실체세계(지상세계)를 합한 것이다. 따라서 천주주의란 몸과 마음을 합한 후 하나님이 사랑의 본체가 되는 가정을 이루어, 그 이념을 영계와 육계에 연결시키는 주의이다. 한편으로 한문을 풀어 '하늘 집'주의인데 가정의 아버지 어머니를 상징하여 부모주의, 그 중에서도 참부모주의이다. 참부모라는 이념을 중심삼고 이상적인 가정의 테두리 안에서 하늘주의와 연결시킨 것이다. 세계평화통일가정연합,『천국을 여는 문 참가정』(서울: 성화출판사, 2009), 38-40.

211) "천주주의는 어떤 주의냐? 참부모주의입니다. … 그렇기 때문에 통일교회는 심정적인 문제를 본연의 이상적인 가정의 테두리 안에서 참부모라는 이념을 중심삼고 하늘주의와 결부되게 해야 합니다. 이런 이념으로 제도화된 가정의 인연이 남아 있는 한 망하지 않습니다." 세계평화통일가정연합,『천성경(2010)』, 390.;『말씀선집』제296권, 29.

위해 고린도전서와 요한복음에서 제시한 그리스도 주권의 세계성의 근거를 보자.212)

> 우리에게는 한 하나님 곧 아버지가 계시니 만물이 그에게서 났고 우리도 그를 위하여 또한 주 예수 그리스도께서 계시니 만물이 그로 말미암아 우리도 그로 말미암았느니라(고전 8:6).

> 만물이 그로 말미암아 지은 바 되었으니 지은 것이 하나도 그가 없이는 된 것이 없느니라(요 1:3).

유사하게 그리스도 주권의 근거를 에베소서에서는 예수를 통한 만물의 통일(엡 1:9 이하)로 표현하며, 골로새서(1:15－17)와 히브리서(1:2)는 하나님이 세계를 "그를 통하여" 지으셨다고 진술한다. 몰트만에 의하면, 창조에 있어서 예수가 중재자의 직분을 통하여 계시되었고, 예수를 통한 구원의 경험은 인간뿐 아니라 현실 전체와 관련된다. 왜냐하면 예수를 통해 경험된 구원으로 자신이 타락된 세계에서는 나그네이지만, 하나님의 참된 창조에 있어서는 참된 시민으로서 예수가 "자기 것(요 1:11)"으로 표현한 본향으로 들어왔기 때문이다. 이러한 구원의 경험은 해방으로서 포괄적인 희망을 함의하기 때문에 모든 존재와 사물에게 확산된다.

그리스도의 주권은 곧 성령의 주권과도 통한다. 구원의 경험은 곧 성령의 경험과 성령을 통한 하나님의 본향에로의 변용이기 때문이다. 성령의 경험은 부음(욜 2:28 이하; 창 2:16 이하)과 활동으로 표현된다. 성령을 통하여 하나님의 사랑이 부어지고(롬 5:5), 새롭게 태어난다(요 3:3－5). 성

---

212) 예수의 주권에 대해서는 다음 참조. Rudolf Bultmann, *Das Evangelium Des Johannes* (Göttingen: Vandenhoeck & Ruprecht, 1953), 1ff.; Rudolf Schnackenburg, *Das Johannesevangelium*, vol. 1 (Freiburg: Herder, 1965), 197－269.; Hartmut Gese, *Zur Biblischen Theologie : Alttestamentliche Vorträge* (Tübingen: J.C.B. Mohr, 1983), 192－201.

령의 은사는 모든 만물들의 새 창조의 능력으로서 삶을 지금 생동하게 한다(고전 12장). 성령을 통하여 하나님이 인간을 성전으로 삼아 임재하시며(고전 6:13-20), 최종적으로는 새 하늘과 새 땅이 하나님의 성전이 된다. 성령의 임재를 통해 인간과 모든 피조물은 하나님의 전으로 변용될 수 있다. 성령을 통한 세계의 변용은 세계 안에 계신 하나님과 하나님 안에 계신 세계를 의미하며 "하나님이 만유의 주로서 만유 안에 계시게" 될 때 완료된다(고전 15:28). 이렇듯 삼위일체론적인 새 창조는 예수와 성령의 주권의 세계성의 근거가 된다.213)

마찬가지로 영·육의 삼위일체인 천지인참부모의 혈통전환을 통한 새 창조는 천주주의를 근본적으로 가능하게 함과 동시에 천지인참부모의 주권의 천주성의 근거가 된다. 천지인참부모가 메시아, 참부모, 만왕의 왕이심을 논증하기 위해서는 그 근거가 되는 새 창조가 구체적으로 어떻게 이루어지는지 이해할 필요가 있다. 여기서는 혈통전환의 복귀섭리적 의미와 그 과정을 고찰해 보고자 한다.

복귀섭리에 있어서 거짓혈통에서 참혈통으로의 전환은 사탄 주관권에서 하나님 주관권으로의 이행을 의미한다. 혈통전환이 '심정적 혈통'의 전환이므로 하나님의 직접주관권으로의 진입은 사탄의 거짓사랑, 거짓생명, 거짓혈통으로부터의 해방과 더불어 하나님과 심정적으로 일체되어 하나님의 권속으로 환원한다는 의미다.214) 해방은 곧 하나님의 심정과의 일치이다. 그런데 타락인간 자체로서는 하나님과의 심정적 일치로 나아갈 방법이 없으므로 참부모가 혈통을 전환해 주고 하나님의 심정권과의 상대 기준을 조성할 수 있도록 중보하게 된다. 참부모는 사탄을 제거하는 탕감노정을 종적 8단계, 횡적 8단계의 과정을 승리한 터 위에서215) 지상

213) 위르겐 몰트만, 『삼위일체와 하나님의 나라』, 128-131.
214) 세계평화통일가정연합, 『참부모경』, 1-1-3-4, 49.
215) 종적 8단계는 종의 종, 종, 양자, 서자, 직계자녀, 부부, 부모, 하나님이며, 횡적 8

계와 영계의 간접주관권과 직접주관권을 연결하여 타락인간을 해방시키고 하나님의 심정권으로 나아가는 길을 개문한다.[216] 타락인간은 참부모와의 심정적 일치를 조건으로 참부모가 완성한 하나님과의 심정적 일치의 기준을 상속받는다.

참부모님을 통해 받는 축복은 '원죄청산'의 의의가 있다. 본연의 인간이었다면 참부모와 같이 자연스럽게 하나님을 인지하면서 성장하여 인격완성을 이루고 축복을 받게 되어있다.[217] 그렇지만 타락인간은 혈통이 달라 하나님이 있다는 사실조차 인지할 수 없으므로 축복받을 수 있는 기준인 인격완성을 먼저 이룰 수 없다. 따라서 참부모님의 특권에 의거해 조건적으로 먼저 '예약적 축복'을 받아 혈통전환을 하게 된다.[218] 선취적 축복이 실재적이 되기 위해서는 지상에 있는 동안에 예약적 축복인 중생축복 이후에도 부활축복, 영생축복을 받아 3단계 축복을 거쳐야 한다.[219]

중생은 개인적 기준의 거듭남이고, 부활은 가정과 국가적 기준에서 거듭남이며, 영생은 세계적 기준에서 전 인류가 함께 완성하여 평화의 왕이

단계는 개인, 가정, 종족, 민족, 국가, 세계, 천주, 하나님이다. 참부모님은 이러한 탕감복귀노정을 승리하여 1989년 8월 20일 팔정식을 선포하셨다. 세계평화통일가정연합, 『참부모경』, 1369-1381 참조.
216) 세계평화통일가정연합, 『참부모경』, 1-2-4-15, 98.
217) "본래의 아담 해와는 하나님을 보면서 자라는 것입니다. 영안으로 본다는 것입니다. 하나님은 아담 해와를 통해 실체로 나타나는 것입니다. 보이지 않는 하나님을 전부 진수해서 아담에게 나타나 해를 입는 것입니다. 마음은 보이지 않지만 마음을 모르는 것이 아닙니다. 아는 것입니다. … 아담 해와가 하나님을 느끼면서 형체로도 아는 것입니다. '나같이 하나돼 있구나!'라는 것을 느낀다는 것입니다." 세계평화통일가정연합, 『참부모경』, 1-1-4-14, 64.
218) "여러분을 축복하는 것은 부모님의 특권입니다. 부모님의 특권을 통해서 축복을 받는 것입니다. 이 축복은 예약적 축복입니다. 이것을 실현하기 위해서는 내적 기준을 마무리지어야 합니다. 그래서 안팎의 가정으로 그 입장을 대신하는 것입니다. 즉 아벨 가정인 부모님 가정 앞에 여러분 가정이 가인 가정 입장으로 서는 길밖에 없습니다." 세계평화통일가정연합, 『참부모경』, 4-3-3-18, 388.
219) 세계평화통일가정연합, 『평화신경』, 22.

신 참부모님을 모시고 천일국인 지상·천상천국을 이루어 하나님의 조국에서 영생하는 것을 뜻한다.[220] 참부모님께서 7번째로 죽음의 고비를 넘기셨던 헬기 사고 이후 중생완성과 부활완성, 영생완성을 선포하시면서 예수가 영적으로 부활했던 기준을 영·육 아울러 완전 실체로서 부활할 수 있는 기준으로 승격시키셨다.[221] 이것은 우리가 하나님을 직접적으로 모실 수 있는 완전한 축복을 지상에 있는 동안 받아서 하나님과 일체된 생활을 하다가 영계(천국)에 완성한 영인체로 입성한다는 의미이다.

먼저 개인적 거듭남인 중생축복을 살펴보자. 중생축복을 통한 혈통전환은 참부모님 가정으로의 접붙임을 의미하는데 타락인간을 상징하는 돌감람나무에 참부모님을 의미하는 참감람나무의 접목으로 비유된다.[222] 접목의 방법은 돌감람나무의 원둥치까지 잘라내고, 그 자리에 참감람나무의 싹을 접붙이는 식이다. 접목된 참감람나무의 싹이 자라서 성장하고 나무가 되면 열매가 열린다. 이 열매는 참혈통을 받은 참된 참녀를 의미한다. 참된 자녀를 태어난 후에 참된 부모가 되며, 하나님의 참된 가정으로서 하나님을 모실 수 있게 된다.[223]

여기서 돌감람나무의 밑둥까지 자른다는 것은 원죄청산의 의미이지 모든 죄와 타락성까지 완전히 제거된다는 뜻은 아니다.[224] 오랜 시간 축

---

220) 세계평화통일가정연합, 『천성경』, 13-4-1-9, 1444.
221) 중생완성은 헬기 사고 당일인 2008년 7월 19일, 부활완성은 그로부터 20일째인 칠팔절 8월 7일, 영생완성은 사고 40일째인 8월 27일 선포되었다. 세계평화통일가정연합, 『천성경』, 13-3-2-37~38, 1424.
222) "그리스도는 교회의 머리가 되고(엡 1:22), 우리는 그의 몸이 되며 지체가 된다(고전 12:27). 따라서 예수님은 본성전이요 우리는 분성전이 되는 것이다. 그리고 예수님은 포도나무요 우리는 그의 가지이며(요 15:5), 한편 돌감람나무인 우리는 참감람나무 되시는 예수님에게 접붙임으로써 참감람나무가 될 수 있는 것이다(롬 11:17)". 세계평화통일가정연합, 『원리강론』, 232.
223) 세계평화통일가정연합, 『평화경』, 1539-1540.
224) 참부모님께서는 밑둥까지 자른다는 것은 그 밑에 뿌리는 살려두었다는 의미라고 덧붙여서 설명하신다. 처음부터 뿌리까지 완전히 뽑아버리면 참감람나무를 접붙

적된 타락성의 청산은 스스로의 노력이 가미되어야 한다. 따라서 참된 자녀를 낳고, 가정을 이루면서 하나님의 심정권과 공명될 수 있는 기준을 향해 나아가야 한다. 완전히 참부모님 가정과 일체를 이루기 위해 스스로가 신종족 '메시아'임을 자각하고 자신의 가정을 중심삼고 재창조의 주인이 되고 구원섭리에 동참하면서 하나님과의 심정적 일치를 이루어야 한다.225) 그래야만 선취적 '혈통 전환'에 이은 '심정권 전환'이 가능하며 완전한 참혈통으로 전환될 수 있다.226)

다음으로 참부모님에 의한 우리의 '심정권'의 새 창조의 과정을 알아보자. 우리의 중생은 어디까지나 참부모님께 접목된 기준을 바탕으로 되어지는 것이기 때문에 참부모님과의 심정적 일치를 이룰 때만 심정권의 새 창조도 가능하다. 참부모님이 하나님에 대해 하셨던 것처럼 우리도 참부모님에 대해 절대적인 대상의식을 가지고 절대신앙 · 절대사랑 · 절대복종을 실천궁행(實踐躬行)해야 한다.

그런데 개인적으로 참부모님의 심정권과 하나되는 데는 순서가 있다. 탕감복귀노정에서는 타락의 경로와 반대로 복귀해야 하므로 가인—아벨→해와→아담→참부모(하나님)의 순으로 이루어진다.227) 모자협조를 통한

여서 성장시키기 전에 돌감람나무가 죽기 때문이다.
225) 세계평화통일가정연합, 『평화경』, 1508.
226) 참부모님께서는 타락인간이 타락성을 벗고 참된 인격을 갖추기 위해서는 세 가지 전환을 해야 한다고 하신다. 혈통전환, 소유권전환, 심정권전환이다. 여기서는 심정일체에 초점을 맞추어 심정권 전환만 언급하였다.
227) "세계 복귀를 위해서는 참부모님을 중심삼아 가지고 모두가 하나 되어야 합니다. 아들딸이 어머니와 하나 되어야 하고, 아버지와 하나 되어야 합니다. … 그리고 축복가정이 서기 위해서는 선생님의 가정이 필요합니다. 선생님이 서기 위해서는, 즉 선생님이 완전히 자리잡기 위해서는 어머니가 필요하고, 어머니가 서기 위해서는 자녀들이 필요합니다. 더 나아가서는 하나님이 서기 위해서는 선생님이 필요합니다. 즉, 하나님이 서기 위해서는 선생님이 모든 것을 탕감해야 한다는 것입니다. 이렇게 탕감관계가 전부다 연결되어 있습니다. 그렇기 때문에 기도할 때는 어떻게 해야 하느냐? 거꾸로 기도해야 합니다. '참부모와 참자녀를 통하여, 축복가정을 통하여, 통일교회 식구들을 통하여, 한국을 통하여, 일본 미국 독일을 통하여, 세계

복귀라는 말은 아벨이 장자권을 복귀하고 가인과 하나되어 어머니를 모셨을 때 복귀된다는 의미이다. 가인과 아벨이 어머니인 해와와 심정적 일치를 이루어야 아버지인 아담과의 심정적 일치로 나아갈 수 있다. 그리고 아버지인 아담과의 심정적 일치가 이루어지면 참부모와의 심정적 일치로 인정된다. 참부모와의 심정적 일치가 완료된다면 참부모가 완성한 독점적 하나님과의 심정적 일치의 기대를 온전히 상속받게 된다.

축복을 받은 가정은 참부모와의 심정적 일치에 앞서 가인과 아벨의 두 입장에서 모두 심정권을 일치시켜야 한다. 먼저 축복을 받지 않은 가정에 대하여는 아벨된 입장에서 사랑으로 가인을 감화시켜 하나되어야 한다.[228] 다음으로 죄가 없는 참자녀에 대하여는[229] 가인된 입장에서 순종하여 아벨인 참자녀와의 심정적 일치를 이루어야 한다. 다음으로 참해와인 참어머니를 모시어 심정적 일치를 이루어야 하고, 그 다음에 참아담인 참아버지를 모시어 심정적 일치를 이룬 이후 참부모와의 심정적 일치를 기반으로 하나님과의 심정적 일치로 나아간다.[230]

를 통하여 천주를 복귀해 주십시오' 이렇게 기도해야 합니다. 이런 단계를 거쳐 탕감해 나가는 것이 공식이라는 것입니다."『말씀선집』제17권, 315, 1967.04.10.

[228] 정확히는 축복 받기 전에 아벨로서 천사장권의 3명을 복귀한 터 위에 축복을 받는 것이 원칙이다. 그 다음에 다시 다른 축복받지 않은 가정에 대해 아벨격, 참자녀에 대하여는 가인격의 입장에서 하나되어야 한다.

[229] 참자녀는 통상적으로 참부모님의 직계자녀를 의미한다. 그런데 '죄가 없는 참자녀'는 유전적 혈통의 직계보다는 참부모님과 완전히 심정적 일치를 이룬 심정적 혈통의 직계를 의미한다.

[230] "여러분은 누구를 통하여 참자녀와 일체화하고 새로이 태어날 자녀로서 조건을 세우는 것입니까? 아버지만으로는 충분하지 않습니다. 참부모를 통하지 않으면 안 되는 것입니다. 아무리 아버지가 중요하다 하더라도 아버지만이 아니고 부모와 그 자녀를 통하지 않으면 안 되는 것입니다. 그러면 여성은 누구를 통하여? 물론 참자녀를 통하여서입니다. 참부모는 참아들과 참딸을 가지고 계십니다. 여성은 모두 참아버지와 참어머니와 그 참딸과 하나가 되지 않으면 안 됩니다."『말씀선집』제55권, 1972.04.01. "여러분들은 부모님께 고마워해야 돼요. 부모님을 절대 사랑해야 됩니다. 그럼으로 말미암아 부모님이 닦은 하늘나라 전체를 상속받

곧 심정일치의 과정은 처음에는 횡적인 가인 아벨 관계에서 이루어지며, 횡적 관계에서의 통일이 벌어지면, 이 기반을 바탕으로 종적인 참부모(어머니-아버지)와의 관계에서의 통일로 이어져 최종적으로 참부모가 성취한 하나님과의 심정적 일치 기반을 상속받게 되는 것이다. 이러한 개인적 심정일치의 노정을 참부모님의 세계섭리 차원에서 이해한다면 가인편의 민족이나 국가들이 아벨편의 민족이나 국가들 앞에 승복하여 하나 되고, 그 기반에서 참부모님을 모시게 되면 양쪽 모두 하나님을 중심한 민족이나 국가들로 재창조되는 것과 같다.[231]

기독교에서는 성령의 감화를 받아 신도들이 하나되고 신비적 체험을 경험한다고 한다. 이는 성령을 통해 하나된 기준을 세웠을 때만 예수와 영적으로 하나되는 체험을 할 수 있다는 의미다. 종말론적 완성과 영광은 성령→성자→성부의 순이 되며,[232] 성령을 거부한다면 앞으로 중생할 길

게 되는 거예요. 알겠어요? 또, 부모님은 하나님을 절대 사랑해야 돼요. 마찬가지라구요. 횡적인 기준에서 어머니와 하나되어 가지고 종적인 사랑과 하나되어야 된다구요. 그래서 혈통적 전환, 가인 아벨의 탕감복귀를 해야 합니다. 그러지 않으면 갈 길이 없다구요. 이런 사실을 똑똑히 알아야 되겠어요." 『말씀선집』 제137권, 1985.12.24.

231) 예를 들어 세계전쟁에 참전했던 가인편 국가들인 일본, 독일, 이탈리아는 아벨편 국가들인 영국, 미국, 프랑스에게 승복하여 하나된 가운데 유엔의 기반으로 참부모를 모셔야 했고, 아메리카 대륙에서는 가인편인 구교를 신봉하는 남미가 아벨편인 신교를 신봉하는 북미와 하나되어 참부모를 모셔야 했으며, 아시아에서는 가인편인 일본이 아벨편인 한국과 하나되어 참부모를 모셔야 했다. 참부모님께서는 하나 만드는 섭리를 진행하시기 위해 이러한 가인편 국가와 아벨편 국가의 사람들을 교차교체축복으로 결합하신 후 참부모를 모시는 가정의 전통을 세우도록 하셨다.

232) 몰트만은 종말론적 완성과 새 창조에 있어서 성령의 역할이 지대함을 논증한다. 그는 지금까지 서방교회에서 성부-성자-성령의 순으로만 사고하였던 점을 비판하면서 세 가지 차원에서 삼위일체의 질서적 순서를 이야기한다. 1. 그리스도의 파송, 내어줌, 부활에 있어서는 성부-성령-성자, 2. 그리스도의 주권과 성령의 파송에 있어서는 성부-성자-성령, 3. 종말론적 완성과 영광의 면에 있어서는 성령-성자-성부이다. 위르겐 몰트만, 『삼위일체와 하나님의 나라』, 119-120.

은 없다. 따라서 "누구든지 말로 인자를 거역하면 사하심을 얻되 누구든지 말로 성령을 거역하면 이 세상과 오는 세상에도 사하심을 얻지 못하리라(마 12:32)" 한 것이다.[233] 칼빈의 말처럼 "그리스도께서 소유한 모든 것은 우리가 그분과 한 몸이 될 때까지는 우리와 아무 상관이 없다." 그리고 이렇게 한 몸이 되게 하는 것은 성령의 사역이다. "성령은 그리스도가 우리를 자신과 효과적으로 묶는 띠다."[234]

새 창조를 아기 탄생 과정에 비유하면, 아버지의 정자가 있고, 그 정자가 어머니의 난자에 들어가서 수정되어 복중에 있다가 아버지와 어머니가 임한 자리에서 탄생되는 것과 같다. 참사랑의 씨, 참생명의 몸을 통해 참혈통이 창조된다는 의미는 참아버지의 정자와 같이 되었다가, 참어머니의 난자 속에서 성장하여야 참부모의 완전한 참혈통을 지닌 자녀로 탄생할 수 있다는 것이다. 참부모님의 섭리를 보면, 참아버님이 먼저 말씀을 찾아 선포하시고 참어머님께서 순회강연을 하신다. 이는 참아버님이 말씀의 씨를 뿌리시면, 참어머님께서 품으시고 해산하는 것이다. 천지인 참부모 정착 실체 말씀 선포 천주대회의 경우는 참부모님께서 하나님의 실체로서 천주를 새롭게 창조하는 노정이었다.

참아버지의 정자된다는 의미는 누구보다 참아버지를 사랑한다는 의미이다.[235] 예수는 3년의 공생애 노정에서 "아비와 어미를 나보다 더 사랑

---

233) "성신이 뭐냐? 어머니 신이에요. 어머니 신에 감동을 받아야 되는 것입니다. 해와, 어머니로 말미암아 잃어버렸기 때문에, 완성한 어머니의 신이 와서 내 몸 마음을 맑혀 줘 가지고 완성된 아버지와 영적으로 하나되는 체험을 해야 됩니다. 그런 체험을 하지 않고는 중생할 길이 없습니다. 성신을 거역하는 죄는 용서를 못 받는다고 했지요? 하나님 아버지와 인자를 기억하는 것은 용서받을 수 있지만, 성신을 거역하는 자는 용서받지 못한다고 했습니다." 『말씀선집』 제245권, 1993.02.28.
234) Jean Calvin, *Institutes of the Christian Religion*, III.1.1.
235) "여러분이 선생님을 얼마만큼 사랑해야 되느냐? 근본문제로 돌아가는 겁니다. 사탄세계의 사랑의 흔적이 있는, 그 사랑이 물든 자리에서 사랑하면 안 됩니다. 그 이상이라야 됩니다. 여러분이 사탄세계에서 태어난 어머니 아버지, 처자 그 누구보다

하는 자는 내게 합당치 아니하고, 아들이나 딸을 나보다 더 사랑하는 자도 내게 합당치 아니하고 또한 자기 십자가를 지고 나를 좇지 않는 자도 합당치 않다(마 10:37-38)"고 하였다. 이는 예수의 승리권을 온전히 이어받으려면 사탄세계와 관련한 인연을 끊고, 하나님과의 인연을 잇기 위해 몸부림쳐야 됨을 의미한다. 예수가 자신의 생명보다 하나님을 중시하고, 배반하고 핍박하는 자들까지 사랑했던 것처럼 신자들도 예수를 자신의 목숨보다 사랑하고 그리워하면서 예수의 가르침을 실천할 때 예수의 골수까지 들어갔다고 하는, 곧 예수의 아기씨인 정자가 되었다고 하는 기준이 세워진다.

참어머니의 노정은 인류가 참아버지를 사무치게 그리워하여 참아버지의 정자가 되었다는 기준을 확립하기 위해 참아버지를 증거하고 참아버지와 심정적 일치를 이룰 수 있도록 돕는 역할로 이해된다. 해와의 신인 성령이 신자들을 참아담의 씨인 예수의 정자가 되게 하기 위해 예수에 대한 사무친 그리움을 증폭시키는 역할을 했던 것과 같다. 참아담의 씨가 되기 전에는 해산의 과정이 있을 수 없다.[236] 참어머니와의 심정적 일체를 의미하는 모자협조의 기반 역시 참아버지의 정자가 되는 과정으로 비유된다. 참어머니-참아버지의 심정권에 이은 참부모의 심정권 일치가 어머니 복중에서의 성장과 해산에 비유된다.

이러한 과정이 함의하는 또 다른 하나는 우리가 참아버지와 심정적 일체를 이루기 전에는 참어머니께서 스스로 자신의 가치를 증거하지 못하신다는 것이다. 즉, 우리가 참아버지의 정자되는 과정에서는 참아버지를 증거하시는 데 중점을 두며, 어머니의 난자에 들어와 수정된 이후인 참부모와의 심정권 일치 과정에 도달해야 참어머니의 가치를 이해하여 심정적으로

도 더 사랑해야 됩니다." 세계평화통일가정연합, 『천성경(2010)』, 990, 1988.06.01.
236) 『말씀선집』 제35권, 158-160. 1970.10.13.

314 | 삼위일체 참부모

하나되도록 참아버지와 같이 '나를 사랑하라'고 교육하실 수 있다. 섭리로 이해하면 천지인참부모 정착 실체 말씀 선포 천주대회로 인해 천주적으로 우리가 참아버지의 아기씨가 되었고, 수정, 혹은 해산 후 과정에 있기 때문에 참어머님께서 참부모와의 심정권 일치를 강조하시게 된 것이다.

　분명한 것은 중생의 과정은 참아버지나 참어머니 중 어느 한 분과의 심정일치로 이루어지는 것이 아니라는 것이다. 두 분의 참사랑, 참생명이 결합하여 참혈통(참자녀)이 되는 것이므로 참부모님 양위분과의 심정적 일치가 중요함을 알 수 있다.[237]

　　사랑에 의해 부모의 생명 분할체로 창조된 존재가 부모를 부인한다는 것은 있을 수 없는 일입니다. 자기가 어디에 있어요. 자기가. 자기라는 존재의식을 누가 인정하느냐? 부모님의 사랑을 무시하고 부모님의 생명체를 무시하고 혈통권을 부인하고 자기란 존재의 출발 요인은 아무것도 없는 것입니다. 어머니의 사랑을 인정하는 기준에서 자기를 얻을 수 있습니다. 어머니의 사랑, 부모의 사랑에 의해 부모의 생명 분할체가 된 것입니다. 부모의 혈통의 결속체가 바로 자기라는 존재라는 것을 인정하고 나서야 자기를 인정할 수 있지 그것을 부인하고 자기만 중심삼고 자기 존재기반을 내세울 수 있는 그 무엇도 없다는 것입니다.[238]

---

237) "성신을 받아 가지고 한 몸이 되어 그 다음엔 아버지의 사랑권 내에 들어가야 합니다. 아버지의 사랑권 내에 들어가지 않고 어머니 배속에 있는 애기씨와 같이 될 수 있어요? 있어요, 없어요? 부모 없이 생명이 부활되는 법이 있어요?「없습니다」절대?「없다」 없어요. 어머니와 한몸이 됐으면, 그 다음엔 신랑되는 주님이 와서 영적으로 성신과 하나되는 사랑의 감도(感度)에 내가 접어들 때 부모의 피살을 이어받았다는 조건이 성립되는 거예요, 조건. 다시 하나님의 영적인 사랑을 중심삼아 가지고 영적인 생명의 재주입이 되는 것입니다. 그래 가지고 비로소 중생, 다시 난다 이 말이에요."『말씀선집』제76권, 1975.02.01.; "중생식! 어머니 뱃속, 아버지 뱃속에 들어가야 돼요. 뱃속에 가서 그 다음에 부활식, 다시 태어나야 돼요. 어머니 배속에 들어갔다가 그 다음에는 축복이에요. 영생식이에요. 사탄으로부터 잘못 나왔지요? 그러니 성신의 뱃속에 들어가 가지고 예수의 뼛골에 들어가야 되는 거예요. 들어가 가지고 어떻게 돼야 하느냐 하면, 이게 다시 태어나야 돼요. 그런데 이걸 낳을 수 있는 어머니가 없었어요."『말씀선집』제361권, 2001.11.27.

개인적 심정권의 일치를 이루고 새 창조되었다면 다음으로 부활축복을 위하여 하늘이 바라시는 참된 이상가정의 전통을 형성해야 한다.[239] 참부모님이 그러하시듯이 하나님을 참부모로 모시는 전통을 우리의 가정에 뿌리 내려야 한다. 개인적인 하나님의 참사랑의 전통에 이어 형제의 전통, 부부의 전통, 부모의 전통, 조부모의 전통을 가정에서 세워야 한다. 참부모님이 승리하신 사대심정권과 3대의 가정적 사위기대를 자신의 가정에서 확립하고 확산시켜야 한다. 여기서 하나님을 참부모로 모실 수 있는 가정 3대의 정착인 3대 왕권은 완전구원인 혈통전환의 완성을 의미하며, 신종족 메시아로서 이상가정의 확산은 자신의 가정이 자신의 종족 앞에 선조(先祖)가 됨을 함의한다. 로마서의 내용은 하나님의 종말론적 세계의 구원이 참부모님의 가정과 일체된 우리 가정에서 시작함을 시사한다.

　　　하나님은 미리 아신 자들을 또한 그 아들의 형상을 본받게 하기 위하여 미리 정하셨으니 이는 그로 많은 형제 중에서 맏아들이 되게 하려 하심이니라. 또 미리 정하신 그들을 또한 부르시고 부르신 그들을 또한 의롭다 하시고 의롭다 하신 그들을 또한 영화롭게 하셨느니라(롬 8:29-30).[240]

　　하나님을 참부모로 모시는 3대의 가정적 사위기대가 무엇인지 고찰하

---

238) 『말씀선집』 제89권, 91, 1997.12.30.

239) 예를 들어, 하나님의 실체 가정으로서 '하나님의 날', '부모의 날', '자녀의 날', '만물의 날'을 설정할 수 있어야 한다. "사탄혈통 단절한 후에 이제는 여러분을 만날 필요가 없어요. 여러분이 조상이 되어야 됩니다. '하나님의 날'을 대신하는 거예요. '하나님의 날'을 대신해서 만들어야 되고, 자기를 중심삼고 '자녀의 날', '만물의 날', '부모의 날'을 만들어야 됩니다." 『말씀선집』 제288권, 161, 1997.11.27

240) 그렌즈는 바울의 이러한 말이 하나님의 최종적인 목표의 관점에서 그 순서를 서술한다고 해석한다. 과거에서 현재를 거쳐 미래로 나아가는 구원이라는 것이다. 여기서 바울은 우리의 최종적인 영화의 확실성을 강변하고 있기에 인간적 관점에서 미래의 사건인 이것을 이미 일어난 것으로 서술한다. 스탠리 그렌즈, 『조직신학: 하나님의 공동체를 위한 신학』, 661.

기 위해 『원리강론』을 잠시 살펴보자. 『원리강론』은 사위기대를 다음과
같이 설명한다.

정분합작용에 의하여 정을 중심하고 이성의 실체대상으로 분립된 주
체와 대상과 그리고 그의 합성체가 각각 삼대상목적을 완성하면 사위기
대를 조성하게 된다.
　사위기대는 4수의 근본이며, 또 그것은 삼대상목적을 완성한 결과이
므로 3수의 근본이기도 하다. 그리고 사위기대는 정분합작용에 의한 하
나님, 부부, 자녀의 3단계로써 완성되므로 3단계 원칙의 근본이 된다. 사
위기대는 그의 각 위를 중심하고 각각 3대상이 되므로 이것들을 총합하
면 12대상이 되기 때문에 12수의 근본이 되기도 하는 것이다.
　또 사위기대는 창조목적을 완성한 선의 근본적인 기대이므로, 하나님
이 운행하실 수 있는 모든 존재와 또 그것들이 존재하기 위한 모든 힘의
근본적인 기대가 된다. 따라서 사위기대는 하나님의 영원한 창조목적이
되는 것이다.241)

　가정적 사위기대의 차원에서 정분합작용은 우리 가정에서의 새 창조
의 과정이다. 창조가 "제2의 나"를 만든다는 점에서242) 3대의 가정적 사
위기대의 형성은 하나님과 심정적 일치를 이룬 1대 축복가정이 2대, 3대
를 실체적으로 창조하는 것이다. 하나님의 제1 대상이 부모이고, 제2 대
상이 부부, 제3 대상이 자녀를 뜻하는데243) 삼대상목적의 완성은 결국 하
나님의 제1, 제2, 제3 대상이 모두 가정적 사위기대를 이루고 하나님의 사
대심정권을 가정에서 체휼할 때 완성된다고 할 수 있기 때문이다.
　정진완은 삼대상사랑을 제1, 제2, 제3 대상이 모두 체휼하기 위해서는

241) 세계평화통일가정연합, 『원리강론』, 34-35.
242) "하나님의 의식적인 모든 칸셉이 그냥 그대로 투입되어 가지고 실체화되어야 된
　　다는 것입니다. 그게 창조라구요. 창조는 제2의 나를 만드는 거예요." 『말씀선집』
　　제332권, 106, 2000.09.10.
243) 세계평화통일가정연합, 『원리강론』, 51.; 통일사상연구원, 『통일사상요강』, 392.

3대 모두 부부로 존재하는 사위기대여야 한다고 논증한다. 사위기대 완성이 삼대상사랑을 다 이루는 것이라면 사위기대 완성은 조부모, 부부, 자녀가 부부로 조성된 사위기대라는 것이다. 또한, 『평화신경』 서문에서도 하나님의 참사랑이 아담가정 3대에 걸쳐 실체로 결실되어 안착되는 형태가 3대가 부부를 이루는 가정적 사위기대 형태로 제시되기 때문이다.244) 자르딘 제3 선언에 의거해도 하나님을 중심한 아담 해와의 가정이 삼대상목적을 완성하기 위해서는 제1 창조주, 제2 창조주, 제3 창조주가 되어야 한다.245) 참부모님께서 제시하신 참가정 3대의 모범도 3대가 가정을 이룬 3대권이다.246)

---

244) "본래 하나님의 참사랑은 인간 시조 아담 가정에서 3대에 걸쳐 실체로 결실되어 사위기대를 완성할 때 안착하는 것입니다. 즉 종적인 하나님의 참사랑과 참생명 참혈통이 지상에서 횡적으로 안착되는 것은 아담 해와를 중심으로 자녀나 손자 손녀, 이렇게 3대 완성으로 이루어지는 것입니다." 세계평화통일가정연합, 『평화신경』, 5. 정진완, "가정적 사위기대의 완성에 관한 한 연구", (박사학위논문, 선문대학교, 통일신학 전공, 2007), 95.

245) "하나님은 보이지 않는 창조주고, 아담 해와는 보이는 하나님, 창조주라는 것입니다. 아담 해와의 아들딸은 보이지 않는 세계와 보이는 세계를 전부 다 이룬 창조주라는 것입니다. 점점 발전해 가야 된다는 것입니다. … 제3 선언이 뭐냐 하면 창조주예요, 창조주. 제1 창조주, 제2 창조주, 제3 창조주예요. 제3 창조주가 타락할 수 없다는 거예요. 그런 완성 기준인데…." 『말씀선집』 제227권, 226, 1998.12.01.; "자르딘 제3 선언은 하나님은 제1 창조주요, 아담은 제2 창조주요, 아담의 자손은 제3 창조주라는 것입니다. 제3 창조주는 하나님 완성을 이룰 수 있는 사람을 말합니다. 하나님의 해방과 부모의 해방을 이루어 드릴 수 있는 사람이라는 것입니다. 그러므로 그 제3 창조주, 아담의 자녀는 제3차 실체 왕국을 창조하는 주인인 것입니다." 세계평화통일가정연합, 『참부모경』, 10-3-2-7, 1202.

246) 세계를 하나님의 권속으로 환원시키는 천주평화왕국으로의 복귀와 하늘의 해방적 승리는 참부모님을 중심한 3대의 부부 가정이 동원된 가운데 진행되었다. 2006. 8. 31. 천주평화 조국향토 천지환원 승리석방대회(한국 12개 시·도, 참부모님, 참자녀 가정, 참손자손녀 가정 등 3대가 각각 주관). 2006. 9. 1 참가정 3대권 사위기대 40개국 세계순회(일본대회~베네주엘라). 기원절 조직위원회, 『평화세계를 향한 여정, 섭리기관사 Ⅰ』, 63.; 세계평화통일가정연합, 『평화신경』, 120-121.

참가정 3대가 함께 동원되어 나서신 제3차 세계 순회대회는 역사 이래 처음으로 하나님의 종적 참사랑의 이상이 3대권 사위기대 완성으로 지상에 안착한 천주사적 승리기대를 상속하는 역사적인 대회였습니다.[247)

지금 인류는 새로운 천리와 새로운 천도가 직접 지상계를 치리하는 새로운 섭리시대권에 들어서고 있습니다. **하나님의 새로운 본성적 심정기준을 상속**받지 않고는 그 어느 누구도 새로운 천국에 들어갈 수 없는 새로운 섭리시대인 제4차 본연의 아담권 시대인 것입니다. … 여러분의 삶 속에서 가인과 아벨을 철저히 구별하여 새로운 아벨권으로 통합하고, 선을 중심에 세워 구약·신약·성약 3시대권과 우리가정의 3대권을 복귀하는 지혜로운 새로운 천일국 시민들의 가정들이 되기를 기원합니다. 새로운 참조부모·참부모·참손자손녀가 다 함께 손을 잡고 새로운 천국에 들어가는 본성의 새로운 참가정을 이루어 살라는 당부의 말씀입니다.[248)

따라서 정분합작용을 통한 새 창조는 삼대상에 따라 3회에 걸쳐 진행된다. 첫 번째 정분합작용은 자동적 사위기대에서는 하나님을 정(正)으로 하여 분(分)으로서 아담 해와의 입장에 있는 남편과 아내가 합성체(合)를 이루어 1대 축복가정 부모(조부모)가 되고,[249) 발전적 사위기대에서는 신생체(合)로서 자녀를 출산하게 된다. 이어서 두 번째 정분합작용에서는 자녀가 사위나 며느리와 더불어 자동적 사위기대에서는 2대 축복가정 부모가 되고, 발전적 사위기대에서는 신생체로 자녀(손자손녀)를 형성한다. 세 번째 정분합작용에서는 손자손녀가 손자손녀 며느리나 사위와 더불어 자동적 사위기대에서는 3대축복가정 부모(손자손녀)가 되고, 발전적 사위기대에서는 자녀(증손자손녀)를 낳게 된다.[250)

---

247) 세계평화통일가정연합, 『평화신경』, 6.
248) 세계평화통일가정연합, 『평화신경』, 317. 굵은 글씨는 필자가 강조한 것이다.
249) 축복받았을 때는 '부부'가 된 것이지만 가정에서 부부는 곧 '부모'를 의미하므로 부모로 통일하여 사용한다.
250) 정진완, "가정적 사위기대의 완성에 관한 한 연구", 119.

가정적 사위기대를 이룬 3대는 각각 과거(조부모), 현재(부모), 미래(손자손녀)를 대표하는 3시대의 왕권을 지니며[251] 하나님의 자기 실체화가 실현된 가정으로서 하나님과 같은 창조의 주인의 주체성을 지녀야 한다. 창조는 환경을 만드는 것이고, 환경에는 반드시 주체와 대상이 있다.[252] 환경 창조는 곧 주체성을 지니고 상대를 재창조한다는 의미이며, 상대의 재창조는 사랑의 대상을 만드는 것이다. 하나님이 창조하셨던 것처럼 창조의 과정에서 절대신앙 · 절대사랑 · 절대복종과 절대투입이 요구된다.[253]

먼저 참부모성으로 언급했던 참사랑의 4대 주체성인 절대 · 유일 · 불변 · 영원성을 실체화해야 한다. 곧 가정에서 절대부모 · 절대부부 · 절대형제 · 절대자녀 · 절대가정으로서 상대에 대한 '숙명적(宿命的) 관계'를 인지하고 사대심정권을 체휼하는 것이다.[254] 더불어 자신보다 가인권에 있는 인류와 만물을 대해 참부모, 참스승, 참주인의 입장을 지니고 신종족 메시아로서 하나님을 참부모로 모시고 살 수 있도록 중보적 역할을 해야 한다. 이러한 주체성을 지닐 때 대상적인 입장에 선 사람들 혹은 만물들과 사랑으로 화합하고 하나될 수 있다.[255] 참부모님께서 탕감복귀섭리를 승리하시고 상속해주고자 하셨던 모든 승리의 기반을 인계받아 참부모님과 함께, 하나님과 함께 살아가는 심정적 공명권의 생활을 영위할 수 있다.[256]

궁극적으로 참부모님께서 험난한 탕감복귀섭리를 완료하시고 개문해주신 천일국에서 추구하는 완전한 해방 · 석방, 완전한 구원은 하나님의

---

251) 세계평화통일가정연합, 『평화신경』, 135-136.
252) 『말씀선집』 제220권, 1991.10.13.
253) 『말씀선집』 제220권, 1991.10.19.
254) 자르딘 제4 선언은 '숙명적 제안 해원'으로 지금까지 하나님의 가정이 숙명적 입장에서 부자, 부부, 형제관계를 맺지 못한 것이 한이므로, 하나님의 가정으로서 절대 · 유일 · 불변 · 영원한 관계를 맺은 가정을 이루어야 한다는 것이다. 세계평화통일가정연합, 『참부모경』, 10-3-2-14, 1205.
255) 『말씀선집』 제204권, 129.
256) 『말씀선집』 제218권, 126.

심정권에서 자유·평화·통일·행복을 누리며 사는 것이다. 하나님의 심정권으로의 회귀(回歸)이며, 하나님을 참부모로 모시고 사는 시봉천국(侍奉天國)의 구현이다. 『원리원본』에서는 하늘부모님의 가치에 대한 설명과 더불어 모심의 생활의 중요성을 설명한다.

> 부모(父母) 없던 우리에게 부모를 찾았다는 희소식(喜消息)은 무엇 주고도 바꿀 수 없는 바이다. 그러니 지금 전 인류는 물론이며 하늘 간 성도 역시 낙원이란 준비처에서 거하는 바는 기본 원리 완성을 위하여 고대하는 바로 되어 있다. 그러니 천국 간 영인이나 그 외 전 하늘 존재는 천국생활 못하고 있는 바다. 이제부터 천국은 하늘부모를 중심하고 처음으로 시작하는 바이다.257)

> 이상세계는 충신을 높이는 시대요, 효도를 높이는 시대요, 사제의 의무를 완성하는 시대인 바다. … 누구나가 완성 위하여 총완격(總完擊)하는 시대니 악이나 죄 보면 끝까지 청산(淸算)하기 위하여서 노력하여야 할 바다. 그러니 전 인류를 자기의 세계로써 합하는 형제로써 민족이 분별없는 이상민족건설을 하늘은 목적하는 바다. 그러니 원리 아는 신자는 전 세계가 이 목적을 완성할 때까지 노력할 책임인 바면서 하늘 아버지 어머니의 사명목적이니 효자나 충신이 되려면 그 사명을 다하는 것이어야 한다.258)

시봉천국은 하늘부모님과 참부모님 양위분이 일체완료를 이루면서 시작하였다. 참부모님께서 천지인참부모로서 완성하시어 하늘부모님의 실체로서 기능하실 수 있기에 가능하였다. 천지인참부모가 성취하고자 하는 시봉천국은 전 인류와 만물이 하나님의 심정권에 회귀하여 통일된 한 가족을 이루어 사는 천정시대(天情時代)이다.259) 우리의 영생축복 역시

---

257) 문선명, 『원리원본』 제5권, 579. 가독성을 위하여 한문을 한글로 고치고 표기도 현대식으로 고쳤다.
258) 문선명, 『원리원본』 제5권, 582-583.

이러한 시봉천국이 실현되었을 때 가능하다. 하늘부모님이 바라시는 가정은 초인종·초국가·초종교적이며 그 범위도 천주에 이르기 때문에[260] 먼저 하나님의 실체가 된 가정들이 초인종·초국가·초종교적 태도를 견지해야 한다. 또한 포괄적이면서도 완전한 전일성(catholicity)을 추구하여 참부모님의 전통을 세계적, 천주적으로 실체화시켜야 한다. 볼프(M. Volf)의 인격의 전일성의 개념으로 이해를 돕는다면 우리의 영생축복의 심정권은 보편성과 특수성을 내재하는 "삼위일체 하나님이 내주하는 전체 하나님의 백성과의 포괄적 관계를 통해서 성취"된다.[261]

만왕의 왕이신 천지인참부모의 사역의 완성은 우리의 완성과 직결된다. 모든 인류가 중생·부활·영생축복의 과정을 거쳐 심정적으로 참부모님과 완전 일체된 가운데 제2의 참부모로서 살아갈 때 완료된다. 참부모님에 대한 우리의 대상성도 구세주, 메시아, 재림주를 필요로 하는 타락인간이 아니라 창조본연의 인간으로서 완성할 때 완전해진다.

"아버지께서 내 안에, 내가 아버지 안에 있는 것 같이 그들도 다 하나가 되어 우리 안에 있게 하사(요 17:21)"라는 기도에 부응하는 방법은 우리도 참부모님과 같이 하나님과의 진정한 교제를 소유하고 하나님의 실체

---

259) 세계평화통일가정연합, 『천성경』, 13-4-2-8, 1448.

260) 참부모님, "참된 부모의 사명", 『통일세계』 vol. 537 (2016.04):8.

261) 볼프는 인격의 전일성에 대한 라틴 교회와 동방정교회의 입장을 설명한 후 개신교의 입장에서 합당한 인격의 전일성을 논한다. 라칭거는 인격의 주체적 전일성을 '교회적 영혼(anima ecclesiastica)이 되어 가는 과정'으로 규정한다. 개별 그리스도인이 오로지 내면화의 과정을 통해 보편 교회의 소우주적 형상이 되어간다. 동방정교회 전통은 "'전체를 향한, 그리고 전체에 의해서 채워진 존재를 향한' 개인의 개방성"으로 주관적 전일성을 고수한다. 따라서 전체 그리스도를 자신 안에 내면화하면서 자신의 구원 경험을 깊게 하게 된다. 개신교의 인격의 전일성은 종말론적 이해를 바탕으로 한다. 즉 '한 그리스도인의 인격적 기질이 다른 그리스도인들의 과거와 현재에 의해 더욱 포괄적으로 규정될수록, 그 인격은 더욱 전일적 존재'가 된다. 이러한 전일성은 보편성과 더불어 개인이 가지고 있는 특수성을 인정하고 모든 인격을 타인에게 개방시킨 가운데 관계를 통하여 삼위일체 하나님과 갖는 종말론적 교제를 형성한다. 미로슬라브 볼프, 『삼위일체와 교회』, 465-467.

가정으로서 환경권을 하나님적 가치로 새 창조하여 하늘의 권속으로 환원시키는 것이다. 다음의 참부모님의 당부는 이를 반영한다.

> 선생님이 세계를 위해서 대표로 가인 아들딸을 구해 주는 탕감복귀 역사를 해왔으니, 여러분도 부모님을 사랑하는 이상의 심정을 가지고 세계를 사랑했다 하게 되면, 여러분이 지상세계나 천상세계에 가는 길에 있어서 금후에 사된 것이 막을 수 없다는 것입니다. 지상에서부터 여러분이 출발하여 세계를 넘어 천상세계, 하늘나라에까지 직행할 수 있다는 것입니다. 그러나 그렇지 못할 때는 여러분 가는 길이 첩첩 태산준령이 됩니다. 이것을 선생님이 알았기 때문에 지금까지 생을 바쳐 준비해 오늘 여러분에게 개천문의 날 기념에 참석할 수 있는 특권을 주었으니, 부디 그러한 심정권을 이루어 가지고 여러분이 무사통과할 수 있는 승리자가 되기를 바랍니다.262)

> 세계 지도자 여러분, 억조창생의 평화의 왕 하나님을 참부모로 모시고 사는 참된 왕자 왕녀가 되십시오. 구세주, 메시아, 재림주가 필요 없는 영원한 해방과 석방의 세계에서 실체적 천주평화의 왕 되신 참부모님을 모시고 참된 효자, 충신, 성인, 성자의 가정의 도리를 다하여 태평성대의 평화이상세계왕국을 창건합시다!263)

참부모님은 2012년 8월 13일 '다 이루었다!'는 기도를 드리셨다. 참부모님께서 아담 해와의 책임분담의 실패를 탕감하고 승리하여 모든 것에 대한 해방·석방의 권한을 소유하시면서 누구든지 참부모님의 전통을 실천하면 지옥에서도 천국으로 입양될 수 있게 되었다. 축복을 받은 194개국의 아벨권이 신종족 메시아로서 193개국의 가인권과 상응하여 일체를 이루고 하나님의 환경권으로 창조하여 천지인참부모를 시봉한다면 진정한 평화이상세계의 실현이 완료된다.

262) 『말씀선집』 제140권, 61.
263) 세계평화통일가정연합, 『평화신경』, 223.

2013년 천력 1월 13일에는 천일국 기원절이 선포되었다. 하나님의 전체 · 전반 · 전권 · 전능의 일체권이 천주적으로 실체화된 시발이자 기원의 날이다.[264] 하늘부모님을 참부모로 실체적으로 모시는 시봉천국이 영 · 육계가 통일된 가운데 반포된 것이다.

참부모님으로 인해 하나님과 혈연적 부자관계를 확립한 천일국 주인으로 인침받은 축복가정들은 하나님의 참사랑의 상대권 실체화를 확산한다. 종적으로는 하나님과 횡적으로는 천일국 시민들과 불가분의 유기체적 관계를 형성하고 공생 · 공영 · 공의의 생활을 영위한다.[265] 하나님의 심정권 내에서 전 인류와 만유가 참사랑으로 공명하게 될 때 천일국 실체화는 천주적 차원에서 완성될 것이다.

---

264) 세계평화통일가정연합, 『천성경』, 1646.
265) 세계평화통일가정연합, 『원리강론』, 498; 566−567.

VI. 결론

1. 연구요약

통일신학의 중심인 천지인참부모의 존재와 경륜을 규명하기 위하여 삼위일체론에 주목하여 논의를 전개한다. 삼위일체론은 역사적으로 하나님과 예수의 '동일실체' 문제를 답변하기 위해 체계화된 각론으로 천지인참부모가 하나님과 참부모님의 신인애일체라는 점에서 구조적 연관성을 지니며, 삼위일체론의 핵심 담론들은 천지인참부모에 대한 심층적 이해를 도모할 수 있는 예제를 제시하기 때문이다.

삼위일체의 정식은 '한 실체와 세 위격'이며, '단일성'과 '삼위성', '내재적 삼위일체와 경륜적 삼위일체의 관계'의 문제를 주요하게 다루고 있다. 필자는 이러한 문제들을 '존재'와 '관계'의 문제로 규명하고, 특별히 삼위일체의 본질적 용어인 실체 개념을 새롭게 조명하여 난제들을 해명한다. 기존의 동방교회와 서방교회의 실체 개념은 신비적이기 때문에 현대에 들어 관계와 존재의 실재적인 측면에서 비판을 받고 있다는 점을 고려하여 고전신학의 실체 개념의 대안으로서 실재적인 통일신학의 실체 개념을 제시하고자 한다.

고전신학의 실체 개념은 신비적 본질로서 초월성과 불가지성을 내포하여 하나님과 피조세계가 본질적으로 분리되어있다는 신념을 드러낸다. 성자의 동일실체에 있어서도 예수의 '인성'은 무시되고, '신성'만이 성부와 동일한 것으로 간주된다. 문제는 예수의 구원자로서의 정체성이 인성을 기반으로 한다는 것이다. 내재적 삼위일체와 경륜적 삼위일체의 조화와 균형을 위해서는 신성과 인성이 어떻게 조화와 균형을 이루어야하는지를 먼저 설명할 필요가 있다.

고전신학의 실체의 초월성은 '무로부터의 창조'를 변증하는 태도에서 기인하였다. 그러나 창조는 무로부터의 창조가 아닌 '유로부터의 창조'이다. 유로부터의 창조에 근거하여 삼위일체를 존재적으로 조명하면 서방교회의 '실체의 존재론'에서 부각되는 실존성과 동방교회의 '인격의 존재론'에서 강조되는 뚜렷한 관계성을 모두 함의한 '인격적 실체'임을 알 수 있다. 인격적 실체로 규명한 삼위일체는 내재적 삼위일체와 경륜적 삼위일체가 상호작용을 통해 통일성을 갖춘 '참부모'이다.

통일 삼위일체론의 실체 개념은 신인애일체를 표명하기 때문에 신성과 인성을 포괄한다. 필자는 하나님과 참부모님이 일체를 이룬 삼위일체가 천지인참부모라는 점에서 그 존재적 의미와 관계적 의미를 살려 '참부모성'이라 명명하고자 한다. 참부모성은 인간인 성자와 성령의 입장에서는 하나님과 심정의 일체를 이루어 완성실체가 될 때 얻게 되는 본성으로, 참사랑의 내적 속성인 절대성 · 유일성 · 불변성 · 영원성과 참사랑의 외적 속성인 창조성 · 주체성 · 관계성 · 통일성을 의미한다. 참부모성의 내 · 외적 전개는 하나님의 참사랑 · 참생명 · 참혈통과 연결되므로 천지인참부모는 참사랑 · 참생명 · 참혈통의 실체적 종지조상이 된다.

참부모성을 삼위의 동일실체로 확증하고, 삼위일체가 천지인참부모임을 명시한 가운데 삼위일체론의 핵심 난제들―일체성, 구별성, 내재적 삼위일체와 경륜적 삼위일체의 관계―을 재구성하면 다음과 같다.

먼저 삼위일체의 일체성은 첫째, 성부로부터의 기원이다. 통일신학은 성자와 성령을 "하나님의 이성성상으로부터 실체로 분립된 대상"으로 정의한다. 성부이신 하나님은 하늘부모님으로 존재한다. 하나님 아버지와 하나님 어머니가 중화적 통일체로서 존재하시기에 남성인 참아버지와 여성인 참어머니의 단일기원이 되신다.

둘째, 삼위의 연합으로 본 일체성이다. 삼위는 사랑으로 실체적 연합을 이룬다. 사랑은 성상적 사랑인 심정일체와 더불어 형상적 사랑인 성(性)적인 사랑행위를 의미하여 시간상으로는 정분합작용으로 전개되고 공간상으로는 사위기대의 형태로 일체를 이룬다. 천주부모이신 무형의 하나님과 천지부모이신 유형의 참부모가 일체를 이루어 천지인참부모가 된다.

셋째, 경륜으로 본 일체성이다. 일반적으로 삼위일체의 경륜은 창조, 구속(redemption), 화해(reconciliation), 성화(sanctification), 만물의 총괄갱신(recapitulation) 등으로 진술된다. 삼위일체의 경륜은 하나님의 사랑에 기반하며 '혈통(blood lineage)'으로 구체화된다. 혈통을 통한 경륜은 실체적이며 가정적인 차원의 구원 행위이다. 참혈통은 삼위가 신인애일체를 이룬 천지인참부모를 기원으로 해서만 실체적으로 전개되므로 완전한 일체성을 지지한다.

넷째, 하나님과 일체를 이루었다는 사실은 가치의 동일성으로 이어진다. 일체성에 의해 동위권·동참권·동거권·상속권을 소유한다.

다음으로 삼위의 구별성이다. 통일신학에서 삼위일체는 천지인참부모로서 한 존재이시며, 천지인참부모를 구성하는 하늘부모님과 참아버지, 참어머니는 개별 존재이시다. 기독신학에서처럼 삼위일체의 한 존재를 한 개별 실체로 보지 않고, 한 천지인참부모를 지칭하는 것으로 봄으로써 한 존재 안의 세 위격이 구별된다는 개념에 모순이 없다. 구체적으로 첫째, 개별 존재의 구별성이다. 천지인참부모는 하늘부모님, 참아버지, 참어머니가 일화(一和)하여 통일된 상태이다. 실체적으로 융합이나 혼합 없이 그 본질과 개성을 온전히 소유한 채 서로 수수작용을 하면서 하나된 상태이다. 삼위일체의 일체성은 '한 분됨'이기보다 개체 위격들의 '하나됨'이며, 각 개체 위격들은 정(情) · 지(知) · 의(意)의 기능이 통일된 영적 통각(靈的通覺), 즉 의식을 갖추고 있는 인격적 실체다.

둘째, 삼위는 관계로 구별된다. 성부로부터 출원은 '사랑의 출원'으로 아들의 출생인 독생자의 출생과 딸의 출생인 독생녀의 출생이다. 관계 유형으로 보면, 성부는 출생하는 자로서 성자와 성령과의 관계에서 부모성(父母性)을 지닌다. 둘째, 성자와 성령은 각각 출생되는 자로서 성부와의 관계에서 자녀로서 자성(子姓)을 지니며, 구체적으로 아들 됨과 딸 됨을 관계를 갖는다. 셋째, 성자와 성령은 남편되는 자와 아내되는 자로서 부부관계에서 남편 됨(夫性)과 아내 됨(婦性)을 갖는다. 한편, 파송된 목적과 관련에서는 성부의 부모성 중 성자는 참아버지로서 부성(父性)을, 성령은 참어머니로서 모성(母性)을 대표적 특성으로 하며, 상호보완적 관계를 형성한다.

셋째, 경륜으로 본 구별성이다. 경륜을 '혈통'과 연관하여 조명하면 역할에 따른 구별이 있다. 하나님은 종적 참부모(무형)로서 성상적 참혈통을 전수하는 역할을 담당하고, 참아버지와 참어머니는 횡적 참부모(유형)로서 형상적 참혈통을 전수하는 역할을 한다. 다시 참아버지와 참어머니의 역할을 구분하면, 참아버지는 참사랑 · 참생명 · 참혈통의 씨(정자)를 제공하고 개척의 역할을 수행하며, 참어머니는 참사랑 · 참생명 · 참혈통의 몸(난자)을 제공하는 역할과 더불어 해산과 양육의 역할을 한다.

마지막으로 내재적 삼위일체와 경륜적 삼위일체의 관계에서 삼위일체를 재조명한다. 내재적 삼위일체와 경륜적 삼위일체를 통일신학적으로 분석하면 내재적 삼위일체는 하나님 자체의 존재의 삼위일체로서 하늘부모님, 하나님 아버지, 하나님 어머니이며, 경륜적 삼위일체는 내재적 삼위일체의 전개로서 하나님(성부), 참아버지(성자), 참어머니(성령)이다. 따라서 통일신학의 관점에서 신인애일체를 이룬 삼위일체는 내재적 삼위일체와 경륜적 삼위일체의 통일성으로 이해된다.

신인애일체로서의 삼위일체를 구체적으로 논하면 첫째, 창조의 2단 구조로 본 내적—외적 삼위일체가 된다. 내재적 삼위일체는 로고스를 신생체로 하는 내적 삼위일체에 해당하며, 하나님, 성자의 로고스, 성령의 로고스이다. 경륜적 삼위일체는 외적 삼위일체에 해당하며 로고스의 실체적 전개로서 하나님, 실체 성자(참아버지), 실체 성령(참어머니)에 해당한다.

둘째, 존재—경륜 삼위일체이다. 내재적 삼위일체를 천지인참부모라는 존재적 삼위일체로, 경륜적 삼위일체를 천지인참부모와 우리와의 관계로 조명한다. 존재적 삼위일체와 경륜적 삼위일체는 거시적 관점에서는 존재적 삼위일체가 경륜적 삼위일체에 영향을 주는 일방향을 띤다. 첫째, 참부모의 완성이 우주의 완성을 대표하고, 둘째, 존재를 의미하는 자동적 사위기대가 경륜과 발전을 의미하는 발전적 사위기대의 원형이 되기 때문이다. 그러나 존재적 삼위일체와 경륜적 삼위일체의 상대성을 고려하고, 삼위일체의 완성을 향한 과정에 주목하면 쌍방향으로 상호성을 지닌다. 존재적 삼위일체는 주체, 경륜적 삼위일체는 대상의 입장에서 원환운동의 수수작용을 계속하며 창조이상세계인 천일국의 완성을 지향해 나간다.

이러한 통일 삼위일체론의 실증적 모델은 참부모를 이룬 예수와 문선명·한학자 참부모님이다. 하나님과 예수를 일체로 보는 기독신학자들의 견해는 예수가 부활 이후 영적으로 참부모가 되어 경륜하였기 때문이다. 예수는 지상에서 참부모성을 지닐 수 있는 조건을 갖추지 못하였으나 영적으로 참부모가 되어 영적 구원을 하게 되었다. 그러나 영적 참부모는 한계가 있기 때문에 문선명·한학자 참부모님이 지상에서 참부모를 이루고 영·육의 구원사역을 완성하기 위해 재림하게 되었다. 참부모님은 하나님의 독생자, 독생녀로 탄생해 성장과정에서 책임분담을 완수하여 참부모성을 지닌 완성실체가 되었고, 인류 최초로 하나님 아버지의 실체, 하나님 어머니의 실체로 완성하신 분이다. 천지인참부모의 완성으로 우리가 영·육 아울러 구원받음은 물론 참부모로서 완성할 수 있는 길이 열리게 되었다.

참부모님은 하나님 해방·석방, 인류 구원, 천일국 완성이라는 섭리적 목표를 이루기 위해 경륜을 행한다. 궁극적 목표는 하나님 아래 한 가족(One family under God)의 성취이다. 통일신학적 용어로 '천주주의(天宙主義)' 곧 '하늘 집 주의'라고 한다. '하늘 집'이라는 명칭에서 보이듯이 하나님을 참부모로 모시는 가정을 의미하며, 그 가정의 범위는 천주인 영계와 지상세계이다. 하나님을 참부모로 모시고 살기 위해서 참부모님이 하나님의 실체로서 완성하여 참사랑·참생명·참혈통을 전수해 줄 수 있는 입장을 확보하셨다. 이러한 천지인참부모를 통해 우리도 하나님의 참자녀로 새롭게 거듭나고 참부모님과 심정의 일체를 이룬 후에는 하나님의 실체로서 하나님을 참부모로 모시는 생활이 가능하다. 참부모님으로부터 시작한 하나님의 자기 실체화는 우리의 완성을 통해 확산된다. 완성은 하나님의 혈통을 상속받은 3대권 가정의 완성이다. 3대의 가정이 참부모님의 전통을 따라 살면서 하나님의 사랑을 체휼하고 동일한 심정권을 이루어야 한다. 하나님의 심정권 내에서 전 인류와 만유가 참사랑으로 공명하게 될 때 천일국 실체화는 천주적 차원에서 완성된다.

2. 시사점

삼위일체는 신인애일체를 이룬 천지인참부모이다. 따라서 삼위일체는 초월적이고 신비적인 것이 아니라 인격적이고 실재적인 것이다. 삼위일체는 우리와 직접적 관계를 맺고 사랑하고 싶으신 하나님의 자기 실체화로, 하나님은 참부모님과의 일체화를 기해 천지인참부모님과 우리와의 심정적 연합을 추구하기 때문이다.

신인애일체의 원형(prototype)인 천지인참부모는 우리가 신인애일체를 이룰 수 있는 방법을 제시한다. 삼위일체의 형성과정을 보면, 하나님을 중심하고 주체와 대상의 관계에 있는 '두 존재'가 하나 되었을 때 하나님이 임재하서서 '완성실체(完成實體)'가 된다. 개인적으로는 마음과 몸이 참사랑으로 하나되었을 때 하나님과 완전한 심정일치를 이루어 인격완성자(개인적 완성실체)가 되고, 부부관계에서는 남편(참아버지)과 아내(참어머니)가 참사랑으로 하나되었을 때 하나님이 임재하서서 참부모(완전 · 완성실체)가 된다. 인간과 만물의 관계에서는 참주인이 만물과 참사랑으로 하나되었을 때 하나님의 직접주관을 받아 피조세계가 완성된다.[1] 우리 생활에 적용하면 주체와 대상 입장에 있는 두 존재가 참사랑으로 하나될 때 하나님을 모시고 살 수 있다는 의미이다.

천지인참부모의 삼위일체는 참사랑 안에서 종과 횡이 결합한 입체성을 지니기 때문에 삼위의 수수작용은 역동적 구형운동을 통한 영속성을 특징으로 한다. 이러한 영원한 사랑의 관계는 천지인참부모의 경륜을 통해 횡적으로 확산된다. 확산은 우리가 삼위일체를 닮음으로써 이루어진다. 하나님을 중심하고 주체와 대상이 일체를 이룰 때 하나님의 실체화가 전개되기 때문이다. 이러한 삼위일체형의 하나님의 실체화는 무한하게 확대되면서도[2] 참사랑 안에서는 동일한 가치로 수렴된다. 이러한 참사랑

---

1) 세계평화통일가정연합, 『원리강론』, 411.
2) 데오케레스(J. Deocares)는 사위기대를 입체적으로 볼 때 정사면체로 이해한다. 정(正)의 위치의 하나님이 꼭지점으로 이동하여 분(分)의 위치의 주체와 대상 및 합(合)과 연결되는 사면체이다. 그는 사면체로 사위기대를 전개하면서 $T = \sum_{i=1}^{n} 3^{i-1}$로 3수의 전개를 표현한다. 『원리강론』에 등장하는 1수, 4수, 13수, 40수 등이 n에 각각 1, 2, 3, 4를 넣었을 때의 T의 값이란 것이다. Jessie Deocares, "The Four-Positon Foundation as A Tetrahedron and Its Relevance to Biblical Numerology and The Natural Sciences," *Journal of Unification Studies* 16 (2015):232-233. 사면체로 사위기대를 해석하여 그 확대를 수적으로 파악하는 방식에 삼위일체의 확산을 적용한다면

의 전일성은 천일국을 지향하므로, 하나님의 실체화를 천일국의 실체화로 간주할 수 있을 것이다.

천일국(天一國)은 일반적으로 '두 사람(天＝二＋人)이 하나(一)되는 나라(國)'로 풀이된다. 천일국 실체화는 '두 사람이 하나되어 하나님의 실체가 되는 나라'로 이해할 수 있다. 즉 주체와 대상이 하나되어 하나님의 심정과 공명권을 형성하면서 하나님의 자기 실체화를 구현하는 것이다. 천일국 실체화는 우리 존재와 현실에서 경험하는 관계들이 주체와 대상의 상대적 관계를 통해 형성되며, 두 존재가 참사랑을 중심으로 원만한 수수작용으로 하나될 때 진정으로 하나님을 모시며 사는 화합과 통일의 태평성대를 구가할 수 있음을 함의한다.

하나님의 실체화인 천일국은 천지인참부모님의 사랑을 표현하는 것이다. 우리와 직접 관계를 맺고 싶으신 하나님, 그리고 실제로 그 관계를 이루고 계신 참부모님의 사랑을 표상한다. 하나님은 자신처럼 참부모가 되기를 바라서서 인간을 창조하셨고, 참부모님은 그 소망을 이루고 다시 자녀인 우리가 참부모가 되기를 바라서서 경륜을 계속하고 계신다. 천주적 참부모이신 천지인참부모님을 닮아 우리가 가정에서, 더 나아가 종족에서, 국가에서 참부모가 되기를 기대하신다. 참부모의 전일적 전개, 이것이 진정한 삼위일체의 경륜이며, 천일국 실체화의 공식일 것이다. 통일삼위일체론의 결론은 천지인참부모님께서 보여주신 신인애일체의 존재와 관계를 형성하고 발전시키는 천일국 실체화이다.

$\sum_{i=1}^{\infty} 3^{i-1}$ 의 식일 것이다.

참고문헌

1. 원전

文鮮明. 『原理原本』 제1권－제5권. 부산: 필사본, 1951.
문선명선생말씀편찬위원회, 『문선명선생말씀선집』 제1권－제615권, 서울:
　　성화출판사, 1983－2010.

2. 천일국 경전

세계평화통일가정연합, 『천성경』, 서울: 성화출판사, 2013.
세계평화통일가정연합, 『참부모경』, 서울: 성화출판사, 2015.
세계평화통일가정연합, 『평화경』, 서울: 성화출판사, 2013.

3. 그 외

강민식, "청주한씨의 연원과 시조 전승," 『장서각』 30 (2013.10): 322－341.
강신권, 『인간의 죄를 사하시는 하나님－그리스도의 죽음과 속죄－』, 서울:
　　쿰란출판사, 1995.
기원절 조직위원회, 『평화세계를 향한 여정, 섭리기관사 Ⅰ』, 서울: 광일인
　　쇄기업사, 2013.
김광식, 『조직신학 Ⅰ』, 서울: 대한기독교서회, 1993.

김덕천, "아리스토텔레스 형이상학에 나타난 실체 개념의 개별성 문제─『형이상학』Z를 중심으로─",『가톨릭철학』vol. 7 (2005): 420-448.

김덕천, "아리스토텔레스 형이상학에 나타난 실체와 본질의 동질성-Z.6을 중심으로─",『가톨릭철학』8 (2006): 181-227.

김명용, "개혁교회의 성령론과 오순절교회의 성령론,"『장신논단』15 (1999.12): 223-248.

김명용, "칼 바르트(Karl Barth)의 성령론,"『장신논단』38 (2010.9): 91-117.

김명용,『칼 바르트의 신학』, 서울: 이레서원, 2014.

김민지, "유교의 음양론과 통일사상의 남녀이해에 관한 연구",『통일사상연구』vol. 8 (2015): 77-102.

김병훈, "삼신론과 의식의 중심으로서의 하나님의 위격",『목회와 신학』no. 189 (2005): 203.

김병훈, "삼위의 실체적 단일성,"『신학정론』23, no. 1 (2005): 148-170.

김병훈, "삼위일체 복수성과 단일성에 대한 현대 신학자들의 견해 탐구(2): 로벗 젠선의 '세 가지 정체성을 가진 한 사건으로서의 하나님'",『신학정론』vol. 28 (2010): 103-124.

김석환,『삼위일체론과 성령론』, 파주: 한국학술정보, 2007.

김석환,『성경과 삼위일체 하나님』, 용인: 킹덤북스, 2014.

김성태, "예수의 존재와 행위에서 드러나는 두 본성의 위격적 일치와 그 의미,"『現代가톨릭思想』no. 22 (2000): 195-218.

김영선,『예수와 삼위일체 하나님』, 서울: 기독교문서선교회, 1996.

김영운,『조직신학개론』, 서울: 主流 · 一念, 1991.

김옥주, "니케아 신조(A.D. 381)에 나타난 위격들의 관계에 대한 몰트만의 새로운 제안: 사회적 삼위일체론을 중심으로,"『한국조직신학논총』vol. 33 (2012): 7-36

김옥주, "칼 바르트의 삼위일체론에 관한 비평적 고찰",『한국개혁신학』41 (2013): 47-69.

김윤태, "삼위일체 교리에 관한 동 · 서방 전통",『기념논문집』25 (2001): 237-258.

김은수, "지지울라스의 관계적 삼위일체론에 대한 이해: "친교로서의 삼위
　　　일체 하나님"과 그 신학적 함의,"『한국개혁신학』45 (2015): 8-43.
김주호, "섭리로 본 '한'-韓民族史에서 본 韓氏의 유래와 의미 3",『통일세계』
　　　vol. 522 (2015.01): 86-91.
김진명,『천년의 금서』, 서울: 새움출판사, 1999.
김진춘, "『원리강론』의 창조원리적 주제에 관한 고찰Ⅲ: 창조본연의 인간
　　　을 중심으로",『말씀과 신학』vol. 7 (2001): 247-297.
김진춘, "'신(神)의 입자' 발견-과학적, 철학적, 신학적 의미",『청심논총』
　　　vol. 11 (2014): 103-132.
김진춘 외 4인,『참부모학 연구 1』, 가평: 청심신학대학원대학교 출판부,
　　　2011.
김항제,『통일교의학연구Ⅲ』, 아산: 선문대학교출판부, 2006.
김홍기, "존 웨슬리의 삼위일체이해",『신학과 세계』no. 75 (2012.12):
　　　172-225.
노우재, "칼 라너의 삼위일체론에 대한 고찰",『가톨릭 신학과 사상』no. 70
　　　(2012): 155-200.
박만,『현대 삼위일체론 연구』, 서울: 대한기독교서회, 2003.
박승찬, "인격 개념의 근원에 대한 탐구",『인간연구』no. 13 (2007): 83-119.
박종숙, "바실리우스의 성령 이해",『한국기독교신학논총』15, no. 1 (1998.
　　　09): 114-141.
박종현,『헬라스 사상의 심층』, 파주: 서광사, 2007.
박형룡,『박형룡 박사 저작전집Ⅱ(신론)』, 서울: 한국기독교교육연구원, 1988.
백충현, "내재적-경륜적 삼위일체 관계에 관한 현대신학의 논의 분석",『한
　　　국조직신학논총』24 (2009): 91-110.
백충현,『내재적 삼위일체와 경륜적 삼위일체』, 서울: 새물결플러스, 2015.
변종찬, "나는 있는 나다"(Ego Sum Qui Sum, 탈출 3,14)에 대한 아우구스티
　　　누스의 형이상학적 이해,『중세철학』vol. 18 (2012): 41-79.
서철원,『교리사』, 서울: 총신대학교출판부, 2003.
세계기독교통일신령협회,『원리해설』, 서울: 세종문화사, 1957.

세계기독교통일신령협회, 『하나님의 뜻과 세계』, 서울: 주간종교사무국, 1990.

세계평화통일가정연합, 『원리강론』, 서울: 성화출판사, 2014.

세계평화통일가정연합, 『원리본체론』, 서울: 현문미디어, 2012.

세계평화통일가정연합, 『평화신경』, 서울: 성화출판사, 2009.

세계평화통일가정연합, 『평화의 주인, 혈통의 주인』, 서울: 성화출판사, 2009.

세계평화통일가정연합, 『천국을 여는 문 참가정』, 서울: 성화출판사, 2009.

세계평화통일가정연합, 『천성경』, 서울: 성화출판사, 2010.

세계평화통일가정연합, 『천지부모 통일안착 생활권시대』, 서울: 세계평화 통일가정연합, 2002.

세계평화통일가정연합, 『축복가정과 이상천국 Ⅰ』, 서울: 성화출판사, 1998.

세계평화통일가정연합 역사편찬위원회 편, 『참부모님 생애노정 2』, 서울: 성화출판사, 2001.

세계평화통일가정연합 역사편찬위원회 편, 『참부모님 생애노정 4』, 서울: 성화출판사, 2000.

세계평화통일가정연합 역사편찬위원회 편, 『참부모님 생애노정 11』, 서울: 성화출판사, 2000.

성화출판사, 『참부모님 청평섭리 이해』, 서울: 성화출판사, 2016.

손희송, "그리스도교 신학의 근본 규범인 예수 그리스도," 박사학위논문. 가톨릭대학교, 1996

신창석, "분리실체에 대한 연구번역-토마스 아퀴나스, 『대이교도대전』 3권 41-43장," 『大同哲學』 52 (2010): 23-44.

심광섭, 『공감과 대화의 신학-프리드리히 슐라이어마허』, 서울: 신앙과 지성사, 2015.

안택윤, 『삼위일체 조직신학』, 서울: 한국장로교출판사, 2012.

오택용. "문선명 선생의 선포식을 통한 하나님의 섭리이해", 박사학위논문. 선문대학교, 2012.

우병훈, "바실리우스의 『성령론』에 나타난 "우시아(Ousia)"와 "휘포스타시스(Hypostasis)"의 개념," 『기독교와 인문학』 5 (2006): 125-169.

유경득, "참부모 삼위일체론 교육교재 개발을 위한 한 연구", 박사학위논문. 선문대학교 신학전문대학원, 2016.

윤내현, 『고조선 연구』, 서울: 일지사, 1999.

윤예선, "한학자 총재의 가정교육에 대한 연구", 석사학위논문. 청심신학대학원대학교, 2012.

이덕중, "토마스 아퀴나스의 '우시아' 이해,"『哲學論叢』55 (2009): 261−279.

이문균, "계시론적 삼위일체론과 존재론적 삼위일체론,"『신학사상』148 (2010. 03): 67−100.

이승구, "존재론적 삼위일체와 경륜적 삼위일체와의 관계",『한국개혁신학』 5 (1999): 119−159.

이재룡, "성 토마스 아퀴나스의 '존재' 관념,"『가톨릭 신학과 사상』no. 19 (1997): 99−127.

이종성, 『삼위일체론』, 서울: 대한기독교서회, 1991.

이형기 외 5인, 『기독교 사상사 I』, 서울: 대한기독교서회, 2004.

웨슬리신학연구소 편, 『관계 속에 계신 삼위일체 하나님』, 서울: 아바서원, 2015.

장건익, "아우구스티누스와 토마스 아퀴나스의 신론 연구,"『가톨릭철학』 10 (2008): 251−309.

장욱, 『토마스 아퀴나스의 철학』, 고양: 동과서, 2003.

장홍훈, "삼위일체 하느님의 사랑: 사랑의 유비,"『神學展望』179 (2012): 2−38.

전대경, "현대신학에 있어서 성령의 신적 인격성의 문제−성령의 제3위격으로서의 인격성에 대한 이해의 비판을 중심으로,"『한국조직신학연구』19 (2013): 172−196.

전진국, "'한(韓)'의 유래와 명칭의 형성,"『정신문화연구』35, no. 4 (2012.12): 146−185.

정승익, "니케아−콘스탄티노플 신경에 나타난 '동일본질'과 '동일흠숭'(Ὁμοτιμία) 개념에 대해서,"『가톨릭신학과 사상』no. 68 (2011.12): 129−172.

정승익, "창조주 하느님, 삼위일체 하느님",『가톨릭신학』vol. 22 (2013): 1−46.

정은희, "노리치의 줄리안의 '어머니 그리스도'에 대한 신학적 고찰", 석사 학위논문, 서강대학교, 2002.

정의채, 『형이상학』, 서울: 성바오로출판사, 1978.

정진완, "가정적 사위기대의 완성에 관한 한 연구", 박사학위논문. 선문대학교, 2007.

정진완, "『원리원본』에 대한 총론적 고찰", 석사학위논문, 선문대학교, 2001.

정형진, "『시경』한혁편의 한후와 한씨조선에 관한 새로운 견해," 『고조선 단군학』 no. 13 (2005. 12): 461-513.

조군호, "한스 큉의 神觀 研究." 박사학위논문, 水原가톨릭大學校 大學院, 2007.

조병하, "삼위일체와 그리스도 신앙 이해 논쟁과정에서 형성된 '페리호레시 스'에 대한 고찰", 『성경과 신학』 vol. 64 (2012): 255-284.

조응태, "예수 탄생사화에 대한 성약적 이해", 『통일신학연구』 vol. 7 (2002): 153-186.

주재완, 『통일교 사상연구 II』, 아산: 선문대학교 출판부, 2014.

차길선, "지지울라스의 사귐의 存在論에 根據한 聖靈論的 神學理解." 박사 학위논문, 韓南大學校 大學院, 2006.

차종순, 『교리사』, 서울: 한국장로교출판사, 2003.

참부모님, "전통을 세우는 역사적인 대전환시대", 『통일세계』 vol. 490 (2012.4): 4-15.

참부모님, "참부모님의 승리권을 상속받아 희망찬 미래를 열어가자." 2012.09.17, 청심평화월드센터.

참부모님, "축복의 날, 영광의 날", 『통일세계』 vol. 486 (2011.12): 4-15.

참부모님, "하나님의 심정과 말씀의 실체", 『통일세계』 vol. 534 (2016.01): 4-12.

최예린, "통일원리로 본 사랑에 따른 성(sex) 개념과 속성에 관한 연구", 석 사학위논문, 청심신학대학원대학교, 2010.

최윤배, 『그리스도론 입문』, 서울: 장로회신학대학교 출판부, 2009.

통일사상연구원, 『통일사상요강(두익사상)』, 서울: 성화출판사, 1993.; 2001.

한국여성신학회, 『성서와 여성신학』, 서울: 대한기독교서회, 1997.

황승룡,『통전적 관점으로 본 그리스도론』, 서울: 한국장로교출판사, 2001.

황진수, "삼위일체로서의 천지인참부모",『참부모 신학 연구』, 가평: 청심 신학대학원대학교 출판부, 2016.

황진수, "성상-형상 통일의 의미에 관한 재조명: 통일사상의 통일론과 헤겔의 해동철학",『통일사상연구』 vol. 7 (2014): 105-134.

대니얼 B, 클레데닌,『동방 정교회 개론』, 김도년 역, 서울: 은성, 1996.

대니얼 B, 클레데닌 편,『동방 정교회 신학』, 주승민 역, 서울: 은성, 1997.

랠프 스미스,『구약신약』, 박문재 역, 고양: 크리스챤다이제스트, 2009.

레오나르도 보프,『삼위일체와 사회』, 이세형 역, 서울: 대한기독교서회, 2011.

레오나르도 보프,『성삼위일체 공동체』, 김영선, 김옥주 공역, 서울: 크리스천 헤럴드, 2011.

로원 윌리암스,『기독교 영성 입문』, 손주철 역, 서울: 은성, 2001.

Louis Berkhof,『벌코프 조직신하 (상)』, 권수경, 이상원 역, 서울: 크리스챤다이제스트, 1991.

Robert L. Reymond,『최신 조직신학』, 나용화 · 손주철 · 안명준 · 조영천 공역, 서울: 기독교문서선교회, 2004.

R. R. 류터,『새 여성 · 새 세계: 성차별주의와 인간의 해방』. 손승희 역, 서울: 현대사상사, 1980.

마르틴 부버,『나와 너』, 김천배 역, 서울: 대한기독교서회, 2000.

미라슬로브 보프,『삼위일체와 교회』, 황은영 역, 서울: 새물결플러스, 2012.

밀라드 J. 에릭슨,『구원론』, 서울: 기독교문서선교회, 1998.

벨라 바이스마르,『철학적 신론』, 허재윤 역, 서울: 서광사, 1994.

스탠리 그렌즈,『조직신학: 하나님의 공동체를 위한 신학』, 신옥수 역 (고양: 크리스챤다이제스트, 2003

Stanley J. Grenz, Roger E. Olson,『20세기 신학』, 신재구 역, 서울: 한국기독학생회출판부(IVF), 1997.

엘리사벳 존슨,『하느님의 백한 번째 이름』, 함세웅 역, 서울: 바오로딸, 2000.

요셉 드 프리스,『스콜라 철학의 기본개념』, 신창석 역, 분도출판사, 2000.

요셉 슈미트,『철학적 신학』, 이종진 역, 서울: 서강대학교 출판부, 2011.

위르겐 몰트만,『신학의 방법과 형식』, 김균진 역, 서울: 대한기독교서회, 2001.

위르겐 몰트만, 『십자가에 달리신 하나님』 김균진 역, 서울: 한국신학연구소, 1979.

윌리스턴 워커, 『세계기독교회사』, 강근환 외 3인 공역, 서울: 대한기독교서회, 1993.

윌리엄 C. 플래처, 『기독교 신학사』, 박경수 역, 고양: 크리스챤다이제스트, 2000.

윌리엄 랄프 잉에, 「로고스 그리스도론과 기독교 신비주의」, 안소근 역, 서울: 누멘, 2009.

W. H. 그리피스 토머스, 『성령론』, 신재구 역, 고양: 크리스챤 다이제스트, 2003.

G. E. 래드, 『신약신학』, 이한수, 신성종 역, 서울: 대한기독교서회, 2003.

쟈크 마리땡, 『철학의 근본이해-아리스토텔레스, 토마스 아퀴나스의 철학-』, 박영도 역, 서울: 서광사, 1984.

주세페 마르코 살바티, 『한 분, 삼위이신 나의 하나님』, 이현미 역, 칠곡: 분도출판사, 2011.

존 J. 오도넬, 『삼위일체 하느님의 신비』, 박종구 역, 서울: 가톨릭출판사, 2008.

존 폴킹혼 편, 『케노시스 창조이론』, 박동식 역, 서울: 새물결플러스, 2015.

J. Hirschberger, 『서양철학사(上)』, 김태길 외 2명 공역, 서울: 을유문화사, 1995.

찰스 하지, 『조직신학 I』, 김귀탁 역, 고양: 크리스챤다이제스트, 2002.

Philip C. Holtrop, 『기독교강요연구핸드북』, 박희석, 이길상 역, 고양: 크리스챤다이제스트, 2003.

폴 틸리히, 『폴 틸리히의 그리스도교 사상사』, I. C. 헤네르 편, 송기득 역, 서울: 한국신학연구소, 2001.

피터 C. 하지슨, 로버트 H. 킹 편, 『현대 기독교 조직신학』, 윤철호 역, 서울: 한국장로교출판사, 2003.

테오도르 아도르노, 『부정변증법』, 홍승용 역, 서울: 한길사, 1999.

토마스 아퀴나스, 『존재자와 본질에 대하여』, 정의채 역, 서울: 바로오딸, 2005.

한스 큉,『그리스도교』, 이종한 역, 칠곡: 분도출판사, 2002.

한스 큉 · 데이비드 트라시 편,『현대신학은 어디로 가고 있는가』, 박재순 역, 서울: 한국신학연구소, 2002.

헤르만 바빙크,『바빙크의 개혁교의학 개요』, 원광연 역, 고양: 크리스챤다이제스트, 2004.

헨리 비텐슨,『후기 기독교 교부』, 김종희 역, 고양: 크리스챤다이제스트, 2001.

후스토 L. 곤잘레스,『기독교 사상사』, 김종희 역, 서울: 기독교문서선교회, 2004.

후스토 L. 곤잘레스,『초대교회사』엄성옥 역, 서울: 은성, 2012.

Hubertus R. Drober,『교부학』, 하성수 역, 칠곡: 분도출판사, 2001.

Allen, Diogenes. *Philosophy for Understanding Theology*. Atlanta, Ga.: John Knox Press, 1985.;『신학을 이해하기 위한 철학』, 정재현 역, 서울: 대한기독교서회, 1977.

Aquinas, Thomas. *Summa Theologiae : Latin Text and English Translation, Introductions, Notes, Appendices, and Glossaries*. Translated by Thomas Gilby. London: Blackfriars, 1964.;『신학대전』, 정의채 역, 서울: 바오로딸, 2002.

Aquinas, Thomas. *Summa Contra Gentiles*. Translated by V. J. Bourke. Notre Dame Ind.: University of Notre Dame Press, 1975.

Aristotle, *The Metaphysics,* vol. 1. Translated by Hugh Tredennick in Loeb Classical Library 271, Cambridge: Harvard University Press, 1933.

Augustine, *De Trinitate.*;『삼위일체론』. 김종흡 역, 서울: 크리스챤다이제스트, 1993.;『삼위일체론』, 성염 역, 칠곡: 분도출판사, 2015.

Barth, Karl. *Church Dogmatics,* Translated by Geoffrey William Bromiley, and Thomas F. Torrance, Edinburgh: T. & T. Clark, 1977.

Basil, *Letters,* Translated by Roy J. Deferrari, Cambridge, MA: Harvard University Press, 1986.

Beeley, Christopher A. *Gregory of Nazianzus on the Trinity and the Knowledge of God : In Your Light We Shall See Light*, Oxford Studies in Historical Theology, Oxford: Oxford University Press, 2008.

Beeley, Christopher A. "Gregory of Nazianzus: Trinitarian Theology, Spirituality and Pastoral Theory." Ph.D., University of Notre Dame, 2002.

Berkhof, Louis. *The History of Christian Doctrines,* London,: Banner of Truth Trust, 1969.

Berkouwer, G. C. *The Triumph of Grace in the Theology of Karl Barth,* Grand Rapids,: W. B. Eerdmans Pub. Co., 1956.

Bernard, *The Book of Saint Bernard on the Love of God,* Translated and Notes by Edmund Garratt Gardner. Lond. &c. 1916.

Bettenson, Henry Scowcroft. *The Early Christian Fathers : A Selection from the Writings of the Fathers from St. Clement of Rome to St. Athanasuis,* Oxford ; New York: Oxford University Press, 1969.

Boethius, *The Theological Tractates*, Translated by H. F. Stewart and E. K. Rand and S. J. Tester. Cambridge, Mass.: Harvard University Press, 1973.

Bray, Gerald Lewis. *The Doctrine of God,* Downers Grove, Ill.: InterVarsity Press, 1993.

Brown, H. O. J. *Heresies*, Baker Book House, 1988.

Brown, Raymond E. *Jesus, God and Man: Modern Biblical Reflections*, Milwaukee,: Bruce, 1967.

Bruce, F. F. *The Work of Jesus,* Eastbourne: Kingsway, 1984,; 『예수님의 위대한 사역들』, 이한수 역, 서울: 총신대학출판부, 1992.

Brümmer, Vincent. *Speaking of a Personal God : An Essay in Philosophical Theology*, Cambridge: Cambridge University Press, 1992.

Brunner, Emil. *I Believe in the Living God : Sermons on the Apostles' Creed,* Philadelphia: Westminster Press, 1960.

Brunner, Emil. "The Christian Doctrine of Creation and Redemption." in *Dogmatics,* x, Translated by Olive Wyon, London: Lutterworth Press, 1952.

Calvin, Jean. *Institutes of the Christian Religion,* 3 vols. Philadelphia: Westminster Press, 1960.

Chung, Hong Yul. "Tertullian's Understanding of Person in His Doctrine of the Trinity." *ACTS Theological Journal* 12 (2004): 255–278.

Clarke, W. Norris. *The Philosophical Approach to God : A New Thomistic Perspective,* New York: Fordham University Press, 2007.

Clines, D. J. A. "The Image of God in Man," *Tyndale Bulletin* 19 (1968): 53–103.

Copleston, Frederick Charles. *A History of Philosophy,* London: Search Press, 1975.

Cullmann, Oscar. T*he Christology of the New Testament*, Philadephia,: Westminster Press, 1963.

Cunliffe-Jones, Hubert. Benjamin Drewery, and George Park Fisher, *A History of Christian Doctrine : In Succession to the Earlier Work of G.P.* Philadelphia: Fortress Press, 1980.

Davis, Stephen T., Daniel Kendall, and Gerald O'Collins. T*he Trinity : An Interdisciplinary Symposium on the Trinity,* Oxford: Oxford University Press, 1999.

Deocares, Jessie. "The Four-Positon Foundation as A Tetrahedron and Its Relevance to Biblical Numerology and The Natural Sciences," *Journal of Unification Studies* 16 (2015): 221–239.

Eichrodt, Walther. *Theology of the Old Testament,* vol. 2. Translated by J. A. Baker. London: SCM Press, 1961.

Elders, Leo. *The Metaphysics of Being of St. Thomas Aquinas in a Historical Perspective*, New York: E.J. Brill, 1993.

Flinn, Frank K., and Unification Theological Seminary. *Hermeneutics & Horizons : The Shape of the Future*, New York: Rose of Sharon Press, 1982.

Fortman, Edmund J. *The Triune God: A Historical Study of the Doctrine of the Trinity,* Philadelphia,: Westminster, 1972.

Foster, Durwood. "Notes on Christology and Hermeneutics: Especially Regarding Dialogue with Unification Theology," Edited by Frank K. Flinn, *Hermeneutics & Horizons : The Shape of the Future,* New York: Rose of Sharon Press, 1982.

Galot, Jean. *Who Is Christ? : A Theology of the Incarnation,* Chicago, IL: Franciscan Herald Press, 1981.

Gamble, Richard C. *An Elaboration of the Theology of Calvin,* New York: Garland Pub., 1992.

Gerrish, B. A. *The Old Protestantism and the New : Essays on the Reformation Heritage,* Chicago: University of Chicago Press, 1982.

Grenz, Stanley J. *Reason for Hope : The Systematic Theology of Wolfhart Pannenberg,* New York ; Oxford: Oxford University Press, 1990.

Grenz, Stanley J. *Rediscovering the Triune God : The Trinity in Contemporary Theology,* Minneapolis: Fortress Press, 2004.

Gunton, Colin E. *The Promise of Trinitarian Theology,* Edinburgh: T. & T. Clark, 1991.

Hardy, Edward Rochie, and Cyril Charles Richardson. *Christology of the Later Fathers,* London: SCM, 1954.

Harnack, Adolf von. *History of Dogma*, 7 vols. New York,: Dover Publications, 1961.

Hartshorne, Charles. *The Divine Relativity, a Social Conception of God,* New Haven,: Yale University, Press, 1948.

Hefner, Philip J. *The Human Factor : Evolution, Culture, and Religion,* Minneapolis, Minn.: Fortress Press, 1993.

Hegel, Georg Wilhelm Friedrich. *Lectures on the Philosophy of Religion : Together with a Work on the Proofs of the Existence of God,* vol. 3. Translated by J. Burdon Sanderson, and E. B. Speirs. New York: Humanities Press, 1974.

Hill, Edmund. *The Mystery of the Trinity,* London: G. Chapman, 1985.

Hill, William J. *The Three-Personed God : The Trinity as a Mystery of Salvation,* Washington: Catholic University of America Press, 1982.

Hyatt, J. Philip. *Commentary on Exodus*, London: Oliphants, 1971.

Jenson, Robert W. *The Triune Identity : God According to the Gospel*, Philadelphia: Fortress Press, 1982.

Julian, *Revelations of Divine Love*, Harmondsworth: Penguin, 1966.

Jüngel, Eberhard. *God as the Mystery of the World : On the Foundation of the Theology of the Crucified One in the Dispute between Theism and Atheism*, Grand Rapids, Mich.: Eerdmans, 1983.

Kaspe, Walter. *The God of Jesus Christ*, New York, N.Y.: Crossroad, 1992.

Kelly, J. N. D. *Early Christian Creeds*, London, New York,: Longmans, 1950.

Kelly, J. N. D. *Early Christian Doctrines*, 4th ed. London: Black, 1968.; 『고대 기독교교리사』, 김광식 역, 서울: 한국크리스천문학가협회, 2004.

Knox, Wilfred L. *Some Hellenistic Elements in Primitive Christianity*, Trnaslated by Shirley C. Guthrie and Charles A. M. Hall, London: Oxford University Press, 1944.

LaCugna, Catherine Mowry. *God for Us : The Trinity and Christian Life*, San Francisco, Calif.: HarperSanFrancisco, 1991.;『우리를 위한 하나님-삼위일체와 그리스도인의 삶』, 이세형 역, 서울: 대한기독교서회, 2008.

Letham, Robert. *The Work of Christ*, Downers Grove, Ill.: Inter-Varsity Press, 1993.

Lohse, Bernhard. *A Short History of Christian Doctrine*, Philadelphia,: Fortress Press, 1966.;『기독교 교리사』, 구영철 역, 서울: 컨콜디아사, 2001.

Lossky, Vladimir. *In the Image and Likeness of God*, Edited by John H. Erickson and Thomas E. Bird. N.Y,: St. Vladimir's Seminary Press, 1974.

Lossky, Vladimir. *The Mystical Theology of the Eastern Church*, London,: J. Clarke, 1968.;『동방교회의 신비신학에 대하여』. 박노양 역, 서울: 한국장로교출판사, 2003.

Macmurray, John. *Persons in Relation*, N.J.: Humanities Press International, 1993.

Macmurray, John. *Principles of Christian Theology*, London: SCM, 1977.

Macmurray, John. *The Self as Agent*, London: Faber, 1969.

Macmurray, John. *Jesus Christ in Modern Thought,* London: SCM Press, 1990.

Matczak, Sebastian A. *Unificationism: A New Philosophy and World View,* New York: Learned Publication, 1986.

Marshall, I. H. "The Synoptic Son of Man Sayings in Recent Discussion," *New Testament Studies* 12, no. 04 (1966): 327−51.

Martland, T. R. "A Study of Cappadocian and Augustinian Trinitatian Methodology," *Anglican Theological Review,* vol. 47 (1965): 252−263.

Mascal, E. L. T*he Triune God : An Ecumenical Study,* Allison Park, Pa.: Pickwick Publications, 1986.

McGrath, Alister E. *Christian Theology : An Introduction,* Oxford: Blackwell, 1994.

McGrath, Alister E. *Historical Theology: An Introduction to the History of Christian Thought,* Oxford: Blackwell, 1998.

McIntosh, Mark Allen. *Mystical Theology : The Integrity of Spirituality and Theology,* Malden, Mass. ; Oxford: Blackwell, 1998.

Meyendorf, John, and George Lawrence. *A Study of Gregory Palamas,* London: Faith Press, 1964.

Moltmann, Jürgen. *History and the Triune God : Contributions to Trinitarian Theology,* Translated by John Bowden. London: SCM, 1991.; 『삼위일체와 하나님의 역사』, 이신건 역, 서울: 대한기독교서회, 1998.

Moltmann, Jürgen. *The Church in the Power of the Spirit : A Contribution to Messianic Ecclesiology,* New York: Harper & Row, 1977.

Moltmann, Jürgen. *The Trinity and the Kingdom : The Doctrine of God,* New York: Harper & Row, 1981; 『삼위일체와 하나님의 나라』, 김균진 역, 서울: 대한기독교출판사, 2004.

Moon, Ye-Jin. "The Need to Recover Gender Balance, to Understand God as both Heavenly Father and Heavenly Mother," *Journal of Unification Studies,* vol. 16 (2015): 65−128.

Muller, Earl. "The Dynamic of Augustine's De Trinitate: A Response to a Recent Characterization," *Augustinian Studies* 26 (1995): 65−91.

Muller, Richard A. *Dictionary of Latin and Greek Theological Terms : Drawn Principally from Protestant Scholastic Theology,* Grand Rapids, Mich Carlisle: Paternoster Press, 1985.

Nomura, Stephen K. "God as Masculine Subject Partner," *Journal of Unification Studies,* vol. 4, (2001−2002):57−69.

Noth, Martin. *Exodus : A Commentary,* trans. John Bowden, London: SCM, 1962.

Pannenberg, Wolfhart. *An Introduction to Systematic Theology,* 3 vols. Edinburgh: T. & T. Clark, 1991.;『판넨베르크의 조직신학』, 김영선, 정용섭, 조현철 공역, 서울: 은성, 2003.

Pannenberg, Wolfhart. *Jesus : God and Man,* Philadelphia: Westminster, 1987.

Pannenberg, Wolfhar. *Revelation as History,* New York,: Macmillan, 1968.

Pelikan, Jaroslav. *Jesus through the Centuries : His Place in the History of Culture,* New Haven Conn.: Yale University Press, 1985.

Peters, Ted. *God-the World's Future : Systematic Theology for a Postmodern Era,* Minneapolis: Fortress Press, 1992.

Peters, Ted. *God as Trinity : Relationality and Temporality in Divine Life,* Louisville, Ky.: Westminster/J. Knox Press, 1993.;『삼위일체 하나님−신적 삶 안에 있는 관계성과 시간성』, 이세형 역, 서울: 컨콜디아사, 2007.

Plato, *Phaedo,* Translated by Harold North Fowler in Loeb Classical Library 36, Cambridge: Harvard University Press, 1990.

Plato, *Republic,* II. Edited and translated by Chris Emlyn-Jones and William Preddy in Loeb Classical Library 276, Cambridge: Harvard University Press, 2013.

Plato, *Timaeus,* Translated by R. G. Bury in Loeb Classical Library 234, Cambridge: Harvard University Press, 1952.

Prestige, G. L. *God in Patristic Thought,* London,: S.P.C.K., 1969.

Polkinghorne, J. C. *Science and Creation,* London: SPCK, 1988.

Rad, Gerhard von. *Genesis: A Commentary*. Philadelphia,: Westminster Press, 1961.

Rad, Gerhard von. *Old Testament Theology*, vol. 2. New York: Harper, 1962.

Rahner, Karl. *Foundations of Christian Faith : An Introduction to the Idea of Christianity,* London: Darton, Longman and Todd, 1978.

Rahner, Karl. *Theological Investigations IV: More Recent Writings*, Translated by Kevin Smith. Baltimore: Helicon Press, 1966.

Rahner, Karl. *The Trinity*, New York: Crossroad Pub., 1997.

Ratzinger, Joseph. *Dogma and Preaching,* Translated by Matthew J. O'Connell, Chicago, Ill.: Franciscan Herald Press, 1985.

Ratzinger, Joseph. *Introduction to Christianity*, London: Burns & Oates, 1969.

Robinson, James M., and John B. Cobb, *Theology as History*, New York ; London,: Harper & Row, 1967.

Runyon, Theodore. *The New Creation : John Wesley's Theology Today*, Nashville, TN: Abingdon Press, 1998.

Ruether, Rosemary Radford. *Mary, the Feminine Face of the Church,* Philadelphia: Westminster Press, 1977.

Schaff, Philip. *The Creeds of Christendom, with a History and Critical Notes*, 2, Grand Rapids, Mich.,: Baker Book House, 1919.

Schleiermacher, Friedrich. *The Christian Faith*, vol. 2 Translated by H. R. Mackintosh, and James Stuart Stewart. New York: Harper & Row, 1963.

Schwöbel, Christoph. *Trinitarian Theology Today : Essays on Divine Being and Act,* Edinburgh: T&T Clark, 1995.

Schwöbel, Christoph. "Wolfhart Pannenberg", in T*he Modern Theologians : An Introduction to Christian Theology in the Twentieth Century*, vol. 1. Edited by David Ford. New York: B. Blackwell, 1989.

Seeberg, Reinhold. *Text-Book of the History of Doctrines,* Grand Rapids: Baker Book House, 1958.

Shymmyo, Theodore T. "Unification Christology: A Fulfillment of Niceno-Chalcedonian Orthodoxy," 17–36. in edited by Theodore T. Shymmyo and David A. Carlson, *Explorations in Unificationism*, New York: HSA-UWC, 1997.

Shymmyo, Theodore T. "The Unification Doctrine of the Trinity", *Journal of Unification Studies* 2 (1998): 1–17.

Shymmyo, Theodore T. "서양철학의 실체개념의 문제,"『통일사상 연구논총』1 (1996): 47–82.

Slater, Jonathan. "Salvation as Participation in the Humanity of the Mediator in Calvin's Institutes of the Christian Religion: A Reply to Carl Mosser." *Scottish Journal of Theology* 58, no. 1 (2005): 39–58.

Stead, G. C. "The Concept of Divine Substance." *Vigiliae Christianae* 29 (1975): 1–15.

Taylor, Vincent. T*he Names of Jesus*, London: Macmillan, 1959.

Temple, William. *Nature, Man and God; Being the Gifford Lectures Delivered in the University of Glasgow in the Academical Years 1932–1933 and 1933–1934,* London: Macmillan and Co., Limited, 1935.

Tertullian, *The Prescription Against Heretics* 7, Translated by S. Thelwell, in *The Ante-Nicene Fathers*, vol. 4. Grand Rapids,: W. B. Eerdmans Pub. Co., 1956.

Torrance, Thomas F. *The Christian Doctrine of God, One Being Three Persons,* Edinburgh: T. and T. Clark, 1996.

Tupper, E. Frank. *The Theology of Wolfhart Pannenberg,* Philadelphia,: Westminster Press, 1973.

Turcescu, Lucian. ""Person" Versus "Individual", and Other Modern Misreadings of Gregory of Nyssa." *Modern theology* 18, no. 4 (2002): 527–540.

Turcescu, Lucian. "The Concept of Divine Persons in Gregory of Nyssa's To His Brother Peter, on the Difference Between Ousia and Hypostasis," T*he Greek Orthodox Theological Review* 42 (1997): 63–82.

Tylenda, J. "Calvin's Understanding of the Communication of Properties" 148–59. in *An Elaboration of the Theology of Calvin,* Edited by Richard C. Gamble. New York: Garland, 1992.

Vos, Geerhardus. T*he Self-Disclosure of Jesus; the Modern Debate About the Messianic Consciousness,* New York,: George H. Doran company, 1954.

Ware, Kallistos. *The Orthodox Church,* Baltimore: Penguin Books, 1963.

Watkin-Jones, Howard. *The Holy Spirit, from Arminius to Wesley : A Study of Christian Teaching Concerning the Holy Spirit and His Place in the Trinity in the Seventeenth and Eighteenth Centuries*, London: Epworth Press, 1929.

Webb, Clement Charles Julian. *God and Personality*, London: Routledge, 2002.

Wells, Jonathan. "Unification Hermeneutics and Christology," 185–200. in edited by Frank K. Flinn, *Hermeneutics & Horizons : The Shape of the Future,* New York: Rose of Sharon Press, 1982.

Williams, Rowan. On Christian Theology, Oxford: Blackwell, 2000.

Wilson, Andrew. "Heavenly Mother," *Journal of Unification Studies,* vol. 10 (2009): 73–95.

Wilson, Andrew. "Rev. Moon's Early Teaching on God as Heavenly Parent," *Journal of Unification Studies,* vol. 16 (2015): 1–26.

Kim, Young Oon. *Unification Theology,* New York: HSA-UWC, 1987.;『통일조직신학』, 김항제 역, 서울: 성화출판사, 1998.

Zizioulas, Jean. *Being as Communion : Studies in Personhood and the Church,* Crestwood, N.Y.: St. Vladimir's Seminary Press, 1985.;『친교로서의 존재』, 이세형 · 정애성 역, 춘천: 삼원서원, 2012.

Zizioulas, Jean. "Communion and Otherness." *St. Vladimir's Theological Quarterlys* 38, no. 4 (1994): 347–361.

Zizioulas, Jean. "Human Capacity and Human Incapacity: A Theological Exploration of Personhood." *Scottish Journal of Theology* 28, no. 5 (1975): 401–447.

Zizioulas, Jean. "The Teaching of the Second Ecumenical Council on the Holy Spirit in Historical and Ecumenical Perspective," Credo in *Spiritum Sanctum*, Vatican: Libreria Editrice Vaticana, 1983.

http://imnews.imbc.com/20dbnews/history/2005/1930848_19610.html

삼위일체 참부모

| 초판 1쇄 인쇄일 | 2017년 8월 8일 |
| 초판 1쇄 발행일 | 2017년 8월 9일 |

지은이	윤예선
펴낸이	정진이
편집장	김효은
편집/디자인	우정민 문진희 박재원
마케팅	정찬용 정구형
영업관리	이선건 최인호 최소영
책임편집	문진희
펴낸곳	국학자료원 새미 (주)
	등록일 2005 03 15 제25100−2005−000008호
	서울특별시 강동구 성안로 13 (성내동, 현영빌딩 2층)
	Tel 442−4623 Fax 6499−3082
	www.kookhak.co.kr
	kookhak2001@hanmail.net

| ISBN | 979-11-87488-00-2 *03200 |
| 가격 | 28,000원 |

* 저자와의 협의하에 인지는 생략합니다.
잘못된 책은 구입하신 곳에서 교환하여 드립니다.
국학자료원 · 새미 · 북치는마을 · LIE는 국학자료원 새미(주)의 브랜드입니다.
*이 도서의 국립중앙도서관 출판예정도서목록(CIP)은 서지정보유통지원시스템 홈페이지(http://seoji.nl.go.kr)와 국가자료공동목록시스템
(http://www.nl.go.kr/kolisnet)에서 이용하실 수 있습니다.(CIP제어번호: CIP2017015744